中国演讲口才与人际沟通经典教材

中国社会艺术协会口才专业委员会指定教材

学术顾问

著名语言学家、博士生导师、华中师范大学资深教授邢福义先生
著名语言学家、博士生导师、暨南大学詹伯慧教授
著名修辞学家、博士生导师、武汉大学郑远汉教授
著名修辞学家、博士生导师、暨南大学黎运汉教授
著名修辞学家、博士生导师、复旦大学宗廷虎教授
著名语言学家、中国社会科学院资深研究员陈建民教授

教材指导委员会

主任委员　　　　**副主任委员**

邱新建　　　　　李元授　颜永平　孙朝阳　宁爱中　黄春燕

委　员

刘　吉　刘德强　蔡朝东　李志勤　武传涛　刘智伟　李　梅
石　鼎　曾桂荣　谈晓明　曹　辉　谭武建　王　军　许振国
易书波　韩娜娜

教材编写委员会

总主编　　　　**执行主编**　　　　**副主编**

李元授　　　　　孙朝阳　李晓玲　　　　熊福林　孙兆臣

总策划　　　　**特邀专家**

邓楚杰　巫世峰　　李荣建　洪　潮　石　鼎　吴茂华　张　强

编　委

易吉林　李玉超　蔡　涨　邱红光　李庭芳　姚俊峰　余　磊
李维亚　徐启明　杨玉娣　吴　秀　吴卓凡　朱淑娟　郭　珊
巫世峰　邓楚杰　孙兆臣　熊福林　李晓玲　孙朝阳　李元授

中国演讲口才与人际沟通经典教材
中国社会艺术协会口才专业委员会指定教材

总主编　李元授

我们的理念是——
口才，天下第一才
会说话，赢天下。

人际沟通艺术

主　编　李元授

华中科技大学出版社
http://www.hustp.com
中国·武汉

内 容 简 介

《人际沟通艺术》系"中国演讲口才与人际沟通经典教材"之一。本书运用社会心理学与人际交往的理论，借鉴传播学、语言学、美学等相关学科的理论与方法，阐述了人际沟通的方方面面：沟通与人际沟通，语言沟通，非语言沟通，沟通礼仪，沟通障碍，交友沟通，恋爱沟通，求职沟通，与领导沟通，与同事沟通，与下属沟通，与客户沟通，以及跨文化沟通。每章之后，设有较多的思考与训练题。本书科学性、实用性兼备，可操作性和可读性强，既可做大中专院校文化素质教育教材和相关行业及企事业单位的培训教材，亦可做广大人际交往与人际沟通爱好者的进修读物。

图书在版编目(CIP)数据

人际沟通艺术/李元授主编. —武汉：华中科技大学出版社，2022.5
ISBN 978-7-5680-8137-5

Ⅰ.①人… Ⅱ.①李… Ⅲ.①人际关系学-教材 Ⅳ.①C912.11

中国版本图书馆 CIP 数据核字(2022)第 062143 号

人际沟通艺术 李元授 主编
Renji Goutong Yishu

策划编辑：陈培斌　兰　刚	
责任编辑：陈培斌　张汇娟	
封面设计：刘　卉	
责任校对：张汇娟	
责任监印：周治超	
出版发行：华中科技大学出版社(中国·武汉)	电话：(027)81321913
武汉市东湖新技术开发区华工科技园	邮编：430223
录　　排：华中科技大学惠友文印中心	
印　　刷：武汉市籍缘印刷厂	
开　　本：787mm×1092mm　1/16	
印　　张：16.5　插页：2	
字　　数：412 千字	
版　　次：2022 年 5 月第 1 版第 1 次印刷	
定　　价：48.00 元	

本书若有印装质量问题，请向出版社营销中心调换
全国免费服务热线：400-6679-118　竭诚为您服务
版权所有　侵权必究

总　序

　　中国古代的哲人有言:"一言可以兴邦,一言可以丧邦。""一言之辩,重于九鼎之宝;三寸之舌,强于百万之师。"这里把国之兴亡与舌辩之力量紧密联系起来,借"九鼎之宝""百万之师"的强喻,充分揭示了口才的巨大的社会作用。二战时的美国人将"舌头"、原子弹和金钱称为赖以生存和竞争的三大战略武器;后来又把"舌头"、美元和计算机视为竞争和发展的三大战略武器。"舌头",即口才,独冠于三大战略武器之首,强调了口才的价值非同小可。我们将口才再往前推进一步,展示口才的目的是什么?就是人际沟通。"沟通改变人生,沟通成就事业";"时代呼唤沟通,世界呼唤沟通"。这些论断和理念,让我们每一个当代人都清醒地认识到演讲口才与人际沟通的至关重要性——关系到个人的前途、国家的生存与发展。现在,我们国家已进入新时代,中国已成为世界第二大经济体,今天的中国前所未有地接近世界舞台中心,实现中华民族伟大复兴进入了不可逆转的历史进程,共同构建人类命运共同体需要中国智慧、中国方案与中国贡献,中国在国际舞台上愈来愈具有举足轻重的地位。由此看来,演讲口才与人际沟通的巨大作用更是不言而喻。

　　有鉴于此,30多年来,武汉大学信息传播与现代交际研究中心组织了数十位专家学者,就口才、演讲、辩论、谈判、交际、沟通、公关、礼仪、策划、营销、广告、文秘等一系列课题展开了科学的研究。在国家教育部主持的"大学生文化素质教育书系"中,李元授教授主编了《现代公共关系艺术》《交际与口才》《交际礼仪学》3部教材;还先后主编出版了"交际学丛书""人际交往精粹丛书""新世纪人才素质训练丛书""创造性人才素质训练教材""综合素质训练系列教程""中国少儿口才艺术精品教材""文化素质教育经典教材""中国演讲口才与人际沟通经典教材"等10余套丛书,共计80余本著作。我们本次推出的"中国演讲口才与人际沟通经典教材"(以下简称经典教材,共计6本,其中4本为第四次修订,2本为新增)就是其中之一。

　　承蒙几位全国顶尖的本学科大家担任本经典教材的学术顾问。他们是:著名语言学家、博士生导师、华中师范大学资深教授邢福义先生,著名语言学家、博士生导师、暨南大学詹伯慧教授,著名修辞学家、博士生导师、武汉大学郑远汉教授,著名修辞学家、博士生导师、复旦大学宗廷虎教授,著名修辞学家、博士生导师、暨南大学黎运汉教授,著名语言学家、中国社会科学院资深研究员陈建民教授。

　　诚邀十余位著名的演讲家与演讲理论家担任本经典教材指导委员会的专业指导。

　　出任本经典教材指导委员会主任委员的是文化和旅游部中国社会艺术协会党组书记、会长邱新建主席;出任教材指导委员会副主任委员的有中国社会艺术协会艺术顾问兼口才专业委员会名誉会长、武汉大学李元授教授,著名的演讲家颜永平、孙朝阳两位专家,中国社会艺术协会副秘书长、北京爱芝音教学设备有限公司宁爱中总经理和中国管理科学研究院商学院客座教授黄春燕董事长。

　　出任本经典教材指导委员会委员的有:中国四大演讲家之一的刘吉教授,上海演讲学研究会创会会长、上海市委党校刘德强教授,著名的演讲家蔡朝东先生,云南省演讲学会原会长李志勤教授，山东省演讲学会会长武传涛教授，黑龙江省演讲口才协会刘智伟主席，湖南省演讲与口才学会副会长、湖南响语演讲团李梅团长，中国资深营销培训专家、武汉大好科技有限公司石鼎董事长，著名教育与管理专家、广东省启学教育集团曾桂荣董事长，著名人际沟通专家谈晓明教授，湖北省演讲协会曹辉常务副会长，贵州省演讲研究会谭武建会长，宁夏演讲与口才协会王军会长，辽宁省演讲学会许振国会长，世界500强演讲培训专家易书波老师，还有青年演讲家、山西省演讲学会韩娜娜执行会长。

在本经典教材第四次修订再版之际，我们特别怀念"共和国演讲泰斗"尊敬的李燕杰先生。燕杰先生2017年11月16日仙逝，他生前不仅全力支持广大青少年学习演讲艺术，鼓励青少年积极参加演讲培训、演讲比赛和各种演讲实践活动，而且还热情鼓励推动演讲艺术的理论研究。有一次燕杰先生语重心长地对我说："现在我国的演讲艺术缺乏科学的专业的理论研究，从事研究的专家太少太少，数得出来的专家就你们几位。你的理论研究成果多多，硕果累累，可喜可贺！希望你能多培养几个接班人；希望你们能进行演讲艺术的应用研究、深度研究和比较研究，让我国的演讲理论研究水平能上一个新的台阶。我寄厚望于你们！"燕杰先生的厚望强烈地激励着我，鞭策着我，让我不敢有丝毫的懈怠。这次推出的第四次修订再版的"中国演讲口才与人际沟通经典教材"，可以算作我们向燕杰先生的汇报与怀念。

在编写本经典教材过程中，我们参阅了诸多相关著作、论文，所引材料尽可能注明，其中或许有遗漏。敬请相关作者及时联系我们，以便及时修订，谨向作者表示歉意与谢意！

需要说明的是我们编写出版本经典教材（第四版），出版社不但要求修订文字，还要求与时俱进，要展示与教材内容相关的精彩视频和珍贵照片资料，立体化出书，为广大读者提供丰富的认知世界。这些视频照片资料是本经典教材核心专家以及诸多演讲家、演讲理论家热情提供的，有的是从"今日头条"和微信中下载的，我们尽可能注明出处和作者；如有遗漏，请及时与我们联系，以便下次印刷时更正。对以上所有专家谨致诚挚的谢意与崇高的敬礼！

需要感谢的是广东演讲学会对本经典教材的关心、支持与帮助，不仅及时剪辑制作了李燕杰先生等精彩演讲短视频，还积极宣传推广了本经典教材。广东演讲学会自2011年成立以来，培训事业红红火火，所编写的系列培训教材科学实用，为"党政军企校"提供了社会服务，广受好评，荣获"5A级社会团体"称号，被誉为"中国演讲界一面旗""中国演讲事业的桥头堡"，真是可喜可贺！我们谨此致以崇高的敬礼！

最后，我们郑重宣告：中国社会艺术协会口才专业委员会于2021年12月19日，在广州广东演讲学会举行了隆重的成立大会，中国社会艺术协会党组书记、会长邱新建主席出席了大会，并发表了热情洋溢的讲话；协会热烈祝贺口才专业委员会的成立，希望我们牢记习近平总书记的重要指示，"讲好中国故事，传播好中国声音"，接过"共和国演讲泰斗"李燕杰先生的演讲旗帜，全国一盘棋、一条心、一股劲，努力开创演讲理论研究、演讲教育培训、演讲服务社会与演讲选手同台比拼的崭新局面！

是为序。

李元授

2022年2月22日修订于武汉大学

目　录

导语　成功有赖于超强的沟通能力 ………………………………………………… (1)
第一章　沟通改变人生——沟通与人际沟通 ……………………………………… (3)
　　第一节　沟通 …………………………………………………………………… (4)
　　第二节　人际沟通 ……………………………………………………………… (16)
　　思考与训练 ……………………………………………………………………… (27)

第二章　口才助你成功——语言沟通 ……………………………………………… (29)
　　第一节　语言沟通的原则 ……………………………………………………… (29)
　　第二节　言语沟通 ……………………………………………………………… (32)
　　第三节　网络沟通 ……………………………………………………………… (37)
　　思考与训练 ……………………………………………………………………… (43)

第三章　成功重要桥梁——非语言沟通 …………………………………………… (46)
　　第一节　非语言沟通与体态语 ………………………………………………… (46)
　　第二节　非语言沟通的类型与功能 …………………………………………… (50)
　　第三节　体态语解读的基本原则 ……………………………………………… (62)
　　思考与训练 ……………………………………………………………………… (65)

第四章　有礼走遍天下——沟通礼仪 ……………………………………………… (68)
　　第一节　个人礼仪 ……………………………………………………………… (68)
　　第二节　社交礼仪 ……………………………………………………………… (77)
　　第三节　公关礼仪 ……………………………………………………………… (81)
　　思考与训练 ……………………………………………………………………… (85)

第五章　走出沟通误区——沟通障碍 ……………………………………………… (86)
　　第一节　沟通中的障碍 ………………………………………………………… (86)
　　第二节　文化障碍 ……………………………………………………………… (87)
　　第三节　心理障碍 ……………………………………………………………… (88)
　　第四节　沟通组织障碍及其他障碍 …………………………………………… (91)
　　第五节　沟通障碍的克服 ……………………………………………………… (92)
　　思考与训练 ……………………………………………………………………… (96)

第六章　友谊地久天长——交友沟通 ……………………………………………… (98)
　　第一节　交友的原则 …………………………………………………………… (98)
　　第二节　交友的艺术 …………………………………………………………… (101)

第三节　交友忌讳 …………………………………………………………… (106)
　　思考与训练 …………………………………………………………………… (108)

第七章　爱是前进动力——恋爱沟通 ……………………………………………… (109)
　　第一节　爱是心灵的沟通 …………………………………………………… (109)
　　第二节　会意与赞美 ………………………………………………………… (113)
　　第三节　约会与禁忌 ………………………………………………………… (115)
　　第四节　求爱与拒绝 ………………………………………………………… (117)
　　思考与训练 …………………………………………………………………… (121)

第八章　树立良好形象——求职沟通 ……………………………………………… (123)
　　第一节　寻求理想的职业 …………………………………………………… (123)
　　第二节　做好求职准备 ……………………………………………………… (124)
　　第三节　设计好个人简历 …………………………………………………… (129)
　　第四节　如何应对求职面试 ………………………………………………… (131)
　　思考与训练 …………………………………………………………………… (137)

第九章　学会服从与建言——与领导沟通 ………………………………………… (140)
　　第一节　尊重领导，学会服从 ……………………………………………… (140)
　　第二节　注意倾听，巧妙进谏 ……………………………………………… (144)
　　第三节　适度赞美，委婉拒绝 ……………………………………………… (151)
　　第四节　类型不同，沟通有别 ……………………………………………… (157)
　　思考与训练 …………………………………………………………………… (161)

第十章　贵在尊重包容——与同事沟通 …………………………………………… (162)
　　第一节　真诚相处，增进感情 ……………………………………………… (162)
　　第二节　尊重同事，尽力相助 ……………………………………………… (172)
　　第三节　包容缺失，化解矛盾 ……………………………………………… (177)
　　思考与训练 …………………………………………………………………… (184)

第十一章　重在关怀体贴——与下属沟通 ………………………………………… (186)
　　第一节　与下属沟通要领 …………………………………………………… (186)
　　第二节　爱护下属，了解需求 ……………………………………………… (191)
　　第三节　有效激励，调动下属 ……………………………………………… (195)
　　第四节　委婉批评，化解冲突 ……………………………………………… (200)
　　思考与训练 …………………………………………………………………… (204)

第十二章　切记热忱周到——与客户沟通 ………………………………………… (206)
　　第一节　赢得客户好感的法则 ……………………………………………… (206)
　　第二节　激发客户购买欲的方法 …………………………………………… (209)
　　第三节　应对客户异议的策略 ……………………………………………… (212)
　　第四节　消除客户抱怨的技巧 ……………………………………………… (218)
　　第五节　抓好成交的最后一环 ……………………………………………… (222)
　　思考与训练 …………………………………………………………………… (228)

第十三章 为你架设桥梁——跨文化沟通 ……………………………………… (230)
  第一节 跨文化沟通的类型与特点 ……………………………………… (230)
  第二节 跨文化沟通的障碍及其克服 …………………………………… (236)
  第三节 跨文化沟通的策略与技巧 ……………………………………… (242)
  第四节 与不同国家的人沟通举要 ……………………………………… (248)
  思考与训练 ………………………………………………………………… (254)
参考文献 ……………………………………………………………………… (256)
后记 …………………………………………………………………………… (258)

导语　成功有赖于超强的沟通能力

我们研究国内外一些企业家奋斗发迹材料后发现，凡成功的企业家必然具有三种超强的能力，即超强的策划能力、超强的协调能力和超强的沟通能力。

著名的企业家任正非、董明珠、曹德旺等均有超强的策划能力、超强的协调能力和超强的沟通能力。曾经的国内首富、企业家马云能说会道，能言善辩，口才堪称一流，是出色的演说家，特别会沟通。这里就让我们来领略一下马云的演讲风采与超强的沟通能力吧！

2008年3月16日，"我能创未来——中国青年创业行为"的第一场创业英雄会在北京开锣，企业家马云应邀出场，充分展示了他的演讲风采。作为创业精英，马云侃侃而谈，与大家分享自己的创业心得。他说：

> 梦想，是创业的起点。有梦想，就要有行动。很多人是"晚上想想千条路，早上起来走原路"，如果不给自己的梦想一个实践的机会，梦想永远只是梦想。此外，创业者还要想清楚一个问题：我想干多久，我能干多久？我想与所有创业者和准备创业的人分享一句话，就是我每天都跟自己讲的那句话：今天很残酷，明天更残酷，后天很美好，但绝大多数人都死在明天晚上，看不见后天的阳光。所以，我们还要努力坚持。

创业是个千头万绪的大话题，创业者的心里更是五味杂陈，岂是三言两语就能说个清楚，道个明白？而M君特别会归纳，你看他用简洁明了的话语，紧扣三个密切相关的创业关键词——梦想、行动、坚持，阐释创业成功之道，显得有条不紊，层次分明。

你看，这位企业家的语言与众不同，特点鲜明："晚上想想千条路，早上起来走原路。""今天很残酷，明天更残酷，后天很美好，但绝大多数人都死在明天晚上，看不见后天的阳光。所以，我们还要努力坚持。"这是深刻的人生感悟，是催人奋进的号角，具有很强的说服力与感染力。

我们每一个普通的人，在日常生活中、在工作中也要注意培养自己良好的沟通能力。我们要认真学习人际沟通原理，努力掌握沟通艺术，反复实践，持之以恒，从沟而不通，到沟而能通，再到不沟而通，逐渐成为沟通高手。

读者朋友：祝你成功，成功在向你招手。

第一章 沟通改变人生
——沟通与人际沟通

美国著名高等学府普林斯顿大学的专家学者对一万份人事档案进行分析,结果发现:"智慧""专业技术"和"经验"只占成功因素的25%,其余的75%取决于良好的人际沟通。哈佛大学就业指导小组调查结果显示,在500名被解职的员工中,因人际沟通不良而导致工作不称职被解雇的占82%以上;数据说明了人际沟通能力是当今社会成功人士最基本、最重要的素质。进而,我们用一句话来概括:"沟通改变人生。"此言不虚,我们身边有无数鲜活的案例可以证明这一点,且看两个真实的案例:

37岁的吴木兰是河南人,她曾有过一次婚姻经历,并留下了一个13岁的女儿。她的异国夫君叫蒂明斯基,今年57岁,是波兰2005年总统大选的候选人之一。素不相识的两个人不仅远隔万里、年龄悬殊,而且语言又不通,但正是奇妙的网络世界使两个人走到了一起。

吴木兰告诉记者,她最初有意寻求跨国婚姻的原因是看了凤凰卫视的"中国人在他乡"节目。她说:"我以前不会上网,也不懂英文,是同事教我上网,并帮助我翻译。"后来,她在一个交友网站进行了注册。在与网友的交流中,一开始吴木兰请同事帮助翻译邮件,后来开始自己借助翻译软件写电子邮件。这样,她在网上认识了远在加拿大的蒂明斯基。

经过几个月的接触,蒂明斯基提出要吴木兰办理前往加拿大的签证并寄来从深圳到北京办理签证的路费。吴木兰说:"他是个十分心细的人。"但她的签证申请被加拿大驻华使馆以无结婚签证为由拒绝。蒂明斯基找到他所住地区的一位议员朋友,请他向加拿大政府质询。最终在加拿大移民部长的关心下,吴木兰才拿到签证,于2004年4月前往多伦多和蒂明斯基完婚。经过短暂的网恋,两人闪电结婚,开始了一段先结婚后相知的奇异情缘。经过一年的共同生活,吴木兰才逐渐地了解了蒂明斯基,并连连用"想不到"来形容她这位异国夫君。后来,吴木兰伴随蒂明斯基从加拿大回到波兰,协助夫君筹备竞选工作。

吴木兰的自身条件并不优越:当年37岁,离过婚,有一个13岁的女儿,不懂英语,不会上网……但她积极沟通,且善于沟通,克服了重重困难,通过奇妙的网络交流,与当年波兰总统候选人蒂明斯基走到了一起,成就了美丽的童话世界。吴木兰就是通过自己积极沟通而改变了自己的命运。

20世纪80年代,中国有一个家喻户晓的神童叫宁铂。他是中国第一个少年大学生,也是当时国人的骄傲、少年的榜样,他与张华、朱伯儒等人并称为20世纪80年代初期的"时代人物"。

本科毕业后,他留校(中国科技大学)任教,并在19岁成为全国最年轻的讲师。

1982年他第一次报考研究生,但报名之后就放弃了考试。第二次,他完成了体检,然后放弃了。第三次,他领取了准考证,但是在走进考场的前一刻又退缩了。后来他对别人解释说,他是想证明自己不考研究生也能成功,那样才是真正的神童。在第三次退缩时,学校的一位老师抓住了他,逼他去考,他声称,再逼他的话他就逃跑。

宁铂一直想逃跑。他很少做物理学科的研究,却把大量时间用于围棋、哲学和宗教。20世纪80年代后期,在中国科技大学天体物理系的课堂上,他开始向学生询问托福考试的情况。1989年、1990年、1991年,他连考3次托福,均未过关。1988年结婚之后,他练习气功,吃素,与常见的生活习惯渐行渐远。1993年,因为与妻子的一次小口角,他跑出家门,四处游荡了半个多月。这之后两年间,他一度下海,最远跑到了海南岛,最终却不得不回到中国科技大学。

2002年,宁铂前往五台山出家,很快就被中国科技大学校方找了回去。这一年,他又一次失败。

宁铂,曾是家喻户晓的神童,中国第一个少年大学生,是20世纪80年代初的"时代人物",国人的骄傲。本来宁铂的前途是无可限量的,他自己也想通过单打独斗,成为"真正的神童";但是,他的心理健康出现问题了。他没有把握正确的人生方向,不善于处理人际关系,不善于与人沟通,面对老师的苦苦劝告他竟以"逃跑"相逼;也不善于处理与家人的关系,到2002年他竟前往五台山出家。宁铂的人际沟通失败,人们只有扼腕叹息!

人际沟通实在太重要了,而沟通无处不在:亲子关系需要沟通;夫妻之间需要沟通;家人之间需要沟通;朋友之间需要沟通;在一个企业组织当中,部门与部门之间、上级与下级之间更加需要沟通。沟通有利于拉近人们之间的距离,有助于增进人与人之间的相互理解,更有助于增强团队的凝聚力。

本章我们将讨论沟通与人际沟通,但愿你能掌握人际沟通原理,成为人际沟通高手。

第一节 沟 通

一、沟通的特征与意义

(一)沟通的含义

什么是沟通?《现代汉语词典》:"使两方能通连。"原意是指人们用开沟的方式使两水连通的活动,后泛指现代社会的信息交流。《大英百科全书》:沟通是用各种方法,彼此交换信息,即指一个人与另一个人之间用视觉、符号、电话、电报、收音机、电视或其他工具为媒介,所从事交换信息的方法。

沟通有关的定义,据悉有一百余种,众说纷纭,莫衷一是。我们倾向于这种观点:沟通是指信息发送者通过一定的渠道,将信息发送给接收者,并寻求反馈以达到相互理解的过程。沟通的结果可使交流双方相互影响,达成共识,也可以使交流双方建立起一定关系,形成友好往来。

沟通的渠道很多,它可以是人与人之间的信息交流,诸如交谈、讨论;也可以是人与机器之间的信息交流,诸如上网浏览;还可以是通信工具之间的信息交流,诸如互打电话、发邮件、发传真等。人与人之间的信息交换,是信息、思想、情感在个人或群众间的交流过程。

沟通十分必要。在社会中，人必须会沟通，否则在社会中难以生存。请看缺少沟通的"来喜"：

在深圳，有一位女老总，40岁时才生了一个儿子，全家为他起名"来喜"。来喜从小过的是要什么就有什么的生活。但由于父母忙于生意而无暇照顾他，在丰富的物质生活中，来喜变得越来越自闭，几乎不和任何人说话。直到他10岁生日那天，妈妈问他话时才发现，来喜已经不会与人交流了。这下子急坏了全家人，家人带着他到处求医问药，心理医生的答复是：来喜需要沟通。

心理医生的答复一针见血：来喜需要沟通。不光是自闭的少年儿童需要沟通，就是正常的成年人也要学会沟通，否则也要吃苦头。请看：

小贾是公司销售部一名员工，为人比较随和，不喜争执，和同事的关系处得都比较好。但是，前一段时间，不知道为什么，同一部门的小李老是处处和他过不去，有时候还故意在别人面前指桑骂槐，遇到跟他合作的工作任务也都有意让小贾多做，甚至还抢了小贾的好几个老客户。起初，小贾觉得都是同事，没什么大不了的，忍一忍就算了。但是，看到小李如此嚣张，小贾一赌气，告到了经理那儿。经理把小李批评了一通，从此，小贾和小李成了冤家。

小李不屑于沟通，小贾也不善于沟通，结果激化了矛盾，成了冤家。

美国石油大王洛克菲勒说："假如人际沟通能力是如同糖和咖啡一样的商品，我愿意付出太阳底下最昂贵的价格购买这种能力。"这段话启迪我们，要学会沟通，善于沟通，努力培养超强的沟通能力，才能立于不败之地。

（二）沟通的特征

沟通的特征主要有以下方面：社会性、互动性、不可逆性、实用性和动态性。

1. 社会性

凡沟通必具社会性，这是沟通的基本特征。具体体现为人们以信息交流为主要方式，通过运用复杂的符号系统来交流思想、建立联系、联络感情、增强信任、调整行为，从而促进协作，提高效率，不断地推动社会的进步与发展。

人是无法离开社会而独自生活的，否则就不可能正常成长发展。请看狼孩的故事：

1920年的一天，在印度加尔各答西南的一个小城附近，一位牧师救下了两个由狼抚养长大的女孩儿。大的大约七八岁，起名为卡玛娜，活到了17岁；小的不到两岁，一年后就死在了孤儿院里。卡玛娜不喜欢穿衣服，给她穿上衣服她就撕下来；用四肢爬行；喜欢白天蜷缩在黑暗的角落里睡觉，夜里则像狼一样嚎叫，四处游荡，想逃回丛林。她有许多特征都和狼一样，嗅觉特别灵敏，用鼻子四处嗅闻寻找食物。喜欢吃生肉，而且要把肉扔在地上才吃，不用手拿，也不吃素食。牙齿特别尖利，耳朵还能抖动。她的智力水平大致相当于3岁半的儿童。

这个狼孩的故事过去很多年了，至今读来仍然让人震惊不已。她们从小是由狼抚养大的，养成了狼的习性，怎么也改不了；换一句话说，这是她们从小脱离人类生活所造成的恶果。这说明人具有社会性，人的沟通具有社会性。

下面，再看看李阳的"毛病"：

李阳毕业于某名牌大学，现在在北京一家公司任职。他朴实憨厚，为人坦诚直率,但腼腆羞涩,不善言谈。

进公司已快两年了,李阳获得了相当大的成就,但是他有一个大家都知道的"毛病":只要一见到女性就会满脸通红。为此,李阳常受到同事们的讥笑,他的内心也一直很痛苦。

原来,李阳来自一个偏僻乡村,家庭条件一般。从小性格内向,喜静不喜动,很少与人交往。上大学时,成绩优秀,但是经常陷入烦躁和痛苦之中:在他心底始终存在着一种难言的病痛——害怕女性,看到女性就脸红。工作以后同样如此,只要一遇到女性就会满脸通红,随之而来的就是坐卧不宁、情绪烦躁、思绪混乱,有时甚至看到女性较鲜艳的衣服或长发也会有同样的痛苦感受。

多年来,李阳的这个"毛病"一直使他十分痛苦,精神负担很重,又不便对别人说,只好自己默默地忍受。为减少这种痛苦,他不得不尽可能地限制自己的视线,缩小自己的生活圈,从不主动与女性接触。

他常是整天静坐一处,埋头学习或工作,和男性同学或同事的关系也不十分融洽,独来独往,郁郁寡欢。他感到十分孤独和烦恼,甚至还怀疑自己的精神不正常。

李阳的毛病,是由于他思想观念不正确,缺少与人们正常的交往与沟通,以致"十分孤独和烦恼",陷于困境而不能自拔。这从一个侧面说明了沟通的社会性。

2. 互动性

沟通是发送者与接收者之间的相互活动,是一种双向的交流活动。即是说,沟通要有两人或两人以上的沟通主体参加,传受双方都希望影响对方,故需要不断地转换传受双方的角色,各自发出相应的信息进行相互交流,因而体现出明显的互动性。

请看奶奶与孙子的对话:

到吃饭的时间了,奶奶开始催促9岁的孙子:

"快点,准备吃饭了!"

"赶紧把作业收起来,把手洗一下!"

不一会儿,见孙子从洗手间出来了,奶奶又不放心地问:

"手洗干净了吗?你要洗得认真一点呀,用香皂了没有?"

见孙子没有反应,奶奶又说:"再去洗一遍,一定要洗干净,要不然会生病的!"

……

孙子有点不耐烦了:"奶奶,你好烦呀!"

"你这是什么话?我还不是为你好吗?"奶奶有点生气了,"我每天忙里忙外的,为了谁?还不是为了你,你这个没良心的!"

孙子装着没听见,赶紧跑到客厅看电视去了。

"你怎么还看电视呀?跟你说吃饭了,没听到吗?"

"你看看,刚洗干净的手又弄脏了吧,再去洗一下!"

……

奶奶喋喋不休地说着。孙子的眉头不知不觉皱得更紧了。

奶奶既是发送者,又是接收者;孙子既是接收者,又是发送者。他们俩都想说服对方,结果是谁也说服不了谁,不欢而散。这体现了沟通的互动性。

下面是1999年国际大专辩论赛上香港大学队(正方)和新加坡南洋理工大学队(反方)之间的一段辩词。

　　反方三辩：讲了这么久，对方连书本有什么功能都说不清，难怪看不出不会取代的理由了。那我就请问对方辩友，法律上的那本《圣经》你又如何取代呀？

　　正方三辩：那么对方同学，你今天讲的书本就是《圣经》吗？

　　反方一辩：对方辩友连《圣经》的例子都解决不了还要和我们谈其他！请问对方辩友，那本《圣经》如何取代？

　　正方一辩：对方辩友，我告诉你，现在已经有电子《圣经》出版了，这不是告诉大家电脑的普及化吗？

　　反方二辩：普及等于取代吗？电子《圣经》出版商说过要把所有的书本《圣经》一网打尽吗？

　　正方二辩：对方辩友，今天的命题是"必将"，所以如果现在有这个趋势，已经有电子《圣经》出现，为什么掌上电脑就不会成为我们明天的书本呢？

　　反方三辩：可能的趋势就等于结果的必然吗？今天上海交易所的股指是一千点，明天是二千点，后天它会突破一万点吗？

这里是三方对三方的辩论，更体现了沟通的互动性。

3. 不可逆性

沟通过程一旦完成，所发出的信息是不能收回的。不但发送者无法收回发出的信息，就是接收者一旦受到某种信息的影响，其产生的效果同样不能收回。这就是沟通的不可逆性。

请看森喜朗与克林顿的对话：

　　日本前首相森喜朗的英语说得不好，结果在接见来访的美国前总统克林顿时闹出了笑话。森喜朗与克林顿相见，他马上向克林顿问好："How are you"(你好)。结果由于他蹩脚的发音说成了"Who are you"(你是谁)，克林顿不禁一愣，以为这是森喜朗的幽默，回应说："I'm Hilary's husband"(我是希拉里的丈夫)，哪里知道森喜朗的英语听力也同样不行，他不假思索地回答道："Me, too"(我也是)。真是南辕北辙，令人大跌眼镜。

森喜朗的英语不好，自知说错，也无法纠正；克林顿将错就错，回答了一句；森喜朗也顺着说"我也是"，闹出了笑话。两人的问答均不可收回。

下面，看看一位副科长的抱怨：

　　一位副科级领导始终对科里新来的那个大学生没有好感，其实只有他自己才知道那是为什么：小伙子自报到的第一天起，就始终口口声声高喊他"陈副科长"，而别人都叫他"陈科长"的。

大学生喊他"陈副科长"，有伤副科长的自尊心，因而他一直对这位大学生"没有好感"。两人的话均不可收回。

4. 实用性

这是指传受双方都依靠沟通过程，动态了解各类信息，来帮助自己工作、学习、生活。因而，沟通带着明显的实用性。

请看看两位求职者的面试：

（一）

一求职者为了显示自己的英语水平，在求职中就用中英文夹杂着与考官交流，"贵公司给了这样一个机会，我很 happy（高兴）。在这次面试中，我更加深刻地 understand（明白）贵公司的企业文化和管理特点。我十分欣赏贵公司的企业文化和管理方式。如果这次面试我能顺利 pass（通过），我将会更加努力工作，以我的专业知识、管理技能等为公司的进一步发展 do my best（尽最大努力）。真诚地希望能有机会与您共同工作……"求职者这种做法不但不能让考官感觉到她的英语水平有多高，反而觉得她是在卖弄，因此心生反感。

（二）

××是学教育专业的，研究生毕业后到一所大学应聘，该校为她安排了试讲一节课作为面试。××的课讲得很好，在座的老师都忍不住点头称赞。在她讲课结束后，一位老师说："你的课从整体来看讲得挺不错。但我觉得课件还可以做一下修改，是不是可以……"没等这位老师把话说完，××就开始反驳了："某某专家说过，大学课件与中小学课件风格不同，应该如何如何……这个课件模板是某某专家设计出来的，我认为这个设计是最科学的……"××的反驳让那位老师非常难堪，在座的校长和其他老师也面面相觑。最终，××落选了。

这两位求职者都希望面试成功，求职成功，目的很明确，这就是沟通的实用性。可是，两位的表现却事与愿违。前者自我介绍中多处夹杂英语，似有卖弄之嫌；后者听不进面试老师的一点意见，非要与老师争个高低，自然这两位求职者都落选了。

5. 动态性

沟通的传受双方都是动态的，不断地受到来自对方信息的影响，在不断地变化；与此同时，信息本身就具有流动的性质。它从事实本身转变为符号信息的传递过程，就是一个动态的过程。

请看看下面一位爱打手机的业务员：

有一个业务员要把润滑油卖给某公司，可那天这个业务员在总经理面前打了四次手机。打第四次的时候总经理就跟他说："你好像很忙啊？"他说："哎。"总经理说："你出去把手机打完了再进来跟我讲话，我希望你再跟我讲话的时候，不要开手机。"他说："对不起，对不起！"最后，总经理语重心长地说："年轻人，你要把这个坏习惯改过来。我给你个忠告，你这辈子要想让客户喜欢你，最好在客户面前，你的手机永远不要响起。"

这位业务员本来是要销售润滑油给某公司的，可是关于销售的事一句也没有谈，却在公司总经理面前打了四次手机，引起总经理的不满，后面的对话就跟着变化。沟通的动态性表现得很充分。

（三）沟通的意义

沟通使人们彼此了解，相互理解，彼此谅解，相互认同。"了解自己，了解别人"是沟通的基本目的。沟通的意义主要体现在协调关系、获得信息、澄清事实、学习借鉴等四个方面。

1. 协调关系

沟通可以帮助人们协调社会、生活、工作中的各种关系。它可以协调个人关系、家庭关系、社会成员之间的关系;可以协调个人与社会的关系、团体与团体的关系,以及国家与国家之间的关系,也可以协调解决企业管理、决策过程、公共关系等方面的问题。

请看一个生动感人的故事:

在美国,曾经发生过这样的一件事情。

有一位小学生,因为身体感觉不适,经医师详细检查后,确认他患了癌症。

接踵而来的,是一连串更详细的检查与治疗。当然其中也包括了人人闻之色变的化学治疗。

在不断地使用化学针剂治疗之后,癌细胞的蔓延得到了控制。但化学治疗强烈的副作用也随之产生,这位小病童的头发开始大量掉落,一直到他的头上一根头发也没有了。

随着出院的日子一天天接近,小病童的心中除了欣喜之外,更有着一丝隐隐的担忧——考虑自己是否应该戴上假发回学校上课。一则为了自己光秃的头而自卑,再则也怕自己光头的新造型吓坏了同学。

回学校那天,母亲推着轮椅,送他走进教室的那一刻,母亲和他不禁张大了口,感动得发不出声音来。

只见全班同学全都理光了头发,连老师也顶着大光头,热烈地欢迎他回来上课。

我们的小病童一把扯去假发,大叫大笑,从轮椅上一跃而起。

这是一个真实的故事,特别感人。小病童的同学和老师展现了最高境界的安慰艺术,设身处地为小病童着想,细心抚慰小病童的心灵,燃起了他心中爱的力量,很好地协调了全班同学和老师与小病童之间的关系。

下面请看美国前总统罗斯福与普通工人的关系:

据说,当罗斯福总统的专用轿车被送到白宫时,造车工人也被介绍给总统。当总统兴高采烈地与前来参观的人寒暄之际,这位生性腼腆的工人一直默默地站在一旁,最后,他们要离去时,罗斯福找到这位造车工人,叫出了他的名字,和他亲切握手、热情致谢。当然那位工人非常感动。这件事成为罗斯福的美谈。

美国前总统罗斯福"找到这位造车工人,叫出了他的名字,和他亲切握手、热情致谢",使这位工人深受感动,从中可看出总统与民众的关系。

2. 获得信息

沟通能够收集、存储和整理新闻、数据、事实及评论等信息,从中获得更多的情报;可以掌握对方对某事的看法,并做出相应的反应。

请看一个有趣的故事:

人们做什么都有他们的理由。不是你的理由,而是他们自己的理由。对他们来说的理由,就是根据他们的感觉,能够打动他们感情的理由。我希望你能够铭记这个事实。

法拉第发明电机时,留下一个有趣的插曲。他想让当时的英国首相威廉·哥拉德斯特对这个发明产生兴趣,以获取后援。因此,他拿着未完成的模型——那是个用电线缠在磁铁上的粗糙的东西,拜访了那位政治家。可是,哥拉德斯特首相对它不感兴趣。

"这个发明究竟能干什么用呢?"首相问法拉第。

"将来,你可以通过它来增加税收。"

这位伟大的科学家这样回答。通过使用左右人类言行的最大杠杆,他达到了自己的目的,为他提供了完成试制任务的保证。

发电机可谓是法拉第的汗水和智慧的结晶,如果有人问它的好处是什么,他可以洋洋洒洒地说出自己将来的理想和新的使用方法。

可是,那是法拉第自己的观点。他很清楚如果他说出这些,只能得到讪笑和抢白。

如果你希望让他人做些什么的话,也必须准备说出对他来说是有利的理由。这是说服他人的第一阶段。

科学家法拉第发明电机,希望得到英国首相的支持;英国首相了解这项发明可以有"增加税收"的作用,于是给了法拉第大力支持,发明电机的事业取得成功。

下面再看看美国人的人际关系趣事:

在美国,有一个古怪的企业仪式,叫"带女儿上班日"。就是在一年中某个规定的日子,家长可以把女儿带去上班,让女儿看看大人们是怎样工作的,在一个什么样的环境下工作,不光是看,还可以享受大人们在工作时所能享受的一切待遇。

为什么只有"女儿"而没有"儿子"? 这个意见提得好,于是,美国人把这种日子重新命名为"带我们的子女上班日"。有人又有意见了:难道需要帮助的孩子只有"我们的"吗?"他们的"孩子你管不管? 结果那个日子又改名为"带孩子上班日"。不是自家的孩子,也可以带来上班,只要当事人愿意。

这还没完,你把子女都领走了,留下老人们待在家里也不人道呀! 改为"带老人孩子上班日"如何?

不行,老人孩子之外,还有不在本单位工作的其他人士。最终,那个特殊的日子被命名为"带朋友上班日"。孩子、老人、其他人都是朋友,一视同仁。

美国人的看法与中国人不同,认为人生而平等,一个古怪的企业仪式有一个"带女儿上班日"的规定,在美国人"平等"观念的影响下,这种仪式一改再改:"带我们的子女上班日"、"带孩子上班日"、"带老人孩子上班日",最后改为"带朋友上班日"。"美国人的关系学"对我们中国人来说可谓新鲜有趣。

3. 澄清事实

沟通能够让人们达成一致的意见,可以澄清不同的观点、误解,可以避免相互的猜疑或第三方的挑拨,核实"小道消息"等。学会沟通,你的生活会更加快乐,工作会更加顺利。

请看看美国人的习俗:

有一次,赖副经理跟一个美国副总经理聊天,那个副总经理从头笑到尾。赖副经理以为自己所提的意见美国副总经理都赞同,最后他说:"那么,副总经理,我的意见你同意了?"那个美国副总经理说:"NO! 我不同意。"原来美国人在笑的时候是表示客气,是表示礼貌,同不同意与笑容没什么关系。

美国副总经理明确回答"NO! 我不同意",消除了赖副经理的误判。看来,我们要养成一个习惯,要学一点不同国家、不同民族的交际礼仪与风俗习惯,免得犯错。

再看看陈经理的疑惑不解：

　　陈经理新到一个企业做中层管理人员，上任3个月他就显示出突出的才能。可是他发现，自己的工作并没有得到充分的肯定和鼓励，反而招来了上司不断的质疑和不信任。于是他更加努力地工作，半年后终于取得了一些明显的成绩，这时上司找他认真地谈了一次话，表扬了他的工作业绩，提出了他存在的几个问题，其中最重要的一点就是缺乏沟通，举例之一是他很少主动进入上司的办公室谈工作进展。陈经理有些不解……

上司明确指出陈经理"缺乏沟通"，不知这位陈经理的烦恼是否消除了？不管怎样，陈经理应当学会沟通，掌握沟通艺术。

4. 学习借鉴

沟通能够促进人们相互学习、相互补充知识的不足，能够明确对事物的看法，促进智力的发展，增强向他人学习的机会，学会多角度看问题。

请看一位父亲是怎样教育他的孩子的：

　　有一个男孩的脾气很坏，于是他的父亲就给了他一袋钉子，并且告诉他，每当他发脾气的时候就钉一颗钉子在后院的围篱上。

　　第一天，这个男孩钉下了37颗钉子。慢慢地，他每天钉下的钉子的数量减少了。他发现控制自己的脾气要比钉下那些钉子来得容易些。

　　终于有一天，这个男孩再也不会因失去耐性而乱发脾气，他决定告诉他的父亲这件事。而父亲告诉他，现在开始，每当他能控制自己脾气的时候，就拔出一颗钉子。

　　一天天过去了，最后男孩告诉他的父亲，他终于把所有的钉子都拔出来了。父亲握着他的手来到后院说：你做得很好，我的孩子。但是看看那些围篱上的洞，这些围篱将永远不能恢复成从前的样子。你生气的时候说的话将像这些钉子一样留下疤痕。如果你拿刀子捅别人一刀，不管你说了多少次对不起，那个伤口将永远存在。话语的伤痛就像真实的伤痛一样令人无法承受。

高明的父亲，值得借鉴的家教，孩子在这样的家庭里生活，一定可以健康地茁壮成长。孩子一天天学习，一步步进步，其感悟肯定比我们要深。

下面介绍一位讲诚信、有作为的外国少年：

　　查理·哈斯克尔去世时，留下了妻子和9个孩子，他们靠一小块土地为生，住在一所有4间房的屋子里。约翰是家里的长子，所以他的母亲告诉他，他必须承担起照顾全家的责任。那年他16岁。

　　约翰到镇里最有钱的人、法官多恩那儿去要一美元，那是法官买约翰父亲的玉米时欠的钱。法官多恩把钱给了他。然后，法官说，约翰的父亲也欠他一些钱。他说那个农夫曾向他借了40美元。"你打算什么时候还给我你父亲欠我的钱？"法官问约翰。"我希望你不要像你的父亲那样，"他说，"他是个懒汉，从不卖力干活。"

　　在法官的帮助下，约翰凭诚实的劳动和艰苦的努力，不仅还清了其父欠的旧债和自己欠的新债，还积攒了一笔钱并用它买下了一个大农场。

　　约翰30岁的时候，成了本镇的头面人物之一。那一年法官去世了，他把他的那所大房子和大部分财产留给了约翰，他还给约翰留下了一封信。约翰打开信，看了看写信的日期。这封信是法官在约翰第一次外出打猎向他借钱那天写下的。

"亲爱的约翰,"法官写道,"我从未借给你父亲一分钱,因为我从未相信过他。但是我第一次见到你时,我就喜欢上了你。我想确定你和你的父亲不一样,所以我考验了你。这就是我说你父亲欠我40美元的原因。祝你好运,约翰!"

信封里有40美元。

少年约翰经受了法官的考验,还清了所有债务,还办了一个大农场,赢得了法官的高度赞扬和丰厚回报,也值得人们学习借鉴。

二、沟通的类型与要素

(一)沟通的类型

沟通类型的划分标准很多,按不同分类标准可划分为不同类型。其中主要有以下几种类型。

1. 直接沟通与间接沟通

直接沟通,就是直接面对沟通对象所进行的信息传递与交流。直接沟通无须沟通媒介参与,是以自身固有的手段进行的人际沟通,如交谈、演讲、授课等。

间接沟通,就是指需要媒介参与的人际沟通,是通过文件、电话、信函、电子邮件等媒介所进行的信息传递与交流。

请看日常生活中的两个案例。

主管与领导的对话

主管到领导那里,站在他面前不说话,慢慢地他就会觉得你有什么事情。

领导:"你有什么事?"

主管:"没有。"

领导:"你有事情就说,吞吞吐吐地干什么。"

主管:"我不能说。"

领导:"为什么不能说呢?"

主管:"我说了你会生气。"

领导:"不会,你说。"

主管:"是这样的,我觉得我们的加班费已经不少了,但是有些人不晓得怎么搞的,他们就是怎么也不满意,你说奇怪不奇怪。"

领导:"你也不能这样想啊,可能我们的加班费真的比人家少。"

主管:"绝对不会,他们做人怎么能这样?"

领导:"这样吧,你去调查调查,真的比人家少,我们也要提高。"

两条手机短信

李教授短信:"李总:办公室王主任已为我购买去北京的高铁票,G518次,10月27日13:00从武汉站开出,17:15抵达北京西客站。给您添麻烦了!"

李总:"李教授:短信收到,情况知悉。我已备好小轿车,准时到西客站接您,请放心。"

《主管与领导的对话》是直接沟通,《两条手机短信》是间接沟通。各有各的长处,各有各的沟通效果。

2. 语言沟通与非语言沟通

语言沟通，指用语言符号（说的字词、书写的字词）系统进行的信息交流，包括口语和书面语的沟通。

非语言沟通，指用非语言符号（包括尖叫、呻吟、手势等）系统进行的信息交流，主要有体语、表情、目光、身体姿势、距离、时间、环境等。

请看两则语言材料。

郭沫若演讲词《科学的春天》结尾

春分刚刚过去，清明即将到来。"日出江花红胜火，春来江水绿如蓝。"这是革命的春天，这是人民的春天，这是科学的春天！让我们张开双臂，热烈地拥抱这个春天吧！

高尔基描述列宁的体态语

他的动作轻巧而灵活，手势简捷而有力，与他那言语不多但思维丰富的演说完全吻合。在他那蒙古人脸型的脸上，一双锐利的眼睛在闪光，表现出一个不屈不挠的战士对谎言的反击以及对生活的忠实；他那双眯缝的眼睛在燃烧着，使得眼色讽刺地微笑着，闪烁着愤怒，这双眼睛的光辉使得他的演说更加强烈、更加清新。

前者是郭沫若演讲词《科学的春天》的结尾，属语言沟通；后者是高尔基描述列宁的动作、手势、脸型、眼神等，属非语言沟通。

3. 单向沟通与双向沟通

单向沟通，指一方是发送者而另一方是接收者的沟通。信息的流动只由一方流向另一方，如演讲、作报告、发布命令等。其特点是接受面广、速度快，没有及时的信息反馈。

双向沟通，指双方互为信息的发送者和接收者的沟通，如谈话、讨论、谈判。其特点是双方的信息及时反馈校正，准确可靠，而信息传递速度较慢。

请看下面两则材料。

传令

传令员："×司令官命令：'在明天午后1时，全连官兵务必准时在大操场集合，要求大家穿好军装，带好观察工具，观看哈雷彗星从东向西边飞过。'"

接着，连长传令："×司令官命令：'全体官兵明天午后1时到大操场集合，要求大家穿好军装，带好武器，准时接受检阅，还有星级上将从天上飞过。'"

接着，排长传令："×司令官命令：'全体官兵明天午后7时到大操场集合接受检阅，务必穿好军装，带好武器，还有三星上将乘飞机从天上经过。'"

接着，班长传令："×司令官命令：'全体官兵明晚7时到大操场集合接受检阅，务必带好武器整装待发，否则，三颗子弹从你头上穿过。'"

解读如下。

某传令员将"观看哈雷彗星"的信息传递给连长，再由其传达给排长，由排长传达给班长。在具体沟通过程中，传令员的"观看哈雷彗星"的信息，连长、排长误传为"星级上将""三星上将乘飞机"，班长曲解为"三颗子弹从你头上穿过"。

操炮

海军训练有一个动作叫作操炮,就是一个水兵把一个炮弹递给另一个水兵,让他装进炮膛。海军规定,将炮弹送过去的水兵要说"好",接炮弹的水兵也要说"好",这样才可以把手松开。海军对操炮过程的要求,其实是最简单的信息反馈。送炮弹的水兵说"好",就是说我准备放手了,接炮弹的水兵说"好",表示你可以放了。如果在操炮时士兵保持沉默,可能会发生什么情况?

《传令》是单向沟通,没有及时的信息反馈,结果错误多。《操炮》是双向沟通,有及时的信息反馈,倘若沉默不语,将会造成恶果。

4. 正式沟通与非正式沟通

正式沟通,指在一定的组织机构中通过明文规定的渠道进行信息的传递,如上级向下级下达指示、发送通知,下级向上级呈送材料、汇报工作,定期不定期的会议等。

非正式沟通,指在正式沟通渠道外进行的信息交流,是人们以个人身份进行的人际沟通活动,如人们私下交换意见、议论某人某事、交流小道消息等。

请看两则材料:

（一）

新国标规定:城市轨道交通线路全天运营须超 15 小时。

据新华社电,交通运输部新闻发言人、政策法规司司长梁晓安 21 日表示,根据最近颁布的国标《城市轨道交通试运营基本条件》《城市轨道交通运营管理规范》的有关规定,城市轨道交通线路的全天运营时间不得少于 15 小时。这是我国首次颁布的轨道交通国家标准,将于明年 4 月 1 日实施。

据介绍,其中《城市轨道交通运营管理规范》明确要求城市轨道交通线路的全天运营时间不得少于 15 小时,充分保证运营时间,满足乘客出行需要;并对各类设施设备操作程序、日常检查、维护保养进行了明确规定,对车辆、信号、屏蔽门、自动扶梯等关键系统明确提出了技术指标;此外还对安全管理制度、安全隐患管理、安全教育、安全检查、应急管理等方面提出了具体要求。

（二）

有一次,美国前国务卿基辛格在交谈中对周总理说:"我发现你们中国人走路都喜欢躬着背,而我们美国人走路都是挺着胸的,这是为什么?"不能说这话是十分友善之谈,但对立的气氛并不浓,本身带有较强的调侃色彩,如果回击过分就不合适了。于是周总理笑笑,同样用调侃的口吻说:"这个好理解,我们中国人在走上坡路,当然是躬着背的;你们美国人在走下坡路,当然是挺着胸的。"说完哈哈大笑。足见周总理思维敏捷,反应迅速,阅历丰富。

前者为正式沟通,是新华社所发的正式文件;后者为非正式沟通,虽然是中美两国两位政治家的交谈,但这是在会下的随意谈话,而且带有较浓的调侃色彩。

（二）沟通的要素

首先,让我们看看沟通的模式,如图 1-1 所示。图 1-1 显示沟通的全过程,就是信息的发送者通过选定的信息传递渠道将信息传送给接收者的过程。我们从沟通的过程中,可以看出沟通的几个基本要素。

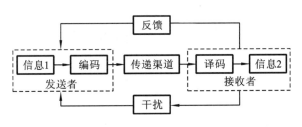

图 1-1　沟通的模式

（1）发送者，即在沟通过程中，发出信息的人。这"人"，可以是个人，也可以是群体、组织。信息发送者将自己的想法通过语言、文字、符号、表情、动作等形式表达出来。

（2）接收者，即在沟通过程中，接收信息的人。在沟通的互动过程中，这信息的接收者，也可以转换为信息的发送者。

（3）信息，即在沟通过程中，双方通过语言符号或非语言符号来表达自己的思想和情感。

（4）传递渠道，即沟通信息传递的途径。人们通过视觉、听觉、触觉、味觉、嗅觉这"五官"来感知世界、感知信息。常用的信息传递媒介有个人媒介（如电话、信函、传真、电子邮件等）和大众媒介（如广播、电视、书籍、报刊等）两种类型。

（5）编码，即发送者将所要传递的信息，按照一定的编码规则，编制为信号。它要求充分考虑到接收者的实际情况，所选的代码或语言有利于理解与交流，以免出现令接收者茫然不知的现象。

（6）译码，即信息的接收者按一定的编码规则将所接收到的信号解释、还原为自己的语言信息，以达到沟通的目的。

（7）反馈，即信息发送者与信息接收者之间的相互反应。

（8）干扰，即来自发送者、接收者自身或外在的所有妨碍信息沟通的影响因素。发送者、接收者和其他参与者都会尽可能地排除干扰。

（9）信息1，是发送者发出的原信息；信息2，是接收者接收信息后经过处理的信息。

请看小孩子与妈妈的沟通：

有个小孩要出去玩，妈妈正在厨房忙，没好气地说："不准出去！"

"为什么嘛？"小孩问。

"不为什么！不准就是不准！"妈妈说。

"为什么嘛？"小孩又问。

"不为什么！就是不准！"

"为什么嘛？"小孩又问。

"不为什么！"

"为什么嘛？"小孩又问了好几遍。

妈妈实在受不了了："好啦，好啦，你出去玩吧！"

小孩子"要出去玩"，将这个信息变成语言符号传递给妈妈；妈妈收到信息，还原为语言，并且及时反馈给小孩子；如此反复几次，最后妈妈经不起"磨"，还是同意了——"你出去玩吧！"沟通的过程，分析起来较复杂，而实际的传递很快很简单，人人都会操作，人人都很熟练，不过如此而已。

第二节 人际沟通

人际沟通是沟通的一个领域。上节所讨论的沟通实际上多半牵涉到人际沟通的内容,沟通与人际沟通密不可分。人际沟通是指人际间的信息传递与交流,包括双方面对面和非面对面(如打电话、传真、短信、微信、视频等)两种信息交流活动。人们沟通的过程,不仅仅是单纯的信息交流,也是观念、思想、情感的渗透。

一、人际沟通的特征

人际沟通至少有以下四个特征。

1. 人际沟通无处不在

无论是家人间、亲戚间、朋友间、同事间、师生间、商店里、机关里、工厂里、农村里、汽车上、火车上、飞机上,随时随地都可以看到人际沟通。即使没有开口说话,人们也能从你的表情、眼神、动作中了解你的一些心思,然后决定是否与你进行必要的沟通。可以说人际沟通无处不在。

请看一对父子的对话:

"我想要辆车。"17岁的儿子对老爸说。

"什么?你想开车?你有了驾照吗?"

"有了!学校带我们去考的。"儿子得意地把驾照掏出来。

老爸看了看,扔回去,说:

"开车干什么?你妈不是天天送你吗?"

"我自己开车,妈妈就不必送了。我还可以帮她去买东西,我也可以送她。"

"那你就开她的车好了。"

"我不要,那是女人开的车。"

"你要男人开的车,我的车够大、够男人吧!让你开。改天我再买一辆。"

"我也不要,我要自己去买。"

老爸跳了起来:"买辆新车?刚开车就要新车?"

"我去买辆二手车。"儿子说。

老爸更火了:"既然买旧车,为什么不开我的车?"

"我就是要自己去买辆车……"

结果,父子俩居然吵了起来。

老爸没搞清楚"他儿子想要的是怎样的一辆车",儿子又没有具体说明,冲突在所难免。像这样的父子对话、母女对话之类的人际沟通俯拾即是。

2. 人际沟通多种多样

在第一节讨论"直接沟通与间接沟通"已经涉及这个问题。人们的沟通方式最常用的是面对面的沟通,诸如交谈、授课、演讲、辩论、谈判、对话等,亦可称为直接沟通;而非面对面的沟通方式也是很多的,随着网络时代的到来,这种沟通形式就越来越多,诸如电子邮件、QQ信箱、短信、微信、微博、视频等,现在网上交友、网上征婚、网上购物、网上调查、网上讨论等有趣事也层出不穷,这种沟通亦称为间接沟通。

请看一位美国公司高管的沟通失误:

一位美国公司的高管,他觉得员工太懒惰了,比如一上班就给自己冲咖啡,下午不到5点钟就下班。他就给全体员工发了一份E-mail,邮件中说希望所有人7点钟到公司,8点钟开会,下午5点前不能离开。这封E-mail被一个员工传到雅虎网站,引起了轩然大波,因为美国文化是很反对高压管理的。结果这个公司的股价跌了很多,这名高管也因此而辞职。

分别找员工谈话无问题,发表演讲批评这一现象也可以,上网公开就不行了,尤其带有命令色彩,没有顾及场合,结果引起公司员工的反感。

3. 人际沟通的双向性

沟通双方相互依赖。如讲课,老师离不开学生,学生也离不开老师,沟通者既不是完全的单方依赖,也不是完全的独立。沟通过程是沟通双方相互间的沟通行为所构成的有机整体,是双向的互动过程。在一个完整的沟通过程中,沟通参与者几乎在同时充当着沟通者与接收者的双重角色。

请看一家公司的经理与客户的对话:

一家仓储服务公司的经理陪同一位有意向的客户参观公司的仓储库房。这位客户即将有一大批设备要暂存,她对该公司的储存设施感到满意。就在经理觉得大功即将告成之时,客户突然说:"我们要求将货物按不同生产日期分别堆放。"经理有些惊愕,因为无论按技术要求,还是取货便利,都是按货物型号种类储存更好。但他随即回答:"好的,我们会努力提供给客户一切便利。"客户满意地点点头说:"那就这么定了。非常感谢你们的理解,我已经联系过五个别的仓储公司,可他们无一例外地想劝说我们按货物型号分类储存,说这样可节省不少空间和时间。"

客户说:"我们要求将货物按不同生产日期分别堆放。"这时客户是信息的发送者。经理回答:"好的,我们会努力提供给客户一切便利。"这时,经理既是信息的接收者,又是信息的发送者。客户满意地说:"那就这么定了……"这时,客户既是信息的接收者,又是信息的发送者。客户与经理是传受双方的双向沟通者。

4. 人际沟通受情境制约

人际沟通总是在特定的时间、地点、参与者、话题、传递渠道等多种因素中进行的,这些因素就构成了沟通的情境。进一步明确地说,人际沟通方式受情境制约。

请看下面有趣的案例:

在19世纪的维也纳,上层妇女喜欢戴一种高檐帽。她们进戏院看戏也总是戴着帽子,挡住了后排人的视线。可是戏院要求她们把帽子摘下来,她们仍然置之不理。剧院经理灵机一动,说:"女士们请注意,本剧院要求观众脱帽看戏,但是年老一些的女士可以不必脱帽。"此话一出,全场的女性都自觉地把帽子脱了下来:哪个女人愿意承认自己老啊!剧院经理就是利用了女性爱美、喜欢年轻的心理特点和情感需求,顺利地说服了她们脱帽。

全场的女性为什么会自行脱帽,就是因为剧院经理的高招:女性爱美,喜欢年轻,不愿别人说她年老,这个情境因素起了作用。

二、人际沟通的原则

沟通要遵循一定的原则,只要按照沟通的原则实施人际交往,就能使你有更广的人际网络。人际沟通至少有以下四项原则。

1. 平等原则

一般来说,平等原则多指人格平等,要尊重他人的自尊心与感情,不干涉他人的私生活,不践踏他人的人身权利。人格平等就意味着人与人之间没有人身依附关系,是相互独立的。对领导而言,要礼贤下士、将心比心;对一般人而言,要以诚相见、宽厚待人。

请看20世纪40年代冯玉祥两次理发两种付费的故事:

一天冯玉祥带着卫兵到泰安县城一家理发店理发,当家的大师傅连忙打躬让座,敬烟献茶,并亲自给冯玉祥理发。理毕,冯问多少钱。大师傅赔笑说:"冯先生难得来敝店,这就算是我的一点敬意吧。"当然,这是故作姿态的客气话,而骨子里是想,按冯的身份,一定会多给钱。冯冷笑了一声,就吩咐卫兵按规定给钱。他们走后,那位大师傅望着他们的背影说:"真小气!"

过了不久,冯又来这家理发店理发。那位大师傅就只让小徒弟去为冯理发,而且跟平常给普通人理发一样,很快就理完了。冯笑眯眯地掏出一块亮晶晶的大洋交给了小徒弟。小徒弟不解其意:"怎么给这么多钱?"冯笑着拍了拍他的肩膀说:"小兄弟,因为平等待人,对待我就像对待一般的顾客一样呀!"

冯玉祥一贯主张平等待人,也希望别人像对待普通人一样来对待他,不搞特殊。这种境界是很高尚的。

再看看一位电影明星的感悟:

电影明星洛依德将车开到检修站,一个女工接待他。她熟练灵巧的双手和俊美的容貌一下子吸引了他。

整个巴黎全知道他,但这位姑娘却丝毫不表示惊异和兴奋。

"您喜欢看电影吗?"他禁不住问道。

"当然喜欢,我是个影迷。"

她手脚麻利,很快修好了车:"您可以开走了,先生。"

他却依依不舍:"小姐,您可以陪我去兜兜风吗?"

"不!我还有工作。"

"这同样也是您的工作,您修的车,最好亲自检查一下。"

"好吧,是您开还是我开?"

"当然我开,是我邀请您的嘛。"

车行驶得很好。姑娘问道:

"看来没有什么问题,请让我下车好吗?"

"怎么,您不想再陪一陪我了?我再问您一遍,您喜欢看电影吗?"

"我回答过了,喜欢,而且是个影迷。"

"您不认识我?"

"怎么不认识,您一来我就认出您是当代影帝阿列克斯·洛依德。"

"既然如此,您为何这样冷淡?"

"不!您错了,我没有冷淡,只是没有像别的女孩子那样狂热。您有您的成就,我有我的工作。您来修车是我的顾客,如果您不再是明星了,再来修车,我也会一样地接待您。人与人之间不应该是这样吗?"

他沉默了。在这个普通女工面前他意识到了自己的浅薄与虚妄。

"小姐,谢谢!您使我想到应该认真反省一下自己的价值。好,现在让我送您回去。"

一位普通的女工让影帝感到自己的浅薄和虚妄:电影演员与修理工都是为社会服务,在人格上是平等的,从服务关系的转换看,其地位也是平等的。因此,他们应当互相尊重,平等相待,好在影帝最终觉悟了。

2. 诚信原则

人人都应讲诚信,因为诚信是为人的根本,也是建立良好人际关系的基础。要想得到众人的信任,获得社会的认同,自己一定要讲诚信。诚信,具体而言,就是要守信、诚实,一旦承诺就努力兑现。

请看一位权威教授的诚实:

有一位权威教授在美国加州大学讲学,课堂上他提出了用老鼠实验的结果。此时,有一位学生突然举手发问,提出了改用其他方法实验其结果是否一样的问题。全场一下安静下来,因为科学不能靠猜测,而教授又未做过这项实验,有的人等着看教授的笑话。只见教授不慌不忙,直截了当地说:"我没有做过这实验,我不知道。"当教授"我不知道"的话语落下后,台下响起了长久的掌声。

因为,大家佩服教授敢于承认自己不知道的诚实作风和勇气。

"知之为知之,不知为不知,是知也。"一般人要承认自己"不知道"不容易,那么一位权威教授当着全体学生的面承认自己"不知道"更需要胸怀与勇气。我们对这位教授肃然起敬。

再看看一位女管家的故事:

艾梅莉是美国经济学家葛布尔莱的女管家。一次,葛布尔莱感到特别劳累,吩咐艾梅莉在自己午睡时任何电话也不要接。一会儿,白宫打来了电话。

"请找葛布尔莱,我是约翰逊。"

原来是总统的电话。

"他在午睡,嘱咐过不要叫他,总统先生。""把他叫醒,我有要紧事。"

"不,总统先生,我是替他工作,不是替您工作。"

事后,葛布尔莱向总统表示歉意,总统喜不自禁:"告诉您的管家,我要她到白宫来工作。"

葛布尔莱的管家艾梅莉接受了主人的委托,信守承诺,并且尽一切努力去办好它,即使面临压力和危险也在所不辞,这种诚信之人,不仅得到主人的信赖,也得到了总统的信赖。

3. 包容原则

"严于律己,宽以待人",只要我们待人宽厚,朋友就会有很多。我们在人际交往时,如果没有一定的容人肚量,则很难容忍别人的缺点,这样很可能给自己带来烦恼。我们要培养自己的宽阔的胸怀,将心比心,要大事清楚,小事糊涂,不斤斤计较;要谦虚待人,多发现别人的优点,与人和谐相处。

请看一位公司老总与年轻销售员的故事：

有一个年轻人，好不容易获得一份销售工作，勤勤恳恳干了大半年，非但毫无起色，反而在几个大项目上接连失败，而他的同事个个都干出了成绩。他实在忍受不了这种痛苦。在总经理办公室他惭愧地说，可能自己不适合这份工作。"安心工作吧，我会给你足够的时间，直到你成功为止。到那时，你再要走我不留你。"老总的宽容让年轻人很感动。他想，总应该做出一两件像样的事来再走。于是，他在后来的工作中多了一些冷静和思考。过了一年，年轻人又走进了老总的办公室。不过，这一次他是轻松的，他已经连续7个月在公司销售排行榜中高居榜首，成了当之无愧的业务骨干。原来，这份工作是那么适合他！他想知道，当初老总为什么会将一个败军之将继续留用呢？"因为，我比你更不甘心。"老总的回答完全出乎年轻人的预料。老总解释道："记得当初招聘时，公司收下100多份应聘材料，我面试了20多人，最后却只录用了你一个。如果接受你的辞职，我无疑是非常失败的。我深信，既然你能在应聘时得到我的认可，也一定有能力在工作中得到客户的认可，你缺少的只是机会和时间。与其说我对你仍有信心，倒不如说我对自己仍有信心。我相信我没有用错人。"我懂得了：给别人以宽容，给自己以信心，就能成就一个全新的局面。相信别人，相信自己，是对自己的最大宽容。整天耿耿于怀、担心这个、担心那个的人是不理智的。聪明的人，懂得用平和以及宽大的胸怀去接纳别人。这就是信任。

这位年轻销售员由于工作"接连失败"非常痛苦，想辞职而去；经过一年的努力拼搏，业绩"高居榜首"，成功的主要原因之一就是老总的信任与支持，老总的宽容。我们从中看到了宽容的力量。

4. 互利原则

在人际交往与沟通的过程中，双方互惠互利，能够加深双方的感情。你热情地帮助了别人，反过来别人有机会也可能帮助你；有时，帮助别人的过程，本身也是一件互惠互利的事。帮助别人要有不图回报的心态，以建立良好的人际关系。

请看一个卖房老人的故事：

有一位老人，在一个环境幽静的山谷，拥有一座占地500平方米的建筑，因受其健康状况的影响，他要卖掉房子和花园搬到养老院去。老人想将房子的价格定在30万美元。而有一位叫罗伊的警官很想买下这栋房子，可他只有30000美元，余款只能按每月1000元支付。

罗伊知道老人是出于无奈才卖房子的，老人对房子有很深的感情。于是罗伊找到老人与之商量："如果你能将房子卖给我，我保证每个月接你回来一两次，带你回到花园，坐在这儿，和往日一样，赏花散步。"老人微笑点头，双方都很满意。老人把整屋的古董家具都送给罗伊，还包括一架大钢琴。当爱的因素加进交易之中时，罗伊不可思议地赢得了经济上的胜利，更重要的是老人赢得了快乐和他们之间的亲密关系。

卖房老人与买房警官在卖房交易过程中建立了友谊，逐渐加深了感情，双方都给予了对方很多帮助，双方都收获了友谊与快乐。

三、人际沟通的策略

要进行有效的沟通,取得沟通的成效,有诸多策略,这里只介绍其中四个。

1. 充满自信

人的成长需要自信,办事需要自信,人际沟通亦需要自信。自信是发自内心的自我肯定与相信。自信的作用被越来越多的人认识。许多企业已将自信列为选拔人才的重要标准。"自信不一定成功,但没有自信肯定不能成功。"人际沟通的首要策略就是"充满自信"。

请看日本一位高才生求职的遭遇:

> 日本东京帝国大学有一高才生,毕业后报考某公司,结果落选了。他痛不欲生,寻求自杀,虽被及时救下,却在脖子上留下了深深的痕迹。被救后,家人告诉他,幸好未自杀成,他的考分是该公司第一名,只是由于计算机的错误将他删除了。这下他喜出望外,就在他正准备请亲朋好友摆酒庆贺时,又传来消息,他未被聘用就被解雇了。公司经理这样评价他:这个人知识和能力也许是第一名,但承受力太差,缺乏基本的自信。如果他来公司,一定不可能有作为的,假如公司濒临危险,他肯定是一个逃兵。我们不需要这样的人。

这位高才生求职失败的主要原因就在于他缺乏自信,承受力太差,即使"知识和能力也许是第一名",企业也不愿录用。

2. 真诚待人

真诚是良好的道德品质,是处理人际关系的前提条件。只有真诚,才能使他人放心,赢得他人的信任,别人也会对你推心置腹。在人际沟通中,一个人真诚待人,他会变得虚心,会变得热心,也因为他的虚心与热心会得到他人的接纳,能获得他人的真诚对待,有助于成就他的事业。为使自己在沟通中获得成功,应当把握真诚待人的沟通原则。

请看1962年郭沫若关怀落榜考生的故事:

> 1962年10月,郭沫若在游览普陀山"梵音洞"时,拾到一本日记,扉页上写着一副对联:"年年失望年年望,处处难寻处处寻。"横批是:"春在哪里。"
>
> 再翻一页,是一首绝命诗,并写着当天的日子。郭老看后很是焦急,急忙叫人去找。结果找到的失主是一位神色忧郁、行动失常的姑娘。经过了解,姑娘名叫李真真,参加高考三次落榜,爱情上又遭挫折,于是决心"魂归普陀"。郭老耐心地开导她,十分关切地说:"这副对联说明你有一定的文化水平,不过下联和横批太消沉了,这不好。我给你改一改,好不好?"姑娘点点头。郭老改为:"年年失望年年望,事事难成事事成。"横批是:"春在心中。"
>
> 接着郭老又挥笔写了一联:
>
> "有志者,事竟成,破釜沉舟,百二秦关终属楚。苦心人,天不负,卧薪尝胆,三千越甲可吞吴。"下面写着:"蒲松龄落第自勉联。"
>
> 李真真仔细阅读后,感到这副对联正是对"事事难成事事成"的最好注释,就请郭老题名。郭老写上"郭沫若,六二年秋"。姑娘惊喜万分,表示要永记教诲,并大胆地作诗谢郭老:
>
> "梵音洞前几彷徨,此身也欲付汪洋。

妙笔竟藏回春力,感谢恩师救迷航。"

郭沫若始终关怀祖国的下一代,将李真真视为自家的孩子,情真意切,关怀备至,感人至深。

再请看英国绅士老丘吉尔曾经的约定:

弗莱明是苏格兰一个穷苦的农民。有一天,他救起一个掉到深水沟里的孩子。第二天,弗莱明家门口迎来了一辆豪华的马车,从马车走下一位气质高雅的绅士。见到弗莱明,绅士说:"我是昨天被你救起的孩子的父亲,我今天特地过来向你表示感谢。"弗莱明回答:"我不能因救起你的孩子就接受报酬。"

正在两人说话之际,弗莱明的儿子从外面回来了。绅士问道:"他是你的儿子吗?"农民不无自豪地回答:"是。"绅士说:"我们订立一个协议,我带走你的儿子,并让他接受最好的教育,假如这个孩子能像你一样真诚,那他将来一定会成为让你自豪的人。"弗莱明答应了这个协议。数年后,他的儿子从圣玛利亚医学院毕业,发明了抗菌药物盘尼西林,一举成为天下闻名的弗莱明·亚历山大爵士。

有一年,绅士的儿子,也就是被弗莱明从深水沟里救起来的那个孩子染上了肺炎,是什么将他从死亡的边缘拉了回来?是盘尼西林。那个气质高雅的人是谁呢?他是第二次世界大战前英国上议院议员老丘吉尔。绅士的儿子是谁呢?他是著名的英国首相丘吉尔。

穷苦的农民弗莱明救起老丘吉尔的儿子;老丘吉尔约定让农民的孩子"接受最好的教育";这个孩子成了抗菌药物盘尼西林的发明人,他的药物又挽救了得肺炎濒临死亡的老丘吉尔的儿子、后来的英国首相丘吉尔。伟大的发明,响亮的名字,至今读来都觉得有趣。

3. 主动相助

主动相助,与"真诚待人"的策略相联系。我们要想在社会上立于不败之地,必须建立良好的人际关系。这就要求我们主动帮助别人,善于与他人合作。朋友越多,道路越宽。

请看周恩来总理帮助友军翻译摆脱困境的故事:

1953年,周恩来总理率中国政府代表团慰问驻旅顺的苏联军队。在他举行的招待宴会上,友军一位中尉翻译周总理的讲话时,有一个地方译错了,被我代表团一位同志听了出来,当场作了纠正。这件事,不仅使周恩来总理感到意外,也使在场的友军司令大为恼火,他马上走过去,要撕下这位中尉的肩章和领章。宴会厅里一时显得非常紧张。周恩来总理忙上前劝阻说:"两国语言要做到恰到好处的翻译是很不容易的,也可能是我讲得不够完善。"然后他又慢慢地重述了自己刚才的那段话,让翻译仔细听了,圆满地翻译出来。

周恩来总理讲完话后,在同友军将领、军官和英雄模范干杯时,特地同翻译单独干杯。友军司令和其他将领看到这一情景,在干杯时,眼里都含着热泪。深受感动的翻译更是举着酒杯久久不放。

第二年,我有关同志在某欧洲国家又碰见这位司令。他追述了这件往事,要我们的同志回国后代他向周恩来总理问好,并说他从那以后,也懂得了如何进一步爱护自己的下级。

令友军将领和翻译深受感动的不仅是因为一个大国总理为一个外国翻译解难这件事本

身,更重要的在于周恩来总理在交往过程中所表现出来的宽容与体谅,及时而有效的帮助是对翻译人格的极大尊重。这是周恩来总理高超的沟通艺术与完美人格的有机结合。

再请看出版社编辑小张喜欢吃亏的故事:

> 小张是一家出版社的编辑,文笔很好,他的工作态度更是令同事称赞。在他刚进出版社不久,社里正忙着进行一整套大书的编辑工作,每个人都很忙,领导没有增加人手,于是编辑部的人也被派到发行部、业务部帮忙。被派的同事去一两次就抗议了,只有小张很乐意地接受指派,并且常常将"吃亏就是占便宜嘛"挂在嘴上,所以大家都爱找他帮忙,连包书、送书、跑印刷厂、邮寄等工作他都干过了。两年后,小张因为业务熟悉、同事评价好被破格提到了主任的位置。他仍保持这种态度,对作者用"吃亏"换取信任,对员工用"吃亏"换取向心力,对合作单位用"吃亏"换取信誉……

小张乐于助人,不怕吃亏,认为"吃亏就是占便宜"。想一想小张的这个说法有道理,他的"吃亏"赢得了同事的尊重,赢得了领导的信任,也为自己赢得了荣誉与快乐,也可以说"吃亏是福"。

4. 善于倾听

倾听,并不是一般意义上的"听"。"听"是人们与生俱来的听见声音的能力,是人们的感觉器官对声音的生理反应;"倾听",不仅指用耳朵接收声音,而且指用眼睛观察人的表情,是一种更认真、积极的听,也可以说是用大脑去听,听出对方说话的深层含义,听出话外之音,是一种更高层次的听。

人人都希望有人倾听自己的表述,请看一件值得深思的事情:

> 在美国曾经发生这样一件事:一个美国人在圣诞节之日乘飞机赶往家里,要与家人团聚。一路上,他幻想着团聚的喜悦。可是这架飞机在空中遭遇到猛烈的暴风雨,飞机脱离航线,随时可能坠毁。空姐要求旅客将写好的遗嘱放进一个特别的口袋里。在这万分危急的时刻,飞机在驾驶员的冷静驾驶之下终于平安着陆。大家都经历了一场生死离别的体验。当这位美国人回到家将死里逃生的感觉描述给妻子听时,妻子仍兴致勃勃地与孩子分享节日的愉悦,全然不顾他,满屋子转着、跳着、喊着。男人叫喊一阵子发现没有人听他倾诉,他死里逃生的巨大喜悦与被冷落的心情形成强烈的反差,在妻子去准备蛋糕的时候,他爬上阁楼用上吊的古老方式结束了从险情中捡回的宝贵生命。

人们都希望有自己的倾听者,特别是在刚刚发生巨大喜悦或巨大的悲伤的事情之后,更希望自己的亲人来倾听自己的心声。我们无法考证这件事的真伪,然而从一个侧面可以看出倾听的重要性。

周恩来总理最善于倾听,也最善于巧妙地回答,请看一例:

> 一位美国记者在采访周恩来总理的过程中,无意中看到周恩来总理桌子上有一支美国产的派克钢笔。那记者便以带有几分讥讽的口吻问道:"请问总理阁下,你们堂堂的中国人,为什么还要用我们美国产的钢笔呢?"周恩来总理听后,风趣地说:"谈起这支钢笔,说来话长,这是一位朝鲜朋友的抗美战利品,作为礼物赠送给我的。我无功不受禄,就拒收。朝鲜朋友说,留下做个纪念吧。我觉得有意义,就留下了这支贵国的钢笔。"美国记者一听,顿时哑口无言。

这位美国记者的本意是想挖苦周恩来总理:你们堂堂中国人怎么连好一点的钢笔都不能生产,还要从我们美国进口。周恩来总理听出了他的恶意,立即针锋相对给予有力回击,让这位记者颜面丢尽。

四、人际沟通的层次

人际沟通是有层次的。人际沟通的能力有强弱之分、高下之分。就人际沟通能力而言,可分为三个层次:沟而不通;沟而能通;不沟而通。

1. 沟而不通

沟而不通的原因很多:或者在沟通方,不主动,不善于沟通;或者在沟通的另一方,无沟通的意愿,比较固执听不进意见;或者沟通场合不对,条件尚不成熟,等等。

请看太太催着先生接电话的故事:

先生一进家门,太太就急着对先生说:"有三个电话,赶快去回。"先生就一肚子火,心想:"我辛苦了一天,让我休息一下不好吗? 电话比我的命还重要吗?"只是一句话就不高兴了,没好气地说:"你就不会接?"于是下一次有电话也不敢跟先生讲,先生回家坐在沙发上,一看茶几上有三个号码,问太太:"这是什么?""三个电话。""这么重要的电话都不跟我讲,你人在家跟没在家一样?"他又火了。于是太太就觉得先生修养不好,先生觉得太太根本不像个太太,该讲的话不讲,不该讲的话拼命讲。这到底是谁的错?

太太催先生接电话,先生发火;太太不敢对先生讲,写纸条告之,先生又发火。太太左右为难,无法与先生好好沟通,结果互相指责。

再看另一对夫妻沟通方式的趣事:

一对夫妻有天闹不和,打算各睡各的,互不讲话,有事写纸条。

晚上,丈夫给妻子留了一张纸条,上写:"明天我有个会议,早上7点叫我。"然后放在妻子的床头边。第二天,丈夫醒来一看,已经8点了。他非常气愤,跑去质问妻子,但是发现妻子早已经出去了。他没办法,又回到卧室,发现枕边有一张纸条,写着:"死鬼,都7点了,还不起床。"

丈夫不说话,用纸条沟通;妻子亦不说话,亦用纸条沟通,可惜误事了。这是沟而不通的典型事例之一。

2. 沟而能通

沟而能通,比沟而不通进了一步。或者沟通双方都有沟通的意愿,或者双方都有沟通的善意,或者双方的语言表达得体,或者双方都兼顾说话的场合等,为有效沟通创造了条件。

请看一个年轻人问路的案例:

过去有这样一个故事:有个年轻人骑马赶路,眼看已近黄昏,可是前不着村,后不着店。正在着急,忽见一位老汉从这儿路过,他便在马背上高声喊道:"喂! 老头儿,离客店还有多远?"老人回答:"5里!"年轻人策马飞奔,急忙赶路去了,结果一气跑了十多里仍不见人烟。他暗想,这老头儿真可恶,说谎骗人,非得回去教训他一下不可。他一边想着一边自言自语道"5里,5里,什么5里!"猛然,他醒悟过来了,这"5里"不是"无礼"的谐音吗?于是调转马头往回赶,追上那位老人,急忙下马,亲热地叫"老大爷!"话没说完,老人便说:"客店已走过头了,如不嫌弃,可到我家一住。"

年轻人骑马赶路,对老人无礼,老人指错路;年轻人反思改错,热情称呼"老大爷",老人热情款待。可见沟通礼仪多么重要。

再看一位父亲对女儿成长烦恼的指引:

  一个女儿对父亲抱怨她的生活,抱怨事事都那么艰难。她不知该如何应付生活,想要自暴自弃。她已厌倦抗争和奋斗,好像一个问题刚解决,新的问题就又出现了。

  她的父亲是位厨师,他把她带进厨房。他先往三口锅里倒入一些水,然后把它们放在旺火上烧。不久锅里的水烧开了。他往第一口锅里放些胡萝卜,第二口锅里放只鸡蛋,最后一只锅里放入碾成粉末状的咖啡豆。他把它们浸入开水中煮,一句话也没有说。

  女儿咂咂嘴,不耐烦地等待着,纳闷父亲在做什么。大约20分钟后,他把火关了,把胡萝卜捞出来放入一个碗内,把鸡蛋捞出来放入另一个碗内,然后又把咖啡倒进一个杯子里。做完这些后,他才转过身问女儿:"亲爱的,你看见什么了?""胡萝卜、鸡蛋、咖啡。"她回答。

  他让她靠近些,并让她用手摸摸胡萝卜。她摸了摸,注意到它们变软了。父亲又让女儿拿起那只鸡蛋并打破它,把壳剥掉后,她看到的是只煮熟的鸡蛋。最后,他让她喝了咖啡。品尝了香浓的咖啡,女儿笑了。她怯生生地问道:"父亲,这意味着什么?"

  父亲说:"这三样东西面临同样的逆境——煮沸的开水,但其反应各不相同。胡萝卜入锅之前是强壮的、结实的,毫不示弱;但进入开水之后,它变软了,变弱了。鸡蛋原来是易碎的,它薄薄的外壳保护着它液体状的内脏。但是经开水一煮,它的内脏变硬了。而粉状咖啡豆则很独特,进入沸水之后,它们倒改变了水。""哪个是你呢?"他问女儿,"当逆境找上门来时,你该如何反应?你是胡萝卜,是鸡蛋,还是咖啡豆?"

多么高明的父亲,对女儿的指导充满哲理,女儿自然深受启发。这是沟而能通的典型案例。

3. 不沟而通

不沟而通,又比沟而能通进了一层。这是一种高超的沟通艺术。中国人讲究人与人之间的默契,高度的默契就是不沟而通。有时人们不需要说话,只用眼神、动作就能传情达意,双方心知肚明就达成默契。

请看一位董事长为关窗开窗伤脑筋的事情:

  有一次,董事长主持会议,由于他十分重视这次会议的品质,因而对上级贵宾喜不喜欢打开窗户非常介意。打开窗户,恐怕外面的嘈杂声音会传进来,使得上级贵宾不耐烦;关闭窗户,又怕空气不够流通,影响上级贵宾的情绪。只要窗户的开启或关闭不合上级贵宾的意思,就可能降低会议的成果。他没有办法直接问上级贵宾要不要把窗户关起来或者让它打开着,因为问了等于白问,上级贵宾大多这样回答:"随便,都可以。"上级贵宾并不是没有主见,也不完全是客气,而是一旦回答得太肯定,大家会传话出去:"好官僚,一定要把窗户关上,根本不管大家的感受。人那么多还要关窗户,真不知道是怎么想的。"或者"官僚十足,董事长问他要不要关上窗户,他毫不客气地下命令:不用。打官腔打惯了,对谁都改不了,真是可怕。"无论怎样回答,对上级贵宾都很不利。

董事长只要用眼睛看着那位有良好默契的干部某甲,某甲就会自行思索:"有什么事情要我做呢?"他知道此时此地不宜发问,其实也用不着开口,他看看周遭的事物,想想可能的状况,很快就体会出董事长的用意,站起来走过去把窗户关好。由于不是出自董事长的指示,上级贵宾才敢告诉某甲:"不要关,开着比较好。"某甲回答:"对,对,开着空气更流通。"把董事长心中的疑虑一扫而空。

董事长为开窗关窗的事左右为难,用眼神示意手下干部某甲,某甲心领神会,见机行事,难题得到了圆满的解决,这就是高度的默契——不沟而通。

五、人际沟通的真谛与途径

1. 沟通的真谛

沟通的真谛是:

当与小孩沟通时,不要忽略了他的"纯真";

当与少年沟通时,不要忽略了他的"冲动";

当与青年沟通时,不要忽略了他的"自尊";

当与男人沟通时,不要忽略了他的"面子";

当与女人沟通时,不要忽略了她的"情绪";

当与主管沟通时,不要忽略了他的"权威";

当与老人沟通时,不要忽略了他的"尊严"。

2. 沟通的有效方法

著名学者帕金森研究出与他人沟通最有效的十种方法,人们称之为"帕金森定律"。

(1) 与人沟通永远不嫌弃。不要因为害怕对方可能的反应,以致迟迟不敢沟通,要知道,因为未能沟通而造成的真空,将很快充满谣言、误解、废话,甚至仇恨。

(2) 在沟通的过程中,知识并不一定永远是智慧;仁慈不一定永远是正确;同情不一定永远是了解。

(3) 负起沟通成功的全部责任。作为聆听者,你要负起全部责任,听听其他人说些什么;作为说话者,你更要负起全部责任,以确定他们能够了解你在说些什么。绝对不能用一半的心意来对待与你有关的人,一定要有百分之百的诚心。

(4) 用别人的观点来分析你自己。把你想象成你的父母、你的配偶、你的孩子和你的下属。想象你走进一间办公室时,陌生人会对你产生什么印象?为什么?

(5) 听取真理,说出真理。不要让那些闲言闲语使你成为受害者。记住,你向外沟通的都是你的意见,也都是你根据有限的资料来源得到的印象。

(6) 对你听到的每件事,要以开放的心态加以验证。不要存有偏见,要有充分的分析能力,对真相进行研究与检验。

(7) 对每个问题,都要考虑到它的积极面与消极面,追求积极的一面。

(8) 检讨一下自己,看看是否能够轻易和正确地改变你扮演的"角色":从严肃的生意人,变成彬彬有礼的朋友、父母,变成知己或老师。

(9) 暂时退出你的生活圈子,考虑一下,究竟是哪种人吸引你?你又要吸引什么样的人?他们是不是属于同一类型?你能否吸引胜利者?你所吸引的人是否比你更为成功?为什么?

(10) 使用神奇的"轻抚"。今天、今晚就对你心爱的人伸手轻抚;在明天、在今后的每一天,都要这样做。

思考与训练

1. 沟通的含义是什么?沟通的特征有哪些?对"沟通的动态性"怎样理解?试具体分析。

2. 人际沟通有哪些基本原则?有哪些基本策略?你认为人际沟通还有什么策略?试举例说明。

3. 人际沟通的能力可分为哪三个层次?"不沟而通"是最高层次吗?试列举日常生活中"不沟而通"的实例,并进行具体分析。

4. 恋爱分手的事是经常发生的,应该怎样进行自我调适,应该抱有怎样的心态?李达为何失败?王凯为何能渡过难关?请具体分析。

一个朋友李达,25岁,风度翩翩、英俊潇洒。有一天,他女朋友说:"李达,我们分手吧。"听到"分手",李达心里非常难受,自言自语:"我怎么这么倒霉?她为什么不要我了?为什么我不如别的男人?为什么我从小就被别人抛弃?我被抛弃8次了,现在已经是第9次了,到底我还要被抛弃多少次?"李达越想越难受,给自己一巴掌,于是带着伤心的心情去酒吧喝酒,盯着临桌的一个女孩说:"来,喝酒,干杯,你长得好难看哦,哈哈。"结果上来一男的拉起小李的衣服就打,说欺负他女朋友,暴打一顿后把小李扔出去了。

另一个朋友王凯善于自我沟通,也经历了与女朋友分手的经历,但是处理方式却截然不同。与女朋友分手时,王凯开始问自己:"我是不是最棒的?是的,我是最棒的!她抛弃我是她的损失,我只是少了一个不爱我的人,她却少了一个爱她的人,我根本没有损失,而且我得到什么好处呢?我自由啦!我可以找到一个更好的,我可以找到一个更爱我的人!"回到家里他开始照镜子,穿衣服,系领带,整头发,擦皮鞋,非常自信。到酒吧去喝酒,王凯跟一位漂亮的女孩说:"可以跟你喝杯酒吗?"那女孩答应了。王凯又说:"可以跟你跳个舞吗?"那女孩又答应了。就这样王凯结交了这位漂亮的女友,半年后他们俩步入了婚姻的殿堂,过着幸福快乐的日子。

5. 我们在本章的讨论中谈到人际沟通的原则,有一个宽容原则,要多看他人的优点,包容他人的缺点,要学会与他人友好相处。下列案例中,大壮的人生发展为什么顺利?小壮为什么不顺利?他们的父亲认识很正确,为什么不能早早采取纠正措施而任其发展呢?请谈谈你的看法。

一位教师有两个儿子,老大叫大壮,老二叫小壮,年龄相差3岁。大壮小时候就是个孩子王,喜欢交朋友,身边不乏玩伴。上了小学,每次放学回来都要和父亲唠叨学校里发生的事情,说某某同学怎么聪明,怎么好,还给爸爸讲一些好的相关的小故事。小壮小时候常一个人玩,不是和小伙伴吵嘴就是打架,身边没有什么朋友,上学回来说的是学校里哪个学生如何坏,自己又跟谁打架的事情。

这位父亲感叹地说:"俗话说'三岁看大,七岁看老',我这两个孩子,看现在的状况,就可以预料他们以后的发展。大壮能够看到别人的优点,能够不断地欣赏别人,他的人际关系将来一定很好,周围会有很多追随者,现在小伙伴愿意和他交朋友,以后的人生发展也一定会很好。小壮认为人家这个不行、那个坏,每天不是吵嘴就是打架,经常有孩子来告状,他这样下去不会有真正的好朋友,不会发展出很好的人际关系,以后的人生发展前途渺茫。"

兄弟俩同时大学毕业,分配到两个不同的学校任教。如今,兄弟俩都进入不惑之年,大壮事业、人生发展非常顺利,现任某大学的主要领导,家庭生活也很幸福;小壮还在某所学校教书,人际关系紧张,还经历了一次失败的婚姻。

6. 在人际沟通中,你要想解决棘手的问题,有一条"黄金法则"可以帮你的忙:"你希望别人怎么对待你,你就怎么对待别人。"我们要学会换位思考,首先要认真了解别人的需要。从下文中,你能受到什么启发?

不久前,某乡某村因农民负担过重引发了群体事件。为了及时调解矛盾,安抚村民,县委、县政府决定派一支特别工作组进驻该村。可是,在研究落实工作组人选问题上碰到了难题:派谁去合适呢?张三不行,他虽然在该乡工作过一届,但临走时硬是被群众点着鼻子骂;李四怎么样?也不行,他在那里工作三年,农民群众对他的告状信就有半麻袋。挑来挑去好不容易找到几个与当地群众关系好的,我也荣幸地被选为工作组成员之一,县委主要领导还赋予我尽可能答复群众提出的一切合理要求的权力,真可谓"受命于危难之际"。

经过一天一夜的努力工作,我们先后倾听了数十名群众的怒言怨语,本着能答复的立即答复,不能答复的做耐心细致的解释工作的原则,最后终于达成一致。末了,几个群众代表异口同声地说:"袁会计,今天若不是你,他们哪个来也与我们谈不到一块儿。"接着面对县委书记说:"如果你们这些领导干部都能像他这样就好了,这样的事也就不会发生了。"

事后,县委书记感慨地问我:"那些村民为什么都听你的?"我纠正说:"不,应该说首先是我听他们的。"

十多年前,我曾在那个乡担任过会计,有一次去这个村收缴公购粮折征款,走村串户了解实际情况后,得知十余户农民家庭存在各种各样的困难,我一一记在本子上,并要求他们分别向公社写出要求困难补助的申请报告,回来后如实向公社党委作了详细汇报。几天后的一个上午,我怀揣着280元困难群众补助款徒步十多公里去给他们分发。走到半路上,老天突然下起大雨,到了村里我已成了落汤鸡。当我把十几元、二十几元不等的钱一户户送到他们手里时,他们真是感激不尽。后来,那个乡每年我都要去几次。有一回碰到一位姓裴的,他的小孩患无名疖毒,花了不少钱却治不好,上学都去不了,一家人急得没有了主张。我用祖传的草药单方给他的孩子外敷后,仅过了三天就痊愈了。此外,我还将秘方告诉了他,让他在村里广而告之。有一次我又碰巧去那村,为他们村打赢了一场与邻县发生的山林纠纷的官司,他们赞叹地说:"几十年的山林纠葛,你两天时间就给扯清了。"

第二章 口才助你成功
——语言沟通

人际沟通的基本形式可分为语言沟通与非语言沟通。语言是维系人际关系的纽带,是人际沟通的基本工具。语言沟通可分为有声语言沟通和书面语言沟通,前者包括交谈、讲课和演讲等,后者包括书信、书籍、短信、微信、微博等。有声语言是沟通的主要手段;本章探讨语言沟通,侧重有声语言沟通。

第一节 语言沟通的原则

前面,我们讨论了人际沟通的原则,包括平等原则、诚信原则、包容原则和互利原则等。这里我们仅从语言表达的视角来讨论语言沟通的原则,可分为目的原则、得体原则和情感原则。

一、目的原则

语言表达是一种有意识的社会实践活动,无论是交谈、演讲、论辩,还是采访、谈判、授课、问诊,乃至聊天、开玩笑,都是为实现一定的交际目的而进行的。语言表达目的的实现,要做到以下三点。第一,要求做到目的明确。只有目的明确,才会话由旨遣,才知道应该准备什么话题和资料,采取哪些技巧和方法,表现何种语言风格,从而做到有的放矢、临场从容、机智应变。第二,善于把握时机,恰当应对。在语言交际过程中,具有明确的目的和坚定的信念,就会准确地把握时机,采取恰当的语言策略表达自己的意图,就会在语言表达时神态自若,思路开阔,思维敏捷,记忆准确,兴奋与抑制处于最佳状态,做到得心应手,左右逢源,产生较强的感染力与说服力。第三,能够机智灵活,顺势调控。在语言表达过程中,要根据现场的具体情况而机智灵活地加以控制、调节,顺势调控,使自己的语言表达取得最佳的效果。

请看在 1936 年"西安事变"的关键时刻,周恩来是怎样说服杨虎城将军部下放弃"杀蒋"的主张的:

> 1936 年,"西安事变"爆发后,杨虎城将军的一些部下强烈要求杀掉蒋介石。周恩来同志为了实现中共"和平解决西安事变"的政治主张,达到"迫蒋抗日"的目的,就去做这些军官的思想工作。周恩来对他们说:"杀他还不容易,一句话就行了。可是杀了他还怎么办呢?局势会怎么样呢?日本人会怎么样?国家和民族的前途会怎么样?各位想过吗?这次捉了蒋介石,不同于十月革命逮住克伦斯基,不同于滑铁卢擒拿了拿破仑。前者是革命胜利的结果,后者是拿破仑军事失败的悲剧。现在呢?虽然捉住了蒋介石,可并没有消灭他的实力,在全国人民抗日高潮的推动下,加上英美也主张和平解决'西安事变',所以迫蒋抗日是可能的。我们要爱国,就要从国家的民族利益考虑,不计较个人的私仇。"

最后这些军官终于被周恩来说服了。

周恩来的说服工作均是围绕"迫蒋抗日"的目的进行的。周恩来的这一说服过程有以下几个主要步骤:首先,他用"杀他还不容易,一句话就行了"稳住军官们的情绪,达到控制场面的目的;接着,连提5个问题,引起军官们的思索,这既可以使军官们冷静下来,又为下一步作了铺垫;然后,他把捉蒋所面临的国内外政治形势与十月革命活捉克伦斯基和欧洲反法军队在滑铁卢生擒拿破仑所面临的政治形势进行深刻的对比,指出三者的重大区别,在此基础上,分析了逼蒋抗日的可能性和合理性;最后,他通过阐明爱国的真正含义,表达了他对军官们的希望,激发他们做真正的爱国者,说服圆满成功。

再请看周恩来另一个有趣的故事:

1954年周恩来总理出席日内瓦国际会议,为了向外国人宣传中国人并不好战,决定为外国记者举行电影招待会,放映越剧片《梁山伯与祝英台》。为使放映达到理想的效果,工作人员准备了一份长达16页的说明书送给周恩来看。周恩来看后批评说:"这是不看对象,对牛弹琴。"工作人员不服,说:"给洋人看这部电影,才是对牛弹琴呢!"周恩来说:"这就要看你怎么弹法,你要用上十几页的说明书去弹,那是乱弹。我换个弹法,只要你在请柬上写一句话:'请你欣赏一部彩色歌剧电影:中国的《罗密欧与朱丽叶》。'"果然,这一改赢得了外国人的赞赏。

周恩来确实是设身处地为外国记者着想,达到了我们的沟通目的,取得了神奇的沟通效应。

二、得体原则

得体,是语言表达的最高原则,因为只有话语得体,才能实现交际目的,才能取得圆满效果。语言表达的得体,概括地说,是话说得适当、妥帖、恰到好处,即适时、适情、适势、适机、适人,一切都适度、恰当;具体地分析,则"得"为"适合","体"为"语体",即适合特定语体之意。

遵循得体原则应做到以下三点。第一,适合身份,表达者应把握准自己的身份、地位和文化修养所形成的形象和客观的要求。第二,适合对象,即适合交际对象的心理、文化水平、独特性格和特定的人际关系。第三,适应语境,即切合特定的社会文化背景、自然环境,切合特定的时间、地点、场合和语言环境。

请看英国维多利亚女王深夜回家敲门的趣事:

英国著名的维多利亚女王,与其丈夫相亲相爱,感情和谐。但是维多利亚女王乃是一国之王,成天忙于公务,出入于社交场合,而她的丈夫阿尔伯特却和她相反,对政治不太关心,对社交活动也没有多大的兴趣,因此两人有时也闹些别扭。有一天,维多利亚女王去参加社交活动,而阿尔伯特却没有去,已是夜深了,女王才回到寝宫,只见房门紧闭着。女王走上前去敲门。房内,阿尔伯特问:"谁?"女王回答:"我是女王。"门没有开,女王再次敲门。房内阿尔伯特问:"谁呀?"女王回答:"维多利亚。"门还是没开。女王徘徊了半晌,又上前敲门。房内的阿尔伯特仍然是问:"谁呀?"女王温柔地回答:"你的妻子。"这时,门开了,丈夫阿尔伯特伸出热情的双手把女王拉了进去。

女王第一次回答"我是女王",这个称谓表现的是她乃一国之君的身份,这个身份属于国家,属于臣民,它是权力和威严的象征,但不属于家庭,不属于阿尔伯特,当然敲不开门了。女王第二次回答"维多利亚",这个称谓虽比"女王"柔和些,且少了一种高高在上的感觉,但"维多利亚"只是个姓氏,它适合维多利亚整个家族,并不只属于阿尔伯特,没有体现出"一家一妇"的身份和夫妇的亲密关系,所以也没有敲开门。第三次回答"你的妻子",称谓体现了她作为一个家庭成员的身份,没有丝毫的"行政干扰",完全符合维多利亚女王回到家中的身份,所以她敲开了门,也敲开了丈夫的心扉。

即使是高高在上的女王,在家庭沟通中也得注意称呼,摆正自己的位置;否则,就会形成沟通障碍。

再请看美国前总统里根闹出的一个大笑话:

1984年8月11日,里根在他的私人农场度假。按计划他要在那里发表一篇关于经济问题的讲话,美国的许多记者赶往农场去采访。当电视广播记者还在做播音前的准备工作时,里根突然凑到扩音器前说:"亲爱的美国同胞们!我高兴地告诉你们,我刚刚签署了一项法律,宣布俄国人永远不受法律保护,5分钟以后开始轰炸俄国。"在场的记者们顿时目瞪口呆,正要发问时,里根摇了摇脑袋笑了起来。记者们这才明白,里根是在试麦克风。但是里根的几句玩笑,已被录在哥伦比亚电视台的录像磁带上。虽然白宫官员宣布,总统刚才的讲话不供发表,电视台的记者也答应不播放、不转让这段录音录像,但是甘尼特通讯社的一名女记者德鲁洛伊认为,白宫官员"不供发表"的说法是针对电视台说的,不包括文字记者在内。于是甘尼特通讯社播发了里根的"国际玩笑",结果引起国内外一片轰动。接着美国两家电视台又播放了里根讲话的录像。事情越闹越大。苏联的塔斯社受权发表声明:"谴责美国总统里根对苏联空前的敌视行为。"西欧国家驻美使节纷纷走访白宫,希望美国节制,不要把事情闹大。美国一些报纸也指责里根"开这种玩笑很不适当"。正在和里根竞选下届总统的民主党人蒙代尔也乘机攻击里根说:"他的玩笑很不得体。"此时里根在国内外一片谴责声中,被迫发表谈话说:"我当时并没有想在5分钟后轰炸苏联。这是一句玩笑话。"

平民百姓开出这样的"国际玩笑",人们可以不以为然,而处于"总统"这一角色地位的人,"出言不慎"必然会弄得沸沸扬扬,难以收场。中国有古训:"一言可以兴邦,一言可以丧邦。"在处理国际事务中,国家元首要牢记自己的"角色身份",做到出言谨慎,怎么能在新闻媒体面前胡言"5分钟以后开始轰炸俄国"?里根总统的这个"国际玩笑"未免开得太大了,这完全不符合自己的总统身份。

三、情感原则

人是有感情的动物,对感情尤为敏感;而语言所负载的信息,除了理性信息之外,还有情感信息。这种情感信息的内涵十分丰富,其功能不仅是要诉诸人的理智,而且是要打动人的情感。

在人际交往中,话语饱含情感,就会在传递信息、思想的同时产生言语魅力,产生感染作用,从而取得圆满的交际效果。

语言表达中情感原则的展现,主要有以下三种途径。第一,尊重谅解。它不仅表现出说话者文明礼貌有教养,更重要的是能够缩短情感距离,贴近乃至调和双方的关系,营造出"亲如一家"的融洽氛围。第二,声中蕴情。说话者利用语音(语气、语调和节奏)的传情性来表达丰富多彩的情感。第三,话语真诚,即言语内容饱含真情实感。在语言表达中,只有真诚的心灵与情感,才能发出磁石般的吸引力,才能唤起听众的热诚,产生撼人的力量。话语真诚表现在:语词选用情感分明,内容表述情真意切。

李准是20世纪五六十年代的著名作家,写作有很高水平,语言有很强的感染力,下面就是导演谢添与他"打赌"的故事:

作家李准有句自负而又夺人的妙语:"没有几下绝招,难得当个作家!我的看家本事是:三句话叫人落泪,三分钟进戏,把读者的心放在我手心里揉,叫他噙着眼泪还得笑!"此话传开去,叫人不服。

时逢"常香玉舞台生涯五十周年庆祝会",文艺界名流齐来祝贺。专好插科打诨的电影导演谢添一把拉住李准说:"李准,我想当众试试你!你说三句话,能让常香玉哭一场,我才服你!"

李准皱皱眉,看看众人,摊摊手为难地对常香玉说:"香玉,你看看老谢!今天是你大喜的日子,他偏偏让你哭,这不是难为人吗?"

常香玉说:"你今天能让我哭,算你真有本事!"

谢添说:"或者签字认输也行!"

李准依旧为难地说:"香玉,咱们能有今天,老不容易啊,论起来,你还是我的救命恩人哩!我十来岁那年,跟着逃荒的难民群到了西安,眼看人们都要饿死了,忽然有人喊:大唱家常香玉放饭了,河南人都去吃吧!哗——人们一下子都涌去了!我捧着粥,泪往心里流。想,日后见了这个救命恩人,我给她叩个头!哪想到'文化大革命'中,你被押在大卡车上游街……我站在一边,心里又在流泪,我真想喊一句,让我替替她吧,她是俺的救命恩人哪——"

"老李!你……别说了!"

常香玉猛然打断李准的话,捂住脸,转过身,满脸泪水滚下来,把手绢打湿了。

大厅里没有一点声息。众人望着李准,沉浸在他讲的故事里,忘记了这里在打赌,连谢添也轻轻吸了一下鼻子……

李准之所以能说哭常香玉,关键是把握了一喜一悲情感的两个极点以及由此形成的鲜明对比而产生的情感共鸣效应,具有直接刺激作用的"泪往心里流"和"心里又在流泪"起到了推波助澜的作用。李准小时候逃难在饥寒交迫之中,大唱家常香玉放饭了,是救命恩人,李准感激得"泪往心里流";"文化大革命"中本欲思恩图报,可再次见到却是被押在大卡车上游街、"坐飞机",恩人备受摧残之时,李准悲痛得"心里又在流泪"。不堪回首的往事,凄惨的遭遇,真挚的感情,怎不叫常香玉泪流满面?李准针对常香玉特有的心理体验所进行的带有强烈感情色彩的描述,产生了极大的感染力,真无愧于他那句自负而又夺人的妙语!

▶ 第二节 言语沟通 ◀

言语是语言的运用。言语沟通的方式与方法很多,这里着重讨论其中的四种技法,即交谈技巧、问答技巧、赞美技巧和拒绝技巧。

一、交谈技巧

交谈是指人们借助一套共同的言语沟通规则来交流思想情感的双方或多方的言语活动。人们交谈的目的主要有三：一是获取信息，即所谓"与君一席谈，胜读十年书"；二是改善情绪，即所谓"一个幸福两个人分享则是两个幸福，一个痛苦两个人分担则是半个痛苦"；三是调节行为，即所谓"当事者迷，旁观者清"。我们要学会交谈，善于说话，准确自如、恰到好处地表达自己的思想、感情、意图，做到言之有物、言之有序、言之有礼、言之有趣，使接收者产生愉悦反应，增强说话的说服力与感染力。

请看一个青年向老中医讨教针灸技巧的故事：

有个青年想向一位老中医求教针灸技巧，为了博得老中医的欢心，他在登门求教之前作了认真细致的调查了解：他了解到老中医平时爱好书法，遂浏览了一些书法方面的书籍。起初，老中医对他态度冷淡，但当青年人发现老中医案几上放着书写好的字幅时，便拿起字幅边欣赏边说："老先生这幅墨宝写得雄劲挺拔，真是好书法啊！"对老中医的书法予以赞赏，促使老中医产生愉悦感和自豪感。接着，青年人又说："老先生，您这写的是唐代颜真卿所创的颜体吧？"这样，就进一步激发了老中医的谈话兴趣。果然，老中医的态度转化了，话也多了起来。接着，青年人对所谈话题着意挖掘、环环相扣，使得老中医精神大振，谈锋甚健。终于，老中医欣然收下了这个"懂书法"的弟子。

本来，老中医对这个青年态度冷淡。但青年从称赞老中医的书法入手，点出颜体，激发老中医的谈话兴趣，促使老中医的态度大改变，乐意收徒。转变的关键之一是选择共同话题接近对方，取得成功。

再看抗战胜利后张大千向梅兰芳敬酒的趣事：

抗战胜利后的一天，上海一幢公寓里发出阵阵欢笑，原来，画家张大千要返回四川，他的学生为他饯行，梅兰芳等名流也到场作陪。宴会开始时，张大千向梅兰芳敬酒，说："梅先生，你是君子，我是小人，我先敬你一杯！"众宾客都愣住了，梅兰芳也不解其意，笑着询问："此话作何解释？"张大千笑着朗声答道："你是君子——动口；我是小人——动手！"满堂来宾，笑声不止，宴会气氛一下子活跃起来。张大千简单的祝酒词能取得如此好的效果，原因就在于他能巧妙地引用"君子动口不动手"这一俗语，真是一语双关，妙趣横生，为宴会增添了热闹而幽默的气氛。

这是"言之有趣"的案例。张大千妙用俗语，一语双关，妙趣横生，幽默风趣之至。

在日常生活中也不乏幽默风趣的案例，请看：

常在小区活动室玩牌的老王好久没来了。这次一来，牌友老孙就问："老王啊，怎么这几天都没看见你啊？"

老王一脸的严肃，说："别提了，我被'双规'了！"

老孙吓一跳，问："啊？怎么回事儿？贪污了？"

老王一笑，说："哈哈，我儿子、儿媳妇找我谈话喽，宣布我必须在规定时间、规定地点接送小孙子上幼儿园。"

众人这才明白,哈哈大笑。气氛一下子变得轻松融洽。

人生不如意事十之八九,如果总是唉声叹气,生活必然一片灰暗;如果换一种心态,调侃一下生活,就会显得诙谐有趣,觉得生活充满阳光。老王确实善于表达,说话水平已上较高层次。

二、问答技巧

提问与回答,均是获得信息的一种手段,是言语沟通的重要内容;恰到好处地提问与回答,有利于推动谈话的进展,可以促进沟通的成功。

要学会提问。提问可以帮助了解更多、更准确的信息,可以把一个没有兴趣的听众变成一个积极的参与者。提问的类型很多,有直接型提问、委婉型提问、协商型提问、限定型提问、假设型提问和激将型提问等。想要提得巧,就必须善于捕捉信息,把握好时机,掌握恰当的提问方式。

要巧妙回答。回答是为了很好互通信息,将自己的想法与不满,借助别人提问的机会巧妙地表达出来,或者对对方提出的问题给予回答,以达到加深情感、解决问题、提升沟通质量的目的。回答的类型很多,有直接回答、间接回答、以问代答、答非所问和诡辩而答等。要善于回答,力争巧妙回答。

被誉为"中国青年政治思想教育艺术家"的刘吉与青年的对话,可以说达到了炉火纯青的地步。我们听他的报告或讲话录音时,就会发现会场里总是笑声满堂、掌声不断。可见刘吉的演讲一定是幽默而风趣的。这里我们引用几段:

问:您是怎样一下子成了党委书记的?

答:我是先成为共产党员,然后才成为党委书记的,不是一下子,而是两下子。

问:我看到周围的人都自私自利。您认为这是不是事实?

答:认为人人正直,那是愚蠢,认为周围根本就没有正直的人,那就尤其愚蠢。

问:因为我看透了别人,所以我现在只考虑自己,您说我这样做对吗?

答:不对。就因为您只考虑自己,所以才看透了别人。

问:有人说跳迪斯科,扭屁股是颓废,您同意吗?

答:我不同意。中国新疆舞可以扭脖子,蒙古舞可以扭肩膀,为什么迪斯科不可以扭屁股呢?不都是扭身上的一部分吗?

问:您怎样看待那些以"短平快"手法赚大钱的人?

答:可以"高点强攻",也可以"短平快",我看只要不犯规就行。

问:现代化大生产运用的是高等知识,为什么还要我们补习初中课程呢?

答:有一个笑话说:一个人在吃第五个烧饼时饱了,他说,早知如此,何必吃前四个呢?

问:实行厂长责任制以后,在工厂里是厂长大还是书记大?

答:您最好回家问问,在你们家是您的爸爸大,还是您的妈妈大。

问:您怎样对待老大难问题?

答:老大难,老大难,老大去抓就不难。

问:您喜欢青年留什么样的发型?

答:发型要因各人的头的大小、脸形的方圆长短,以及男女性别而异,决不可以千头一律。

问：您对您的直接顶头上司是什么态度？
答：不阿谀奉承，不溜须拍马，也不背后说他的坏话，我是"三不主义"。
问：有的青年穿着非常入时，可说话非常脏，怎么解释？
答：这叫形式与内容不统一。

答问是一种用途广泛、易问难答的口语交际形式。在答问中，问者处于主动、制约地位，其提问内容广泛、形式多样，具有突发性、意外性和临场性等特点；而答者处于被动、受制的地位。要作出迅速、准确、严谨、巧妙的回答，不仅要有严密的思维和敏捷的反应能力，而且还要善于运用多种言语交际的艺术。对话中的提问，提得直接，提得尖锐，有水平。现在，仅从回答来探讨。刘吉的回答，从答问的方式上看，用了分答（把复杂问题或复合问题进行分解，分别作出不同的回答）、拈答（紧接问话中的词句，利用拈连手法，对原话加以引申或稍作变动，以作出回答）、征答（引用名言、谚语、寓言等来作答）和喻答等。从交际方法和策略上看，有巧妙回避，有坦诚相对，有溯因解释等，针对不同的问题，采用了不同的表达方式，或严肃，或轻松，或精确，或模糊，或抽象，或具体，或坦率，或委婉，大都恰到好处。

再请看一位中国外交官与一位美国小姐的对话：

顾维钧是中国外交界的耆宿，25岁就获美国哥伦比亚大学法学博士学位。他在担任驻美公使时，有一次参加各国使团的国际舞会，与他共舞的美国小姐突然发问："请问，你喜欢美国小姐，还是中国小姐呢？"这个问题看似简单，其实不易回答。如果说喜欢中国小姐，就得罪了美国小姐；若说喜欢美国小姐，不仅有违心意，且会导致麻烦。顾略加思索后笑道："无论是中国小姐还是美国小姐，只要喜欢我的，我都喜欢。"顾维钧的回答有两点值得注意之处：其一是把抽象的单方面的喜欢变成了具体的、有限制条件的双方相互之间的喜欢；其二他用一个充分条件假言判断代替美国小姐的不相容选言判断，避免了在喜欢与不喜欢中进行选择。这是典型的巧妙回答。

三、赞美技巧

威廉·詹姆斯说："人性中最深切的禀赋，是被人赏识的渴望。"每个人都希望他人能肯定自己的优点与长处，从而肯定自己的价值。在人际沟通过程中，主动地适当地赞美别人，是一种促进彼此关系的催化剂。有求于人时先赞美人，事情就能容易办成。我们要学会赞美别人，要真诚热情、具体明确、适切得体。一分赞美，就可给人一分陶醉，一分温暖。

请看一个别开生面的感人至深的赞美故事：

在南部非洲的巴贝姆巴族中，至今依然保持着许多优秀的生活礼仪和处世方式。譬如当族里的某个人因为行为有失检点而犯了错误的时候，族人便会让犯错误的人站在村落的中央，公开亮相，以示惩戒。每当这个时候，整个部落的人都会不由自主地放下手中的工作，从四面八方赶来。

围上来的人们会自动分出长幼，然后从最年长的人开始发言，依次告诫这个犯错误的人，他曾经为整个部落做过哪些善事、哪些好事。每个族人都必须将犯错误的人的优点和善行，用真诚的语言叙述一遍。叙述时既不能夸大事实，也不允许出言不逊。对前面已经有人提及的优点和善行，后面的人不能再重复叙说。总之，每个人在叙说时,都要有新的褒扬。整个"赞美"的仪式,要持续到所有的族人都将正面的评语说完为止。

"赞美"的仪式结束以后,紧接着要举行一场盛大的庆典。庆典在老族长的主持下进行,部族中的男女老少都要参加。人们要载歌载舞,用一种隆重而热烈的礼仪,庆贺犯错误的人脱胎换骨,改过自新,重新开始一种全新的生活。

新鲜,对于犯有错误的人,没有半点批评,更没有严厉的惩罚,而是全村人聚在一起,为他举行"赞美"仪式,用真诚的语言,摆出他点点滴滴的优点与善行,让他坐不住;还举行盛大的庆典,庆祝他重获新生。"赞美如良药",经过这样一番"赞美",犯有过失的人不变好才怪呢。由此可见赞美的力量。

青少年成长,更离不开赞扬,请看林红老师赞扬学生的故事:

一句赞扬的话语,真的能激发一个"差生"的潜能。昨日,省实验中学高三年级组的英语老师林红,以小王(化名)为例向记者说起此事。

据林老师说,小王是她所带班上的一个非常调皮的学生,被有些同学归入了"差生"的行列。上学期,林老师有一次点名让小王阅读一段英语文章,小王读完后,全班哄堂大笑,都认为小王故意南腔北调。正当小王准备坐下时,林老师非常认真地告诉全班同学:"大家不要笑,我觉得小王的英语口语非常好,很有外国播音员的味道。"

从那以后,同学们和老师们惊奇地发现:小王像变了一个人似的,整天抱着英语书读,甚至下课也不放松。几个月后的期末考试,小王的各科成绩都有了大幅度提高,英语成绩更是达到了优秀。

一句赞扬的话,激发了"差生"的潜能,让他变成优秀学生。由此可见赞扬的威力。

四、拒绝技巧

在人际交往中,有求必应是每个人都在追求的理想目标;而由于主客观条件的限制,我们不可能任何时候都做到有求必应。拒绝是日常生活常有的事。当别人的请求违反你的意愿时,当别人的要求超出你的能力范围时,当别人的好意邀请你因故不能前往时,你会选择拒绝。但拒绝可能令人不快,甚至可能影响友谊,这就需要讲究拒绝的技巧,或直截了当拒绝,或婉言拒绝,或转换话题,或诱导否定,或暗示拒绝等。

请看王小姐是怎样拒绝小李一同进餐的邀请的:

小李邀请王小姐一同进餐,想找机会向她表达爱意,王小姐早有觉察,她爽快地回答:"好啊,谢谢你的邀请。既然如此,是不是可以顺便邀请林小姐和赵小姐一同去?因为我们原本约好下班要一起逛街的……"

过了几天,小李再次邀请她,王小姐又说:"那天谢谢你的招待,使我和小林、小赵度过了一段快乐时光,今天还是如此,怎么样?"

王小姐每次面对小李的邀请都要相邀他人参与,实际上是不给小李单独和自己相处的机会。小李明白其意,也就作罢。

王小姐总是邀请伙伴参与,不给小李单独和自己相处的机会,含蓄回避,委婉拒绝,这较之于直接说"不"要高明得多。

再请看老杨是怎样回复请求帮忙的表妹的:

在市委农工部工作的老杨接到表妹打来的电话,说她女儿丽娜在职教中心读"社区医学",再有两个月就要毕业了。她想让老杨托教育界的人帮个忙,在学校发毕业证时把丽娜的"社区医学"专业改成"临床护理",做护士要比做医生好找工作。老杨为这事费了好多心思,也没办成。他决定把这件事推掉。见了表妹他是这样说的:"丽娜的事我跑过了,我没想到这事这么不好办,真不好意思。"表妹问:"没托着人吗?"老杨说:"我认识职教中心的张校长,用不着托人。张校长说,丽娜他们上学是省里备案的,毕业证省里管得特别严,不是学校想改就改得了的。"表妹问:"是不是没送礼闹的?"老杨回答:"这和送礼没关系。张校长说,他们也愿意毕业生都能顺利就业,可学校没有权力改毕业证。再者,给学生改专业,除非省厅专门有指示。眼下,就连张校长他们也很着急,可也无计可施。所以,太抱歉了。"表妹说:"嗨!抱歉什么呀?又不是外人。"

老杨如实告之办事的全过程,说明此事的难度,从而取得了表妹的谅解。

第三节 网络沟通

网络沟通是一种十分重要的沟通形式。许多人和单位离不开网络沟通,人们要依靠网络了解国内外大事,获取广泛的信息,查找各种资料,与各种各样的人进行沟通。请看一个有趣的故事:

一天,美国微软公司总裁比尔·盖茨走进西雅图的一间餐厅,一个流浪汉伸手找他要钱,盖茨随手给了他10美元,没想到流浪汉竟然将他的E-mail地址留给了盖茨。盖茨大吃一惊:"这是什么世界?流浪汉也有E-mail地址?"后来发现是收容所给流浪汉配的。

由此可见,网络改变了人们传统的沟通模式,网络沟通越来越重要。

网络沟通,其中有口语沟通,诸如网络电话、视频对话等,也有书面沟通,诸如电子邮件、QQ信箱、网上文字聊天、微信、微博等。本节,我们集中讨论网络沟通问题,不另分别细述。

一、网络沟通的特点

网络沟通至少有以下几个特点。

1. 迅速快捷

网络作为一种传播媒体,不像纸质媒体那样要经过录入、制版、印刷、发行后读者才可以看到;网络可以在事件发生的两三分钟内将消息发上网,速度飞快,能及时满足网民的需求。

2. 节约成本

网络的大量信息以图、文、声、像的形式免费提供使用,相比其他的传统沟通方式不仅更为便捷,成本也更低廉,可以节省电话费、传真费、差旅费和宝贵的时间。

3. 自主随意

网络中的每个成员均具有自主性,可以最大限度地参与信息的制造与传播,几乎没有外在约束;还具有随意性,因为网络上虚拟的角色设置,使得沟通的双方都没有任何心理负担。但是,网民还是需要自觉遵守网络传播的社会行为规范。

4. 缺乏制约

在网络沟通中,网民可以不必遵守现实交往中的一些社会规范,因为他已经突破传统人际交往中身份、职业、金钱、家世等方面的制约。这样,一方面现实中的人在网络里可以卸下面具,轻松自如,摆脱诸多人伦关系的束缚;另一方面也容易放纵自己的道德行为规范,从而造成非人性化的倾向。网民得学会"自己管理自己"。

5. 人人平等

在网络传播中,没有人为设置的中心,没有管理机构与直接的领导,没有等级与特权,人人平等,每个网民都有成为中心的可能。人们可以利用网络自如地进行信息交换,进行人际沟通。

请看一则校园网络沟通的有趣案例:

"现在我随时都会打开电脑瞧瞧学生们又往留言簿和邮箱里发来了什么,这已经成习惯了。"南海一中校长邓兵这样对记者说。记者在南海一中采访时见到,上网已成为师生间常用的沟通方式。自从网络进入校园,三年来仅邓校长一人,回复学生各种留言就超过40万字!网络正在校园教育中扮演着越来越重要的角色。记者了解到,在南海一中,学校主页上的留言簿和全校老师的电子邮箱都向学生公开。学校鼓励学生通过这种方式与老师们沟通,提出意见和建议。师生间每日里网上话题不断,从谈理想、论人生,到穿校服、住宿舍,即使是一些面对面难以开口的话题也不例外。

"学生的网上留言什么内容都有,谈心事的自然不少,还有很多牢骚和意见,甚至还有学生上网诅咒我的。"邓校长笑着说,"这些反映都有内在的原因,如果是发牢骚,一定是沟通不够;如果是提意见,就要检讨学校的规章是否合理。至于诅咒嘛,越来越少了。"如今,回复学生的各种留言与邮件成了邓校长和许多老师每日必做的功课,或安抚,或解释,或鼓励,三言两语却效果良好。

南海一中主页上的留言簿,家长、校友们也喜欢造访。邓校长指着一个出现频率很高的网名叫"大蜜蜂哥哥"的告诉记者,这个今年刚考上大学的学生,高三时就常在网上留言,如今毕了业还留恋这里。"这个'胆大包天'的学生在网上称呼我'小兵兵校长'。"邓校长笑着说。在最近的留言中,这个"大蜜蜂哥哥"说:永远也忘不了被自己称为"小兵兵"的校长和母校。

邓校长告诉记者,在实施网络教育以前,校长主要通过"校长信箱"与学生沟通,而教师们则更是要费不少口舌,往往枯燥又没效果。如今不论哪位同学写下的留言、提出的疑问,教师们的回答,全校师生都能在网上浏览,取得事半功倍的效果。邓校长还表示:"信息获取量的增加,使眼界开阔了,整个人的素质也随之提高,并带动学校整体水平的提升。"

邓校长说,网络为师生架起了一座沟通的桥梁,将会越来越重要。

这是南海一中师生常用的沟通方式:校长与学生之间、校长与老师之间、老师与学生之间、老师与老师之间、学生与学生之间、老师与家长之间、家长与学校之间、校友与学校之间,等等,均可平等自由地进行沟通,交换信息,消除误会,解决矛盾。现在许多学校均建立了各种类型的网络交流平台。

二、手机短信的沟通技巧

1992年,世界上第一条短信在英国发送成功,从此短信就登上了历史舞台。1998年,我国开通手机业务。尔后,短信由纯文本的形式逐步向融声音、图片、文字为一体的多媒体形式转变。短信沟通有诸多长处:短信的隐秘,避免了四目相对的尴尬;短信的间接,减去了电话述情的直白;短信的快速,缓解了鸿雁传书的焦虑;短信的便捷,抛弃了 E-mail 的时地限制。正因为如此,短信沟通已成为人们传情达意的必备工具。

(一)手机短信的特点

1. 短小性

短信贵在"短",应注意对语言的锤炼,用词组句以短小精炼为宜。

2. 灵活性

手机短信颠覆了以往的严格写作规范,称谓、敬辞、落款、日期等不必求全,能省则省。

3. 综合性

不光有文字,还可以有图片、动画、声音,向多媒体转变。就文字符号而言,既可用文字编辑,又可用符号编辑,表意手法多种多样。

4. 趣味性

手机短信,除了传递信息之外,多用于问候与祝福,往往带有娱乐消遣的色彩,喜怒哀乐常用符号、图形表示。

(二)手机短信礼仪

1. 发短信记得署名

署名是对对方的尊重,也使对方明确是你发的短信。另外也考虑到,对方的手机不时换号,或许对方的手机里可能没有存储这个号,或者自己有时拨错号。

2. 有要事先用短信预约

这要事不是两三句话能说完的;对方可能很忙,等他忙完了再与你交谈,都需要用短信预约。这既是尊重对方,也是为后面的交谈进行铺垫。

3. 及时删除不希望旁人看到的短信

有的短信有保存价值,有的短信没有保存价值,宜删去;有的短信可以给人看,有的短信不可以给人看,以免引起误会,宜删去。

4. 要掌握发短信的时间

如果没有紧急的事情,不要在晚上10点以后,早晨7点以前发短信,以免打扰对方。

5. 提醒对方最好用短信

事先约好与对方参加某个会议或某项活动,怕对方忘记,最好先用短信提醒一下。有时要到某个重要的地点,路线怎么走,也有必要用短信提醒一下。

6. 上班时间不要发与工作无关的短信

有的人喜欢发聊天式的短信,而且没完没了。这样做,一是违反纪律,二是可能打扰对方。请看一位女士是怎样发短信的:

  一位女士正在开会,会议冗长又没太多实质性内容。闲来无事,她给朋友发起了短信:"干吗呢?在忙什么呢?"朋友怕不回短信不礼貌,回答说:"正在上班呢!""有什么好忙的?给你发个笑话放松放松!"这位女士开了三个小时的会,发了两个半小时短信,她的朋友呢,桌上的手机不断地响起,不看又怕耽误事,看了又是一通闲聊,不回好像还不合适。这位朋友一下午就因为这"短信骚扰"什么也没干成。像这位女士这样喜欢狂发短信的人现在并不少。

如此发短信,于公于私、于人于己均不利。

三、手机微信的沟通技巧

微信是2011年1月由腾讯公司推出的功能众多的通信软件,2012年即有迅猛发展,现在已普及,十分兴盛,成为世界亿万网民广泛使用、天天相伴、不可或缺的主要交际工具。微信的沟通功能有很多,如语音聊天、语音通话、视频通话、阅读鉴赏、讲课演讲、聚会讨论、网红直播及网上产品销售,等等,满足了人们不同的沟通需求。微信还有其他诸多功能,如群聊、朋友圈、位置共享、环境展示、实时对讲、文件收发、查阅订票及微信支付,等等,给人们带来了极大的沟通便利。

我们要想有效地使用微信,必须掌握以下一些必要的沟通技巧。

1. 选择沟通时间

微信沟通,应尽量选在白天工作时间。除非特殊情况,一般避免在休息时间发微信,以免打扰对方。为了提高沟通效率,亦可提前约定沟通时间。

2. 编辑有效信息

手机端发送大段信息会造成"刷屏",影响对方阅读。因此,发微信时,可先提炼有效信息,并编辑成简洁文字发送给对方。

一般不要问"在吗?",直接说事由,接收方看到之后亦可直接给出答复。

多用"我们",会让人觉得亲近;少用"你",否则对方或许有不被尊重之感。如果有尊称尽可能加上。

重要信息用【】标出。有时候和别人聊得很畅快,事情也说清楚了;但如果是不紧急的事情往往先放一边,等到要处理时再去翻看记录。一条条翻看难免效率低,如把重要内容先加上【】就醒目得多,比如重要见解、时间、地点等。这样处理微信,就会得心应手。

3. 请勿乱改字号字体

我们进行微信沟通时,有些朋友不喜欢默认字体,总喜欢随意更改,比如改成大红大绿的颜色,或用"火星文"等。须知我们愉悦自己时,也要考虑对方的感受:很多人喜欢绿色、黄色,但是这些颜色的字在手机上非常刺眼,让人感觉不舒服,我们就不能用这些颜色;再如有人爱用有个性的字体,人们阅读起来比较吃力,用"火星文"也显得比较幼稚。

4. 慎发图片表情

表情是大家在微信沟通中最喜欢用的符号之一。一个恰当的表情能够起到调节关系、缓和气氛的作用,但是不适当的表情,往往会使对方产生不悦,甚至反感,还可能造成新的隔阂。低俗的表情图片更是不可用。

5. 少发语音,多打字

有的人嫌写字麻烦,就想发语音。可是,发语音虽然方便了自己,却可能给对方带来麻烦。

比如,对方开会、上课,听语音不方便怎么办?有时候语音信息很长,说话又不清楚,往往要听好几遍,很不方便。当然,一些老人不爱写字,就用语音来沟通,作为晚辈我们应该多理解。但是,年纪不大,在和朋友们交流时还是应该多用文字沟通。如果需要语音讨论的话,不如直接打电话交流。

6. 不群发"链接、祝福、广告"等

各种链接、私信问候、早安等,不建议群发微信符号,会给对方留下随便应付、不尊重人的感觉。如果是节日,想发祝福,可一对一直接祝福亲友,对方会感到亲切。

7. 微信传文件,邮件备份

现在微信传文件越来越频繁,时间长了微信占用内存越来越大。手机清理内存的时候,微信文件可能会被清理,再让对方重发又欠妥。另外,在传图片的时候,微信会自动降低图片分辨率。建议在微信传文件的同时,再给对方邮箱发一份备件。

请看群发链接给他人带来的困扰:

有一位女士,在十几个微信群里发布了一个帮她读小学的儿子比赛投票的链接,但是在投票的时候必须获得授权方能进行操作,面对这种情形,有的亲友认为自己的信息有可能被泄露,因而不愿意进行操作;可是女士的一位亲戚在帮助成功后在群里发了截图,这就让那些没能帮忙的亲友感到非常尴尬。

这种投票方式也违背了真实、公平的原则,应当摒弃。

四、电子邮件的沟通技巧

电子邮件(E-mail),亦称电子信箱,它是一种用电子手段提供信息交换的通信方式。随着生活节奏的加快,越来越多的人很难坐下来写一封信,或许是他没有时间,或许是他没有那份情怀。于是电子邮件这种通信方式就受到人们的青睐,逐步取代了信件的地位。用户可以用非常低廉的价格、非常快速的方式(文字、图像、声音等)与世界上任何一个角落的网络用户联系。电子邮件使用简易,投递迅速,收费低廉,易于保存,全球畅通无阻,因而使用广泛,极大地改变了人们的交流方式。电子邮件虽然可以快速传递大量、准确的信息,但是往往不能很好地交流思想与情感。

要有效地使用电子邮件,必须掌握下面一些必要的技巧。

1. 主旨清晰

你所要表达的意思要十分清楚,所用的标题要十分明确。收件人首先看标题,再决定是否往下阅读邮件具体内容。

2. 语言简明

沟通双方均讲究时效,你所用的语言应力求简明扼要,多用短句,尽量掌握"一个信息,一个主题"的原则,语言一定要流畅、简洁、紧凑。

3. 用词准确

用词力求准确,避免使用生僻字、异体字;引用数据、资料最好标明出处,以便收件人核对;不能措辞混乱、语句不通。

4. 尊重他人的隐私

电子邮件是隐私的一部分。如果你熟悉的某人用笔名上网,你未经本人同意不得公开他的真实姓名；对方所谈内容希望你保密，你就不能随意公开。

5. 尊重他人的时间

别人为你寻找答案需要花费时间和精力，需要使用资源；你在提出问题之前，应先花些时间进行搜索与思考。不要滥发邮件，以免浪费收件人的时间。

请看企业员工所发电子邮件：

杜拉拉对直接上司玫瑰有看法，跟平级的王蔷讨论，结果听说王蔷这个北方愣子已经直接给玫瑰的上级李斯特发过告状 E-mail 了，李斯特只是把 E-mail 原封不动回传给玫瑰。显然，李斯特的"转发"表明了自己的态度。王蔷的结局丝毫不意外：很快就被玫瑰开除了。

记住初入职场，千万不要越级发 E-mail。别以为越级发 E-mail 告状不容易被发现，在 E-mail 里还能畅所欲言，比打电话方便得多啊！其实 E-mail 的最重要特征就是容易被转发，这一点对于喜欢越级发 E-mail 的"小聪明们"来说是致命的。

王蔷不了解企业的复杂关系，没弄清公司老总与自己上司的交往，随意越级发 E-mail，必然要吃大亏。

五、网络聊天的沟通技巧

随着网络传播技术的飞速发展，网络聊天的沟通方式越来越普及，越来越受到普通网民的青睐。我们在进行网络聊天时有必要掌握以下一些方法与技巧。

1. 要遵守相关法律法规

我们要自觉履行《全国青少年网络文明公约》：要善于在网上学习，不浏览不良信息；要诚实友好交流，不侮辱欺诈他人；要增强自我保护意识，不随意约会网友；要维护网络安全，不破坏网络秩序；要有益身心健康，不沉溺于虚拟时空。我们要自觉遵守国家法律法规，保守国家机密，不造谣不传谣，做遵纪守法的好公民。

2. 要保护好个人隐私

要谨言慎行，不随意传播与网友私聊的内容；不向陌生人泄露个人电话、家庭住址、个人近况、私人照片等信息。

3. 要文明交流

我们通常是以匿名方式进入网络交流频道，"只闻其声，不见其人"，尽量使用礼貌语言，文明交流，就事论事，不可使用攻击性、侮辱性的语言。

4. 要尊重对方

不要轻易提出加对方为"好友"；成为"好友"后，不要立即向对方索要照片；遇到异性网友，交流时不要过多地涉及个人隐私问题；要尊重对方的人格，不能违背对方的意愿。

还要掌握网络聊天的沟通技巧。首先，当词不达意，找不到话题时，或对方打字速度不快时，可以发一些图片以缓解气氛，避免等待的尴尬。其次，可以建立一个文档，把你喜欢的名言警句、诗词歌赋、短信妙语等存入文档中；聊天时，不时复制发出，以减少另行录入之苦。最后，网上聊天，措辞用语不要过于随意，这与生活中的交友一样，如果希望对方说话文明礼貌，那么首先自己得文明礼貌。

2014 年 1 月 9 日，《楚天都市报》刊登了一个网络交友的故事，节选如下，请听听女病人沐沐(化名)的讲述：

我是一名乳腺癌患者，平安度过了5年的危险期，现在进入稳定的阶段。我想感激陪我度过的他。在我绝望无助，觉得生活正在我面前渐渐关闭着一扇扇窗户的时候，是他的陪伴，使我恢复了对生活的信心和热爱。

他就是我在网上认识的一个陌生人，栉风(化名)。他和我一样患了癌症，是喉癌，比我早10年患病。他受尽折磨，苦不堪言。

我亦痛苦万分。于是，我选择了网络，想找个不知姓甚名谁的陌生人聊聊天。

有一天我在网上随意加了他，从此我的孤单无助好了很多，他一般都听我讲话，我告诉他，我病了，现在医院。他问感冒了？我说不是。发烧了？也不是。他没有再进一步问下去。过了一段时间，他说，想出来转转吗？于是我们见了面。

那天，我正在做第三次化疗，自开刀以来，就没有好好晒晒太阳。我答应了，我知道那天我一定糟糕透了，土灰似的面色，在地上拖着走的步伐，上气不接下气的喘息，皱巴巴的衣服，但我没有做任何改变，一是无力无心去梳妆，二是我想如果他对我有什么企图，看到我病恹恹的，自然吓跑了。我们约在离医院不远处的一个花园广场见面。他极瘦的高个，穿着灰细格短袖衬衣西裤，与我形成极大反差，我矮而胖，激素让我面目全非，让我女人的所有自信坍塌。

这是我第一次出来见网友。他看起来挺安静，挺和善，甚至有点腼腆。还有点什么，说不出来的那种，应该是一种饱经风霜的神态，不是他的外表，而是他的眼神。他静静地打量我，没有惊讶的表情。

我们在花园走着，我的步履很慢很慢，经过的地方，能看到我脚步的拖痕。他什么都没有问，始终与我同步。阳光撒在我的脸上，风儿滑过我的心弦，阳光、鲜花、草地，我静静感受着这一切。从来不觉得花草如此美丽、动人、妖艳。"真好，这里真美！"我情不自禁地说。他点头："是的，是很美。平时习以为常了，很少去想它，但它真的很美。"

他说话很少，大多听我说，间或点头表示理解。我当时猜测他是否出于礼貌在陪着我散步，或者等我开口说"回家"，就可早点逃脱。可我实在不想回那寂静无人的病房，只想有人陪陪我，哪怕是一个陌生人。

我流连眼前的不知何时会看不见的幸福，我的手轻轻掠过鲜花，柔嫩的触觉让我真切感受到活着的乐趣。我向他笑了，我自病后第一次笑。

后来，我问过他，对我的第一印象。他说："你当时像个鬼一样的，脸上没有一点血色。我本能想逃避的，可你眼中不经意流露的悲凉打动了我，是你触摸那些花草时热情而深沉的微笑，让我决定与你成为永远的朋友。"

后来，沐沐与栉风的妻子、女儿的关系非常好，亲如一家，实在难得。沐沐与栉风通过网络紧紧相连，从同病相怜，到心心相印，成为至亲好友，非常感人。

思考与训练

1. 语言沟通的基本原则有哪几项？本教材是从哪个视角来确立语言沟通的基本原则的？

试述得体原则的基本含义。

2. 言语沟通的基本技法有哪些？学会提问，学会巧妙回答，试以自己的亲身感受来谈谈自己在这方面的体会。

3. 网络沟通有何特点？网上聊天应注意什么问题？

4.《战国策》里曾记载了一个有趣的故事。这个多嘴多舌的新媳妇所说的有道理吗？为什么大家觉得可笑？

  卫国有一家人去迎娶新媳妇，新媳妇一边上车一边指指点点地问婆家的人："边上的两匹马是谁家的呀？"驾车的人说："借的。"新娘又指着中间的马问："这中间的马呢？"驾车人回答说："是你婆家自己的。"新娘子接着便说："你若嫌车走得慢，要打就打两边的马，不要打中间的马。"马车到了婆家门口，伴娘扶她下车，她指点还不熟悉的伴娘："你平时在家做完饭后，要把灶里的火弄熄，不然，会失火的！"新媳妇进得家门，看见当路放着一个石臼，连忙说："移到屋外的窗户下面去，放在这儿会妨碍走路的！"婆家的人都暗暗笑话她。

5. 下面是某监狱一位民警对罪犯所作的演说，感人至深。请结合我国监狱管理改革举措，谈谈自己的感受。

  ……在座的各位，你们大概不会相信我们的任务就是帮助你们早日离开监狱，早日回到家中与亲人团聚吧？早日离开这铁网、高墙，离开我们这些被你们称之为"盖世太保"的吧？离开这儿，早回家，这是你们的心愿。不是吗？谁愿在这里度日如年呢？别说十年八年，就是十天八天也难熬啊！再说年轻人都是活泼自由的小鸟，谁愿整天待在这笼子里，谁个不是恨不得插翅高飞，飞出去！飞出这牢笼呢！然而我也要耐心地告诉你们，我们的任务和你们的愿望是完全一样的，那就是让你们早日离开，早日离开这个被你们称之为"鬼地方"的地方！（犯人们沉默，有的落泪）

  你们对我们的任务还持怀疑态度吗？太不该了，实在是不应该！你们中减刑或提前释放的愈多，说明我们的工作愈实在，愈出色，愈好，我们就会得表扬、立功、受奖；反之，说明我们的工作不妙，没有做好！你说，哪个人不愿得表扬、立功、受奖，而愿挨批评受罪呢！没有，我们戴大盖帽的也是人啊，也有七情六欲、婆娘崽女啊！

  各位，社会上若抢劫的多了，你们的父兄就可能被抢；强奸的多了，你们的母亲、妻子、姐妹就可能同样受害；撬门砸锁的多了，你们的东西就不安全……所以对这些人打击惩罚，只是手段，不是目的，目的是让这些人洗心革面，重新做人，其出发点，就是早日离开这里！（又一阵热烈的掌声）

6. 网络是人们获取知识、交流信息的平台。然而，傅湘荣等人却利用网络进行犯罪活动，终于落了个银铛入狱的下场。读完这则报道，请你想一想，今后应该怎样做才对得起父母和祖国？

  赌博，就是傅湘荣的信仰。这位36岁的北京富翁指望财神保佑自己能在网络赌球上赚大钱。到2004年12月28日被捕时，他经营的赌球网络，据警方估算的流水额已达上亿元。

  在傅湘荣的家中，警察起获了用于网络赌球的台式电脑2台、笔记本电脑2台，现金 30 余万元及交易额从数万元到数十万元不等的交通银行入账单十余张。而此前,公安机关通过对傅湘荣银行账户上资金往来情况的调查发现:傅湘荣与 17 人存在着频繁的巨额资金往来。仅 2004 年 12 月 9 日至 20 日,12 天的银行交易额就高达 833 万元。

傅湘荣是从上一级代理,即马来西亚籍人胡某处获得登录赌博公司网站的用户名和密码的,并把它们分配到自己所发展的十余个下级代理手里,由这些下级代理再把它们分配给众多赌客们。

一逢赛事,网络赌博公司就会在其网站上公开即将进行的球赛赛程、相应的比赛竞猜赔率等情况,供赌客们在球赛开始前下注赌球。赌客们可以赌参赛队伍间的输赢、名次,也可以赌进球数、进球的单双数、净胜球数等。比赛结束后,网络交割赌资十分隐秘而快捷,使公安机关难以掌控和打击。

第三章　成功重要桥梁
——非语言沟通

人们的成功需要两座桥梁来沟通：一是语言沟通；一是非语言沟通。两者缺一不可。本章，我们就来讨论非语言沟通问题。

首先，让我们看看一篇精彩的短文，这是著名摄影家侯波撰写的她心目中的伟大女性宋庆龄。

在我的摄影生活中，给我留下最亲切印象的，还要算宋庆龄副主席。

宋庆龄在各方面都是中国妇女的骄傲。你把形容一位伟大革命家和形容伟大而美丽的女性的最好词语合在一起，那就是宋庆龄。

1957年毛泽东访问莫斯科时，宋庆龄是代表团的副团长，要我陪伴她住在一起。

乍一接触宋庆龄，我的印象是美丽、高贵、优雅，像高山白雪，令人观止。住到一起，我深切感受到的又是端庄、宁静、温柔、睿智、贤惠，她是美与善的化身。她每一个动作，举手投足都十分自然；无论是一瞥目光，一个微笑，还是一声轻唤，都充满了美的魅力，令人陶醉，使人入迷。难怪许多人都说，她只要往那里一站，就为中国人争了光！

但是，她绝不是孤傲，可望而不可即。她就在你身边，并且时时用那颗温暖善良的心在同你交流。给你讲理想和事业，给你讲人民的历史，讲妇女解放。

宋庆龄一天吃两餐。由秘书、苏联卫士、翻译和我陪她一道吃饭。每次都是我坐在她对面。她礼貌、优雅，很讲卫生，实行分餐制。她喜爱吃煎甜饼子。

每次吃饭，她总是站起来，把一张甜饼子夹到面前的碟子里，而后拿起来递给苏联卫士。卫士用双手接过放有煎甜饼子的碟子，然后将自己面前的空碟子交给宋庆龄。宋庆龄再夹一张饼子放入碟中，递给翻译。翻译接过后，就把自己的空碟子交给宋庆龄。依次下来，她给每人都夹过了甜饼子，自己才坐下来，大家开始吃饭。

苏联卫士曾说："宋庆龄是我见过的最伟大最美丽最亲切的女性！"

本文有一个显著的特点，主要是通过对宋庆龄非语言行为的细致描绘来展示这位伟大女性的高大形象。我们可据此来领略非语言沟通的艺术魅力。

▶ 第一节　非语言沟通与体态语 ◀

语言学有一个规范，将所有非语言行为称之为体态语。体态语的表达就是非语言沟通。在阐释非语言沟通时，我们得遵循这一规范。

一、体态语的含义

体态语是通过表达者的表情、目光、手势、体姿和服饰等配合有声语言传递信息、交流思想的辅助工具,是一种诉诸听众视觉的伴随语言。

言辞接于耳,体态示于目,两者密切配合,才能促进口语交际的完全成功。现代神经生理学的研究表明,在人际交往时,人的大脑的左半球接受对方的口头语言,即逻辑信号,而大脑的右半球则接受体态语言,即形象信号。由此可见,表达者在运用口语讲说的同时也运用体态语来予以配合,就会推动听者大脑的左半球和右半球都展开工作,从而更有效地感知、接受和领悟信息。

《高敏是个爱笑的四川姑娘》着重介绍了她的微笑:

> 她每跳完一个动作,从水中跃上池边,总是轻盈地转身向观众鞠躬,随之脸庞上浮起两朵甜甜的笑靥。

> 优雅、妩媚的风度,使这位跳水名将在比赛中增添了印象分。在赛后的记者招待会上,路透社记者劈头便问:"在紧张激烈的比赛中,你总是面带笑容,这是不是一种战术?"高敏用又一个微笑回答:"笑一笑,能使我轻松一下呀!"

曾经的"跳水皇后"的真诚微笑赢得了印象分和观众的好感,让我们感受到微笑的力量。

二、非语言沟通的作用

非语言沟通至少有以下三个作用。

1. 补充、强化语言信息

在语言交际的过程中,表达者的神情容貌、举手投足、身姿体态,始终伴随着有声语言来传递出相应的信息。在一般情况下,动态的、直观形象的体态语,与有声语言的协调统一,会同时作用于听者的视觉器官与听觉器官,从而拓宽信息传输渠道,补充和强化有声语言的信息,使人产生更深刻的印象。例如:

> 英国前首相丘吉尔在一次演讲中说:"我们现在的生活水平比历史上任何时期都高,我们现在吃得很多。"讲到这里,他故意停了下来,看着听众好一会儿,然后,他盯着自己的大肚皮说:"这是最有力的实证。"

丘吉尔在这段演讲中首先妙用停顿,把听众的注意力吸引到他自己身上,然后巧妙地运用"盯着自己的大肚皮"的体态语来辅助有声语言进行论证,产生了妙趣横生、令人捧腹的表达效果。

2. 辅助、替代语言

为了充分地表达思想感情,有时仅用语言是不够的,需要用体态语加以辅助,使之得以完全展示。古人所说言之不足则"手之舞之,足之蹈之"就是这个意思。有时,在不便说、不必说、不愿说的情况下,巧妙运用体态语,能起到"此时无声胜有声"的作用。例如:

> 有一次,曾任美国第16届总统的林肯作为被告的辩护律师出庭。原告律师将一个简单的论据翻来覆去地陈述了两个多小时,听众都不耐烦了。好不容易才轮到林肯辩护。只见他走上讲台,一言不发,先把外衣脱下,放在桌上,然后拿起玻璃杯喝了口水,接着重新穿上外衣,然后又喝水,这样的动作重复了五六次,逗得听众笑得前俯

后仰。这时,林肯才在笑声中开始了他的辩护。

林肯与其他听众一样,对原告律师啰啰嗦嗦、翻来覆去的发言极为不满,却又不便直言指责。于是,他上台之后,进行了一系列体态动作的幽默表演,以此代替有声语言嘲弄原告律师,抒发出他心中的不满。此举胜过千言万语,收到了无声胜有声的表达功效。

3. 调控交际活动

在语言交际过程中,体态语所表达的情感信息往往具有暗示作用,因而表达者可以有意通过表情、目光、手势、体姿等手段调动或影响交际对象的情绪,启发或引导对方的思路,调节语言交际的气氛,从而掌握语言交际的主动权。有时,通过体态语辅助有声语言来调控语言交际活动,可以化不利的、被动的局面为有利的、主动的局面,以实现交际目的。例如:

2000多年前,马其顿国王亚历山大远征印度,途中断水,面临全军崩溃的危急时刻,亚历山大在战马上作鼓动演讲:"勇敢的将士们,我们只要前进,就一定会找到水的。"说这话时,他的右臂向正上方高高举起,五指张开,然后,迅速有力地挥下,给人以确定无疑的感觉。当讲到"壮士们,勇敢地前进吧!"时,亚历山大则右手平肩向后收回,然后迅速有力地将五指分开的手掌猛地推向前方,表现一种势不可当、所向无敌的气势,给将士们以极大的精神激励。

马其顿国王亚历山大在作鼓动讲演时,伴随慷慨激昂语言的是向前不可阻挡的气势,这些体态语的恰当运用调动和激发了将士们昂扬奋发的情绪,引导他们相信并赞成自己的观点,激起了他们奋勇前进、一往无前的斗志。可以说,亚历山大国王用伴随有声语言的体态语牢牢把握住了交际的主动权,并成功地达到了预期的目的。

三、非语言表达的要求

非语言表达的基本要求有以下四点。

1. 准确得体

准确,是指体态语应与所要表达的思想内容相吻合,恰当地传情达意。只有准确的体态语,才能起到补充或加强话语意义、帮助听众理解并激发听众情感的作用。如有一位青年在《球运和国运》的演讲中说:"因此,我又想起了在清朝末年的一个传说:那时,我国曾派过一个体育代表队参加一次国际比赛。在入场式上,其他代表队都是在军乐声中步入运动场的,唯独中国队却是在一阵喧天的京剧锣鼓声中,一溜跟头翻进场内,全场观众为之哗然。"这段内容似乎是一则趣闻,但演讲者的脸上却毫无笑容,反而掠过一丝悲哀,表情非常严肃,传达出外国人在讥笑我们,堂堂中国政府连常规仪式都不懂的痛悔意思。由于准确地使用了体态语,演讲收到了良好的效果。

得体,是指体态语运用要同特定的语言交际场合、交际目的,以及表达者的身份、年龄相符合,考虑到听众的社会习惯和审美要求,不能不顾社会条件随意套用。如拇指与食指接触构成圆圈,伸开其余三指,在美国表示"OK",即同意、赞美之意,但在拉美的很多国家却是一个侮辱性的动作。据报道,尼克松在担任美国副总统期间,有一次他在迎接拉美客人的时候竟两次做了"OK"的手势,这是多么地不得体啊!一位美国人在法国做客时,被公寓管理员询问对住处是否满意,他伸手表示"OK",没想到这位管理员不高兴地耸耸肩,说道:"如果你不喜欢你的房间,我们可以再为你找一间。"原来这个"OK"手势在法国表示"零"或"不值得"。手势运用的不得体造成了多么大的误会！由此可见，说话者应根据实际情况，选择恰当得体、符合听众风俗习惯和审美要求的体态语来辅助有声语言的表达，不可不顾社会背景、文化传统而随意乱用。

2. 自然雅观

自然，是指体态语完全符合表达内容，符合表达者的性格特征，即内容、情感的自然表达，个性风格的自然流露，各种表情、姿态、道具的使用都自然贴切，不故弄玄虚、生硬做作。如男同志演讲，可以两手叉腰，双腿分开，昂首挺立，凝视前方。这种身姿可以给人威武雄壮、刚毅不屈之感。如果女士也做这种姿势，就会显得过分，不一定产生美感。女士演讲的身姿一般是：步态轻盈，手势轻柔，动作轻巧，目光柔和，显示其内在的美。如果男士加以模仿，就只能是忸怩作态，不伦不类，令人作呕。由此可见，体态语应自然贴切，符合个性特征、交际环境和情感内容。

强调体态语的自然，并非意味着随随便便，因为有些体态语虽然自然，但不够雅观，这同样会影响交际效果。因此，自然雅观的体态语意味着不可不用，不可乱用，不用则已，用则传情达意，实现口语交际的目的。

3. 协调适度

协调，是指体态语与口语的内容、情感配合适当，不同类型的体态语之间配合适当，做到协调一致，不然，就会使体态语与口语严重脱节，从而贻笑大方。在一次记者招待会上，美国一位官员对记者说："大家请坐！"可是他的手却向上举起，示意大家站起来。还有一次，他发表演说，嘴上说"我"却手指听众；然后嘴上说"你们"却手指自己，这种不协调的体态语被传为笑柄。

适度，是指体态语运用的幅度、力度、频率等受到有声语言、语境等因素的制约，要注意把握分寸，动作要适量，不要用得过多过滥。注意动作幅度不宜过分夸张，形式不宜复杂；力度频率要适中，要有利于语言表达，不可喧宾夺主，哗众取宠。

4. 精练生动

精练，是指体态语必须尽量做到少而精，以能辅助口语贴切表意为准。体态语不精练的主要表现是：手势频繁，动作重复。如果指指点点，比比画画，一句话一个手势动作地忙个不停，就是手势泛滥，会影响有声语言信息的接受，还很可能使听众觉得滑稽可笑；始终重复某一种动作，或总是点头，或只会举拳，或一直挥手等，只能使听众感到单调、乏味，甚至反感。这些毫无意义又不美观的体态语，既不能辅助口语表情达意，还会分散听众的注意力，因而必须彻底纠正。

体态语的运用，也应该像运用口语那样，做到准确而又精练。每一个动作、手势，每一种眼神，都要经过严格选择，都要有内在的依据，从而加强表情作用，引起听众共鸣，取得理想的表达效果。

生动，是指体态语的运用富有活力，能够感动人。只有生动的体态语，才能艺术地表情达意，才能给人以美感，从而产生感染力和征服力。事实上，体态语是丰富多彩的，如"看"的动作就有三百多个同义或近义的词语，如"正视、斜视、注视、逼视、仰视、俯视、鄙视、轻视"等都是描绘眉眼表情的。表达者应该根据自己的特殊情感体验，根据听众的态度，根据表达内容的需要，灵活运用多种体态语技巧，充分展示其表情达意的活力，从而取得和谐舒展、优美生动的表达效果。

第二节　非语言沟通的类型与功能

口语表达者要自如地进行信息、思想交流,要准确地洞察交际对象的深层心理,达到真正了解与沟通,就必须在提高自然语言运用技巧的同时,掌握体态语的基本类型及其意义与功能。

一、目光语

(一)目光语的含义与作用

目光语是运用眼神、目光来传递信息、表达情感、参与交际沟通的语言。眼睛是心灵的"窗户",是面部传递信息最有效的器官。在所有的体态语中,目光语是一种更复杂、更深刻、更微妙、更富于表现力的语言。

运用不同的目光语,传递的信息就不同,产生的效果也就不一样。一般地说,明澈、坦荡、执着的目光,是为人正直、心胸宽阔、奋发向上的表现,用这种眼神和目光与人交谈,易获得对方的信任;麻木晦暗、神情呆滞的目光是不求上进、无能为力或自怨自艾的表现,用这种目光和眼神与人交谈,易使对方感觉到你软弱可欺、有隙可乘;坚定自若的目光本身就能产生一种威慑力量,使人不敢藐视、侵犯,造成对自己有利的气氛;正直敏锐的目光会赢得别人的好感和信赖,促使沟通的顺利进行;目光游移漂浮,眼神狡黠奸诈,是为人轻浮浅薄或不诚实的表现,交际中持有这种目光,会使人心存芥蒂,拉大双方的心理距离,造成交际的失败。例如:

朝鲜战争后期,美国人被迫坐下来谈判。当谈到交换战俘时,美国代表提出无理要求并采取拖延战术,谈判桌前出现对峙,沉默的对峙。李克农将军指示中朝代表"坐下去",中朝代表便一个个挺直腰板,稳坐不动,一双双眼中透出冷厉的目光,逼视着对方,沉默了132分钟。最后美国人顶不住了,宣布休会。

李克农将军指示中朝代表坐下去,用体态语"沉默""冷厉的目光""挺直腰板""稳坐不动"与美方代表对峙,尤其是"冷厉的目光"的"逼视",显示出强大的威力,迫使对方顶不住而宣布休会。

(二)目光语中视线运用的基本方法

在作演讲时,视线运用的方法有以下几种。

1. 前视法

前视法即视线要平直向前流转,统摄全场听众。一般来说,视线落点应放在全场中间部位听众的脸上,在此基础上适当变换视线,照顾到全场听众。这样,可使听众感到演讲者的指向性,也有利于演讲者保持端庄优美的姿态,随时注意会场的气氛和听众的情绪。

表达者的视线,无论上下左右,都传递着一定的信息,视线向上,传递着傲慢、祈求、思索的信息;视线向下,传递着羞怯、悲伤、悔恨的信息;左顾右盼,传递着惊慌失措或征询意见的信息;视线向门窗,传递着情绪不安或心不在焉的信息。因此,运用前视法应注意兼顾全场,用弧形的视线在全场流转,使每个听众都感到表达者在注意他,从而产生更大的聆听兴趣。

2. 环视法

环视法即有节奏地或不时地来回环顾会场内的听众,与他们保持目光接触,增强双方的感情联络。在前视法的基础上,辅之以环视法,能收到良好的控场效果。运用环视法,要防止头部过分摆动,类似摇头的电风扇;还要防止眼睛滴溜溜地频繁乱转。否则,会使听众感到滑稽可笑,影响交际效果。

3. 点视法

点视法指偶尔进行的有重点地把视线集中到某一点或某一方面的方法。根据内容表达和现场变化的需要,集中注视某一听众或某一区域,同个别或部分听众进行目光接触。这种方法可以用来启发引导专心听讲,还可以起到批评、制止的作用。

4. 虚视法

虚视法即运用一种没有具体指向性的目光来似看非看的方法。这种方法可以用来克服怯场心理,显示出彬彬有礼、稳重大方的神态,还可以把思想集中到讲述内容上来。在回忆和描述某种情景时,虚视法可以表示思考,可以引导听众进入想象的境界,使其受到优美意境的熏陶和感染。

(三)运用目光语应注意的问题

1. 注意目光注视的部位

目光注视的部位一般分为三种:①近亲密注视,视线停留在对方的双眼到胸部的三角部位;②远亲密区域,视线停留在双眼与腹部之间的三角部位;③社交注视,视线停留在双眼与嘴部之间的部位。很显然,前两种注视区域适用于亲人(如长辈对晚辈)和恋人,后一种注视,才适用于人际交往,以利于传递礼貌、友好的信息。

2. 注意目光注视时间的长短

与人交谈时,视线接触对方面部的时间应占全部时间的 20%～60%。超过这一平均值者,可认为对谈话本人比谈话内容更感兴趣,更长时间地盯着别人,还可以认为是一种失礼或挑衅的行为;低于这一平均值者,则表示对谈话内容及谈话本人不怎么感兴趣,长时间地不看对方,是回避视线行为,往往意味着有不愿让对方知道的隐秘的事。

3. 注意目光注视的方式

目光注视的方式多种多样,如斜视、扫视、窥视、正视和环视等。斜视表示轻蔑,扫视往往显得不尊重,窥视表示鄙夷。在言语交际中,以正视和环视为宜,正视表示尊重和庄重,环视可以全面照顾不致使人产生冷落之感。这样,才能营造和谐友好的交际氛围,促使交际目的的圆满实现。

著名的人际关系与公共关系专家卡耐基曾经用主持会议来说明如何使用目光语:

当领导走上讲台,未开口之前,通常都会先用目光扫视一下整个会场,这种扫视就起到组织和控制的作用。这时,到会者会立即停止一切活动,进入听讲状态。如果会场出现冷场时,领导就会用鼓励的眼神注视下属,这样就给准备发言者增强了信心,以便他们可以踊跃发言。当会场纪律松懈、讲话者过多时,领导往往会投去严厉的目光,并停留片刻,制止这种现象。所以,有经验的领导都善于用目光驾驭整个会场,使会场井然有序而又生动活泼。

卡耐基说得好极了,他的说明概括了视线运用的基本方法。

——前视、环视、点视、虚视,包含了运用目光语言应注意的主要问题。

——目光注视的方式与注视时间的长短等,说明了人们想说而未能说明白的道理。

再来看在第二次世界大战的艰难时期英国首相丘吉尔的情绪与表情：

  英国首相丘吉尔有一张怒容满面、目光炯炯的照片，据说这是加拿大摄影家卡希的杰作。当时丘吉尔刚步入镜头之内，卡希猛然向前，一把夺下了他的烟斗，首相毫无思想准备，一时勃然大怒，双目圆睁，一手叉腰，气势咄咄逼人。后来，这张照片就成为第二次世界大战时英伦三岛"永不投降"的精神象征，不能不说这是人的面部语言成功运用的一个有力证明。

"丘吉尔的眼神"这张照片，既是加拿大摄影家卡希的杰作，也体现了二战时期英伦三岛"永不投降"的巨大决心与精神象征，成为永恒的纪念。

二、表情语

（一）表情语的含义与作用

表情，即面部表情，是指头部（主要是面部）各器官对于情感体验的反应动作。它与表达内容配合最为恰当，因而使用频率比手势要高得多。据生理学家研究，人的面部肌肉组织是由 24 双肌筋交错构成，其中 18 双肌筋，可以通过舒展表示不快乐时的感情；有 6 双肌筋，可以通过舒展表示快乐的感情。因此，可以说面部表情是由脸的颜色、光泽、肌肉的收展，以及脸面的纹路所组成的，它的这种最灵敏的特点，能把具有各种复杂变化的内心世界，如高兴、悲哀、痛苦、畏惧、愤怒、失望、忧虑、烦恼、报复、疑虑等最迅速、最敏捷、最充分地反映出来。

面部表情在人类交际活动中作用独特。达尔文在《人类与动物的表情》一书中指出，现代人类的表情动作是人类祖先遗传下来的，因而人类的原始表情具有全人类性。这种全人类性使得表情成为社交活动中少数能够超越文化和地域的交际手段之一。

（二）面部表情训练的主要部位

面部表情是依靠五官的动作来表达的。五官中起主导作用的是眼睛，其次是脸、眉、口。关于目光语前面已作了叙述，这里主要讲脸、眉、口。不过，首先需要指出的是，五官中某一个器官的单独运动几乎是不可能的，面部表情依靠的是眼、脸、眉、口、鼻的组合运动。这里单项列出，是为了叙述的方便。

1. 脸

脸的表情依靠脸面肌筋动作和肌肉颜色、纹路的变化。脸面肌肉颜色和纹路的变化又跟脸面肌筋动作的变化密切相关。在一般情况下，脸上的肌筋动作都向上，则显示出"愉快""和蔼""善意"的表情；脸上的肌筋动作都向下，则显示出"不快""悲哀""痛苦"的表情。

2. 眉

眉和目相连，眉目常联合传情。横眉竖目，表示恼怒；双眉紧锁，表示忧愁；眉目骤张，表示惊异；眉目低垂，表示冷漠；眉飞色舞，表示兴奋，等等。由此可见，在表情时，眉的动作变化，必须和眼睛变化协调配合。眼神变化，实际上就包含有眉的变化。因此，眉的训练必须与眼神训练结合在一起进行。

3. 口

口形变化也可以表情达意。口角向上，意为"高兴""愉快""谦逊"；口角向下，意为"忧愁""失望""傲慢"；嘴唇紧闭，口角向下，意为"厌恶""不满"；嘴唇微开，口角向下，可表示"悲哀"

"痛苦";口大张,意为"畏惧""恐怖";嘴唇一直张开,可表示"麻木""呆傻";口角平而嘴唇微开,可表示"期望""倾听";口角平而口大张,则意为"诧异""惊愕";嘴唇颤抖,可表示"气愤""激动",等等。在表情时,口形变化,必须与脸面、眉目变化协调配合,因此,口形训练应与脸面、眉目、眼神训练同时进行。

（三）面部表情的基本类型

1. 笑与无表情

笑与无表情是面部表情的两极。任何其他面部表情都发生在这两极之间。其表现形式为愉快和不愉快这样两类情感活动。愉快时,如喜爱、幸福、快乐、兴奋、激动等,面部肌肉横拉,眉毛轻扬,瞳孔放大,嘴向上,面孔显短,即所谓"眉毛胡子笑成一堆";不愉快时,如愤怒、恐惧、痛苦、厌弃、蔑视、惊讶等,面部肌肉纵伸,面孔显长,即所谓"拉得像个马脸"。无表情的面孔,平视,脸肌几乎不动。无表情的面孔是将一切感情隐藏起来,叫人不可捉摸,往往产生令人窒息的交际效果。如果用无表情的神态表示拒绝,则会比赤裸裸的愤怒或厌恶更深刻,更能拒人于千里之外。

2. 微笑语

微笑语是通过略带笑容、不出声的笑来传递信息。培根说:"含蓄的微笑往往比口若悬河更可贵。"微笑语是一种世界通用语,它除了表示友好、愉悦、乐意、欢迎、欣赏、请求、领略之外,有时还可表示歉意、拒绝、否定等消极意义或松弛紧张情绪。

在生活中,微笑可以强身健体、延年益寿,是老少咸宜的"营养佳品";在工作事业中,微笑作为一种动态的表情语,可以成为友好的使者、成功的桥梁,可以使财源广进,更能在陶冶人们心灵的同时美化人们的形象;在言语交际时,内心情感自然流露的真诚微笑,可进一步表示欢迎和友善,使人感到温暖、亲切和愉快,给交谈带来融洽平和的气氛。

（四）常见面部表情的一般含义

常见面部表情的含义如下。

点头表示同意;摇头表示否定。昂首表示骄傲;低头表示屈服。垂头表示沮丧;侧首表示不服。咬唇表示坚决;撇嘴表示藐视。鼻孔张大表示愤怒;鼻孔朝人表示轻蔑。嘴角向上表示愉快;嘴角向下表示敌意。张嘴露齿表示高兴;咬牙切齿表示愤怒。神采飞扬表示得意;目瞪口呆表示惊讶。

美国前总统罗斯福的面部表情非常丰富,美国记者根宝曾有过细致的描绘:

已故美国记者根宝在他写的《回忆罗斯福》一书中说,罗斯福总统"在短短20分钟之内,他的面部表情有稀奇、好奇、伪装的吃惊、真情的关切、担心、同情、坚定、嬉笑、庄严,都有超绝的魅力。但他可不曾说过一个字"。

根宝的这一描述表明,人的面部表情是最富有表现力的身体语言,也是最富有欺骗性的身体语言。心理学研究表明,人的身体语言,从上到下或从头到脚,其表现力依次递减,但所传递的信息的真实性和可靠性却依次递增。这是在非语言沟通中应当注意的一个问题。

日本曾有一个保险推销员,个子不高,其貌不扬,生活艰苦,而他依靠自己真诚的微笑,逐步走向成功,请看:

原一平身高153厘米,其貌不扬,也不年轻。

在原一平当保险推销员的头半年里，他没有为公司拉来一份保单。他没钱租房，就睡在公园的长椅上。他没钱吃饭，就去吃饭店专供流浪者的剩饭。他没钱坐车，每天步行去他要去的地方。可是，他从来不觉得他是个失败的人，至少从表面上没有人觉得他是个失败者。自清晨从公园长椅上"起床"，他就向每一个他所碰到的人微笑，不管对方是否在意或者回报他微笑，他都不在乎。而且他的微笑永远是那样由衷和真诚，让人看上去永远是那么精神抖擞，充满信心。

终于有一天，一个常去公园的大老板对原一平的微笑发生了兴趣，他不明白一个吃不饱饭的人怎么会总是这么快乐。于是，他提出请原一平吃一顿好饭，可原一平却拒绝了。他请求这位大老板买他的一份保险，于是，原一平有了自己的第一个业绩。这位大老板又把原一平介绍给许多商场上的朋友。原一平的自信和微笑感染了越来越多的人，他最终成为日本历史上签下保单金额最多的保险推销员。

原一平成功了，他的微笑被称为"全日本最自信的微笑"。

原一平说：走向成功的路有千万条，微笑和信心只是助你走向成功的一种方式，但这又是不可或缺的方式。原一平的成功告诉我们：做人，就要做一个对自己有信心、对他人有爱心的人，给自己一分信心，给他人一个微笑，成功就会渐渐地向我们靠拢。

原一平凭借自己真诚的微笑，获得了巨大的成功，他的微笑被称为"全日本最自信的微笑"。这个故事启迪我们：自信是力量的源泉，微笑是勇气的开端，它将赋予你力量与希望。给自己一分自信的微笑就是给自己一分勇气，一分力量，一分鼓励与激情。

三、手势语

（一）手势语的含义与作用

手势语，是指表达者运用手指、手掌、拳头和手臂的动作变化来辅助有声语言表情达意的一种体态语。在整个体态语中，手的表达能力仅次于脸，而手势的使用频率最高。因为手势活动最方便、最灵活，变化形态最多，表达内容最丰富，可以产生极强的表现力和吸引力，在口语表达中有着不可低估的作用。如西方的政治家在盛大的群众集会上演讲之前，面对喧腾的广大群众，往往用双手举过头顶，手心向外的姿势，向群众摇摆。这种手势有两种含义：表示对听众的欢迎，致以礼貌性的谢意；请听众静下来，以便开始演讲。在言语交际中恰当地运用手势，对于加强口语的语势，补充口语的不足，构成表达者的人格形象，增强话语的说服力和感染力都有着十分重要的作用。

（二）手势的区域及其内涵

手势活动的范围，有上、中、下三个区域。

1. 上区

肩部以上为上区。手势在这一区域活动，一般表达理想、希望、喜悦、激昂、祝贺等内容和感情，手势向内、向上，掌心也向上，一般表示积极肯定的意思。

2. 中区

肩部至腰部为中区。手势在这一区域活动，多伴随叙述事物或说明事理，一般表示平静的思想和情绪。手势较灵活多变。

3. 下区

腰部以下为下区。手势在这一区域活动,一般表达憎恶、鄙视、批判、失望等内容和感情。手势向外、向下,掌心也向下,传递出消极否定的信息。

(三)手势语的意义类型

手势表达的含义相当丰富,大致可以分为四种类型。

1. 情意手势

情意手势主要用于带有强烈感情色彩的内容,加深听众对语句思想感情的理解,可以产生情深意切、感染力强的表达效果。例如:

1946年,闻一多在昆明作了著名的《最后一次演讲》,其中有一段演讲词是:

"反动派暗杀李先生的消息传出后,大家听了都悲愤痛恨。我心想,这些无耻的东西,不知他们是怎么想法?他们的心理是什么状态?他们的心是怎样长的?"

说到这里,闻一多愤怒地用力拍了一下讲台。这"砰"的一声,顿时震撼了全场听众的心房,把混在台下的几个特务吓得紧缩着脑袋,不敢吱声。

闻一多先生这个拍桌子的手势动作辅助逼问探究的话语,充分表达了他悲愤交加的心情,已经急剧上升到了顶点,同时也产生了震撼和震慑的双重作用。

2. 指示手势

指示手势主要用于具体指明人、事物、方向或数量等,它可以给听众一种真实感。其特点是动作简单,表达专一,一般不带感情色彩。如有一位干部在讲到"党的十二大向全国人民发出了号召,一定要在2000年实现我国工农业总产值翻两番的宏伟目标"时,口说"翻两番",右手伸出食指和中指高高竖起,这就加深了听众对"翻两番"的印象。

指示手势只能指示听众视觉可及的范围内的事物和方向,视觉不及的不宜用这种手势。

3. 象形手势

象形手势主要用于摹形状物以引起听众的联想,给听众一种形象化的感觉。如一位乡干部讲"池塘里的鱼已有这么大"时,他伸出两手,手心相向比画了一下"这么大"的长短,便使人一目了然,既具体又形象。

4. 象征手势

象征手势主要是用于表示一些比较复杂的感情和抽象的概念,使听众对抽象事物有一种具体感。这种手势含义虽然较抽象,但若能配合口语,运用得准确、恰当,则能启发听众的思维,引起听众的联想。如当讲到"我们有的是满腔的热血,有的是年轻的生命,那就用我们的热血来复苏祖国蓬勃的生机,用我们的生命来焕发母亲青春的光彩吧!"可用单手或双手有力地伸向上前方,以象征祖国母亲的未来和希望,从而唤起听众美妙的憧憬和幸福的遐想。

(四)手势运用的动作类型

(1)食指伸直,余指内屈。这是表示指物之意。有时表示提醒听众应当特别注意之处,其中又分两种:①手掌向下,食指平指,表示所讲事情十分重要,强调这个话题留待讨论,但若指向某个听众,则是有意与其作对,这种动作会给人留下白热化敌视态度和专制的权势欲印象;②食指上指,或食指上下点动,常有警告之意,也可表示勉励、斥责或告诫。例如:

闻一多先生在最后一次演讲中,怒火满腔,义愤填膺。当讲到"今天,这里有没有特务?你站出来!是好汉的话,你出来讲!"这几句话时,他横眉冷对,食指直指,其余手指内屈,似乎在直指混杂在人群中的特务。

闻一多先生直伸的食指,配合着有声语言似匕首、投枪般直刺敌人,使这些心虚理亏的败类不寒而栗,使全场听众顿然警觉,产生了极强的表达效果。

(2) 手指向上,与耳朵约成45度,拇指力张,食指伸直,其余手指微屈呈自然状,这是表示欢欣、请求、许诺或谦逊的意思。

(3) 手心向下,手指状态与(2)的相仿。这是表示安排、否认或批评的意思,还可表示距离、表明高度或描摹黑夜搜索之状。

(4) 手掌附于身体的某一部分。其中击头表示后悔或痛苦,抚额表示深思,抚胸表示坦诚,抚手心表示焦虑。

(5) 双掌合抱。高举表示祈求;高举并频频前后摇动,则表示感谢。

(6) 紧握拳头,或高举,或挥动,常用来表示感情之激动、意志之坚决,或示威、报复之意。请看一位乌克兰诗人是怎样应对傲慢的权贵的:

乌克兰诗人塔·格·谢甫琴科,生于一个农奴之家,曾因为写革命诗歌,被沙皇流放到奥伦堡草原。他为人幽默而倔强,尤为傲视权贵。有一次他在一个小酒店遇见一位权贵,此人和他闲聊了一会儿,分别时,向他伸出手来,却只给了一个指头,说:"当我向地位相等的人表示敬意时,我伸出全手;比我低一级的人,我伸出四个指头;再低一点的是三个指头;更低的是两个指头;对其他一切人则是一个指头。"谢甫琴科笑道:"我是个农民,没有官位,怎么办呢?先生,我给你半个指头吧。"说毕,他将拇指夹在食指与中指之间,露出半个指头,向权贵伸出手去。

交际双方都借助手势语来表达对对方的蔑视。从效果上看,谢甫琴科更胜一筹。那位权贵的手势语的含义是:谢氏在他眼中是最低等的人。谢甫琴科手势语的含义则是:权贵在他眼中连一个指头都不配,因而是"等外品"。本来,伸出一个指头,就表示了蔑视的意思,再加以语言解释,就是严重的侮辱和挑衅了。连沙皇都不放在眼里的谢甫琴科当然不会善罢甘休。在幽默机智的诗人面前,那个权贵不得不吞下由自己酿成的苦果。

四、体姿语

体姿语包括坐姿语、立姿语和步姿语三大类,在人际交往中,它们又都可以表现出不同的形态,显示出不同的意义,因而运用它们又都有不同的要求。

(一) 坐姿语

坐姿语是通过多种坐姿传递信息的体姿语。不同的坐姿传递出不同的信息。如男性微微张开双腿而坐,是"稳重、豁达"的表示;将一条腿架在另一条腿上,即跷起二郎腿的坐姿,则表示"轻松、自信";女性并拢双膝而坐,是"庄重、矜持"的表示,双腿交叉又配合交臂的坐姿,则表示"自卫、防范"。

坐姿有以下三种基本类型。

1. 正襟坐姿

正襟坐姿要求上身挺直,精神集中,两手平放在膝上或手按着手,双腿并拢或略为分开。

女性也可为双膝并拢或脚踝交叉的姿势。采用这种坐姿表示庄重和尊重对方,多用于外事谈判、严肃会议或主席台就座等场合。注意不可过于紧张,那样会造成呆板僵直的形象。

2. 轻松坐姿

轻松坐姿是非常自由自在、随随便便的坐姿。身体可以斜着,手可以交叉放在胸前,或抱于脑后,一条腿可以跷在另一条腿上。采用这种坐姿表示轻松、随意、不拘礼节,多用于非正式交际场合,如在家中或宿舍里与非常熟悉和了解的人随便聊天。

3. 半轻松坐姿

这介于正襟坐姿和轻松坐姿之间,坐的姿势较轻松,如头部稍稍后仰,背靠椅背,手随便放在扶手上,腿可以架在另一条腿上,等等。采用这种坐姿显得轻松、自如、不拘谨,可以造成和谐融洽的气氛,缩短双方的心理距离,一般适用于交谈、接待、座谈会、联谊会等场合,注意腿不能不断地抖动,身子不能左右摇动。

坐姿的一般要求是:入座时应轻而稳,不要使人觉得毛手毛脚不稳重;坐的姿势要端正、大方、自然,不要将坐具坐得太满;上身要挺直,不左右摇晃;腿的姿势配合要得当,一般不能跷起二郎腿;交谈时,上身要稍许前倾,以表示自己的专心和对对方的尊重。只有这样,才能形成优美得体的坐姿,表现出文雅有礼的气质和素养来。

(二) 立姿语

立姿语是通过站立的姿态传递信息的语言。不同的立姿传递出不同的信息。站立时,脊背直立,胸部挺起,双目平视,表示"愉悦、自信";弯腰曲背的立姿是精神不振或意志消沉的表现。

立姿可分为以下四种基本类型。

1. 庄重严肃型

腰板挺直,全身直立,精神振作,给人以庄重严肃的印象,适用于就职演说、大会讲话、被人介绍、接受奖励等场合。

2. 恭谨谦虚型

略微低头,垂手含胸站立,给人以谦虚、诚恳、恭谨的印象。适用于求学、求救、求助等场合和状况中。如刘备三顾茅庐时,见孔明草堂春睡,他不让叫醒孔明,自己就这样在旁边站立许久,关羽、张飞都急不可耐了。这恭谨的立姿语表现了刘备求贤若渴的心理,也赢得了孔明对他的耿耿忠心。

3. 傲慢自负型

两手交叉于胸前,两脚向外分开,斜倚式站立,目光睥睨,给人以傲慢、自负、骄矜的印象。这种立姿会拒人于千里之外,使人觉得惹不起或不好打交道。

4. 无礼粗鄙型

歪斜着身子,一腿在前,一腿在后,或交叠着双膝站着,抖动着脚尖,目光滴溜溜乱转,给人以粗俗、鄙陋、无礼的印象。这种立姿让人看了就反感或厌恶,更谈不上与其交际了。

立姿语同样表现出气质与风度,不管对方的态度如何,也不管交际顺利与否,都应采取正确得体的立姿语来展示和表现自己的形象。

(三) 步姿语

步姿语是通过行走的步态传递信息的语言。心理学家的试验表明,人们的步姿不仅与其性格有关,而且与其心情和职业有密切的关系。

根据人们行走的步态,步姿语有以下四种基本类型。

1. 轻松自如型

行走时,步伐稳健,双臂自然摆动,上身正直,两眼平视,步幅不大不小,步速不快不慢,可一手拎包或托着大衣。这样的步姿表示"自如轻松,安详平静",既大方自然,又端庄稳重,是使用频率很高的步姿,适用于一般会见、探访、出席会议、走进社交场合等。

2. 庄重礼仪型

行走时,步伐矫健,双膝弯曲度小,步幅、步速都适中,步伐和手的摆动有强烈的节奏感,眼睛正视前方。这种步姿所传递的信息是"庄重、热情、礼貌",适用于检阅、颁奖、接见等隆重场合。

3. 高昂自得型

行走时,步态轻盈,昂首挺胸,高视阔步,步伐稍快,步幅较大。这种步姿的语义是"愉悦、自得、有自豪感",适用于表现兴奋和踌躇满志、充满得意的心情。如实现某一理想或目标时,重大谈判达成协议时,讲演或表演获得极大成功时,常常会自觉不自觉地使用这种高昂自得的步姿。

4. 沉思冥想型

行走时,步速时快时慢,快时,步子急促;慢时,低视地面,缓缓徐行,伴有偶尔抬头回顾,或不时停下搓手等动作。总的步态是踱来踱去。这种步伐的语义是"焦急、心事重重、集中思考",适用于处理重大问题、作出重大抉择或决策等境况中。如在战争中,指挥官正在筹划一个重大战役,或为某一战况焦虑不安;在学习上,碰到难题不能解决;在工作中,遇到关键问题难以决策定夺;在爱情上,产生了情感矛盾、取舍不定等,往往会出现这种步姿。

步姿语的运用要求:步姿语与坐姿语、立姿语有所不同,是一种动态信息,因而在同一语境的不同动作过程中,应运用不同的步姿来行走,以体现自己良好的风范。如在隆重场合领奖,从座位上走出来到领到奖品,这个过程需要变化运用三种步姿,即由最初的高昂自得型到轻松自如型,再到庄重礼仪型;运用这种变化的步姿,才能适应交际的需要,也体现出步姿语运用的要求。

请看体姿语的小故事:

  小赵是某公司的员工,和他的同事小章一样是业绩优秀的员工,他们的能力和外形几乎在伯仲之间,但是奇怪的是,公司每次有什么重大的活动都要小章主持。小赵百思不得其解,向朋友抱怨道:"领导为什么只重用小章,而对我的多才多艺却视而不见呢?"朋友说:"如果是我,我也会用小章的,你们俩能力和外形差不多,但是他往那一站很高大、很标致,就没有见他对谁说话的时候弯着腰的,他的站姿让人看了很振奋,那么笔直,让人认为他是个很自信的人,充满活力。老板放心把工作交给他。而你总爱低着头,和人交谈的时候靠在墙或者柱子上,我们会以为你对一切都不感兴趣,缺乏活力。这不属于一个成功的、富有活力的年轻人所应有的样子。"

俗语说"坐有坐相,站有站相",单就站相而言,小赵远不如小章,"总爱低着头",常"靠在墙或者柱子上",让人感觉"缺乏活力",不能体现公司员工的形象。小赵当在气质、风度上下点功夫。

五、界域语

（一）界域语的含义与社交意义

界域语是交际者之间以空间距离所传递的信息。界域语也称个人空间、人际距离、势力圈范围，是人际交往中一种很重要的体态语言。美国心理学家罗伯特·索然，经过观察和实验研究，认为人人都有一个把自己圈住的、心理上的个体空间，它就像一个无形而可变的"气泡"。这"气泡"，不仅包括了个人占有物（如写字时的桌椅、驾驶时的汽车等），还包括了身体周围的空间。一旦有人靠得太近，突破了"气泡"，就会感到不舒服或不安全，马上会作出相应的恰当反应。了解了界域语的含义和类型，就会在人际交往中正确地处置和利用它们，以维护和完善个人的交际形象。

（二）界域语的类型和作用

1. 位置界域

位置界域是指交际者之间的座位所产生的交际意义和效果。如图3-1所示，在办公桌前，甲与乙交谈，乙可以坐在四种不同的位置。相对于甲来说，$乙_1$是社交位置，社交位置体现一种"诚挚、友好"的交际氛围。坐在这个位置上，没有紧张的情绪感觉，行动方便，有利于观察对方的体态变化，从而随时调整话题，把握住谈话的主动权。如果其中某个人感觉到有威胁时，桌角可以起到屏障作用。与客户谈生意、找领导汇报工作等，最巧妙的选择便是这个社交位置了。$乙_2$是友好位置，友好位置体现一种"亲切、信赖"的交谈氛围。这种位置显示出双方意气相投、亲密平等的关系，最有益于合作。谈心、征求意见、说服劝导等言语交际活动中，采用友好位置的坐法较有利于沟通。$乙_3$是竞争位置，竞争位置是同对方隔桌相对而坐，这会造成一种防范性的竞争氛围，一般是用于谈判。$乙_4$是公共位置，公共位置是双方之间无沟通需要的座位。一般在公共场合如饭店、图书馆、公园等地方，往往会采取这种互不搭界的位置就座。

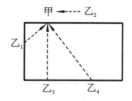

图 3-1 位置示意图

2. 距离界域

距离界域是交际者相距的空间长度所产生的交际意义和效果。西方学者萨姆瓦说："个人的空间，我们所占有的称作自己的宇宙的那一部分，包含在我们周围那看不见的界域中——并且由我们来决定谁可以和为什么踏入这一界域。当我们的空间未经允许而被侵犯的时候，我们便以各种各样的方式作出反应。退让着回避，或停立在那儿而双手却由于紧张而出汗变得潮湿了，或者有时以一种激烈的方式反映出来。"这说明人们都有自己的"个体空间"，社会交往也有一些不成文的空间划定。正确地认识和掌握"个体空间"的意义和作用，无疑大大有利于交际顺利进行。

显示人类这种个体空间语言关系的距离界域有以下四种。

（1）亲密距离。亲密距离一般在 45 厘米之内，语义为"热烈、亲密"。这是一种接触性界域语言，在人际交往中间隔最小或几无间隔，即所谓"亲密无间"。交际双方一般是亲人、亲友关系，便于作出爱抚、安慰、保护等言语行为。不是亲密关系的人如果用不自然的方式强行进入他人的亲密距离，就会引起被侵犯者的不悦甚至反抗。

（2）个人距离。个人距离一般为 45 厘米到 100 厘米，语义为"亲切、友好"。这是一种接近性界域语言，是与熟人（同事、同学、邻里、师生等）交往的空间，交际双方保持着手能互相接触的距离，以完成握手、促膝攀谈、传递物品等动作。在个人距离关系中，人们可采用肢体接触物体或手拿物品等方式来扩大自己的空间势力圈。

（3）社交距离。社交距离为 100 厘米到 210 厘米，语义为"严肃、庄重"。这是一种交际性界域语言，体现一种较为正式的非私人交往关系，双方很少情感渗透。在文明社会里，几乎一切复杂的事务交往都是在社交距离中完成的，如上、下级的工作交谈，来访接待，贸易洽谈，咨询，等等。社交活动中双方身份、地位悬殊时，如国家元首接见平民、上级到基层视察、公安人员审讯犯罪嫌疑人等，地位较高的一方为维护和保持威严，会有意扩大社交距离。

（4）公众距离。公众距离在 210 厘米以外。这是一种无特殊心理联系的界域语言，空间距离较大，在一般情况下减少了说者与听者之间用有声语言进行沟通的可能性和现实性。公众距离一般适用于与群体交往的活动中，如作报告、讲课、表演等。

在现代交际中，界域语并不完全像上面归类介绍的那样机械、刻板，影响空间距离的因素还有很多。如乘坐公共汽车，深夜 11 点上车的话，即使离原来在车上的人稍近些，也不会使其生厌，因为彼此可以做伴，减少孤独与害怕感。这是受时间因素的影响。而不同的民族文化和风俗习惯对空间语言距离则有一定的影响。如两个关系一般的人交谈，西班牙人或阿拉伯人习惯于 15 厘米左右的个人距离，日本人习惯于 30 厘米左右，中国人则习惯于 45 厘米左右的距离，而北美某些国家如美国则会拉宽到 70 厘米左右。这就要求我们应该根据不同的交际对象，使用不同的界域语言。

请看一个日本人与美国人近距离接触的小故事：

开国际会议的时候，美国人通常会与他人保持 46～122 厘米的距离，而且在跟别人交谈的时候，会始终站在原地。但是，如果仔细观察一个日本人和一个美国人交谈的场面，将发现这两个人会一边谈话一边在房间里慢慢移动，美国人一直在后退，而日本人则一直在前进。这是因为交谈双方（日本人和美国人）都在调整属于自己的个人空间，好让自己感觉舒服自在。所以，只需要半径为 25 厘米个人空间的日本人，会不断地靠近交谈对象，以适应自己对空间的需要；可是美国人却感觉自己的私密空间遭到入侵，于是不得不一直往后退，来满足自己对空间的需求。记录这一场面的录像在快放的时候会呈现非常滑稽的现象：这两个男人仿佛在房间里跳华尔兹一般，领舞的就是那个日本人。

原因很清楚，不同的民族文化和风俗习惯对彼此的空间距离有不同的要求，日本人与美国人相差较大，所以在"跳华尔兹"时日本人总是"领舞"。

六、服饰语

（一）服饰语的含义与作用

服饰语是在交际场合通过服装和饰品传递的信息。仪表、服饰是身姿的外形，同样可以反映一个人的精神气质、文化素养和审美观念。在人际交往和讲演中,衣着整齐,服饰得体优美大方,表情自然,不仅会给人留下美好的"第一印象",而且会使自己产生良好的"自我感觉",从而提高自信心,增强自信力,促使口语表达取得成功。

服饰可以展现人的内在精神面貌、生活情趣和审美追求,可以赢得听众的信任和尊重,可以使人的形象更加富有魅力,因此,在社会生活和人际交往中,利用服饰技巧可以产生出奇制胜的作用。例如:

> 20世纪60年代初美国总统竞选时,尼克松本来处于优势,肯尼迪则处于明显的劣势。然而,在电视屏幕上,肯尼迪服饰整洁,仪表堂堂,神态自若,器宇轩昂,因而逐渐赢得了许多选民的信任;尼克松则不仅面容憔悴不堪,而且衣着不整,有些邋遢,使许多拥护者失去信心而转向肯尼迪。最后,肯尼迪以微弱的优势入主白宫。

这充分说明了服饰在交际中树立形象、赢得信任的重要作用。

(二)服饰语的运用要求

1. 要符合年龄和身份

在人际交往时服饰的色彩和款式,应符合自己的年龄、职业和身份,做到和谐统一,即绝不能为了突出个别部分的美而破坏了整体形象的美,要注意服饰整体是"一种恰到好处的协调和适中"以形成美感,这是最重要的。如:从年龄上讲,少女穿款式较活泼且色彩鲜艳的服装,像红色、黄色、浅绿色和浅蓝色都较适宜;中年妇女则应穿布料厚挺、淡雅为主的服装,如棕色、米色、浅灰色、紫红色和黑色等较为适宜,显得稳重大方。

2. 要符合体形和肤色

在人际交往中所着的服饰,应符合自己的体形和肤色的特征。一般地说,"人瘦不要穿黑衣裳,人胖不要穿白衣裳;脚长的女人一定要穿黑鞋子,脚短的一定要穿白鞋子"。服饰与肤色的反差也不能过大,如皮肤黑者,就不宜穿粉红、粉蓝和奶黄等嫩色服装,也不宜穿黑色服装。此外,上装和下装的颜色也要注意协调。

3. 要符合内容和环境

服饰的款式和颜色,要与交际的场合和表达的内容协调一致,这有助于思想感情的表达和听众对内容的理解和接受。如参加晚会,就不妨穿得鲜明、漂亮些,以此表示欢欣、喜悦;在追悼会上致辞,就必须穿得庄严、肃穆,表示严肃、哀痛。与不同的人交际,也应该身着不同的服装。如同工农大众交谈,不妨穿得朴实大方一些;对知识分子演讲,则应该穿得典雅美观一些。

注意服装款式与表达内容的一致,就会收到良好的交际效果。例如:

> 有一位女青年,在参加"社会主义好"演讲比赛时,穿的是西装,给听众以欣喜、美好的感觉;在参加小说角色播讲时,则穿白衬衫打领带,显得潇洒、大方;在参加历史故事演讲比赛时,她讲的是在对敌作战中,英勇战斗、光荣牺牲的一个英雄的故事,这时她穿军装,表示崇敬、肃穆;在参加"青春·理想"演讲比赛时,则穿T恤衫,显得活泼、大方。根据不同的内容选择不同的服装,表现了这位女青年高雅的鉴赏水平和审美情趣,同时演讲也取得了圆满的成功。

总的来说,在人际交往中,服饰语必须符合目前国际上公认的TPO衣着原则。T(time)指时间,通常也用来表示日期、季节、时代;P(place)代表地方、场所、位置、职位;O(object)代表目的、目标、对象。遵循这个原则和上述要求,就会选择协调适中的服饰,做到因人而异、因时而异、因地而异,争取人际交往和口语表达的完全成功。

赖斯在任美国国务卿时很注意自己的仪表、穿着,请看相关小故事:

  2006年10月,朝核危机升级,联合国安理会通过制裁朝鲜的决议。美国国务卿赖斯为此展开了东亚之行。这次访问中,赖斯可以说把服装"穿"到了极致。

  日本是美国在东亚地区的盟国,时值日本首相安倍晋三刚刚上任,赖斯此行便把第一站选在了日本。见安倍时,赖斯穿了一身灰色的裤装西服,上衣领子形成一个尖利的锐角。专家们认为:赖斯如此穿着,一方面不希望一见面就抢了日本新首相的风光,在颜色上有所克制;另一方面,硬硬的衣领似乎也不忘提醒安倍"该硬的时候得硬"。

  此后,赖斯到韩国见卢武铉时,穿的也是同一身衣服。

  这之后,赖斯来到了中国,受到了中国国家主席胡锦涛的接见。她脱下原来在盟国的装扮,而换上一身抢眼的紫色套裙。时装设计师小西认为:"紫色在中国是象征典雅和高贵的颜色,是考虑到对方看法的举动。"

▶ 第三节　体态语解读的基本原则 ◀

在一般情况下的人际交往中,体态语辅助口语进行信息交流,一方正确发出,另一方准确接收,表达和领悟配合默契,信道通畅无误。不过,古人云,要"善于察言观色",俗话说,要"看人家的脸色行事",这不仅说明体态语解读的重要和必要,更说明体态语解读存在着不懂、不通或漠视的问题。因此,要具有正常的体态语解读的能力,就应该正确适时地运用它,在此基础上,明确体态语解读的基本原则,就可以在口语交际中对体态语作出更准确的理解和更恰当的反馈。

体态语解读的基本原则如下。

一、结合表达者的个性特征来解读

在语言交际时,体态语除了装聋作哑、含而不露的无表情状态之外,与语言的配合有两种情形。一种是体态语与语言协调一致,共同完成表达任务,两者相辅相成,相得益彰。这时,体态语能起到加强语言表达的作用,有助于对方加深所听内容的理解;另一种是体态语与语言不一致或相矛盾,而体态语表明真实意图或显示表达者的个性。前一种情形容易解读,后一种情形则应特别注意,以免造成交际失误。例如:

  美国前远东军司令麦克阿瑟的傲慢与刚愎自用是出了名的。一次,在与杜鲁门总统会见时,他竟然不经意似的掏出大烟斗,装满烟丝,叼在嘴上,然后问杜鲁门:"我抽袋烟,您不至于介意吧?"周围的人静下来,都看着杜鲁门。杜鲁门狠狠地盯了麦克阿瑟一眼,却甜蜜地说:"抽吧,将军。别人喷到我脸上的烟雾,要比喷在任何一个美国人脸上的烟雾都多。"

麦克阿瑟的体态语充分显示了其个性特征——傲慢与刚愎自用,杜鲁门没有被他征询意见的话语所迷惑,从而作出了正确的反馈和应对。这说明,结合具体交际对象的性格习惯、文化素养、个人经历等解读体态语,的确有助于在交际中牢牢占据主动地位。

一个来自偏远山区的农家子弟，生怕同事看不起他，拼命赶时髦，却适得其反，请看：

  大学毕业生小寒应该说是比较幸运的，尽管就业形势严峻，他还是找到了一份外企白领的工作，同学都非常羡慕他，但是他心里有一点担心，就是怕同事们知道他是来自偏远山区的农家子弟后看不起他，所以他在穿戴上千方百计赶时髦。

  人倒是光鲜了，可钱包却顶不住了，不但不能补贴家用，还得让老爹老娘寄钱给自己撑门面。

  后来，小寒的风流倜傥吸引了单位的同事小玉，两个人谈起了恋爱，随着关系的日益接近，小玉对小寒看得也越清楚，她明白小寒是在打肿脸充胖子以后，主动提出了分手，原因就是他的不自信和自欺欺人。

  现在的小寒，还是王老五一个，不过称不上钻石级别了，因为单位老总听说这件事后，把他从重要的岗位上撤了下来，老总觉得：一个不自信、不诚实的人是难担大任的。

自信、诚实是立足的根本。爱美之心人皆有之，年轻人追求时髦也无可厚非，但一定要量力而行。超出自己的能力，无节制地追赶时髦就不可取了，自欺欺人，不自信，女朋友离开了，领导有看法，是很自然的事。

二、结合不同的文化背景来解读

  体态语所传递的信息，在同一社交圈、社会文化圈内是具体明确的，一般都能正确解读。但是，在不同的国家、地区、民族之中，在不同的文化背景之中，甚至不同的性别之中，同一体态语常会表示不同的意义，因此，应注意结合不同国家、地区、民族的文化特征和不同的性别特征来解读体态语。例如：耸肩动作在西方表示疑惑，而在我国则表示厌烦；点头在多数地区表示赞同，而在保加利亚则表示否定。再如：在中国跷拇指表示称赞，伸小拇指表示差劲；而在日本跷大拇指表示"老爷子"，伸小拇指表示"情人"。即使在同一地区，不同的时代其体态语也代表不同的意义。例如，过去我国表示问候是拱手作揖，后来是弯腰鞠躬，现在一般是点头握手了。不同性别使用同一体态语时，其表示的意思有时也不相同。例如，双腿交叉的动作，在男性，可能是情绪紧张、思想集中的表示，而在女性则多是厌倦不耐烦的反映。由此可见，解读体态语应注意不同的文化背景和不同的性别特征。

  一位美国商人到沙特阿拉伯做生意，不事先了解该国文化与风俗习惯，结果生意告吹，请看：

  在利雅得，一位美国出口商正在向一位沙特阿拉伯的官员推销货物。这个美国人舒服地靠在椅子上，跷着二郎腿，鞋底朝外——这在当地是侮辱对方的姿势。他用左手把文件递给这位阿拉伯人——穆斯林认为左手不洁净。他拒绝喝咖啡——这是对主人好客的不领情。这个美国人对伊斯兰国家文化的无知的代价是，生意告吹，而一个了解并尊重阿拉伯习俗的韩国人同阿拉伯人签订了一份1000万美元的合同。

  鲜明的对比：这位美国商人对阿拉伯文化习俗一无所知，结果生意失败；这位韩国商人"了解并尊重阿拉伯习俗"，签订了巨额合同。美国商人的教训实在太深刻了。

三、结合"体态簇"来综合解读

  在语言表达时，在特定的语境中，单个的体态语动作如单个的词一样有时也能独立地传达出一个信息,表示一种完整的意义,但在更多的时候,人体的许多部分采取"集体行动",从不同角度、不同方面传达出一种共同的信息,表达出一个独立完整的意义。我们把这称之为"体态簇",而尼伦伯格·卡莱罗在他所著的《怎样洞察别人》一书中,把这称作"姿态簇"。他在书中说:一个姿态只代表一种意义,如果不了解一个人的姿态簇(一连串配合的姿态),没有把他前后的动作加以融会贯通,只单凭某个表情就下结论,难免会犯下断章取义的错误,造成误解的后果;所以,不能只观察一些个别的姿态,必须注意言辞与个别姿态在表达上的一致性,以及个别姿态与一连串姿态的不矛盾性。

尼伦伯格·卡莱罗和其他一些学者从谈判现场上拍摄了大量录像资料,并对这些资料进行了反复的分析、研究,归纳出了许多"姿态簇"。下面略举几例。

(1) 交叉着双手,眼睛紧盯着对方,身躯挺得笔直,双腿交叠,这是谈判一方对另一方持怀疑的"姿态簇"。

(2) 一个人很快地走进屋里,却没有立即坐下,在别人请他坐下时,他却选了一个尽可能与众人远离的位置,然后跷起腿,两手交叉着望着窗外。这一连串的动作都是焦虑不安、紧张担忧、心神不宁的反映。

(3) 在谈判进行过程中,如果一个人突然猛拉裤子,在椅子上坐立不安,这常常是准备作出某一决定时惯有的动作。

(4) 一个人用手或用笔在桌上敲打,腿抖动,脚跟或脚尖在地板上打拍子,双眉时时紧锁,嘴闭合,是一种表示厌烦的"姿态簇"。

(5) 当谈判进行得很顺利时,伴着口语而来的是:坐着的人,解开外衣的纽扣,放下交叉的腿,坐到椅子的边缘,并更接近那使他们与对方隔开的书桌或餐桌。这些动作是谈判要达成协议的"前奏曲"。

(6) 手臂交叠、身体移开、交叉双腿、头向前倾,有些人还从眼镜上方窥视,好像要把对方的话"看"得更清楚些,这是表示拒绝的"姿态簇"。

(7) 身体稍微移开,以侧身对着对方,并开始摸摸鼻子,或捏捏鼻子等,这是最具否定意味的姿态。

一个到中国来旅游的老外,总喜欢主观臆断,结果闹了一个大笑话:

一个旅游团的客车路过一片农田的时候,车上的老外看到窗外农民在锄草,就用英语对导游说:"中国的农民太有环保意识了,宁可用锄头锄草也不用农药,我要和他沟通一下!"女导游惊诧地说:"你们怎么沟通啊,他不懂英语的,我来帮你吧!""不用,谢谢,我们的手势是相通的,地球本身就是一个村子而已!"

老外下车后走到农民跟前,两人比画了一阵手势后,老外兴冲冲地回来了:"中国的农民素质真的很高!"导游问他:"你们聊了些什么啊?"老外说道:"我伸出一个大拇指意思是'我们生活在一个地球,我尊敬你如此地热爱环保事业!'这个农民伸出两个手指告诉我'地球有南北两极',我伸出四个手指告诉他'地球有四大洋',他伸出七个手指意思是说'地球有七大洲',我伸出九个手指告诉他'太阳有九大行星',他伸出一个食指告诉我说'都围绕一个核心在旋转'"。老外兴奋地一口气说完这些话。导游十分怀疑老外的一面之词,更无法想象一个普通农民会和老外这样沟通,于是下车询问农民以弄个清楚。农民听了导游问其究竟,生气地说:"这个外国人太能吹牛了,他伸出一个手指说'我一顿能吃一个馒头',我伸出两个手指告诉他'我能吃两个馒头',他伸出四个手指说'我能吃四个',我告诉他'我饿的时候能吃七个馒头',他竟然告诉我他能吃九个,我就指着他让他滚!"

这位可爱的老外,仅凭"宁可用锄头锄草也不用农药",就断定"中国的农民太有环保意识";坚信用手势就可与农民交流,结果闹了一连串的笑语。不对客观事物进行综合分析,不对"体态簇"进行具体分析,全凭主观臆断,想当然,就必然要闹笑话。

四、结合现场群体的不同反应来解读

在特定交际场合中,众多对象对于某一言论或举动有时会出现不同的体态语反应,这时就应该分清主次,抓住主流作正确的解读。例如教师在授课时,大部分同学显出心领神会的表情,少数人则有茫然不解的脸色,这时可注意适当调整一下进度,也可继续讲下去,然后留出时间辅导那少数未完全理解的同学。又如到朋友家串门,丈夫起身说"请坐",而妻子则纹丝不动,小孩也不知躲到什么地方去了。这时应从他们的不同反应中读出"你来得不是时候"的意思,如果没有把握处理好其间的关系的话,应及时妥善告退。因此,细致观察准确解读现场对象的不同体态语,就可以应付裕如,取得交际的成功。

著名学者钱钟书在小说《围城》里面有一段经典的描述,大概情节是这样的:

苏文纨拿出自己的女用折扇,叫曹元朗和方鸿渐评价写在扇子上的一首诗歌。曹元朗看完,连声说好。但是方鸿渐却并不认为它是一首什么好诗,完全没有注意到旁边的唐小姐在向他皱眉摇头。苏小姐愠怒了,便收回折扇,因为希望方鸿渐能给一个肯定的评价,所以还是把折扇第二次递给了方鸿渐。方鸿渐再次看了这首诗后,连忙大叫,说这首诗是偷来的。苏小姐铁青了脸。方鸿渐又改口说,这首诗至少是借的,而且是借的"外债",就是说抄袭的国外诗人的诗句。当时,坐在旁边的唐晓芙不断地给方鸿渐递眼色,并试图打断方鸿渐对扇子上诗歌的贬低。而此时的苏文纨也是一张苦瓜脸,怒不可遏。方鸿渐始终不去关注苏文纨的表情,只顾自个儿说得痛快,后来苏文纨一下子夺过扇子,怒气冲冲就此作罢。以至于后来方鸿渐想方设法向苏小姐赔礼道歉,才将事情扭转过来。

有的人在与别人沟通的时候,喜欢自己说自己的,不管对方高兴不高兴,也不管在场其他人是怎样的表情,总是坚持己见,一吐为快。《围城》中的方鸿渐就是这样的人,结果只能赔礼道歉了结。

思考与训练

1. 什么叫体态语?非语言沟通有哪些作用?非语言表达的基本要求有哪些?
2. 非语言沟通的基本类型有哪些?各有什么功能?
3. 体态语解读有哪几个基本原则?"结合现场群体的不同反应来解读"是什么意思?请举例说明。
4. 握手是一种常见的"见面礼";与成功者握手,表示祝贺;与失败者握手,表示理解;与同盟者握手,表示期待;与对立者握手,表示和解;与悲伤者握手,表示慰问;与欢送者握手,表示告别。下文记录的是一次历史性的握手,为世人关注。请仔细阅读,谈谈你的看法与感想。

1972年2月21日,尼克松踏上中国大陆的土地,开始了一次他称之为"谋求和平的旅行"。

11时30分,飞机平稳地停在候机楼前。机舱门打开了,穿着大衣的尼克松总统与夫人帕特两人走出舱门。尼克松看到,周恩来总理站在舷梯前,在寒风中没有戴帽子。

当尼克松走到舷梯快一半的地方时,周恩来带头开始鼓掌。尼克松略停一下,也按中国的习惯鼓掌相还。待离地面还有三四级台阶时,尼克松已经微笑着伸出他的手,周恩来那只手也迎上去,两双手紧紧地握在一起,足足有一分多钟。此时,尼克松感到,一个时代结束了,另一个时代开始了。

尼克松显得很激动,说道:"总理先生,我感到很荣幸,终于来到了你们伟大的国家。"

周恩来说:"总统先生,非常欢迎你到我们的国家访问。"

接着,周恩来和尼克松一同进入一辆挂着帘子的防弹高级红旗轿车。在离开机场时,周恩来说:"总统先生,你把手伸过了世界最辽阔的海洋来和我握手。25年没有交往了呵!"

5. 微笑是人类宝贵的财富,是自信的标志,是礼貌的象征,具有震撼人心的力量。服务员小王用她真诚的微笑改变了自己的人生,你从下文中受到哪些教益?

小王大学毕业那年,应聘到广州一家很有名气的四星级涉外大酒店的餐饮部当服务员。谁知,就在结束试用期的前两天晚上,一位港商要求为其调送一杯咖啡,但由于小王正在为其他贵宾服务,等轮到去他那里时,按他约定的时间已经迟到了20多分钟了!小王小心翼翼地把咖啡给他调好送去,面带微笑地说:"先生,首先感谢您对我的欣赏和信任。但由于暂时没能抽出身来,耽误了您的时间,我感到非常抱歉!"这位港商却不领情,把左手一扬,正好碰到小王双手捧着的咖啡杯,咖啡溅了她一身。可他视而不见,指了指手表说:"多长时间了?哼!像你这样服务,还像个四星级酒店吗?"

小王知道今天遇上了找碴儿的主,接下来的时间里,就更加全心全意地为他服务,不敢有半点马虎。他要什么,小王就给什么,动作十分麻利,语言也特别温柔和细腻。尽管他一点也不合作,仍旧一副怒气冲冲的姿态,小王都毫不介意,始终挂着一脸甜美的微笑。最后,那位港商说:"虽然你的综合素质表现得很不错,但真正能打动我的,还是你的微笑,那一脸甜美灿烂的微笑,你一共发挥了九次!特别是你的第九次微笑,那种毫不矫情的、纯真的笑,击退了我最后一道冷漠的防线!"

结果,小王试用期结束后就被提升为领班,只在领班的位置上锻炼了两个月,就接替了餐饮部经理的位置。从服务员到餐饮部经理,就是那九次微笑改变了她的人生!

6. 尼克松两度竞选美国总统,1960年因"面色苍白,热汗直淌"形象不佳而败北;1968年因"精心修饰、打扮自己""精力充沛、信心十足"形象最佳而胜出。我们可从中吸取什么教训?

1960年，肯尼迪和尼克松参加美国总统竞选的电视辩论。这是美国历史上第一次电视竞选。

当时尼克松正在患病，出现在电视观众眼前的尼克松两眼深陷，面色苍白，热汗直淌。年轻体健的肯尼迪认真打扮了一番，只见他红光满面，精神焕发，目光炯炯。这次竞选，本来有一定优势的尼克松败北，肯尼迪幸运当选。

1968年，尼克松再度竞选总统。他吸取了1960年那次竞选的经验教训，精心修饰、打扮自己，以一个精力充沛、信心十足的形象出现在观众面前。此举加上其他有利条件使他登上总统宝座。

第四章 有礼走遍天下
——沟通礼仪

第一节 个人礼仪

泱泱中华,悠久文明。礼仪之邦,源远流长。作为一个中国人,我们不仅要好好传承中华文明礼仪,更要懂礼、守礼,将礼仪知识运用到人际沟通中来,促进与他人的交流,以获得成功。孔子说:"不学礼,无以立。"这句话说的就是人不懂礼仪规范就无法立身处世。

完备的"礼仪"是良好人际沟通的催化剂。一个仪容庄重、得体,服饰典雅、大方,举止文明、守礼,谈吐优雅、自然,面含微笑,以诚待人的人必定会受到众人的青睐,并在交际中处处逢缘,办事顺利。

一、仪容礼仪

《现代汉语词典》中,"仪"指人的外表、礼节等;"容"主要指脸上的好气色、相貌。一个人容光焕发、仪表得体,自然能在人际沟通中让人"倾心,向往"。

仪容是一个人的"面子"工程,是指一个人的形体及大致外观。"秀外慧中"首先展示出来的当然是外部仪容。在交际中,"秀外"往往能让人在短时间里被他人注意,并吸引他人对自己有进一步的了解从而达到有效沟通的目的。仪容礼仪在人际沟通中的重要性不言而喻,比如,在求职面试时,面试官会根据面试者的仪容,在短短的30秒钟内形成对应聘者的初步印象,而有调查显示这一印象在接下来的录取决定中占50%~80%的影响力。

(一)仪容卫生

清洁卫生是仪容礼仪的基本要求,每个人都应该养成良好的卫生习惯。试想在社会交际中,谁愿意同一个蓬头垢面、衣裳邋遢、满身臭味的人打交道呢?"打扫"仪容卫生,特别要注意下面几个细节。

1. 眼部

眼睛是心灵的窗户,是最能反映一个人精神面貌的面部器官。"明眸"才能"善睐"。早晚清洁面部时,特别要注意眼部卫生。工作繁忙,用眼过多的人,要勤做眼保健操,必要时,可以用热毛巾敷眼睛。

眼明澄澈可以让人保持头脑清醒,在交际沟通中避免犯错。譬如,应酬喝酒,酒过三巡,有点喝高的时候,眼睛容易分泌出异物,这时可借去洗手间的机会清洗眼部,使自己保持冷静,思考问题,同时也能维持好自身形象。

2. 口腔

口腔卫生包括牙齿整洁、口气清新等。人们生来不会朱唇皓齿,唇红齿白靠的是日后保养。在正常情况下,人们每天至少刷两次牙,最好能早晚、饭后勤刷牙。刷牙不仅是我们需要注意的个人卫生,更是社交生活中的基本礼貌。见人一笑,露出满口黑黄牙,对方只会避而远之。反之,朱唇一启,白牙一闪,交谈气氛自然融洽起来。"伶牙俐齿"说的也应该是整洁卫生的好牙口吧。

有些人进食后有剔牙的习惯,这里建议大家尽可能使用牙线。牙线细,容易除去牙缝的残留物,也可避免牙缝变大。

与人交谈时,保持口气清新也是非常重要的卫生问题和礼貌问题。蒜、葱、韭菜、臭豆腐等食物易导致口臭。饮食清淡,多吃含有丰富的纤维素的食物有利于去口臭,清洁口腔。

另外,要纠正不利于口腔卫生的不良习惯,如咀嚼槟榔、大量吸烟、常喝浓茶、睡前吃糖果等。同时,与人谈话时要保持一定距离,避免唾沫横飞,影响交际。

3. 鼻腔

鼻子处于五官中心位置,是面部最突出的部分。鼻腔则是重要的呼吸通道。在交际过程中,鼻腔的卫生状况可谓一目了然。鼻毛过长,鼻涕流出,鼻屎可见都有碍个人仪容形象。为此,定期搞好鼻腔卫生非常必要。我们可以用专业小剪刀修剪鼻毛,用消毒棉棒"打扫"鼻腔卫生,随身携带纸巾,以清理鼻涕或鼻头的汗渍。

4. 头发、胡须、腋毛

靓丽人生,从"头"开始。勤洗头,多梳理,大方迎接每日新生活。不论男女,头发长短要适度。男士头发不宜过耳,否则显得拖沓,不够精神;女士短发要有型,长发可梳顺披肩,如长度过肩,则宜扎起或盘头。夏日,最好每日洗头;冬季,可三天一洗,避免头发油腻或头屑横行。

胡须过长,看似邋遢。男士宜每天修理胡须,保持面部清洁。

夏季,衣物单薄,特别是女士穿无袖衣裙时,腋毛显露则影响美观。在社交场合下,男士女士尽可能避免穿无袖衣衫。

5. 手部

手在社交礼仪中扮演十分重要的角色,握手、招手、摆手、伸手致意等,都需要手来完成。其中,握手是社交过程中的基本礼貌。保持手部洁净是人际交往的最低要求。勤剪指甲,不涂颜色鲜亮的指甲油,常洗手都有助于保持手部卫生与健康。

切记:不要在人前整理个人卫生,如剔牙缝、剪指甲、挖耳屎、搓泥垢等,当着他人的面,整理仪容卫生是非常不礼貌的行为。仪容卫生清理要细致,要细心发现每一个可藏污纳垢之处,不放过任何一个影响交际礼仪的死角。

(二)美容美发

1. 美容

美容,即美化人的容貌。仪容整洁是个人礼仪最基本的要求,美容则是深层次的追求。早在殷商时期,我国就有人用燕地红蓝花叶捣汁凝成脂来擦脸修饰。根据记载,春秋时周郑之女,用白粉敷面,用青黑颜料画眉。

细节决定成败,即使是天生丽质,也要稍作修饰,争取在交际中展现更完美的自己。美容化妆主要是对女性而言的,社交场合适当的美容化妆是一种礼貌,是尊重自己和他人的表现。在日常交际中,宜化淡妆,以自然大方为佳;参加舞会、酒会等社交活动,可稍加浓妆,以稳重大方为宜。

在美容化妆中,特别要注意眉毛和眼睛的妆容。眉眼传神,起到一定非语言交际的作用。眉毛要修理整齐,粗细恰当;眼妆应自然得体,不能给人妖艳之感。口红的颜色要根据具体的交际活动来定,晚会可选用亮色,日常交际选用淡彩色。总之,社交妆容要求和谐、大方、稳重,不失时尚。

男士美容主要是面部清洁,避免油光和污物,可用基本的护肤用品打理面部,清新即可。

2. 美发

美发,即发质保养及头发造型。交际中,首先进入他人眼帘的是头部,因此,美发在仪容礼仪中显得尤为重要。

发质保养,除了要常梳洗清洁外,还应多按摩头部,促进头部血液循环,及时修理枯黄、开叉的发梢,亦可选用精油,加强头发营养,保持头发的美观。

发型的塑造要根据个人的年龄、性别、职业及脸形特点等进行。男士短发不过耳显得干净利落,若留长发则显得邋遢、不精神。女士长短皆可,宜整洁有型。长直发可披肩,染发色泽不可过于鲜亮刺眼,烫发要选择适合自己的发型,不夸张,不做作,否则美发不成,自毁形象。

生活中不少案例告诉我们个人仪容在交际活动中的重要性。让我们来看看下面这个故事:

> 吴先生与两位同事办事顺利,打算庆祝一下,当他们来到餐厅时,接待他们的是一位五官清秀的服务员,接待服务工作做得很好,可是她面无血色显得无精打采。吴先生一看到她就觉得没了刚才的好心情,仔细留意才发现,原来这位服务员没有化工作淡妆,在餐厅昏黄的灯光下显得病态十足,这又怎能让客人看了有好心情就餐呢?当开始上菜时,吴先生又突然看到传菜员涂的指甲油缺了一块,当下吴先生第一个反应就是"不知是不是掉入我的菜里了?",但为了不惊扰其他客人用餐,吴先生没有将他的怀疑说出来。但这顿饭吃得吴先生心里总不舒服。最后,他们唤柜台内服务员结账,而服务员却一直对着反光玻璃墙面修饰自己的妆容,丝毫没注意到客人的需要,到本次用餐结束,吴先生对该饭店的服务十分不满。

餐厅服务员不懂得仪容礼仪,不加修饰或过度修饰都影响了顾客的心情,也严重影响服务质量。其实,各行各业的工作人员都不能忽视仪容礼仪!

二、着装礼仪

服装是衣服鞋帽的总称,多指衣服。着装,即服装穿着。着装礼仪,则要求人们恰当穿衣、尊重他人。

"人靠衣装,佛靠金装",穿戴整齐,才能精神振作。不要小看"以貌取人",人们在社交活动中往往习惯以"第一印象"判断对方。人们第一眼就会通过对方的着装来"获取"对方身份地位、文化素质、审美水平等信息。可以说着装是一门艺术。

着装要"因时因地制宜"。不同的场合、不同的对象、不同的时间、不同的地点要考虑不同的着装,还要考虑着装的颜色、质地、搭配、款式等。我们也可以利用服装来修饰身材、美化自身形象。

在日常工作交际中,男女皆宜着职业装;参加晚会、宴会、舞会则要穿戴恰当的礼服,讲究时尚个性;在业余生活中,舒适自然即可。职业装的选择要兼具代表性及实用性,首先要代表某一职业属性、企业文化,有一定的内涵及品位,同时还要考虑个人的穿着习惯、形体特点等,能够美化个人形象。女士职业套装有裤装,也有裙装。女士在选择职业装时特别要注意合乎规范,体现知性魅力。对男士来说,交际中常穿的主要是西装,即西式套装。西装简单、大方、体面,戴上领带显得时尚而有气质。

穿西装有讲究,穿西装时,衬衫袖口一定要扣上,口袋里不宜放太多的东西。如不系领带,可不扣领口。在正式交际场合,最好选择白色的衬衫,穿西装就应打领带,领带长度以到皮带扣处为宜。穿西装时选择合适的鞋,庄重的西装要配深褐色或黑色的皮鞋。袜子的颜色应比西装深一些,尽可能朴素大方。女子的西式服装样式、花色繁多,正式一点的场合可穿西服套裙。

帽子也是着装的一部分。有些人习惯佩戴帽子,如女士们喜欢戴遮阳帽,男士们喜欢戴鸭舌帽、牛仔帽等。帽子可以凸显每个人不同的气质,但正式的社交场合,与他人交谈要脱帽行礼,否则视为不尊重他人。

总之,着装礼仪讲究干净整洁、符合身份、适合形体、区分场合、端庄大方、搭配协调、凸显个性等。着装是一个人的"形象工程",着装合适是对他人的尊重,对着装礼仪不容小看。下面三个故事正好告诉我们着装礼仪在社交场合的重要性。

穿大衣跳舞

小张喜欢追逐时尚,穿着很讲时髦。一次,他买了一件很漂亮的大衣,正好周末本单位举行舞会,他便来到会场,只见人们都在翩翩起舞,小张兴致很浓,便邀请一位在座位上休息的女士跳舞,那位女士看了他一眼,很礼貌地拒绝了他,接着小张又邀请两位女士跳舞,结果均被拒绝。这时,一位朋友来到小张身边,拍拍他说:"小张,不能穿着大衣邀请女士跳舞,这是不礼貌的。"小张这才明白刚才为什么被拒绝。

换衣服再来

一些高级会所、俱乐部,对于穿着打扮都有明文规定。著名影星,《泰坦尼克号》的女主角凯特·温斯莱特和男友回英国度假,在一家高档商店门前,男友因穿着随便而被门卫拒之门外。尽管当时其男友振振有词,指着女友说:"你可知道她是谁?她就是《泰坦尼克号》中罗斯的扮演者——凯特,而我就是她的男朋友!"这个门卫照样铁面无私,不买他的账:"不行,你穿这样的衣服不能进。"最后,男友无可奈何,只好回去重新换了服装。

这两个事例都告诉我们:不分场合穿衣服可能被他人拒之千里。与环境气氛不融洽的着装影响与他人的交际沟通。

一位久负盛名的剧院老板来拜访大仲马。一见面,他连帽子也没脱下,就火冒三丈地问大仲马为什么把最新的剧本卖给一家小剧院的经理。大仲马承认有这么回事。这位经理于是出了一个远远高于他对手的价格,想把剧本买回来,大仲马笑了笑说:"其实你的那位同行用一个很简单的方法,就以很低的价格把剧本买走了。""那是怎么回事?""因为他以与我交往为荣,并且一见面就脱下帽子。"

这个故事告诉我们脱帽礼仪胜过金钱、地位。学会尊重他人,才能赢得他人的尊重。

三、饰品礼仪

饰品是指个人的装饰之物。爱美之心,人皆有之。除了挑选合意的服饰,不少人还喜欢用饰品来彰显个性。饰品也可以反映出个人品位、性格特点及审美情趣。下面,我们就从发饰、首饰及胸针来谈谈饰品礼仪。

1. 发饰

发饰主要有头绳、发夹、发簪等。发饰主要是对女性而言。在市场经济发达的今天,发饰琳琅满目。发饰佩戴要与年龄、发型相适合。尽量少用色泽艳丽、形状夸张的发饰。在人际交往中,发饰以简洁、朴素、大方为宜。

2. 首饰

首饰通常有项链、耳环、手镯、戒指等。首饰佩戴不宜超过3件。首饰佩戴忌多、忌乱。过多地佩戴首饰显得轻浮炫耀。如果超过两件首饰,则宜颜色相同或相近。并且,首饰佩戴要得法,项链通常只戴一条,同时挂多条项链显得累赘杂乱;耳环宜成对佩戴,且一只耳朵上不可同时戴多只耳环;手镯可戴一两只,手链只适合在左手上戴一条;戒指不能乱戴,戴在每个手指上的意义都不一样。

3. 胸针

人们将胸针别在衣襟上,彰显自己的美好身材或身份地位。正式场合佩戴胸针显得更庄重。胸针的套装佩戴有讲究。男士胸针佩戴的位置和发型、有无衣领子都有很大的关系。若穿着带领子的衣服,胸针要佩戴在左侧的位置;穿不带领子的衣服,则佩戴在右侧。女士的胸针选择非常多,佩戴方法也灵活一些。在正式的场合里一般佩戴在左边,但在随意的场合可根据自己的心情决定佩戴的位置。在选择胸针时,还要注意其颜色、质地、花样、大小等,与妆容、着装相协调。此外,还要注意胸针的寓意,如水晶胸针代表"高贵典雅,忠实坚贞",玛瑙胸针和松石胸针皆代表"具有魅力"。

总之,饰品选用不应妨碍工作,不可过多、过杂,要与职业身份相协调。

四、表情礼仪

表情礼仪主要指社交过程中,人的面部表情恰当,精神饱满。人的面部表情主要表现为眼、眉、嘴、鼻、面部肌肉的变化。在交际活动中,表情可以起到促进沟通、表达情绪、加强合作的作用。擅长人际沟通和交往的人,往往能够隐藏自己的负面情绪和真实想法,处事老练。

1. 眼部表情

透过一个人的眼神,可以看到他的喜怒哀乐等各种情绪。眼睛可以说是最能直接反映一个人精神面貌和内心活动的面部器官。不用言语,只通过眼神的交流便可沟通彼此。

一个充满自信、充满爱和善的人,目光自然流露出温馨与暖意。用眼神打动他人,胜过无数有声语言。

2. 眉毛表情

眉毛与眼睛分不开,眉眼一动便透露心声。横眉冷对表示敌意,挤眉弄眼表示戏谑,低眉顺眼表示顺从,扬眉吐气表示畅快,眉头舒展表示宽慰,喜上眉梢表示喜悦。

眉毛表情与眉形也有一定关系,八字眉,中间高、两边低表示温顺,中间低、两边高则显得凶恶,眉头紧锁表示愁苦。好在眉形可以后天补救,修眉、画眉时要注意眉毛的形象气质。

3. 嘴部表情

不发出声音时,嘴部表情亦可表达情绪,传递一定的交际信息。嘴部表情主要是口形变化。嘴角上扬,微笑快乐;张口结舌,惊讶无比;嘴角下撇,伤心苦闷;咬唇多为痛苦之状;噘嘴常是委屈之时;嘟嘴常显可爱之态。

4. 鼻部表情

鼻子是面部最突出的器官,鼻子的一点小动作也很容易被他人发现。表示不屑或讨厌时,鼻子会自然耸起或嗤之以鼻;生气愤怒时,鼻孔瞬间张大;胆小怕事时,鼻腔收缩,屏气凝神。

5. 面部表情

面部表情即面部肌肉、五官一同发出动作,协同表达某种情感。面部各个器官是一个有机整体,每当内心产生一种情感,面部各器官会各自呈现不同状态,合在一起就是整个面部表情。

表情的修炼,来自人的内心素养。通过表情变化,我们可以看到一个人的内心世界,知道这个人的道德品质或需求等,以作为下一步交流沟通方式的依据。请看下面这则故事:

有位企业经理讲过这样一件事情:"有一回,我同某销售公司经理共进午餐。每当一位漂亮的女服务员走到我们桌子旁边,他总是目送她走出餐厅。我对此感到很气愤,我感到自己受到了侮辱。心里暗想,在他看来,女服务员的两条腿比我要对他讲的话更重要。他并没有听我讲话,他简直不把我放在眼里。"

这位销售经理的目光反映出他不纯的本质。他将看漂亮异性看得比工作还重要,是不尊重那位企业经理的表现。势必不能取得事业的成功。

读下面这个故事,认真体会察言观色的重要性。

秋季,一位台商来到祖国内地,与内地一家企业的代表商谈合资生产问题。第一次商谈刚开始的时候,内地企业的代表发现台商在就座时,眉头不由自主地皱了一下。会谈结束后,内地企业的代表对他不经意的动作进行了分析,并很快找到了原因,原来是座椅太凉。第二次会谈还没开始时,台商就吃惊地发现座椅上放着一个小棉垫,他大为感动,情不自禁地赞叹:"还是你们观察入微啊,连这样小的事情都能注意到!"正是内地企业的代表这种看似微乎其微,实际充满爱心的小动作,不仅很快消除了台商的戒备心理,拉近了双方的距离,而且使合资谈判取得了圆满成功。

细节决定成败。这家内地企业的代表从台商细微的表情变化中揣摩对方的需求,做到了细致周到的服务,最终获得对方的认可,取得成功。

五、微笑礼仪

西方有谚语:阳光和鲜花在达观的微笑里,凄凉与痛苦在悲观的叹息中。用微笑说话的人,才能担当重任。

微笑是一种健康、文明的举止,是人类最基本的、最美丽的表情。微笑是天下第一通行证。

微笑能打动他人,增添生活的美感,给人际交往带来和谐的气氛,可以说微笑潜力无限。微笑让"蒙娜丽莎"的美丽绽放在世人心中,微笑让吴哥窟高棉人的雕像蜚声世界,微笑让人们心心相印。其实,微笑非常简单,人人皆会。只要内心真诚,嘴角上扬,微笑便如阳光洒向人间。微笑就是最好的名片。

著名学者方海权曾说:"微笑问安,结好人缘。好缘之功,处事易成。"可见"微笑"是沟通心灵的桥梁,于无形中拉近人们的距离。

对经商者来说,常露微笑可以留住客人的心,让客人有宾至如归的感觉。下面这个故事正好说明了这点。

　　1907年美国发生经济大恐慌,那年的圣诞节,一个名叫康拉德·希尔顿的20岁的青年人在美国新墨西哥州圣·安东尼奥镇堆满杂货的土坯房里开办了家庭式旅馆。当他的资产发展到5100万美元时,他欣喜地向母亲禀报,从母亲那里得到了启发:必须想出使每一个住进希尔顿旅馆的人住过了还想再来住的办法,这个办法是既简单容易、不花本钱而又行之有效的。希尔顿思索了很久,终于找到了这个办法,这就是微笑。于是他在制定经营的信条时,特别向员工强调:"无论如何辛苦也必须对旅客保持微笑。"希尔顿每天到一家自己的旅馆视察业务,他向各级人员问得最多的一句话就是:"你今天对顾客微笑了没有?"在全美国旅馆倒闭了80%的情况下,希尔顿旅馆也一家接一家地亏损不堪,一度负债50万美元,但希尔顿并不灰心,他还要求员工们记住:"万万不可把我们心里的愁云摆在脸上,无论旅馆本身遭遇的困难如何,希尔顿旅馆服务员脸上永恒的微笑,永远是属于顾客的阳光。"事实上,在只剩下20%的旅馆中,只有希尔顿旅馆服务员脸上的微笑是美好永恒的,它帮助希尔顿度过了20世纪30年代美国空前的经济萧条时期,跨入了黄金时代,发展成了显赫全球的旅馆。据《Hotel》杂志统计,在2003年全球100家饭店集团的排名表上,酒店巨头希尔顿位列第一。希尔顿的资产从5100万美元发展到数十亿美元,从一家扩展到遍布五大洲的各大城市,其旅馆规模居世界之首。

用最简单又不花本钱的微笑,康拉德·希尔顿赚取了巨额财富,微笑的价值不可估量。微笑不仅能获得丰厚的物质财富,更能丰富人们的精神世界。下面这个故事为我们讲述了微笑如何改变人生。

　　威廉原是美国的一名棒球队员,因体力日衰而被迫退役。退役后,他去应聘一家保险公司推销员。招聘经理对他说:"保险公司推销员必须有一张迷人的笑脸,而你却没有。"自然,威廉被保险公司拒之门外。威廉并没有气馁,他立志苦练笑脸,每天在家里都要不厌其烦地练上百次,并搜集了许多公众人物的笑脸照片,贴满屋子,以便练习时对照、观摩。几个月后,他散步时碰到社区的管理员,很自然地笑了笑跟管理员打招呼,管理员对他说:"威廉先生,你看起来与过去太不一样了。"这句话使他信心大增,又跑去见保险公司招聘经理。经理极为满意地对他说:"是你的笑脸,改变了你的命运。从现在开始,你被录取了。"威廉终于如愿以偿,成了这家保险公司的一名推销员。后来,威廉就是靠着这张迷人的笑脸,成了美国推销寿险的顶尖高手,年收入高达百万美元。

一张迷人的笑脸,让故事的主人公改变了自己的形象,改变他人对自己的态度,进而改变了自己的人生。

微笑不是谄媚的笑,不是冷笑,更不是奸笑,微笑需要人们保持一定的热情与快乐的情绪,做到温和礼貌,但也切忌热情过度。

六、个人形象礼仪

个人形象也就是一个人的外表或容貌,也是一个人内在品质的外部反映,它是反映一个人内在修养的窗口。个人形象在人际交往中是服务,是宣传,更是效益。个人形象能体现一个人与他人的交流意愿,能反映出个人的素质,与工作成功息息相关。除了仪容、着装、饰品、表情外,个人的行为举止与谈吐都能直观反映出个人的形象气质。

（一）行为举止

人们的肢体动作都展示着个人的素质与教养。一举一动都反映出个人的性格、心理、情感与气质。一个外表天生丽质的人,如果开口脏话,动手粗鲁,举止异常,在他人眼中也毫无美感,在社交中,只会遭人唾弃。外貌美不及行为美,行为美叙写心灵美。

英国作家萨克雷曾说:"播种行为,可以收获习惯;播种习惯,可以收获性格;播种性格,可以收获命运。"古人常说:"站如松,坐如钟,行如风。"然而这些不是一朝一夕就能练就的,行为美需要长期的修炼。

1. 站立

人们常说"站有站相"。正确的站姿不仅美观,而且健康,能给人信赖的力量。"顶天立地"说的就是男士站立时的挺拔稳健、刚劲有力;"亭亭玉立"说的就是女士站立时的优雅端庄、美丽大方。

标准的站姿要求头摆正,两眼平视前方,下颌微收,表情自然,精神饱满,两肩平齐,两臂自然下垂,抬头挺胸收腹,腰背挺直,手中指贴裤缝,两脚跟并拢,两脚尖张开60度,女士可呈90度左丁字步,全身笔直,整个身体庄重挺拔。

站立时切记不能歪脖、斜肩、挺腹、弓背、翘臀、身体依靠其他物体或小动作频繁。

2. 坐姿

"坐如钟"就是要坐得端正、稳重、大方。标准的坐姿要求立腰、挺胸,眼睛平视前方,两腿膝盖自然弯曲,双脚平放在地面上,手轻放在大腿上。

入座前,动作轻盈平稳;入座时,与座位保持半步距离,轻稳地坐下,收右脚;入座后,上体自然坐直,抬头挺胸,两肩平齐放松,双手轻放在大腿上或十指交叉放于桌上;起坐时,动作缓和优雅。

女士落座要轻拢裙摆,坐到椅子前三分之一或一半的位置,坐时靠紧双膝。男士可坐椅子中央,轻靠椅背,双膝稍微分开。

坐时切记不能前俯后仰、弯腰驼背,把腿伸得过长或两腿交叉摇摆。

3. 走姿

行走是站立的动态化延续,能体现一个人的气质、活力与风度。

标准走姿是,目视前方,上身直立,双肩平稳放松自然摆动,面带微笑,脚尖微向外或向正前方伸出,跨步均匀,步伐稳健,有节奏感。起步时,身体向前微倾,身体重心落于前脚掌。行走中,身体的重心要随着移动的脚步不断变化,不要让重心停留在后脚,并注意在前脚着地和后脚离地时伸直膝部。

行走时切记:不要左顾右盼,弯腰驼背,歪肩摇摆,大幅度甩手,更不要故意扭腰摆臀、拖腿行走或小步子扭捏等。

4. 下蹲

下蹲常是为了拾取低处物品或是走累了身体不适无座时稍作休息。下蹲没有特别标准的姿势,主要是保持身体平衡,动作稳重、优雅。

下蹲时,最好一脚在前,一脚在后,通常是左脚前,右脚后,上身稍稍前倾,重心随臀部慢慢向下,曲膝稳稳蹲下。有时,物品位置不是很低时,半蹲即可。

下蹲时切记:不要大幅度张开两腿,特别是穿裙子的女士下蹲时不要露出内衣或有其他不雅动作。

5. 手势

手势在交际中可以传递众多的信息。

1) 招呼

看到熟悉的人,当其与自己隔着一段距离但又可见时,通常摆手招呼、问候:指尖向上,掌心朝向对方,手指自然张开,举于头部,挥手致意。

2) 引领

许多交际场合都需要引领的动作,像引导行走方向、请客人进门、就座等都需要用手势来引导。引领动作要做到自然和谐。引领的手势通常有以下形式。

右手横摆式:五指并拢,手摆放于腹部,用于进门或方向引导。

斜伸式:左手或右手手臂伸直,摆于身体一侧,稍向下倾斜,一般用于引导就座等。

3) 同意

除了点头,在大多数国家,用手比出"OK"姿势表示同意、满意。另外,弹响拇指与中指也表示赞同,但此动作在正式会谈场合稍显轻浮,仅适合用于好朋友之间。

4) 夸赞

夸赞的手势主要有鼓掌和竖起大拇指。鼓掌时尽量将虎口张开,拍掌于胸前位置,响亮而有节奏。夸赞时,大拇指朝上。

要注意:"OK"的姿势、竖大拇指等在其他国家还有另外的意思,如"OK"在法国表示"无",在巴西表示勾引或侮辱,所以具体情况要具体对待。

5) 行礼

在我国传统礼节中,正式的行礼还有鞠躬礼与拱手礼。这两种形式的礼仪较其他礼仪敬意更深。舞台致谢、领奖感谢、深深道歉等场合鞠躬显得诚意更深。除武术比武前队员互相致敬外,向老人贺寿或春节拜年,人们常行拱手礼,即双手抱拳,女士右手在上,男士左手在上。鞠躬与拱手都是具有中华民族特色的礼仪。

"曾子避席"出自《孝经》,通过故事我们可以体会到,行为举止可以反映一个人的道德修养,同时,良好的行为举止也可以赢得他人的尊重。

曾子是孔子的弟子,有一次他在孔子身边侍坐,孔子就问他:"以前的圣贤之王有至高无上的德行、精要奥妙的理论,用来教导天下之人,人们就能和睦相处,君王和臣下之间也没有不满,你知道它们是什么吗?"曾子听了,明白老师孔子是要指点他最深刻的道理,于是立刻从坐着的席子上站起来,走到席子外面,恭恭敬敬地回答道:"我不够聪明,哪里能知道,还请老师把这些道理教给我。"

"避席"这个小举动展现出曾子的礼貌与德行。曾子走到席子外向老师请教,既表示了他对老师的尊重,也赢得了后人的学习与传诵。

细节决定成败,不良小举动,往往也能伤大雅、坏大事。下面这个故事深刻说明了这一道理。

一天下来,美国约瑟先生对谈判对手——中国某医疗机械厂的范厂长,既恼火又钦佩。这个范厂长对即将引进的"大输液管"生产线行情非常熟悉。不仅对设备的技术指标要求高,而且价格压得很低。在中国,约瑟似乎没有遇到过这样难缠而有实力的谈判对手。他断定,今后务实的范厂长合作,事业是能顺利的。于是信服地接受了范厂长那个偏低的报价。"OK!"双方约定第二天正式签订协议。天色尚早,范厂长邀请约瑟到车间看一看。车间井然有序,约瑟边看边赞许地点头。走着走着,突然,范厂长觉得嗓子里有条小虫在爬,不由得咳了一声,便急急地向车间一角奔去。约瑟诧异地盯着范厂长,只见他在墙角吐了一口痰,然后用鞋底擦了擦,油漆地面留下了一片痰渍。约瑟快步走出车间,不顾范厂长的竭力挽留,坚决要回宾馆。第二天一早,翻译敲开范厂长的门,递给他一封约瑟的信:"尊敬的范先生,我十分钦佩您的才智与精明,但车间里你吐痰的一幕使我一夜难眠。恕我直言,一个厂长的卫生习惯,可以反映一个工厂的管理素质。况且,我们今后生产的是用来治病的输液管。贵国有句谚语:人命关天!请原谅我的不辞而别,否则,上帝会惩罚我的……"范厂长觉得头"轰"的一声,像要炸了。

(二)谈吐

谈吐,指说话时的措辞与态度,即一个人的言谈话语。语言是人们交流思想、表达感情的工具。在交际中,不同的语言表达同一种思想,其语言也有丑美、善恶之分。言谈也是我们要修炼的一大功夫。交谈时,要注意亲切自然、音量适中、礼貌和尊重他人等。

湖南省有一年的高考作文题是说好"第一句话",某歌手将"大家好,我来了"改成"谢谢大家,你们来了",请各位考生谈谈感想。同样是招呼,换了一句话,表达的情感便不一样了。前一句是以自我为中心,后一句是感恩观众。相比之下,后一句更拉近歌手与观众的距离。可见,说得恰当比说得漂亮更好。

在任何交际活动中,谈话时要特别注意亲疏有度,保持距离。下面这个故事虽然有些夸张,但值得我们好好思考。

在一次谈判结束后的鸡尾酒会上,一位日本谈判代表端着一杯鸡尾酒和美国谈判代表在随意闲谈着,日本人老喜欢贴近着跟美国人说话,所以身体不自觉地向着美国人移去,而美国人却不喜欢人家靠近他说话,于是也就不自觉地往后退,就这样一个往前移,一个往后退,结果就变成了日本人追着美国人在大厅里转圈子。

交谈时,出于礼貌,应与对话人保持一定距离,但为了表示友好和亲近,便不自觉地拉近与对话人的距离。不同的民族有不同的谈话距离,大家首要考虑的是对方能否听清自己的说话。谈话时,凑得过近,容易把口水溅到对方脸上,也显得行为不够大方。因此,交际中要保持一定的谈话距离。

第二节 社交礼仪

介绍、握手和递交名片都是基本的见面礼仪。手机是人们日常出行随身携带的通信设备。手机的接打与铃音设定在一定程度上影响社交活动的顺利进行。要想在交际中左右逢源,在沟通时畅通无阻,见面礼仪必不可少,手机礼仪也不可忽视。先贤管仲曾说:"善气迎人,亲如弟兄;恶气迎人,害于戈兵。"良好的社交礼仪可使人的气质变得温和,赢得他人的尊重。

一、介绍礼仪

介绍是人与人相互沟通的桥梁。相识是缘,介绍是媒,恰到好处的介绍可以获得良好的人缘与商机。介绍和被介绍是社交中常见的重要环节。

1. 介绍自己

自我介绍,就是把自己介绍给他人,让交谈对象认识自己。在必要的社交场合,需要有主角意识,主动把自己介绍给他人,以便扩大交际圈。

自我介绍应做到主动、谦虚、友好和真诚。在正式的社交场合,遇到互不相识的人,在中间人未做介绍的情况下,可以主动向对方介绍自己。介绍的时间最好控制在一分钟以内,以免影响其他人之间的交流或主要话题的交流。介绍的内容可以是自己的姓名、工作、籍贯等,如"您好!我是某公司的业务经理某某,来自武汉"。一般社交场合,比如朋友聚会、新交朋友等,这时自我介绍可以加上个人兴趣爱好、生活状态等更为丰富的内容。

要注意的是,介绍前先向对方礼貌地问候,介绍后可加上一句"很高兴认识你"之类的表示交际诚意的话语。

2. 介绍他人

介绍他人是指中间人将原本互不相识的双方介绍认识。介绍他人有以下几种情况:第一,双方都为单独的个人;第二,一人对多人;第三,多人对多人。

介绍他人同样要做到主动、庄重、亲切与友善,语言表达准确、清晰。"请让/允许我来介绍一下"礼貌开头。介绍他人时,特别要遵守几个原则:其一,先介绍尊者;其二,先介绍早到者;其三,先将男士介绍给女士。在正式的社交场合,介绍双方都只有一人时,介绍双方详略要一致,不可明显偏重任何一方。将一人介绍给多人时,首先介绍单人,然后一一向这个人介绍其他人。集体介绍时,现将少数介绍给多数,人数相当时,可整体大致简略介绍各方。

介绍他人时,还要特别注意肢体语言、表情等非语言交际。介绍任何一方都要面带微笑,手指微微并拢,手心朝上,动作简捷。

3. 被人介绍

当介绍人热情友好地介绍自己时,要保持微笑,显示热情,起身或欠身致意,让介绍人立于双方中间,被介绍的两方都要面向对方。待被介绍完毕,与对方握手、问候,这里常用的问候语有"久仰大名""很高兴认识你""请多关照"等。

二、握手礼仪

见面、告别与表示合作时,双方右手相握或相握后两手上下轻轻摇动,也是表示尊敬、问候与祝愿的一种礼节。握手是世界大多数国家通行的见面礼仪之一。

握手是最能体现友好的一种交际方式,它可以加深双方的理解与信任。

1. 握手的姿势

握手时,双方面对面站立,保持约一臂半的距离,上身微微前倾,伸出右手,手掌要与地面垂直,自然曲臂,四指并拢,拇指张开,双方掌心相对而握。用力适中,不可过轻,过轻则表示热情不够,亦不可过重,过重则传递挑衅和不满的情绪。握手后可保持姿势不动,也可以握手上下摆动,但幅度不可太大,3秒钟内自然松手。重要接见时或新闻会场里的握手可稍微延长握手时间。

握手的姿势除了单手握手,还有双手握手。见到长辈、尊者或重要人士时,为表达浓烈的热情与诚意,可双手相握。女士、主人、尊者先伸出手时,为表示荣幸,亦可双手握手。双手握手就是在右手握手的同时,左手合握住对方的右手。

2. 握手时的注意事项

握手时,表情神态也很重要,应正视对方,微笑以示友好。

握手的顺序通常是上级、长辈、女士等先伸手,另一方及时回应。来访时,主人先伸手表示欢迎。告辞时,客人先伸手表示感谢。表示祝贺、慰问等特殊场合,下级、晚辈、男士也可先伸手。

握手双方都要表示友好、平等,为此切记不可将手心向下握手,这样表示轻蔑。若伸出手时,掌心向上,则是顺从、谦恭,甚至有乞求的意味。

男士不能戴手套与人握手,与女士握手只需握手指前端即可。

手脏、手凉或手心有汗渍时,不宜主动跟对方握手。但拒绝对方的握手也是非常失礼的行为。

小小的握手,不仅关系着人与人之间的交往沟通,也关系着国家之间的沟通交流。1972年,尼克松总统访华与周恩来总理握手的故事让我们深深体会到握手的无穷力量,它可以顷刻间化解两国之间如寒冰的外交关系。

日内瓦会议期间,美国代表杜勒斯想出各种办法避免与周恩来总理握手,周恩来总理后来曾多次以美国外交机构不许与中国人握手这一僵化无礼的事例,抨击当时美国政府的错误政策。对此事印象最深的大概莫过于首次访问中国的美国总统尼克松。1972年2月,他在飞往北京的航程中对工作人员说了六点要求,要他们在飞机到达北京首都机场的时候不要紧跟着他出舱门,要让美国总统独自与周恩来总理握手,以弥补当年杜勒斯的失礼。1972年2月21日,尼克松乘坐的"空军一号"在北京着陆以后,他即和夫人走下舷梯。这时,周恩来总理正在寒风中等着他。尼克松在回忆录中写道:"我知道,1954年在日内瓦会议时福斯特·杜勒斯拒绝同周恩来总理握手,使他深受侮辱。因此,我走完舷梯时决心一边伸出我的手,一边向他走去。当我们的手相握时,一个时代结束了,另一个时代开始了。"

三、名片礼仪

名片早在汉朝就有了,当时的诸侯将自己的姓名及相关信息写在竹片或木片上,在互相拜访或初次相识时互相递看介绍牌。在交际活动中,初次见面,往往要互呈名片。随着名片的平民化,名片的作用也扩大了,除了介绍功能外,名片还可以制成简历或代替便条,甚至可以作为请柬,邀约他人等。

名片上的语言文字尽可能简单明确,一般以姓名、职位职称、工作单位和通信地址为主,也可加上座右铭、兴趣爱好等。

双手同时递接名片为礼貌之举。递名片要将名片正面朝上,使对方一目了然。若是接收名片,要第一时间致谢。递名片可在交流前或临别时,视具体情况而定。讨要名片时注意使用礼貌用语,如"您方便的话,请给我一张名片,以便日后联系"。

名片的准备和存放也是非常重要的。参加社交活动前,预计要使用名片,则应提前准备好,放在易找的地方,以免交际时因找不到名片,手忙脚乱。接收他人的名片,一定要好好收藏保管,可按一定顺序排放在一起,以方便下次联系。

名片象征着一个人的"面子",切记不可当面损毁他人递来的名片,让他人难堪。名片的失误往往带来意想不到的损失。下面这个故事提醒我们收好他人的名片。

某公司刚刚成立,需要添置一批家具,经过大量的调查,最后决定,向A公司购买这批办公用具。这天,A公司的销售部负责人打电话来,要上门拜访这家公司的总经理。总经理打算,等对方来了,就在订单上盖章,定下这笔生意。不料对方比预定的时间提前2个小时来到,原来对方听说这家公司的员工宿舍也要在近期内落成,希望员工宿舍需要的家具也能向A公司购买。为了谈这件事,A公司销售部负责人还带来了一大堆的资料,摆满了台面。总经理没料到对方会提前到访,刚好手边又有事,便请秘书让对方等一会。这位销售员等了不到半小时,就开始不耐烦了,一边收拾起资料一边说:"我还是改天再来拜访吧。"这时,总经理发现对方在收拾资料准备离开时,将自己刚才递上的名片不小心掉在了地上,对方却并没发觉,走时还无意从名片上踩了过去。但这个不小心的失误,却令总经理改变了初衷,A公司不仅没有机会与对方商谈员工宿舍的家具购买,连几乎到手的数百万元办公用具的生意也告吹了。

一个无心的小失误带来不可挽回的重大损失实为不值。A公司销售部负责人没用心收好名片致使名片掉到地上是非常失礼的行为,更不尊重他人的表现是他还踩上一脚。准备与其合作的那位总经理定然反感他的做法。另外,这位销售部负责人不按约定时间来访,无故打扰,且无热情和耐心,提前离去,他必然失去此次合作的机会。

四、手机礼仪

手机已成为时下不可或缺的通信工具。手机的特点是快捷、方便、经济、实用。工信部公布了一个报告,2021年5月底,中国移动电话用户多达16.08亿户,因此手机的使用也需要文明规范。

1. 手机电话礼仪

不可在加油站、飞行中的飞机上、电影院、剧场、图书馆等特殊场合用手机接打电话,尤其是在开车时、在加油站和飞机上不要使用手机。开会时,手机静音或震动,非重要电话避免使用手机。

当接听手机对象可能在忙碌时,首先要使用礼貌用语询问"请问您方便接听吗",征得对方同意后方可继续通话。

在电梯、路口、人行道等公共场合,不可以大声打电话,旁若无人地使用手机,应尽可能地把自己的声音压低一些。

当手机铃声响起时,响铃3秒钟左右接听为宜。因故未能接听电话,应及时回电或发短信询问。

2. 手机短信礼仪

手机短信是当今社会人们不可或缺的一种沟通方式,具有快速、简洁、时尚、低成本等特点。短信的编写、发送也有一定的礼仪与技巧。

编写或转发他人短信时,使用文明用语,内容积极健康,文字和标点符号编写正确,符合基本的语法规范,篇幅不宜过长。短信内容往往代表一个人的观点和意见,语言及内容都反映着个人的品位与素养。

编发短信最好署名,特别是工作短信与祝福短信,以便对方一目了然,达成发短信的目的。若不署名,对方难以猜测,有时候甚至会误事。发短信也应注意时间,以免影响对方休息。跟重要人士电话联系时,提前用短信预约电话,例如发短信:"您好,请问是否方便给您打电话?"征得他人许可后打电话过去是有礼貌的行为。另外,短信语言委婉,适合用于提醒他人。如事先约好对方参加某活动时,可发短信再次提醒对方,若打电话则有不信任之感,而发短信则显得亲切体贴。

工作或者学习时,不要没完没了地发短信,否则会影响学习或工作,甚至给对方造成困扰。有些上班族是"短信狂",在上班时间狂发短信,工作任务因此被耽搁,完成不了。

不要在社交场合过多查看短信。比如一边和别人说话,一边查看手机短信,目光不定,是对他人的不尊重。

3. 其他注意事项

在社交活动中,手机彩铃及铃声也是需要注意的细节,体现个人形象及品位。个性化彩铃及手机铃声时尚前卫,是年轻人的首选,但要注意不能恶搞他人或者背离道德观念,正式场合杜绝恶搞及内容不文明的铃声及彩铃。单位或公司利用手机集团彩铃宣传公司文化与形象,这种集团化、商业化的手机彩铃能体现企业单位的精神面貌与文化。

在会餐或会谈时,关闭手机或调成静音模式。避免正吃到兴头上,或会议谈到关键时刻出现一段铃声打断他人。

在公共场所,手机在没有使用时,最好放在公文包、衣服内袋或其他不起眼的地方,拿在手上不方便与他人握手,放在会议桌上显得参加会议态度不端正。

在行车时,尽量不要接打电话,以免发生意外。

另外,不要主动索取他人的手机号码或借用他人的手机,更不要转发他人不健康的手机短信,禁止用手机偷拍他人的形象。更换手机号码后,要及时告知好友与相关联系人。

第三节 公关礼仪

公关礼仪是指公关人员在公关活动中应遵循的礼仪要求。它具有塑造形象、宣传广告、沟通信息、联络感情等功能。

一、电话礼仪

接打电话是当今重要的通信手段,在人们的工作、交友、联络感情等活动中发挥了无可替代的作用。良好的电话礼仪能取得更圆满的沟通效果。

电话中的声音与言谈反映个人与单位的形象。第一声印象决定电话沟通是否顺利进行。吐字清晰、语速适中、合适的问候语能让对方感受到你的良好素质与热情,让对方对此次电话谈话感兴趣,最终达成通话目的。

电话是机械的,但交际沟通需要情感的共鸣。"言由心生",电话中,不用看表情,单凭声音就可以判断对方的情绪变化。打电话时要保持良好的心情,假设对方是和自己面对面交流,要言语温和友善,让声音传递你的形象。

通电话的过程中不能吸烟、吃东西,以免说话含糊不清,同时也不能声音粗大、盛气凌人,让对方感觉不受尊重。通常响铃三声后接听电话。接电话太急或长时间不接,都会给对方留下不好的印象。接听工作电话时,要认真听,不插嘴,认真做好来电记录,如何人、何事、何地、什么原因、如何执行等。对方要找的人不在,热情帮助其询问事由,帮其传达,以免耽误工作、要事。挂电话前"谢谢""再见"等礼貌用语不可少。通话中注意互动,不能只听对方说话,表示理解和赞同时,可以轻声回应"对""嗯""是的""好"等。通话完毕待对方先挂电话后再轻轻放下自己的电话。

电话应答往往反映个人、企业或单位的风貌、精神与文化。有些人接打电话粗声大气,怕对方听不到,其实不然,发音清楚、咬字准确、音量适中即可。电话交谈语气要比当面交谈更加谦和为佳。此外,还应巧妙控制打电话时间,说话有目的性,条理清楚,听不清楚时可要求对方重复一遍,"不好意思,麻烦您再说一遍"。与代接电话的人打电话时,不忘说一声"麻烦您转告一下,谢谢"。以礼待人,电话交谈常用"请""不好意思""对不起""谢谢"等礼貌用语,以体现个人的基本素质。

接打电话,要尊重对方,看对象、看场合说话,说符合自己身份的话。下面这位女职员则有悖电话礼仪,甚至从谈吐可见其渎职之过。

某杂技团计划于下月赴美国演出,该团团长刘明就此事向市文化局作请示,于是他拨通了文化局局长办公室的电话。可是电话响了足足有半分多钟时间,不见有人接听。刘明正纳闷着,突然电话那端传来一个不耐烦的女高音:"什么事啊?"刘明一愣,以为自己拨错了电话:"请问是文化局吗?""废话,你不知道自己往哪儿打的电话啊?""哦,您好,我是市歌舞团的,请问王局长在吗?""你是谁啊?"对方没好气地盘问。刘明心里直犯嘀咕:"我叫刘明,是杂技团的团长。""刘明?你跟我们局长什么关系?""关系?"刘明更是丈二和尚摸不着头脑。"我和王局长没有私人关系,我只想请示一下我们团出国演出的事。""出国演出?王局长不在,你改天再来电话吧。"没等刘明再说什么,对方就"啪"地挂断了电话。刘明感觉像是被人戏弄了一番,拿着电话半天没回过神来。

该文化局职员如此接听电话,势必极大地影响该局形象,不利于工作的开展。

二、电子邮件礼仪

电子邮件是网络沟通的方式之一,简称 E-mail。当今,互联网已成为人们交际沟通的重要工具,它超越时空,能迅速地与远距离的人进行交流。因此,网络交际也需要注意其特定的礼仪规范。

标准的电子邮件需要有清晰、明确的主题,注意写信称呼,少用不规范的标点符号和表情符号,注意敬语的使用,避免在附件中上传有病毒的文件,没有收到回复要及时查问,不要群发商业邮件,以免泄露邮箱地址,以致泄露商业机密。发邮件给陌生人时,要注明自己的身份,方便他人回复联系。分清收信方的工作邮箱和私人邮箱也是非常有必要的,以免打扰他人,甚至造成邮件不能被对方及时查收的情况。

电子邮件的交流是虚拟的,不是面对面,看不到表情和肢体语言,对感情的把握不够直观。文字的表达也可能出现歧义或隐语,必要时可以真诚地打个电话进行辅助沟通。商务型文件要仔细阅读,以免出现文字游戏,条约不清。

有一位职场达人,曾因为一封言辞不够清楚的 E-mail 引发争执,加上抄送多人,为了解释争议,一封邮件去,一封邮件回,如此往复,时间拖延,事态发展不良,最终出现归责问题。

用电子邮件交友时,也要慧眼辨真假,对方的姓名、地址、账号等都要考证。

三、公关活动礼仪

公关活动礼仪,即企业或单位进行公关活动时所应遵循的各类礼仪规范。公关活动即公共关系活动,是指一个组织为创造良好的社会环境,争取公众舆论支持而采取的一切有计划的活动的总称。这些活动主要使用协调、传播、沟通等手段,以为单位或公司创造良好的公共关系状态为目的,分为日常公共关系活动和专项公共关系活动两大类。日常公共关系活动主要指日常接待、访问等。专项公共关系活动是指有计划、有系统地运用有关技术、手段去达到公共关系目的的专门性活动,如新闻发布会、产品展示会、社会赞助、广告制作与宣传、市场调查、危机公关等。常见的公关活动礼仪包括接待访问的礼仪、举行庆典的礼仪、主办会议的礼仪、举行宴会的礼仪、赠送礼品的礼仪等。其中,许多活动的礼仪规范是相通的,主要是接待、宴会等。

1. 接待礼仪

会议、谈判、庆典、展览、赞助等活动都需要安排好接待工作,让客人能乘兴而来,满意而归,以此给对方留下好印象。活动前要做好相应的各项安排,活动中按流程引导公众参加活动,活动结束后按公众的意愿安排其各自返回。接待工作中必须做到热情、礼貌、友善。

迎接客人时,活动组织方可依据客人身份确定接待规格。但无论接待规格的高低,接待方应确定主宾身份,如年龄、习俗、宗教、政治倾向等,避免犯忌。行走及坐车安排都需根据来宾的地位、职位、长幼等确定。单位或企业由职位相当的人或由副职出面,其他迎接人员不宜过多,准确掌握来宾到达的时间,不宜过早或迟到。主要领导与主宾握手相迎,亦可视尊贵程度为来宾献花。迎接大批客人应提早准备特定标识牌,对不熟悉的来客主动自我介绍,握手欢迎。

欢迎词、招呼语的准备也是接待工作中不可缺少的部分。"迎人三步",除了主动上前迎接客人,还需要必要的问候语言,见到客人说声"欢迎您的到来""欢迎您指导工作""欢迎光临"之类的话能更好地让客人感受到接待的热情。

接待工作若不恰当,不仅有失礼仪,更可能损害单位或企业形象,造成公共关系不和谐。下面这个故事提醒我们接待无小事,细节礼仪很重要。

在一个秋高气爽的日子里,迎宾员小贺,着一身剪裁得体的新制服,第一次独立地走上了迎宾员的岗位。一辆白色高级轿车向饭店驶来,司机熟练而准确地将车停靠在饭店豪华大转门的雨棚下。小贺看到后排坐着两位男士,前排副驾驶座上坐着一位身材较高的外国女宾。小贺一步上前,以优雅姿态和职业性动作,先为后排客人打开车门,做好护顶姿势,并目视客人,礼貌亲切地问候,动作麻利而规范、一气呵成。关好车门后,小贺迅速走向前门,准备以同样的礼仪迎接那位女宾下车,但那位女宾满脸不悦,使小贺茫然不知所措。

女士优先,国际上通行的做法是先为女宾开车门,迎宾员小贺不懂这个礼仪规范,先迎后座男士,致使那位外国女宾不悦。要知道社交场合男士应主动为女士着想,上、下车等让女士先行。

2. 宴请礼仪

宴请是一种常见的社交礼仪活动。特别在中国,饮食文化十分浓厚,宴请是当代非常重要的一种公关活动方式。随着社会经济的发展和人民生活水平的提高,宴请成为越来越平常的公关活动,成为人们联络感情、交流信息、协调关系的一种手段,因此宴请的礼仪也很重要。

宴请前对宴请目的,以及宴请的对象、规格、地点、时间等要加以确定。宴会菜单要充分考虑宾客的国籍、年龄、民族、宗教信仰,甚至个人喜好等。如伊斯兰教徒用清真席,印度教徒不能吃牛肉,佛教僧侣吃素,藏族人多爱饮酒,小朋友不能吃辣,也有因身体原因不能吃某种食品的,可以单独为其上菜。庆典、纪念等活动还要特别注意就餐座次,必须明确按照职位的高低、年龄的长幼,以及实力的强弱等来排列。入席时,现场应有人员引导,避免混乱。宴会中通常都有敬酒,入席后,主人招呼客人用餐,应率先给客人敬酒,并说上几句祝酒词。敬酒时,可同时敬全体在席人员,也可依座序逐一敬酒。为表示对来宾的敬重、友好,主人通常还会亲自为其斟酒。来宾应端起酒杯致谢,必要时,起身或欠身点头回礼。酒水的选择与杯具也有讲究,通常宴会以白酒和葡萄酒为主,用玻璃杯或瓷杯盛酒。中国有句古话叫"茶堪酒满",喝酒时讲究"敬酒溢满"。就餐服务中,斟酒在客人右侧,上菜在客人左侧。

宴会后,若无其他活动,宾客散场离开,主人要一一送别客人,所谓"送人七步",在送客的过程中更能体现主办方的热情。握手,目送客人离开,可说上几句自谦或祝福的话语,如"招待不周,多有得罪""好走""慢走""常联系"等。

在国际宴会中,特别要注意国际宴会礼仪。提前了解各宾客,或主人所在国家的风俗习惯、礼仪禁忌等。下面这位焦小姐,就是事先没有了解他国宴会礼仪,而造成重大损失。

> 焦小姐是一名白领,她机敏漂亮,待人热情,工作出色。有一回,焦小姐所在的公司派她和几名同事一道,前往东南亚某国洽谈业务。可是,平时向来处事稳重、举止大方的焦小姐,在访问这个国家期间,竟然由于行为不慎,而招惹了一个不小的麻烦。
> 事情的经过是这样的:焦小姐和她的同事一抵达目的地,就受到了东道主的热烈欢迎,在随之为他们特意举行的欢迎宴会上,主人亲自为每一位来自中国的嘉宾递上一杯当地特产的饮料,以示敬意。轮到主人向焦小姐递送饮料时,一直是"左撇子"的焦小姐不假思索,自然而然地抬起自己的左手去接饮料,见此情景,主人却神色骤变,重重地将饮料放回桌上,扬长而去。

让焦小姐不知所措的是她没明白东道主为何生气离开,原来,在该国,以右手为尊,右手作为"尊贵之手"可用于进餐、递送物品以及向别人行礼。左手为卑,若用左手与人接触、行礼或递接物品被视为蓄意侮辱。焦小姐在这次宴会中触犯禁忌,就是因为她不了解该国的习俗。

精心的策划,悉心的宴会准备,热情的服务态度,周到的宴会安排,完备的礼仪足以让主办单位美名远扬,其正面形象、商业价值是不可估量的。长城饭店就是一个成功的案例。

> 长城饭店开业之初,在豪华饭店林立的北京只是一个默默无闻的"小卒"。但是,在长城饭店公共关系部获悉美国总统里根即将于1984年4月下旬访华的信息后,积极为饭店领导提供建议,并精心策划组织了一系列公共关系活动,终于使长城饭店争

取到举办里根总统答谢宴会的资格。在举行答谢宴会的当天晚上,3家美国电视台把盛况转播到世界各地,数百名外国记者将电讯稿发往全球许多国家的报刊,长城饭店的美名迅速传遍了世界各地。

长城饭店一"宴"成名,创造了饭店行业的一个奇迹。可见宴会在公关活动中的分量。

思考与训练

1. 个人礼仪包括哪些内容?请一一举例说明。
2. 交换名片时应注意哪些细节?收到他人名片后,你会如何处理收到的名片?
3. 参加舞会,怎样做到仪表恰当?
4. 仔细阅读下面的事例,谈谈你对故事主人公张林的看法。从这则事例中我们可以学到什么?

   张林是市外办的一名干事,有一次,领导让他负责与来本市参观访问的某国代表团进行联络。为了表示对对方的敬意,张林决定专程前去对方下榻的饭店拜访对方。为了避免唐突,他先用电话与对方约好了见面的时间,并且告知自己将停留的时间。随后,他对自己的仪容、仪表进行了修饰,并准备了一些本市的风光明信片作为礼物。届时,张林如约而至,进门后,他主动向对方问好并与对方握手为礼,随后做了简要的自我介绍,并双手递上自己的名片与礼品。简单寒暄后,他便直奔主题,表明自己的来意,详谈完后便握手告辞。

5. 下面这个事例告诉我们什么?如果你是小姜,你会怎么做?

   财政局干事小姜与自己的同事一道外出参加一次宴会,小姜在宴会上为了吃得畅快,在开始用餐之后便一而再再而三地减轻自己身上的"负担"。他先是松开自己的领带,接下来又解开领扣、松开腰带、卷起袖管,到了最后,竟然又悄悄地脱去自己的鞋子。

6. 几句真诚的赞美,让这位学旅游的见习服务员,从开始的挺不好,变成后来的"挺好",这是什么在推动她前进?请你谈谈在这方面的深切感受。

   一位学旅游的女学生曾这样谈她当见习服务员的体会:实习第一天,我在广州某酒店端了一整天的盘子,累得精疲力竭,两臂越来越酸,双脚越来越疼,装满食物的托盘在手中越来越重,我感到疲倦和泄气,真想丢下托盘,躲到一个角落痛快地睡一觉。我好不容易又为一位顾客开完一张菜单,可是这位顾客的妻子和孩子三番两次要求更换菜单上的品种,我真的想把托盘一丢了事。

   这时候,这家人的父亲站了起来,郑重地对我说:"小姐,谢谢你,给你添了那么多麻烦。你对我们的照顾真是太周到了。"接着他把目光转向女大学生胸前的校徽,称赞道:"看来,你的学校是个很值得自豪的学校。"突然之间,这位女学生的疲倦和烦躁无影无踪了。她的脸上绽出了笑容,脚步轻盈了许多。后来,当经理问她对第一天的工作感觉如何时,她回答说:"挺好!"

   几句真诚的赞美把一切都改变了。

第五章　走出沟通误区
——沟通障碍

任何沟通至少都有两方参与,各方多有不同的愿望、需求和态度。如果这一方的愿望、需求与另一方相冲突,就会形成障碍,导致沟通不畅,这就需要我们识别障碍,并设法克服障碍。

▶ 第一节　沟通中的障碍 ◀

在沟通的过程中,障碍很多,沟通的各个环节均可能出现障碍,不仅信息发送者有障碍,信息接收者有障碍,就是信息本身、信息传递渠道也有障碍。

一、发送者的障碍

能否实现有效沟通,在沟通的过程中,信息发送者处于关键而重要的位置。信息发送者在沟通的过程中主要有以下四种障碍。

第一,语言障碍。这主要表现为信息发送者在传递信息时违背语言运用规律所造成的沟通障碍,其中主要的是读音错误。

第二,文化障碍。这主要指信息发送者不适应民族文化心理而产生的文化障碍。

第三,心理障碍。人们的行为是受心理支配的;信息发送者如果心理失调,就会影响他的沟通行为,从而形成沟通障碍。

第四,态度障碍。信息发送者的态度好坏,直接影响沟通的效果。这种障碍主要表现在当面沟通之中。

二、接收者的障碍

在沟通的过程中,信息的接收者,能否接收信息,或有效接收信息,也存在着沟通障碍。其中,主要有以下三种障碍。

第一,兴趣障碍。信息的接收者如果对他人所发送的信息不感兴趣,就会分散接收的注意力,甚至视而不见,充耳不闻,从而影响信息的接收,使沟通不能达到预期的目的。

第二,方式障碍。这里指信息接收者接收信息的方式。如果信息的接收者喜欢倾听,你却让他看文字,他会越看越恼,从而影响了信息的接收效果。

第三,情绪障碍。信息的接收者,对信息的接收程度与他的情绪有着密切的关系。他的情绪好,即便是自己不感兴趣的信息,也会乐于接收;他的情绪不好,就会对信息的接收产生抗拒心理,不喜欢听,不喜欢看,甚至拒绝接收任何信息。

三、信息本身障碍

信息，一般说来，可概括为两大类：一种是认知性信息；一种是情感性信息。这两种不同性质的信息都能在沟通中产生障碍。

第一，认知性信息障碍。认知性信息是以知识、经验、问题、观念的传达为主。在沟通时，信息的内容如果是认知性的，那么，信息的发送者与信息的接收者双方的受教育程度和专长背景就不能差异过大；否则，就会产生沟通的障碍，而且难以克服。

第二，情感性信息障碍。情感性信息是以态度、情绪、感情、动机的宣示为主。在沟通时，信息的内容如果是情感性的，那么，信息发送者与信息接收者的世界观、价值观和人生观就不能差别过大；否则，就会产生沟通的障碍。

四、传递渠道障碍

凡是沟通，必然有一定的信息传递渠道。传递渠道有障碍，对沟通的效果也有着重要的影响。信息传递渠道主要有以下三种障碍。

第一，距离障碍。这里所说的距离，既包括空间距离，也包括时间距离。在沟通时，如果是口头沟通，空间距离的远近影响着信息的清晰度。这样，如果信息的沟通者相距的空间距离较远，就要注意选择沟通媒介；否则，就会影响沟通的效果。

第二，噪音障碍。如果沟通时周围的环境不好，有噪音，也会对沟通产生障碍。这就是读者、写作者和谈话者要找一个安静环境的原因。

第三，层级障碍。所谓层级障碍，就是沟通时，信息在传递的过程中，经历的层级过多，容易使信息失真，由此形成障碍。

第二节 文化障碍

沟通障碍是指信息在传递和交换的过程中，由于信息意图受到干扰或误解，而导致沟通失败的现象。沟通障碍表现在诸多方面，如文化障碍、心理障碍、社会结构障碍等，下面分别阐释，先介绍文化障碍。文化障碍也有不同的表现。

一、语言障碍

由语言方面的原因而引起的沟通麻烦随处可见。首先，由语言差异而造成隔阂。我国有56个民族，每个民族都有自己独特的语言，不同民族的交流便面临着语言的障碍；现代汉语又分多个方言区，每个方言区又有自己的方言特色，不同方言区的人交流起来也会产生障碍。其次，表述者语义不明确往往造成歧义。语义不明确就不能正确表达思想，使用含混不清的词自会产生沟通障碍。最后，使用很强的专业术语会引起理解障碍。"隔行如隔山"，一般的人哪里懂得那些专业术语；有时，表述者使用敏感字眼，也往往会引发负面情绪。在特定的场合，我们听到某些词语，会引起联想，产生某种不愉快的感觉，这些字眼往往造成负面影响。语言障碍比比皆是。

请看一个家居装修的故事：

"我觉得有必要提醒您的是……这块墙面的粉刷应从成本最低化的角度考虑……步骤可以再进行细分……"在陈小姐家从事家居装修一个多月来,这名姓黄的工人几乎每天都要面对她用这种"生涩"的方式和自己交流。"按你的要求做事没错,但如果我连要求都听不太明白,你要我怎么办?"在一次艰难沟通后,黄师傅还误会了陈小姐的意思,"没有按她说的什么原理进行安装不得不重新翻修",于是黄师傅干脆向陈小姐请辞。

陈小姐说话专业术语太强,装修工人听不懂,即使勉强去听还是误会了,最后不得不向陈小姐请辞。

二、习俗障碍

风俗习惯世代相传,是经过长期重复出现而约定俗成的习惯,虽然不具有法律一般的强制力,但通过家族、邻里、亲朋的舆论监督,往往会迫使人们入乡随俗。忽视习俗因素而导致交流失败的事例屡见不鲜。其一,不同的礼节习俗在沟通时可能带来误解:自以为是好意,而别人却觉得勉强;自以为是直言相劝,而别人却觉得你的话太刺耳。其二,不同的审美习俗在沟通时可能带来冲突。审美习俗的深层是文化底蕴,不提高自己的文化素养和审美能力,也往往会造成沟通障碍。请看英国男青年送白色菊花引起的误会:

一位英国男青年邀一位中国女青年出游。为了取悦女青年,他特地买了一束洁白的菊花带到她家,不料女青年的父亲一见便勃然大怒,结果他被轰了出去,却不知道祸因所在。在英国男青年看来,白色象征纯洁无瑕,是美的象征,他选择白色的花完全是一片好意。他压根也不会想到,在中国,白色的花是吊唁死者用的,他现在将白花送给活人,在女青年的父亲看来那是诅咒他短寿,当然是不能容忍的。

由此可见,我们在交往沟通时必须注意了解和尊重对方的风俗习惯。

三、教育背景障碍与文化观念障碍

当沟通双方拥有不同的受教育程度、人生阅历和文化素养时,各自能接受的、信奉的并用以指导自己行动的理念也各有差别。当沟通发生时,信息接收者对信息的内涵不理解或理解出现偏差时,也会造成沟通障碍。请看秀才买柴火的故事:

有一个秀才去买柴,他对卖柴的人说:"荷薪者过来!"卖柴的人听不懂"荷薪者",愣住了不敢移步,秀才只好自己走上前去问:"其价如何?"卖柴的人听不太懂这句话,只听见有个"价"字,就告诉秀才这担柴的价格。秀才接着说:"外实而内虚,烟多而焰少,请损之。"卖柴人因听不懂秀才的话,担着柴转身要走。秀才想就只有这一个卖柴的,天气又这般冷,没柴如何取暖?性急之下说:"你这柴表面看起来是干的,里头却是湿的,烧起来肯定会烟多焰少,便宜点吧!"

开始,秀才卖弄文采,当然与卖柴人无法沟通;最后,他急于解决取暖问题,不得不说出通俗易懂的大白话。

▶ 第三节 心理障碍 ◀

心理障碍,这里指的是个性心理障碍。一个人的个性心理主要是指个性倾向性与个性特征,包括性格、气质、态度、情绪、兴趣爱好等,另外也包括自卑、害羞、孤僻、嫉妒等消极心理特征,这些心理特征对人际沟通有着严重的制约作用。

一、态度与情绪

沟通中的态度问题是障碍产生的主要因素之一。交流沟通中的双方都是平等的主体,所处地位或许有主次之分,即使处于次要地位的一方,也不是被动接受信息,而是根据自身的要求和兴趣去理解、分析对方的信息,做出反馈,调整自己的言行,达到信息交流的目的。否则一味地消极被动地接收信息,只能阻碍沟通的有效进行。

沟通中的情绪问题是障碍产生的另一主要因素。研究表明,两个人的沟通,其中情绪占70%,内容只占30%。如沟通时情绪不好,内容就会扭曲;情绪激动时,人们很难条理清晰地思考问题,思想也会模糊,这时人们往往口不择言,恶语伤人。因此在人际沟通时,人们要学会管控好自己的情绪。在这方面,唐太宗就做出很好的榜样:

> 唐太宗李世民每次听完魏徵讲话后都要出去走一走,有人不解地问唐太宗:"这是为何?"他回答说:"我怕我杀了他。"其实,魏徵是谏议大夫,原先是唐太宗哥哥的人,魏徵不因原主子被唐太宗杀了而巴结李世民,相反,他能坚持原则照样批评李世民。但李世民知道他讲的是对的,怕情绪影响对信息的正确接收,只有选择出去散步,让情绪正常。

唐太宗管控自己情绪的能力极强,不愧为唐代杰出的明君。

二、自卑与自傲

自卑,即对自己的知识、能力、才华等作出过低的评价。其浅层感受是别人看不起自己,而深层的体验是自己看不起自己。自卑的人在交往沟通中虽有良好的愿望,但总害怕别人的轻视和拒绝,因而对自己没有信心;很想得到别人的肯定,又常常很敏感地把别人的不快归为自己的不当。有自卑感的人又往往过分地自尊,为了保护自己,常常表现得非常强硬,难以让人接近,在人际交往中变得格格不入。

与自卑相比,自傲也源于错误的自我评价。自傲者喜欢过高地估计自己,在人际交往中表现为妄自尊大、自吹自擂、盛气凌人,而且不愿意与自认为不如自己的人交往。这样的人当然不会受到别人的欢迎,自傲者要学会尊重他人,善于发现别人的优点,这样才有利于客观地评价自己,同时要学会严于律己,宽以待人。

在人际交往中,我们常常碰到自傲者,也常常碰到自卑者。但愿自卑者努力克服自卑感,在不断的磨炼中培养自己的自信。请看女孩小文是怎样在父亲的开导下逐渐变得自信的:

> 一个人在遭受挫折以后,如果不能正确对待自己就会产生自卑心理。有一个叫小文的女孩,参加工作第一次单独外出接洽生意就遭到了失败,被同事取笑后,她哭着跑回家,在父母的劝解下仍然不能释怀,觉得自己一无是处。这时她父亲拿出一支笔和一张白纸,要她在白纸上画黑点,把自己认为所有的不足和缺点只要想到一点就在纸上点一点,画定之后,父亲问她:"你看到什么?"她说:"我看到无数的黑点,无数的缺点。"父亲又说:"还看到什么。"她说:"除了缺点还是缺点。"
>
> 父亲一再地启发,女儿终于发现"白纸部分大于黑点部分"。父亲又启发她:"将

你的优点和长处盖在黑点上,还剩下多少黑点?是不是白纸部分更大了?这就是你的发展空间,是不是空间很大?"女儿认真地思考之后,点了点头,心情开朗了,鼓足勇气重新开始自己的事业,后来成为公司的销售经理。

父亲一次次开导,一步步启发,终于让女儿变得自信,最后当上公司的销售经理。

三、害羞与孤僻

害羞在人际沟通中的表现常常是腼腆、动作忸怩、不自然、脸色绯红、说话音量低而小,严重者怯于交往,对交往采取回避的态度。因为过多地约束自己的言行,无法充分表达自己的愿望和情感,所以也无法与人沟通,造成交往双方的不理解或误解,妨碍了良好人际关系的形成。

孤僻也会导致人际沟通障碍,具体表现为孤芳自赏、自命清高,结果是"水至清则无鱼",人至爱则无朋,与人不合群,待人不随和,或者行为习惯上的某种怪僻使他人难以接受,从心理上和行为上与他人有着屏障,自己将自己封闭起来。

在人际交往中,孤僻者很难与人沟通,害羞者也影响与人沟通。请看一位大龄女子的交友悲剧:

一位已超过适婚年龄的女子其实很喜欢某一位男士,而男士对她也有好感,但是他们两人一直保持若即若离的平淡关系。她的一位朋友就告诉她:"你可以主动一点,约他吃饭、看电影、逛街啊,你总要为自己制造点机会啊!"可是这女子回答说:"这不是我的风格!""是,是,这不是你的风格,但你知道吗,你的风格会让你一直等,等到你变成老太婆!"

现在是21世纪了。在婚恋中,男方可以主动,女方亦可以主动。这位女子该改一改自己的风格了。

四、嫉妒与偏见

嫉妒,是与他人比较,发现自己在才能、名誉、地位或境遇等方面不如别人而产生的一种由羞愧、愤怒、怨恨等组成的复杂的情绪状态。嫉妒是人类的一种普遍的情绪,它源于人类的竞争,其本身具有一定的生物学意义,或起积极作用,或起消极作用。一些人在产生嫉妒心理之后,总是不能控制自己情绪的发展,不能将其转化为积极的方面,而是将嫉妒心理变成嫉妒行为,成为影响人际交往的心理障碍。这是需要努力克服的。

偏见,指的是不给别人以公正的考察便贸然做出判断,属于先入为主的一种交往成见。错误的判断,盲目的推理,无知的肯定或否定,都是造成偏见的因素。持有偏见的人往往拼命维护自己的偏见,即使事实证明自己错了,仍会坚持下去。被偏见影响较深的人往往失去判断力,以致有时在没有偏见存在的地方也看出偏见。这也是需要努力克服的。

请看一个有趣的故事:

20世纪30年代,一家日本公司从美国进口一台工业机床。一个月后,美国厂商收到日本公司发来的电报:"机床无法使用,请速派一位调试员协助调试。"美国厂商马上派一位专家去日本帮助调试,但日本公司很快又发来一封电报:"贵方派来的调试人员太年轻,请重新派遣一位有丰富经验的调试人员。"

美国厂商的回复出人意料:"请贵公司放心接受该调试人员的服务,该调试人员是贵公司所购机床的发明人。"

这是日本公司的偏见,在事实面前日本公司哑口无言。

第四节　沟通组织障碍及其他障碍

本节讨论沟通组织障碍、沟通渠道障碍、空间距离障碍和年龄性别障碍等几种障碍形式。

一、沟通组织障碍

组织的内部结构以及组织长期形成的传统氛围对内部的沟通效果会直接产生影响:或信息泛滥成灾,让重要的信息丢失;或由于时间的压力,仓促作出不适当的决定;或由于组织氛围,不同的意见未得到应有的重视,而影响了正确决策;或因组织机构过于庞大,中间层次太多,信息往往失真,甚至影响时效性。

请看一件惊人的趣事:

1941年12月,日本偷袭了珍珠港。直到1942年,罗斯福总统在档案里突然发现一份材料,说:"哎呀,中国在去年4月就通知我们:日本人可能偷袭珍珠港。"第一个知道日本可能偷袭珍珠港的是中国情报部门。根据情报,日本人可能要发动太平洋战争,偷袭珍珠港,没有想到这么重要的一条信息却淹没在了一大堆档案里面,等到罗斯福在第二年4月看到的时候,珍珠港偷袭事件已经过去近5个月了。

早8个月,中国情报部门就将日本将偷袭珍珠港的情报通知了美国最高决策层,可惜这一重要情报淹没在一大堆档案里,让美国人尝到了苦头,让罗斯福后悔不已。

二、沟通渠道障碍

沟通渠道障碍也是上述沟通组织障碍的一种。因为重要,我们单列一项来加以讨论。沟通渠道可以是书面形式,也可以是口头形式,其选择也会在很大程度上影响沟通的效果,在沟通的双方之间造成不同的理解。

请看罗尔与员工沟通的方式:

威金帝百公司是一家以英国为根据地的跨国企业,1990年在英国证券交易所发行股票,主营产品包括电子、食品、器具和信息服务。

罗尔是该公司的市场部经理。他负责3名地区主管和80名员工。

星期一早上,他和往常一样走进自己的办公室。

透过窗子,他看到员工正在激烈地讨论什么,但是当他走近他们身旁时,他们却停止了讨论。

罗尔意识到,他们可能正在讨论自己,而且是不利的消息。

他回到自己的办公室,努力思考着员工究竟在讨论什么。

总经理盖瑞敲了敲门,走进了他的办公室。

"罗尔,我不得不提醒你,上个周末,你给我们发的电子邮件对大家是一个致命的打击。现在,人心惶惶,整个工作都乱成一团。"盖瑞说。

"电子邮件?"罗尔努力回忆自己上个周末的工作,"你是说我发给大家的一封邮件,内容是关于上周会议中通过的关于我们公司财务困难以及可能裁员的邮件?"

"是的,就是它。"盖瑞回答。

"我们的会议上不是讨论过可以向所有员工通报吗?"罗尔疑惑地问。

"可是,罗尔,"盖瑞解释说,"我们的意思是,你应该直接找员工谈话,告诉他们这个坏消息,了解他们的反应,并且尽可能地解答他们心中的疑惑。如果那样做的话,就能最大限度地减少他们心中的恐惧和不安。现在,你却用电子邮件发送给他们。种种猜测漫天飞,公司几乎处于一片混乱之中。"

事实告诉罗尔:应该直接找员工谈话,而不能公开发电子邮件,这样也许沟通顺利,风平浪静。

三、空间距离障碍

这是由于发送者与接收者空间距离过远,中间环节过多,致使信息失真或被扭曲;或者传递工具不灵,通信设备落后,造成接收者不能及时了解信息内容;或者信息在传递过程中受到自然界多种物理噪声的干扰,更加重了沟通障碍。要消除空间距离障碍,有以下两种办法。一是缩短距离。一方面缩短物理距离,尽可能地与沟通对象面对面地沟通,从而减少空间距离障碍;另一方面缩短心理距离,运用各种媒介表情达意,打动沟通对象,如送新年贺卡或节日礼品,以缩短双方的心理距离。二是改善信息交流工具,实现信息传递的现代化。如发电子邮件,用QQ信箱联络,或发微信、微博、视频,多渠道克服空间距离障碍。

四、年龄性别障碍

不同年龄的人,其所处的时代不同、环境不同,决定了每个年龄阶段的人所带来的时代烙印,其思想观念、行为习惯、人生观、世界观也有所差别。人们常说的"代沟"是人际沟通障碍产生的主要因素。性别也会产生障碍,男性、女性各有不同的语言表达方式。相关研究表明:男性通过交谈来强调自己的身份,而女性通过交谈来改善交际关系。换句话说,男性的说和听是一种表达独立意识的行为,而女性的说和听是一种表示亲密的行为。男性与女性对同一件事的看法感受有时完全相反。请看国外的一件趣事:

一位丈夫外出多日,办完事准备回家,买好机票后,到邮局给妻子发电报。电文拟好了,一算账,发现钱不够。这位丈夫说:"哎!我刚好差一个词的钱,请把'亲爱的'去掉吧!"女服务员却打开自己的钱包说:"这个词的钱我来付好了。做妻子的可需要从她丈夫那儿听到这个词了,它可不是可有可无的。"

女服务员善解人意,她深知"亲爱的"这个词对于这位妻子的重要性。从信息传播的观点来说,"亲爱的"就是这位妻子最想得到的主要信息,否则就可能引起误会或造成障碍。

第五节 沟通障碍的克服

沟通障碍并不可怕。只要了解其产生的原因,掌握行之有效的方法,沟通障碍是可以克服的。按照交际学的观点,克服沟通障碍一般有两种方法:一是调适法,即沟通主体在交际过程中各自调整自己的沟通行为,以便适应对方行为的方法;二是训练法,即通过运用一定的手段,对沟通主体进行训练,从而提高沟通能力,克服沟通障碍的方法。我们从实际出发,介绍三种办法:适应对方;善于倾听;准确表达。

一、适应对方

在人际沟通的过程中,只有适应对方,与对方保持风格上的一致,才能接近对方进而与对方顺利沟通。因而,在沟通之前我们需要做好准备工作:一是正确看待自己的地位,调整好自己的心态与情绪,尊重我们所面对的沟通对象,营造良好的沟通氛围;二是尽量摸清对方的性格与特点,选择与其相接近的方式进行沟通。针对不同的人进行相适应的沟通。

1. 对待和蔼型的人

首先,要认清与对方的关系,表示谦和亲切,营造友好氛围;其次,不时地鼓励对方,不断地赞赏对方,多征求对方的意见,说话不给压力;再次,放慢语速,注意说话的抑扬顿挫。

2. 对待表达型的人

首先,要热情,微笑,精力充沛,建立良好的关系;其次,声音洪亮,眼睛看着对方的动作,表现出积极的合作态度;再次,给他说话时间,并适时地称赞,着眼于全局,避免过小的细节;最后,说话直率,目的明确,重要事情要用书面形式予以确认。

3. 对待分析型的人

首先,要注重细节,遵守时间,严格照章办事;其次,放慢语速,条理清楚,多用准确的专业术语;再次,谈具体的行动计划而不谈结果与感受;最后,要尊重他们对个人空间的需求。

4. 对待支配型的人

首先,交谈直接切入主题,不要有过多的寒暄,不要兜圈子;其次,充分准备,充满信心,声音洪亮,语速宜快;再次,处理问题要及时,阐述观点明确,而不要挑战他的权威与地位;最后,要有强烈的目光接触,但不要流露过多感情。

总之,我们与不同的人交往,首先要努力适应对方。下面,我们来看看田中角荣对其错误用词的辩解:

1972年9月,田中角荣作为战后第一任日本政府首脑来到中国,周恩来总理为他主持了接待宴会。会上,田中角荣致辞答谢,其中一句话差一点给两国政府的关系投下阴影。

田中角荣:……过去几十年之间,日中关系经历了不幸的过程,其间我国给中国国民添了很大的麻烦,我对此再次表示深切的反省之意。

周恩来:你对日本给中国造成的损失怎么理解?

田中角荣:给添麻烦这句话,包含的内容并不是那么简单,我是诚心诚意地如实地表达自己赔罪的心情,这是不加修饰的,很自然地发自日本人内心的声音……我认为,前来赔罪是理所当然的。

周恩来总理对田中角荣的"添麻烦"提出了质疑,田中角荣自知用词错误,顺着周总理的意思,反复表达"赔罪"的心情,他也在努力"适应对方"。

二、善于倾听

要克服沟通障碍,不仅要适应对方,而且要学会倾听、善于倾听、正确倾听。

沟通的有效性在很大程度上不是取决于你在说什么，而是取决于你是否积极倾听。一般来说，人们都希望自己说话的时候身旁能有位倾听者，而且这位倾听者还能不时地给你传递反馈信息：他一直在倾听，他能够理解自己的意思。试想，如果你在说话时，对方东看西看，拿个手机打来打去，拿个本子翻来翻去，你还愿意与他交谈吗？很多人与别人交流沟通只是在听，而不是积极主动地倾听。听不只是用耳朵听，还要用眼睛听，用心听。

为了使倾听推动沟通，应做到：首先，要全神贯注，把注意力集中到说话人身上，稍有分心，都可能引起说话人的误解；其次，要积极回应，表示你在认真倾听，不时地提问一两句，不理解的可适当示意；再次，要站在对方的立场考虑问题，设身处地为对方着想，较容易消除沟通障碍，同时，让对方充分表达不同意见，把话说完，切不可随意打断对方的谈话；最后，要学会察言观色，通过观察对方的言语和脸色，来判断他的真实意图。

上面提到，要全神贯注听对方讲话，请看乔·吉拉德的教训：

美国汽车推销之王乔·吉拉德曾有过一次深刻的体验。一次，某位名人来向他买车，他推荐了一种最好的车型给他。那人对车很满意，眼看就要成交了，对方却突然变卦而去。

乔为此事懊恼了一下午，百思不得其解。到了晚上11点他忍不住打电话给那人："您好！我是乔·吉拉德，今天下午我曾经向您介绍一款新车，眼看您就要买下，却突然走了。这是为什么呢？"

"你真的想知道吗？"

"是的！"

"实话实说吧，小伙子，今天下午你根本没有用心听我说话。就在签字之前，我提到我的儿子吉米即将进入密执安大学读医科，我还提到他的学科成绩、运动能力以及他将来的抱负，我以他为荣，但是你毫无反应。"

乔·吉拉德的教训多么深刻，由于没有用心听这位名人讲话，一笔大买卖就这样告吹了。

察言观色是深层倾听。曾国藩的确是识人高手：

清朝的曾国藩具有超乎寻常的识人术，尤擅长通过观察人的言语脸色来判断对方的品质、性格、情绪、经历，并对其前途作出准确的预言。

一天，新来的三位幕僚来拜见曾国藩，见面寒暄之后退出大帐。有人问曾国藩对此三人的看法。曾国藩说："第一人，态度温顺，目光低垂，拘谨有余，小心翼翼，乃一小心谨慎之人，是适于做文书工作的。第二人，能言善辩，目光灵动，但说话时左顾右盼，神色不端，乃属机巧狡诈之辈，不可重用。唯有这第三人，气宇轩昂，声若洪钟，目光凛然，有不可侵犯之气，乃一忠直勇毅的君子，有大将的风度，其将来的成就不可限量，只是性格过于刚直，有偏激暴躁的倾向，如不注意，可能会在战场上遭到不测的命运。"

这第三者便是日后立下赫赫战功的大将罗泽南，后来他果然在一次战争中中弹而亡。

"眉来眼去传情意，举手投足皆语言"，让我们学会察言观色，顺利克服沟通障碍。

三、准确表达

我们在适应对方、正确倾听的基础上，要力求准确表达自己的意图，才能克服障碍，做到有效沟通。怎样才能做到有效表达呢?

首先,要明确沟通目的。沟通之前需要认真准备,对问题的背景、解决问题的方案及其依据和资料等做到心中有数,切实了解问题的要点,对沟通的内容有正确、清晰的理解,从而确立自己的沟通目的。其次,要明确沟通对象,他制约着我们表达的方式与分寸。再次,要掌握沟通时机,把握沟通的火候,时间不合适不急于说,对方情绪不好等一等再说。最后,要掌握沟通方法,要用对方听得懂的语言与人沟通,灵活采用合适的方式,讲话要有重点,善用比喻。

要准确表达、有效沟通,要注意自我身份、说话对象和表述场合,否则就适得其反。请看下面一个十分生动的案例:

> 有个人为了庆贺自己的40岁生日,特地邀请了4个朋友来家中吃饭。3个人准时到达了,只剩一人不知何故迟迟没有来。主人有些着急,不禁脱口而出:"急死人了,该来的怎么还不来呢?"在座的有一个客人听了之后很不高兴,对主人说:"你说该来的怎么还不来,意思就是我们是不该来的,那我告辞了,再见!"说完就气冲冲地走了。一人没来,另一人又气走了,主人急得又冒出一句:"真是的,不该走的却走了。"剩下的两个人中一人听了生气地说:"照你这么讲,该走的是我们啦!好,我走。"又把一个客人气走了,主人急得如热锅上的蚂蚁,不知所措。最后留下的这一个朋友交情较深,就劝主人说:"朋友都被你气走了,你说话应该留意一下。"这人很无奈地说:"他们全都误会我了,我根本不是说他们。"最后这朋友听了,再也按捺不住,脸色大变道:"什么?你不是说他们,那就是说我啦?莫名其妙,有什么了不起。"说完铁青着脸也走了。

这个人太不会说话了,不看对象,不看场合,不看情境的变化,将已到的3个客人全部得罪光了。

表述要准确,不但在日常生活中要这样,在工作中,在社会竞争与战争中更要这样。二战后期的日本当局就为此付出了沉重的代价:

> 第二次世界大战后期,日本的败局已定。1945年7月26日《波茨坦公告》发表,日本当局一看盟方提出的投降条件比他们原先想象的要宽大得多,便高兴地决定把公告分发各报刊登载。1945年7月28日铃木首相接见新闻界人士,在会上公开表示他将"mokusatsu"同盟国的最后通牒。可是这个词选得太不好了。首相原意是说他的内阁准备对最后通牒"予以考虑"。可是这个词还有一个意思,就是"置之不理"。事也凑巧,日本的对外广播机构恰恰选中这个词的第二个意思并译成对应的英语词语"take no notice of"。此条消息一经播出,全世界都听到了日本已拒绝考虑最后通牒,而不是正在考虑接受。消息播出后,美方认为日本拒绝公告要求,便决定予以惩罚。
>
> 1945年8月6日,美军在广岛投下了威力巨大的原子弹。这真是一场灾难性差错。

日本首相的原意是"予以考虑",日本的对外广播机构却译成了"置之不理",即拒绝考虑最后通牒,结果日本的广岛吃了美军的原子弹,导致灾难性的后果。

为了帮助大家克服沟通障碍,在本章的结尾介绍两段精彩的文字,与大家分享。

面对挫折可采用以下方法,进行自我调节:

  沉着冷静,不慌不怒;
  增强自信,提高勇气;
  审时度势,迂回取胜;
  再接再厉,锲而不舍;
  移花接木,灵活机动;
  寻找原因,理性思维;
  情绪转移,寻求升华;
  学会幽默,自我解嘲。

常用礼貌用语七字诀如下。

  与人相见说"您好",问人姓氏说"贵姓",问人住址说"府上"。
  仰慕已久说"久仰",长期未见说"久违",求人帮忙说"劳驾"。
  向人询问说"请问",请人协助说"费心",请人解答说"请教"。
  求人办事说"拜托",麻烦别人说"打扰",求人方便说"借光"。
  请改文章说"斧正",接受好意说"领情",求人指点说"赐教"。
  得人帮助说"谢谢",祝人健康说"保重",向人祝贺说"恭喜"。
  老人年龄说"高寿",身体不适说"欠安",看望别人说"拜访"。
  请人接受说"笑纳",送人照片说"惠存",欢迎购买说"惠顾"。
  希望照顾说"关照",赞人见解说"高见",归还物品说"奉还"。
  请人赴约说"赏光",对方来信说"惠书",自己住家说"寒舍"。
  需要考虑说"斟酌",无法满足说"抱歉",请人谅解说"包涵"。
  言行不妥说"对不起",慰问他人说"辛苦",迎接客人说"欢迎"。
  宾客来到说"光临",等候别人说"恭候",没能迎接说"失迎"。
  客人入座说"请坐",陪伴朋友说"奉陪",临分别时说"再见"。
  中途先走说"失陪",请人勿送说"留步",送人远行说"平安"。

思考与训练

1. 沟通环节的障碍表现在哪几个方面?信息本身障碍是什么意思?
2. 在人际沟通中文化障碍和心理障碍是随处可见的,试各举一例,谈谈自己的人生感悟。
3. 克服沟通障碍,常见的办法有哪些?倾听对方十分重要,怎样做到"善于倾听"?
4. 拉拉与娜娜是形影不离的好朋友,后来娜娜将拉拉的参赛作品撕成碎片,这是一种什么心理在作怪?这种扭曲心理对个人的成长有什么危害?

  拉拉与娜娜是某艺术院校大三的学生,同在一个宿舍生活。入学后不久,两个人成了形影不离的好朋友。拉拉活泼开朗,娜娜性格内向,沉默寡言。娜娜逐渐觉得自己像一只丑小鸭,而拉拉却像一位美丽的公主,心里很不是滋味。她认为拉拉处处都比自己强,把风头占尽,时常以冷眼对拉拉。大学三年级,拉拉参加了学院组织的服装设计大赛,并得了一等奖,娜娜得知这一消息先是痛不欲生,而后妒火中烧,趁拉拉不在宿舍之机将其参赛作品撕成碎片,并扔在拉拉的床上。拉拉发现后,不知道怎样对待娜娜,更想不通为什么自己会遭受这样的对待。

5. 在人际沟通中察言观色是很不容易的。下面这个案例中的房地产经纪人就很高明。你在沟通中是一个善于察言观色的人吗?

　　某城市一个生意兴隆的房地产经纪人把他的成功经验归结于如下的因素:他不只满足于听顾主所讲的表面情况,而且还注意观察他们讲话时的表情,对他们的话仔细琢磨,从而了解顾主当时的真正想法。一次,当他告诉一位顾主某幢房子的售价时,那人淡淡一笑说:"对我们家来说,价格高低无所谓。"然而,房产经纪人注意到了他的语气中流露出的沉吟,笑得也很勉强,便知道顾主感到为难——他分明是想买但钱又不够,于是,灵机一动说:"在拿定主意前,你一定想多看几处房子吧?"结果,双方都达到了自己的目的:顾主买到了他有能力支付房款的房屋,满意而归,房地产经纪人则又做成了一笔交易。

第六章　友谊地久天长
——交友沟通

◆ 第一节　交友的原则 ◆

古语有言:"益者三友,友直,友谅,友多闻,益矣。"朋友,是人际关系中非常重要的交际对象,虽然不一定有血缘关系,却十分要好。朋友是寂寞时的温暖慰藉,朋友是困难时的一只有力助手,朋友是同乐同忧的伙伴。真正的朋友通常会对对方诚实、忠心,为对方着想。朋友常常志趣相投,一起活动,互相帮助。朋友是人一生中最宝贵的财富之一。大胆交友,结交好友,让成功之路倍加温暖。

一、交友宜大度

俗话说"宽容聚众义,大度集群朋",人生路上,风雨万千,为人处世,首先就要豁达大度。一个人若没有开放的态度和博大的胸襟,又怎能广交朋友?要保持永恒的友谊,就必须大方待人、宽厚待人。气量大,才能容人,才能与不同性格、不同身份的人打交道。一个大度的人能直面自己的缺点,能包容他人的不足,能严于律己,宽以待人。生活中,我们常为一些小事生气,纠结朋友的细小失误或过失,也常因为他人一句无心之语伤心难过,长此以往,关系疏远,朋友一词成为虚名。

"冤家宜解不宜结",有些人因为一点小事和朋友闹翻,因小事生恨,使自己生气,使他人不悦,倘若宽大为怀,一笑了之,则不会因小失大,也会受人敬佩。心底无私天地宽。为人者,要有容忍之量。坦荡的人容易快乐,生活轻松。现代的年轻人,娇惯者不少,常常是他人有的,自己也要有,自己有的,希望他人没有,以自己有的去炫耀吹嘘,博得他人艳羡。也有"女王/皇权"者,日日需要众星捧月来满足自己的虚荣心,稍有怠慢,便觉得颜面尽失,大发雷霆,这样的人毫不顾忌他人感受,势必失去人心,由原本的孤独变得更加空虚寂寞。反之,胸襟宽广,一笑释怀,刚柔并济,定能打动他人,赢得敬重,朋友遍天下。谚语有云:谁要求没有缺点的朋友,谁就没有朋友! 请看下面这则故事。

这正是我推荐他的缘故

春秋时,管仲荐相的故事给人以启示。当时,战争频繁,有一次,相国管仲出征打仗,回来后就病倒了。齐王见他病势沉重,便问他:你的好朋友鲍叔牙能接替你管理国家吗? 管仲说:他虽德高望重,但对别人的过错他总记在心上,做相的人度量不大怎么成。齐王又问:隰朋如何! 管仲说:他为人谦虚,遇事不耻下问,又能公而忘私,可以为相。齐王又问管仲:易牙为了让我尝尝人肉的味,把自己的儿子都杀了,说明他对我超过了爱他的儿子,能让他做相吗? 管仲回答说:不行,人们最疼爱自己的儿女,他能把自己的爱子杀了,对你又会怎样呢?齐王与管仲的谈话传到易牙那里,他马上找到鲍叔牙说:老将军,谁不知道管仲做相是你推荐的啊!可他是个忘恩负义的人,国君让你做相,他却说了你一大堆坏话,推荐了隰朋,我真替你不平!易牙原想挑拨管鲍之间的关系,为自己出气。哪想到鲍叔牙反倒哈哈大笑,说:管仲忠于国家,不讲私情,这正是我推荐他的缘故啊!隰朋比我强多了,他推荐得好!

由管仲荐相的故事,我们可以看出真正的朋友互相信任彼此,能大度接纳对方对自己的各种真实的评价,能正确地对待是非对错。这样大度的友情更加长久可靠。

二、交友重大节

大节,即节操、气度,也指气概、度量或气魄,是品德操守的主要方面。俗话说:"天有三宝,日、月、星;人有三宝,精、气、神。"气节于人而言是无价之宝,是一个人精神的体现。有气度的人懂得刚柔并济,常表现出正直勇敢、宽容大度、待人真诚的良好品德。气节能在无形中打动他人、感召他人。一个重气节的人受人敬重,能广纳人缘,广泛结交朋友。所谓君子坦荡荡,小人长戚戚,坦荡之人散发的精神力量可以感染众人,集贤聚友。从下面这则故事里,我们可以得到启发。

三国时,魏国名将张辽同武周原是密友,但因一点小事就反目了。后来,张辽听说胡质的学问和人品都不错,便托人带话给胡质,想同他交朋友。胡质以身体不好为由谢绝了。一天张辽路遇胡质,见他身体很好,便不高兴了,问他为何不愿与自己结交。胡质诚恳地说:交朋友应看大节,才能保持永恒的友谊。武周为人不错,现在只为一点小事,你就不理他了。由此看来,你是计较小事的人。我想,我的才学比武周差远了,更不能使你把我作为知心朋友。既然我们好不了多久,还不如不交。张辽听了这一席肺腑之言,又感激又惭愧。事后,他向武周作了自我批评,两人又和好如初。胡质知道后,认为张辽知错能改,遂邀张辽到家做客,两人成了知己。

张辽的故事让我们反思,若想获得永恒的友谊、广交朋友,首先要端正自己的交友态度,培养自己高尚的道德情操,做一个重气节的人。

三、重患难之交

患难之交,指在一起经历过艰难困苦的朋友。汤显祖在《牡丹亭》中写道:"岁寒知松柏,患难见真情。路遥知马力,日久见人心。"岁不寒无以知松柏,事不难无以知君子。在最困顿的时候,能不变交友初衷,无私帮助扶持自己;在最紧要关头时,都能一起同甘共苦的知心朋友,才可以真正成为一辈子的朋友。平日里的美颜谄笑、溜须拍马只是一时之事,待权势不再,便能感受到树倒猢狲散的凄凉。有些不善言辞的人会将真挚的情谊藏在心里,安逸时无甜言,危难时鼎力相助。所以不要埋怨那些没有常把情谊挂在嘴边的人,也不要太看得起那些成天假笑蜜语甜言的人。在患难时,建立的情谊值得好好维护。在现实生活中,往往是宴笑友朋多,患难知交寡。交情深重金相似,诗韵铿锵玉不如。倘若能遇到可以同甘苦、共患难之人,则是人生一大幸事。患难之交,情动天地,请看下面这则故事:

东汉时,荀巨伯听说远在千里之外的朋友病了,便匆忙安排好家事赶去看望。经过半个月的奔波,才到达朋友居住的县城,恰逢敌军攻城,百姓早已纷纷逃走,街上悄无声息。好不容易他才找到朋友的住处,发现好友躺在床上面色惨白,连声呼"水"!喝水后,好友见荀巨伯在自己身边,惊喜之余连声催促他快走。荀巨伯说:我远道而来,就是来看你的,我怎能扔下你独自逃命呢?正在他们争论时,敌兵来了。冲荀巨伯喝道:你是什么人,胆敢在此停留?荀巨伯说:我是他的朋友,从千里之外来看他,见他病着,身边又无人,因此不忍离去,你要杀就杀我吧!千万别伤害他的性命!敌兵想不到在危难时刻,竟有人舍己救友,深受感动,便转身离去。

这个故事让我们体会到荀巨伯对朋友不离不弃、无私相助的高尚精神品质。真正的友谊要讲奉献,在朋友遇到困难时,真心相助才能获得牢固的友谊。在友谊的世界里,真心付出是维持长久友谊的良药。下面这个小故事让我们体会到患难与共的情感。

有两个朋友在沙漠中旅行,在旅途中,他们吵架了,一个人还打了另外一个人一记耳光。被打的觉得受辱,一言不语,在沙子上写道:"今天我的好朋友打我一巴掌。"他们继续往前走,到了沃野,他们决定停下。被打耳光的差点淹死,幸好被朋友救起。被救起之后,他拿起一把小剑在石头上刻下:"今天我的好朋友救了我一命。"另一个笑了笑,回答说:"当被一个朋友伤害时,要写在易忘的地方,风会负责抹去它;相反,如果被帮助,我们要把它刻在心灵深处,那里任何风都不能抹灭它。"

生活中,与朋友小有摩擦是正常的,也是容易忘记的,但在情况危难之时,朋友真心的帮助却是刻骨铭心、难以忘怀的。

四、要平等相待

"朋友千个少,冤家一个多。"交友之道,贵平等相待,即相互尊重,平等交流,态度谦和。每一个人都是独立完整的个体,有自己的想法、个性和独立的人格,都应受到他人尊重与保护。友情更是无贵贱之分。朋友之间不能因为家庭、地位、金钱、特长、能力等方面的原因而对人另眼相看。在与朋友相处的过程中,既不能自高自大,也不要妄自菲薄。如果朋友一方居高临下、盛气凌人,或一方自惭形秽、自怨自艾,过不了多久,便会遭到孤立。

李白在《李白集·赠友人三首》中说,"人生贵相知,何必金与钱?"而《太平御览》也有"采葵莫伤根","结交莫羞贫",可见,朋友之间切忌嫌贫爱富。读读下面这则故事,仔细体会交友应平等相待的道理。

三国时,有一个人偷了别人的牛,被捉住了。他说:我偷了你的牛不对,以后绝不再干;现在你怎么处罚都行,只求别让王烈知道。有人将此事告诉了王烈,王烈立即赠给盗牛人一匹布。人们问起原因。王烈说:做了贼而不愿让我知道,说明他有羞耻之心;知耻就不难变,送布是为了激励他改过从善。一年以后,有位老人挑着重担赶路,遇见一人,那人主动帮自己挑到家里而不留名。后来老人赶路时丢了一把宝剑,待发现后回去寻剑时,发现那位守剑的人正是上次替他挑担的人。在老人的请求下,那人才把姓名告诉了老人。王烈听后很感动,随即设法打听,原来就是那位盗牛人。

故事中,王烈尊重大家鄙视的小偷,并友善地对待他,用友爱的精神去感化他,获得"偷牛人"的敬重。这样的平等友爱,得到的不仅仅是真挚的友情,更能获得社会的和谐美好。

第二节 交友的艺术

与朋友相交,情谊有深有浅,时间有长又短。都说朋友多了路好走,但又有良言"人生得一知己足矣",友情确实难能可贵,值得人们好好珍惜。该如何选择朋友、交什么样的朋友还真是一门艺术,得好好做做功课。

古人说:"近朱者赤,近墨者黑。"这就告诉我们选择朋友时,要注意结交益友,要交志同道合、真诚、正直、有理想、有抱负的朋友。这样的朋友容易相处,能相互帮助、互相影响、共同进步。另外,纷繁复杂的社会里有着形形色色的人群,交友不能只限于范围狭小的圈子。君子和而不同,结交多种类型的朋友,能帮助我们开阔眼界,走向成功。患难之交、良言诤友、导师同伴等,他们从不同方面使自己完善。

"君子之交淡如水,小人之交甘如醴",如何维持良好的友谊也是一门大学问。与友人相交,要敞开心扉、坦诚相待、诚信互助,也要大度包容,同时,也要特别注意相互学习、共同勉励。要将理论运用到实践之中其实并不简单,必须在不断的学习和工作中充实自己,扩展自己,学会交友。

一、尊重朋友

尊重,即是敬重、重视的意思。《荀子》中有句名言:"仁者必敬人。"人的内心里都渴望得到他人的尊重,但只有尊重他人才能赢得他人的尊重。尊重他人是一种高尚的美德,是个人内在修养的外在表现,是一种文明的社交方式,是建立友谊的基石。尊重朋友是获得友谊的重要条件,也是维持友谊的重要条件。此外,每一位正直的人都应维护自己的尊严。自尊自爱是一个人追求完美的动力,是一切伟大事业的渊源。自爱者,人恒爱之。

古语云:"己欲立而立人,己欲达而达人,己所不欲勿施于人。"尊重朋友,就是要尊重朋友的人格、名誉,肯定朋友的成绩与能力,包容朋友的生活习惯,理解朋友的性格、爱好和需求。在态度上和行动上尊重朋友,语言文明、平等相待、礼貌相待。此外,还要知晓朋友的各种处境,根据彼此的情况,主动调节或约束自己的行为,尽量多关心和帮助朋友,多为朋友着想。下面这个故事,足以让我们体会到尊重的伟大:

有一位商人看到一个衣衫褴褛的铅笔推销员,顿生一股怜悯之情。他不假思索地将10元钱塞到卖铅笔人的手中,然后就走开了。但走了几步,他忽然觉得这样做不妥,于是连忙返回来,并抱歉地解释说自己忘了取笔,希望不要介意。最后,他郑重其事地说:"你和我一样,都是商人。"一年之后,在一个商人云集、热烈隆重的社交场合,一位西装革履、风度翩翩的推销商迎上这位商人,不无感激地自我介绍道:"您可能早已忘记我了,而我也不知道您的名字,但我永远不会忘记您。您就是那位重新给了我自尊和自信的人。我一直觉得自己是个推销铅笔的乞丐,直到您亲口对我说,我和您一样都是商人为止。"

自尊的力量无穷大。上面这个故事让我们体会到,一个尊重的眼神,一句鼓励的话语,竟使一个处境窘迫的人树立起了自尊与自信,有了追求成功的力量,是激发出来的自尊促使其走向成功。

学校生活,特别是高校生活中,同学来自五湖四海,家境条件各不相同。有些同学满身名牌,有些同学贫穷寒酸。有些同学多才多艺,有些同学甚至连普通话都说不好,满嘴家乡口音。于是,有些人会分等级,把乡下来的同学当笑柄,嫌弃他们,故意疏远他们。人无贵贱,如果能平等相待,互相尊重,共同进步,那才是一件美事。

另外,尊重朋友,不能强人所难,不能拿自己的标准来要求朋友。有这样一个故事:

小小和李丽是好朋友,小小特别喜欢吃辣的,但是李丽却一点也不能吃。小小每次和李丽吃饭都要点很多辣的菜,还告诉李丽吃辣的很多好处,要李丽也像她一样。李丽为了迎合小小试图尝试吃辣,可是每次不是弄得自己闹肚子就是长了满脸的疙瘩。李丽觉得和小小吃饭是一件让人惧怕的事。最主要的是,她不想因为别人而改变自己,因此与小小越来越疏远了。

每个人都有自己的习惯和处世方式,我们不能因为是朋友,而强迫他人适应自己的习惯和行为方式,正所谓君子和而不同,尊重也体现在这里。

二、真诚待友

古语有言:"吾日三省吾身,为人谋而不忠乎?与朋友交而不信乎?传不习乎?"君子诚以为贵,与友相交,诚信当先行。孟子说:"人之相识,贵在相知,人之相知,贵在知心。"朋友间要互道真实,肝胆相照,实事求是表达自己的想法和意见,如实地反映自己的内心世界。因为朋友只有在彼此信任的基础上,才能相互帮助和相互支持。

真诚可以让友谊变得高贵而持久。当朋友遇到困难时,我们应给予真心的帮助和支持;当朋友处事不当时,我们要及时帮助其纠正错误;当朋友犯错时,我们要能给以批评和劝诫,让其拥有承认错误、改正错误的勇气、力量和信心。

有这样一种朋友,他/她能够直言不讳地指出我们的错误、缺点或不足,批评和帮助我们,我们把他/她称之为净友。朋友之道,必相教训。奥斯特洛夫斯基也曾说过:"真正的朋友应该说真话,不管话多么尖锐。"可见,真诚是打开友谊之门的金钥匙,是播散友谊的麦田。

唐贞观十七年(公元643年),直言敢谏的魏征病死了。唐太宗很难过,他流着眼泪说:"夫以铜为镜,可以正衣冠;以史为镜,可以知兴替;以人为镜,可以明得失。魏征没,朕亡一镜矣!"太宗将魏征比作自己的一面镜子,因失去这位敢说真话、直言相劝谏的净友而伤心感慨,这也是对其崇高无价的友谊的高度评价。宋朝的曾巩评价好友的故事就让我们懂得客观认识朋友,真诚相交,不偏不废。

宋朝的大诗人曾巩为人正直宽厚,襟怀坦荡,对朋友一贯直来直去。他和宋代改革家王安石在年轻的时候就是好朋友。王安石二十五岁那年,当上了淮南判官,他从淮南请假去临川看望祖母,还专门去拜见曾巩。曾巩十分高兴,非常热情地招待了他,后来还专门赠诗给王安石,回忆相见时的情景。有一次宋神宗召见曾巩,并问他:"你与王安石是布衣之交,王安石这个人到底怎么样呢?"曾巩不因为自己与王安石多年的交情而随意抬高他,而是很客观直率地回答说:"王安石的文章和行为确实不在汉代著名文学家扬雄之下;不过,他为人过吝,终比不上扬雄。"宋神宗听了这番话,感到很惊异,又问道:"你和王安石是好朋友,为什么这样说他呢?据我所知,王安石为人轻视富贵,你怎么说是'吝'呢?"曾巩回答说:"虽然我们是朋友,但朋友并不等于没有毛病。王安石勇于作为,而'吝'于改过。我所说的'吝'乃是指他不善于接受别人的批评意见而改正自己的错误,并不是说他贪恋财富啊!"宋神宗听后称赞道:"此乃公允之论。"也更钦佩曾巩为人正直、敢于批评。

曾巩客观评价王安石的故事,让我们读到了真诚待友、客观直言友人的美好品质,同时也让我们体会到,朋友间的真诚能打动旁人,让人见贤思齐。

三、宽容待友

"君子和而不同,小人同而不和。"真实的朋友在交往中无可避免会产生误解或矛盾。对此,我们要有宽宏的肚量和理智的头脑,多理解对方。矛盾和摩擦不可怕,切不能因此主观臆断,葬送友情,要找到合适的办法,消除矛盾和摩擦,多看朋友的优点和长处,少计较对方的缺点和短处,勇于承担自己的行为责任。对朋友的失误,也要有善意的批评和争辩。

宽容是建立良好友谊的润滑剂。宽容大度的人可以感召众多的人,能赢得朋友的理解和尊重,结下友谊。当然我们也不能因为宽容,放纵姑息朋友做不合理或不道德的事情。古罗马的西塞罗指出:"我们可以制定一条这样的友谊的规则,勿要求朋友做坏事,若朋友要你做坏事,你也不要去做。因为'为了友谊'这个托词是一个不名誉的词,是绝不会得到原谅的。"

有这样一个故事:

明朝年间,山东济阳人董笃行在京城做官。一天,他接到家信,说家里盖房为地基而与邻居发生争吵,希望他能借权望来出面解决此事。董笃行看后马上修书一封,道:"千里捎书只为墙,不禁使我笑断肠;你仁我义结近邻,让出两尺又何妨。"家人读后,觉得董笃行有道理,便主动在建房时让出几尺。而邻居见董家如此,也有所感悟,同样效法。结果两家共让出八尺宽的地方,房子盖成后,就有了一条胡同,世称"仁义胡同"。

常言道:远亲不如近邻,邻舍友人之间,宽容大度,遇到矛盾各退一步,海阔天空。"仁义胡同"就是宽容展现的美好风景,是一道长长的友谊之路。

宽容待友的故事有不少,下面这个故事却让我们心灵震撼。

第二次世界大战期间,一支部队在森林中与敌军相遇。激战后,两名战士跟部队失去了联系。两人在森林中艰难跋涉,他们互相鼓励、互相安慰。十多天过去了,仍未与部队联系上。一天,他们打死了一只鹿,依靠鹿肉艰难度日。这以后他们再也没看到过任何动物。他们把仅剩下的一点鹿肉,背在身上。又一次激战后,他们巧妙地避开了敌人。就在自以为已经安全时,只听一声枪响,走在前面的年轻战士中了一枪——幸亏伤在肩膀上!后面的士兵惶恐地跑了过来,他害怕得语无伦次,抱着战友的身体泪流不止,并赶快把自己的衬衣撕下来包扎战友的伤口。晚上,未受伤的士兵一直念叨着母亲的名字,两眼直勾勾的。他们都以为他们熬不过这一关了,尽管饥饿难忍,可他们谁也没动身边的鹿肉。第二天,他们得救了。30年后,那位受伤的战士安德森说:"我知道谁开的那一枪,他就是我的战友。当时在他抱住我时,我碰到过他发热的枪管。但是,我想我理解他。我知道他想独吞我带在身上的鹿肉,他想为了他的母亲而活下来。此后30年,我假装根本不知道此事,也从未提及。他母亲还是没有等到他回来,我和他一起祭奠了老人家。那一天,他跪下来,请求我原谅他,我没让他说下去。我们又做了几十年的朋友。"

上面这个故事讲到的友谊足以让听者动容,中枪的那位战士用他无私伟大的宽容换来一辈子的友谊,他用他的大度感化了战友,让他们的生命与友谊都获得了重生,这种生死之间的包容,在日后的风雨中坚固永存。

四、诚信待友

朋友不信,则交易绝。君子诚以为贵。与人交往,待人以至诚,才能换取真挚的友谊。孔子在《论语》中多次提到"信"字,他在《论语·学而》中说:"与朋友交,言而有信。"并对颜渊说:"民无信不立。"在《论语·为政》中断言:"人而无信,不知其可也。"孔子将诚信作为一种最基本的交友的伦理准则,告诫人们,人与人之间若不能诚信相待,则将寸步难行。诚信是一个人的立身之本,是维系友谊的重要德行,是古往今来中华民族的传统美德。待人诚实、守信,并时时事事去践行,则必会赢得友谊与尊重。

如果说真诚是交友的前提,诚信则是友谊得到发展深化的必要条件。言必信,行必果,为人首先要诚实守信,对自己讲的话、办的事要负责,办不到的事不夸海口,做到言行一致,赢得友人的信任;同时还要信任朋友,建立有安全感的良好友谊氛围。诚实守信、相互信任可以给友情带来重生,下面这个故事说的就是这个道理。

在古希腊,有个英雄叫皮西尔斯,因得罪了国王被判死刑。临刑前,他请求国王,让自己回家乡一趟,向家中的亲人和朋友告别,再归还欠下两位邻居的钱。国王认为他是想趁机逃命,不愿答应,这时皮西尔斯的一个朋友达蒙情愿担保皮西尔斯并替他坐牢。国王感到不可思议,问达蒙:"如果皮西尔斯没在规定的时间内回来呢?"达蒙回答:"我知道他一定会回来的,因为他从不失信。"到一个月时,皮西尔斯还是没有回来,国王决定处死达蒙。达蒙刚到刑场上,皮西尔斯回来了,原来路上遭遇了暴风雨,海上的船都不能起航,所以他耽误了行程。国王决定收回处死皮西尔斯的命令,因为他深深地被二人之间的互相信任打动了。

大学生只有诚信交友,在与朋友相处时抱着心诚意善的动机和态度,相互理解、接纳和信任,重信用、守信义,做到言必信、行必果,言行一致、表里如一,才能保证友谊的长久。

五、互助互利

互助,就是当一方需要帮助时,另一方力所能及地给对方提供帮助,这种帮助可以是物质方面的,也可以是精神方面的;可以是脑力的,也可以是体力的。互利,就是互相有利,双方彼此受益。人际关系以满足交往双方的需要为基础,朋友之间也是如此。如果交往双方的心理需要都能获得满足,友情才会继续发展;若交往中只想获得而不给予,友情就会中断。朋友间的互助互利主要体现在精神、情感、文化方面的互相理解、支持和帮助上。

"朋友"的"朋"字是两个平起平坐的"月"字,这就是说朋友之间要分享快乐和悲伤,荣辱与共,互帮互助,让友谊经得起时间和环境的考验。交友双方能在情感、工作、学习等方面获得所需,能做到互相关心、互相激励,凡事首先为对方考虑,这样友情才会牢固。

独学而无友,则孤陋而寡闻。交友要学人长,处事当克己短。与朋友交往,要学习朋友的长处,不计较朋友的短处。当然,交友前要了解对方的价值取向、道德水平,选择志同道合的朋友,这样才能同心同德、互利互助。请看下面这则小故事：

  一位犹太父亲在去世前把儿子叫到病榻前,把一个写着陌生地址的纸条交给儿子并告诉他:"除了一生积攒下来的财富,我留给你的还有一生当中唯一的朋友。他住在一个非常遥远的地方,这是他的地址,如果你遇到解决不了的困难,那就去找他。"父亲死后的几年,儿子由于过度花费,很快就一无所有,他向那些他曾经帮助过的朋友们寻求帮助,没想到过去热脸相迎的朋友们一个个都变得冷漠至极。不久,高利贷者到他家要账,对方恶语相向,他一时气愤便把对方打了。他很害怕,决定先到朋友那里躲一躲,然后让他们帮助自己解决这场灾难。可是大多数朋友连家门都不愿意让他进。在心灰意冷之际,他想到了父亲的遗言。于是他历经磨难终于找到了父亲那位多年不见的老友,让他不解的是,父亲的老友并不富裕,但令年轻人吃惊的是,父亲的老友交给他一个装满金币的坛子,"这是我年轻的时候和你父亲一起做生意时分得的利润,你全部拿去,用它们还清债务,剩下的钱你就用它们去创造更多的财富吧。"年轻人带着坛子走了,他同时带走的还有对真正友谊的大彻大悟。

  危难之际见真情,真正的朋友能够经得起时间和环境的考验,能在对方遇到困难时尽力相助。因此,朋友之间交往切忌出于贪图利益,也不能以权、钱、利为交友的标准,"友谊"不是占便宜,而是互利互助。下面我们来看看动物世界互帮互助的友谊：

  动物世界也懂得好友的互利互助,它们有克星,也有助手,懂得互相依存。印度有一种体壮力大、勇猛无比的犀牛,但它眼小且近视,生活很不便。恰好有一种叫牛鹭的小鸟,也叫剔食鸟,专门"伺候"犀牛,停在它的身上,啄食犀牛皮肤内藏着的寄生虫,这样既填饱了自己的肚子,又清洁了犀牛的身躯。鳄鱼和牙签鸟的互惠互利很有趣。牙签鸟不但在凶猛的鳄鱼身上寻找小虫吃,还进入鳄鱼的口腔中,啄食残留的鱼、蚌、蛙的肉屑和寄生在里面的寄生虫,帮助鳄鱼清洁口腔。有时鳄鱼把大口一闭,牙签鸟就被关在里边。然而你不必为牙签鸟担心,只要牙签鸟轻轻用喙击打鳄鱼的上下颚,鳄鱼就会张开大嘴,让牙签鸟飞出来。

六、诚恳道歉

  "人非圣贤,孰能无过",任何人都会犯错,犯错并不可怕,可怕的是知错而漠视错误的态度。有不少人犯错后,自尊心作怪,故装镇定,始终心虚地坚持自己是对的,于是伤害了朋友情谊,友人之间关系渐渐疏远。那么与朋友交往产生误会或者过失时,该怎么办呢？其实很简单,及时而诚恳的一句道歉便能打动对方,冰释前嫌,甚至还能够加深情谊。道歉是真挚诚恳的表现。在意识到自己的失误和过错之后,就必须向朋友诚恳道歉。大方地道歉,不要为自己的不当行为找借口,这样可以避免许多不必要的误解与麻烦。

  一声"对不起"并没有那么难以出口,重要的是道歉时的态度和勇气。想要改正错误的决心和勇气都是值得尊敬的。不服气、不情愿的道歉,或者奴颜婢膝、满口虚言的道歉,都会让人产生反感情绪。既然道歉,那就要堂堂正正,发自内心。倘若孤傲的性格使你觉得道歉的话说不出口,也可以用别的方式代替,发短信,打电话,送小礼物,送上歉意的微笑等都不失为道歉的好办法。有人说道歉的最佳时间是事发后的十二个小时以内,时间越短过错方越容易说出心中的歉意,也不会因受害方考虑时间过长而产生隔阂。简单地说就是道歉要抓住时机,不能拖延。当然,道歉是在自己有过失行为的前提条件下进行的,如果你没有过失,就不要为了息事宁人而道歉,以此去纵容朋友。道歉考验一个人的勇气和诚意,不管能否取得原谅,都要勇敢地去试一下,因为得到一个朋友比失去一个朋友划算多了。历史上许多伟人都有道歉的度量,下面我们来读读林肯的故事:

> 美国南北战争初期,北方军队失利,给林肯带来极大的烦恼。一天,一位养伤的团长直接向总统恳求准假,因为他的妻子生命垂危。林肯大声斥责他:"你不知道现在是什么时期吗?战争!苦难和死亡压迫着我们,家庭和感情在和平的时候会使人快活,但现在它没有任何余地了!"团长失望地回旅馆休息。翌日清晨,天还没亮,忽然有人敲房门。团长开门一看,竟然是总统本人。林肯握着团长的手说:"亲爱的团长,我昨夜太粗鲁了。对那些献身国家的人,不应该这么做。我一夜懊悔,不能入睡,现在请你原谅。"林肯替那位团长向陆军部请了假,并亲自开车送他到码头。

林肯贵为美国总统,但其言语行为也会有过失。无论地位高低,诚挚的道歉是化解朋友关系的一个法宝。待双方都冷静下来的时候,一句发自内心温柔的致歉又能重新拉近两者之间的心理距离。

▶ 第三节 交友忌讳 ◀

朋友之间的交往并不是真诚、热情就足够维系的,许多细节需要我们把握衡量。好朋友可以相处一辈子,也可以因为一点小摩擦而反目成仇。从小地方做起,常常是看起来不重要的小细节,却能影响朋友之间的友情,很多时候朋友之间保持一定的距离,才能使友谊长存。"到什么山上唱什么歌",对不同的朋友我们也要有不同的交往标准和形式。人际关系和谐是良好性格的一个重要组成部分。广交善友是一个人成功的阶梯,记住下面这些禁忌,让朋友之间的交往更加顺畅。

一、不过分指责

指责是拉开朋友心灵距离的一把利刃,是灭杀友谊于无形的利器。朋友之间出现争吵时,不要咄咄逼人,过分争辩。争强好胜,把自己的思想强加于人,只能让对方产生反感情绪,长此以往,对方容易在累积的怨气中放弃友谊。相反,坚持"求同存异"的基本原则,尊重朋友的话语权,认真倾听友人的心声,形成开放、自由、平等的交友氛围,对朋友开诚布公、诚实、坦率,才能与朋友沟通顺利。朋友间分享彼此的真实感情,友谊才能得到充实健康的发展。

任何时候都不要过分指责朋友,当朋友的做法有不当之处时,冷静下来与其沟通,和他进行诚恳的谈话,婉言劝诫朋友才是良策。过分的指责只会适得其反,甚至使得两人的友谊出现危机。

二、不揭短挖苦

古训有:"三人行,必有我师焉,择其善者而从之,其不善者而改之。"就是教导我们,与人交往要有取长补短的思想,多看他人的优点,以此来督促自己进步。有的人见多识广、处事沉着,有人办事老练、处事果断,这些都值得自己学习。朋友是我们认可并且交往较为亲密的对象,朋友之间更能互相学习、共同进步。但金无足赤,人无完人,任何人或多或少都会有一些毛病和短处。与朋友交往的过程中,不要轻易揭露他人缺点,也不要言语挖苦。作为朋友,平时我们会顾及对方面子而不轻易指出对方缺点。可是当与朋友发生矛盾,在争吵中,便容易丧失理智,可能把矛头对准对方的短处,挖苦揭短,以在气势上战胜对方。俗话说:打人莫打脸,骂人不揭短。人们都讨厌被别人恶意揭短,换位思考,当自己被人揭短挖苦时,容易产生愤怒情绪,感到自尊心受伤害,从而激化矛盾和争吵,甚至放弃友谊。所以,在与朋友交往时,切忌挖苦揭短。

倘若朋友出现过失或存在不足,我们不仅要引以为戒,还应主动帮助对方,让其认清自己的不足,加以改进。珍惜友谊,互爱互助,这样结交的朋友,才是真正的朋友。

当遇到有人揭自己的短处,被人挖苦时,我们要泰然处之,切不可反唇相讥,失了自己的风度。尽量不过分猜疑他人的别有用心,急中生智,幽默回敬。

三、不贬低对方

人们在交往中都希望展现自己美好的一面,有些人会通过内在良好素养征服他人,获得好评,而有些人则会通过贬低他人来拔高自己。清高自负,贬低别人的人,只会让人产生反感。

表现自己,但不贬低他人。我们要做到理解朋友,多与朋友沟通。让朋友感受到自己的真心与友善的情况下,可以说些逆耳忠言,以期在各方面与朋友一同进步。切不能以盛气凌人的姿态出现在朋友面前,更不要极力贬低朋友以达到抬高自己的目的。中伤朋友的话偶尔一次可视为无心之过,但次数过多,则会影响友谊。赞美欣赏朋友的人,总是心怀美好;而贬低朋友的人,无形中也贬低了自己。细细体会下面这个故事,你就会明白其中的道理。

苏东坡和智永和尚聊天,苏东坡问智永"你看我是什么?"智永说:"我看你是一尊佛。"苏东坡很高兴。智永问苏东坡:"你看我是什么?"苏东坡说:"我看你是一堆粪。"说完苏东坡扭头就跑。回到家里看见了他妹妹,就很高兴走上去说他占便宜了,他妹妹就问是怎么回事。他就把刚才的事情和妹妹说了。妹妹一听就说:"哥哥你输了。"苏东坡就很奇怪。苏小妹说:"人家和尚看你是佛,因为人家心里装的都是佛;你说人家是粪,说明你心里想的只有粪!"赠人以言,重于金石珠玉。

这则故事中,苏小妹的话点醒了苏东坡,即使关系非常亲近,但在朋友面前的一言一行都体现了自己的基本素质,原以为占了便宜的东坡先生理亏了。

四、不揭露老底

朋友之间不揭露老底就是互相尊重对方的隐私。隐私是一种与他人利益无关,当事人不愿对外公布的个人信息,也是他人不便侵入的个人领域。隐私是个人的自然权利,它体现着一个人的人格尊严。每个人都有自己的短处或羞于启齿的隐私,如身份地位、健康状况、怪癖喜好、活动踪迹等。作为朋友,如果对方有任何不愿提及的隐私或秘密时,不要刨根究底地询问,更不要在知道之后毫无顾忌地当面揭露批判,甚至大肆宣扬。未经允许,不能公开朋友的个人信息,更不要在公众面前揭露朋友短处。必要时,还应主动维护朋友的颜面,帮朋友解除尴尬,遮掩朋友因失误而产生的丑事。这样朋友之间的友谊会因为信任而变得更加稳固。

思考与训练

1. 交友有哪些重要的原则？如何才能做到与朋友平等相处？
2. 交友有哪些艺术技巧？如何才能做到与朋友互助互利？
3. 交友有哪些忌讳？交友时，你是如何处理这些禁忌的？
4. 朋友是无比宝贵的财富，朋友是心灵的慰藉，读读下面这则故事，谈谈你的心理感受。

　　著名心理学家马丁·金斯柏曾经在他的著作中谈到，一位护士对他特别关怀且深深地影响了他的一生。"在我10岁那年的感恩节当天，我住在城里一家医院的免费病房里，准备第二天进行外科整形手术，我知道以后的几个月里不能外出，要忍受疼痛，等待伤口复原。我的父亲已经过世，母亲和我住在一间小公寓里，接受社会福利救济。那一天，母亲不能来看我。我十分孤单、绝望和恐惧。我知道母亲一人在家，为我担心，而且没有人联系她，没有人同她一起吃饭，甚至没有钱吃一顿感恩节晚餐。泪水涌进我的眼睛里，我把头埋在枕头和棉被下面，尽量不使自己哭出声来。但我实在太伤心了，因为哭整个身体都颤动不已。有位年轻的实习护士听到哭泣的声音，急忙跑过来。她掀起棉被，拭去我脸上的泪水然后告诉我，她今天得留在医院工作不能和家人在一起，所以也感到很孤单。她问我愿不愿意一道用餐，然后便拿了两份食物过来，有火鸡片、马铃薯泥、橘酱和冰激凌等。她同我聊天，让我不感到害怕，一直到下午4点换班的时候才离开；她在晚上11点钟回来，同我聊天，直到我睡下才离开。"

5. 替朋友还债就是替朋友守信，是维护朋友声誉之举；替朋友守信不易，一般人很难做到，因而才意义重大。林肯用11年为朋友还清债务，这说明什么问题，表现了林肯怎样的品质与情操？

　　林肯在青年时代曾经在杂货店当店员，并和一个酒徒做朋友。后来那间杂货店不幸倒闭，酒徒也死了。所有的债务人都向林肯追讨。如果林肯那时想远走高飞，不理这笔债务也不是难事。但林肯没有这样做，他决意自己偿还债务。经过了11年的挣扎，他不但把全部的欠债还清；还付清了利息。

6. 为友之道，贵在宽厚。当自己的利益同朋友的利益发生矛盾时，能够舍己为友，著名生物学家达尔文在这方面树立了榜样。你能做到这一点吗？愿我们一起向达尔文学习。

　　著名生物学家达尔文，当他准备把自己20年心血的结晶——《物种起源》一书付印出版时，恰巧收到好友华莱士有关进化论问题的来稿，请达尔文审定。两人的书稿内容很接近，谁先发表就是谁的成果。尽管有人劝达尔文抢先发表，但达尔文决定把自己的书稿付之一炬，华莱士闻讯后十分感动。

第七章 爱是前进动力
——恋爱沟通

第一节 爱是心灵的沟通

恋爱在现代通常是指两个人在一定的信赖条件和共同的人生理想基础上,各自内心形成的对对方的最真挚的慈悲心,愿意让对方成为自己的人生伴侣,真诚相伴,平等相待,是一种可意会不可言传的甜蜜而美好的情感。

爱情是一个人对属于自己的另一半的渴求与向往。爱情是人的一种信念,人永远不会放弃寻找自己的真爱,那份执着就像孩子们找寻谜题答案一样。爱因缘所生,是一种无比珍贵的情愫。当爱来临时,如何求爱,如何让恋爱双方拥有持久浪漫的爱情,甚至如何拒绝诱惑,这都需要在沟通和交流上多下功夫。

一、多说情话

英国作家奥斯卡·王尔德在《道林·格雷的画像》中写道:女人是用耳朵来恋爱的,而男人如果会产生爱情的话,却是用眼睛来恋爱。事实上,男人、女人都爱听甜言蜜语。在爱的世界里,情话是滋生甜蜜的良药,亦如蝴蝶恋花、彩云追月,风韵无穷。

"千言万语总是情"说的就是恋人之间言语情浓。相爱的两个人,特别是在恋爱初期,都会情不自禁地向对方抒发感情,真情似火,不管是"痴话"还是"傻话",哪怕语言缺少逻辑与理智,但都有一个共同的特点,就是"情意绵绵"。情话的魅力在于情,爱情是恋爱双方相互吸引的一种情感体验,需要大胆地表达。面对真正的爱情,恋人之间说多少情话都不过分。何必吝惜言语,勇敢地借情话的魅力去打动爱人的心吧。

有些情话,即便恋爱双方的心里都明白,但说出来的效果却很不一样,读读下面这则故事,我们就能很好地体会到。

> 一对老年夫妇,一起走过大半辈子,多年来他们每晚睡前最后一刻必定会跟对方说:"我爱你。"别人问他们为什么有这个习惯,丈夫说:"我们都这把年纪了,这样做是为了保证,假如我们其中一个第二天没有醒来,我们在人生里留给对方最后的一句话就是这三个字。"

有些情话说出来并不难,但贵在坚持。有不少年轻人面对爱情不够大胆,因此错失爱情,抱怨终身,下面这则小故事值得我们仔细思考。

> 火车要开了,女孩一直目送那个男孩的离开,一步,两步,直到男孩踏上车都没有回过头看女孩一眼。火车开了,女孩泪如雨下,说:"我一直在等他回头,只要看我一眼,我就跟随他去。"车上,男孩看着急速倒退的风景心口隐隐作痛,说:"为什么你不

叫我一声,只要叫我一声,我就为你留下。"

在爱情面前,有时候真的只要你主动一点点,她/他就会为你留下。很多时候,我们总是在等着对方先开口,因此而错过彼此。任何时候都不要忽视言语在爱情里的作用,一句真心挽留,一句有温度的情话,都可能为你打开一个幸福的世界。下面这则小故事可能让我们深刻地体会到情话的力量。

人体最多只能承受45(单位)的疼痛。但在分娩时,一个女人承受的痛却高达57(单位)。这种痛相当于20根骨头同时骨折!

有一个即将临盆的妻子,在承受巨大疼痛时,还担心丈夫的感受,她问丈夫:"你希望是男孩还是女孩?"丈夫说:"如果是男孩,我们爷俩保护你;如果是女孩,我保护你们娘俩。"妻子,微微一笑被送进产房。就是这样一句温暖的情话,带给妻子无限的力量,她最终战胜了剧烈的疼痛为丈夫生下一个大胖小子。

真挚的情话是爱情的润滑剂,能催生出无穷无尽的力量。

二、巧用暗示

暗示就是不直接明白地表示意思,用含蓄间接的方式对他人的心理和行为产生影响,从而诱导其接受自己的思想、意愿,或制造气氛让其领会,以达到自己预设的目标。巧用含蓄暗示,可以增强沟通。向恋人表白或恋爱初期,人们设法暗示对方,以达到增进情感的目的。

当爱神降临时,互有爱意的双方都害怕自己的言行不当让对方反感,小心翼翼呵护已产生的美好爱意,害怕对方受到丝毫损伤。爱可以让原本鲁莽的人变得心细,让原本粗暴的人变得温柔。初恋者,常会彼此互相试探、猜测、幻想,悉心揣摩对方的一言一行,甚至每一句叹息,双方变得极为细腻、敏感。当羞于直接表达时,恋爱双方不妨试试暗示的方法。含蓄的暗示和温馨的提示,能让对方体会到言外之意,体会到浓浓爱意。

伟大的政治家、哲学家卡尔·马克思出身于普通律师家庭,却成功追求到了出身于普鲁士名门望族、才华出众、漂亮动人的燕妮。甚至当马克思于1843年受反动政府迫害,被解除《莱茵报》主编职务被迫流亡国外时,燕妮毅然同马克思结婚,与其患难与共。是什么让燕妮如此爱马克思呢?我们一起来看看马克思和燕妮的故事。

马克思对燕妮说:"燕妮,我已经爱上一个人,决定向她表白爱情。"燕妮心里一直爱恋着马克思,此时不由一愣,急切地问:"你真爱她吗?""爱她,她是我遇见过的姑娘中最好的一个,我将永远从心底爱她!"燕妮强忍感情,平静地说:"祝你幸福!"马克思风趣地说:"我身边还带着她的照片哩,你想看看吗?"说着递给燕妮一只精美的小匣子,燕妮惴惴不安地打开后,看到的是一面小镜子,镜子里"照片"正是燕妮本人。

马克思巧用暗示,有意让燕妮误以为他另有所爱,正在燕妮失落时又及时诱导她解开悬念,镜中人竟然是燕妮自己,又让燕妮惊喜不已。这样的真情表达让人记忆深刻,也让马克思赢得了燕妮一生的患难与共、忠贞不渝。

暗示不仅可以让感情变得细腻深刻,也是打开爱情之门的法宝。《楚天都市报》就曾报道过这样一个故事:

23岁的朱小姐在武昌某公司从事培训工作,今年年初认识了肖先生,因为都喜欢动漫,两人很聊得来,彼此留下了联系方式。之后,两人也常聊天、见面,成了无话不谈的朋友。变天了,肖先生会提醒朱小姐带伞;朱小姐感冒,肖先生会为她送药。爱情的种子在朱小姐心里发芽,但让她纠结的是,肖先生虽然对她很好,但却一直不表白。

纠结的朱小姐在朋友的指点下,决定用一首歌来表达自己的心意:"你是窗外另外一片风景/在你眼里我是什么关系/你的呼吸存在我的爱情里/何时能诚实面对自己……"

听到歌曲的肖先生十分感动,原本很腼腆的他,终于鼓起勇气给朱小姐打电话表白。

真爱难寻,当遇到心仪对象,却无勇气直接说出口时,暗示是一个不错的选择。上面这则故事里的朱小姐遇到心仪的对象,对方对自己不错,却迟迟不表白,于是选择了一首合适的情歌,让对方明白自己的心意,幸运就这样降临,她马上收获了表白,收获了爱情。

爱的沟通里,暗示的方法有很多,比如表白时,可以言语暗示对方,如:"我愿意成为你可以依靠的人";可以借用数字表白,如"5201314"谐音"我爱你一生一世";可以借用花语,如三枝玫瑰花代表"我爱你";可以借诗词歌曲表达,如诗谜"日出美丽立取上,残月屋下友情长,无奈您却无心往,白水一勺表衷肠,春雨绵绵别三笑,但已人去走下场,嫦娥无女不寻常。"(每句话有个谜底,合起来为"最爱你的人是我"),"寒山寺上一棵竹,不能做称有人用,此言非虚能兑现,只要有情雨下显,天鹅一出鸟不见。"(每句话有个谜底,合起来为"等你说爱我"),等等。有心之人还可挖掘出更多的暗示方法,去追求心中的那份爱。

三、常处常新

相爱不难,相处难。爱并不是一种简单的交流。人们相恋之初,总是相互欣赏,朦胧而甜蜜,日子越久,难免会出现一些摩擦和矛盾,因此少了一点甜蜜和温馨,多了一些埋怨和争吵。如何才能在爱的世界里常处常新是人们一直思考的问题。著名歌手蔡琴在一首歌里唱道:"你说的爱不难,不代表可以简单。"婚前如胶似漆,婚后索然无味,这是现代人的通病。爱情需要经营,婚姻需要保养。就像鱼缸里的热带鱼,必须经常换水,保持水的新鲜,鱼儿才能摇曳出美丽的风景。其实,最珍贵的爱情都要经得起平凡生活的考验。互相体贴、互相欣赏就是人们一直追寻的爱情保鲜剂。始终保持对对方细致入微的关怀,不回避争论,放下个人的固执和偏见,去聆听对方的意见,允许一些个人的差异,给对方一定的自由和私人空间,与对方分享生命,适时展现浓情蜜意,多一些欣赏与夸赞,这样的爱情才会常新常青、花开不败。

有一个40岁的女人,在一份报纸上刊登了一则广告:廉价出让老公一名!原因是她不再欣赏自己的老公,因为他只喜欢旅游、打猎和钓鱼,总在外面游荡,而她却不喜欢外出。在结婚十几年后,她感到了孤独,终于厌倦自己的老公。她在广告上还附加了优惠条件:收购我老公的人,还可以免费得到他平时喜欢使用的全套打猎和钓鱼的装备,还有老公送给她的牛仔裤一条、长筒胶靴一双、T恤衫两件,以及里布拉杜尔种的狼狗一只、自制的晒干野味50公斤。她原本认为这样糟糕的老公是没有人要的,但是事实却让她大感意外。在广告登出的第一天内,她居然接到了62位太太小姐们的电话,其中的23位都是很诚心地来联系她的老公。其中有人认为她的老公具备冒险精神,是一个真正的勇者,这样的男人可以依靠;有人认为她的老公崇尚自然,这样的环保男人比较有生活激情,和这种男人相爱,一定是很健康的;有人觉得这个男人爱好休闲的生活方式,正是最懂得生活的人。各种理由似乎证明这样的男人简直无处寻觅,所以她们真诚地希望能合法购买她的老公。当这些购买者把购买的理由说出来的时候,这个女人才猛然发现,原来自己的老公居然有这么多优点,还有这么大的魅力,而自己却一直都没有发现。不过,此刻,一切都还来得及,因为她还没有把老公卖给别人。倘若卖掉了,或许就悔恨终生了。第二天,她在报纸上又补登了一则小广告:廉价转让老公事宜,因为种种原因取消。当她老公从外地钓鱼回来,发现自己差点儿像商品一样被出卖的时候,忍俊不禁。当他问妻子为什么不再卖了他时,妻子温柔地说:"如果我把你卖出去了,我又能从哪儿再买一个你这么好的老公回来呢?"俩人相视而笑,幸福洋溢在彼此的脸上。

爱有时候源自一种细心的发现。一个小小的恶作剧让故事中的主人公重新认识了自己的老公,学会了欣赏和爱。变换视角欣赏对方,才能让爱历久弥新。纪伯伦的《沙与沫》中有这样一个小故事,让人读来倍感温馨。

雪夜。他单膝跪地,右手拿着她最爱的红玫瑰,左手拿着一个戒指盒。她一脸幸福,说:"别闹了,这么多人。"他笑着说:"那你答应我不?"她点点头。周围人声雷动。回家路上,她看着他微驼的背影,说:"求了十几年的婚了,下一年的结婚纪念日,换个方式吧。"

爱有时候源自一种真心的坚持。故事中的男主角十几年坚持在结婚纪念日向妻子求婚,在经历岁月的沉淀后,他们的爱情之树仍茂密常青,不得不让人感动佩服。下面这则故事也让我们体会到平凡中的真爱。

他和她属于青梅竹马,相互熟悉得连呼吸的频率都相似。时间久了,婚姻便有了一种沉闷与压抑。她知道他体贴,知道他心好,可还是感到不满,她问他,你怎么一点情趣都没有,他尴尬地笑笑,怎么才算有情趣?

后来,她想离开他。他问,为什么?她说,我讨厌这种死水一样的生活。他说,那就让老天来决定吧,如果今晚下雨,就是天意让我们在一起。到了晚上,她刚睡下,就听见雨滴打窗的声音,她一惊,真的下雨了?她起身走到窗前,玻璃上正淌着水,望望夜空,却是繁星满天!她爬上楼顶,天啊!他正在楼上一勺一勺地往下浇水。她心里一动,从后面轻轻地把他抱住。

常处常新的爱情,需要我们用心去体会,真爱就在身边,需要用心发现、用心呵护。

四、可用昵称

昵称是非正式场合用的小名,表示喜爱和亲近。恋人之间常会有独一无二的昵称,以表示两人之间的亲昵。使用昵称可以缩短彼此间的距离,让恋爱双方关系更加亲密。称呼的变化和眼神的暗示一样,都能从侧面反映出爱情的进展变化和恋人之间的亲密程度。

昵称可以很好地化解尴尬、缓和气氛,下面这则小故事正好说明了这点。

一对夫妻,丈夫经常要陪客户喝酒。一天,丈夫下班回来满身的酒味儿,妻子生气地说:"又喝酒,小心肝!"丈夫却充满爱意地看着妻子,深情地对妻子说"你就是我的小心肝儿!"妻子怒气顿消。

昵称可分不同的类型，不同的恋人可能会有不同的昵称，如土老帽型有老公、老婆，未老先衰型有老头子、老婆子，可爱型有宝宝、妞妞，调侃型有小心肝、小宝贝，知书达理型有先生、太太，轻松幽默型有猪头、小蜜，等等，千奇百怪的昵称都因爱而生。

第二节 会意与赞美

生命是朵花，爱情是花蜜。拥有健康，获得爱情，才能步入幸福的殿堂。美国社会学家纳撒尼尔·布拉登曾说："浪漫爱情必须存在相互的注视和被注视，欣赏和被欣赏，了解和被了解，考察和被考察，内心的坦露和接受它的愿望，这是爱情的核心，爱情的实质。"成熟的爱情，除了拥有肥沃的土壤、适宜的气候，还需要精心的培育。

一、会意

爱是有灵性的，是心灵和心灵撞击产生的火花，需要有心之人仔细体会。爱情里的会意是心灵上的相通、精神上的相通而共同取悦的心理反应。一个含情的眼神，一个亲密的小动作，一句贴心的话语，都能让人感受到关爱。学会察言观色、仔细体会，有助于帮助我们捕捉爱情。例如，一位男士和心仪的女士过马路时，用手轻轻拍她的背，穿行于车水马龙之间，使她产生一种安全感，这样无形中就缩短了爱的距离。

下面这则故事来自琼瑶的一篇小说，读来耐人寻味。

他有空就用纸叠心形折纸，见到她就给她。这个习惯有多久了，他自己都记不清楚了。有天，她电话里说：今天有个收废纸的来，我问了价钱，然后把你送我的心形折纸都卖掉了……数了数，刚好九块钱，等下你打扮打扮，我们一起去民政局领证吧。

没有华丽的辞藻，没有热烈的拥抱，一句简单的"等下你打扮打扮，我们一起去民政局领证吧"便成就了一段美好的因缘，卖掉了心形折纸，刚好九块钱，不用多说，大家也领会了这份爱的美好与甜蜜。

二、赞美

赞美是人们发自内心的对于美好事物表示肯定的一种表达。赞美像阳光一样，为爱镶上一道金边。爱美之心人皆有之，人们喜欢一切美好的事物，同样也希望自己是美好的。他人的赞美，是我们不断进步的动力，是我们不断完美的精神支柱。称赞的话要说得体面，要让听的人感觉到真心，油嘴滑舌则适得其反。在恋人面前，若想获取对方的赞美，我们自己不仅要在外表上，还要在修养、性格、品质等方面去提升自己。精神上的美是永恒的。

赞美往往能给人以勇气和信心。小苏和小戴的爱情故事，让我们体会到爱的美好。

11岁的戴碧蓉为了抢救3个在铁轨上玩耍的儿童失去了左臂左腿，被誉为"舍己救人的小英雄"。高中毕业后被分配到株洲工务段当收发员，1982年与同单位的小苏结婚。婚后，小苏每天给戴碧容穿袜子、鞋子，饭后搀下楼送上班；下班时，他又接小戴，把她扶上楼。每逢下雨天，小苏都打伞接送，遇到不好走的地方，就把小戴背过去。小戴对小苏也体贴入微、关怀备至。小苏对小戴说："只有心灵的美才是永恒的美、真正的美。你的身体虽残废了，但你的心灵使我觉得你比某些四肢健全的人更可爱。"

正是小苏对小戴美好心灵的赞美,让小戴获得了爱的信心与面对生活的勇气。爱贵相知,表达出来的赞美更能加深感情。爱因斯坦的成功也有一部分来源于其妻子的肯定与赞美。

爱因斯坦是世界闻名的大学者,而他的妻子米列娃·爱因斯坦却是个瘸腿女人。爱因斯坦提出狭义相对论之后,大多数人持怀疑态度,不少有名的学者还激烈攻击爱因斯坦及其学说。米列娃理解丈夫的事业,相信丈夫的事业是伟大的。她对丈夫说:"亲爱的,你的理论是对的,让别人去说好了。"后来,爱因斯坦又受到法西斯的迫害,在他缺席的情况下被判处死刑,二人只好迁居美国。体贴丈夫的米列娃对丈夫说:"亲爱的,让他们判处你死刑好了,你研究你的,谁也动不了你一根毫毛。"在妻子的鼓励与支持下,爱因斯坦一心扑在事业上,取得了卓越的科研成果。

赞美和肯定于爱人而言百利而无一害,所以,又何必吝惜赞美呢?

三、幽默

幽默是一种艺术,是沟通中一种经过加工处理的趣味语言形式。可以说幽默是一种特别具有吸引力的个人风格。幽默不同于滑稽和讽刺,它有趣、可笑且意味深长,让人笑过之后能明白许多道理。作家马克·吐温说过:"戒烟最容易了,我就戒过二百多次。"这句话一听就知道戒烟不成功,但却博得大家一笑,也可知道马克·吐温是一个风趣之人。幽默需要创造性的语言,源于我们的智慧。幽默的人,往往能赢得好人缘,因为他可在短时间内缩短人际交往的距离,赢得对方的好感和信赖。

幽默是化解恋爱相处矛盾的一剂良药。风趣的谈吐可以让爱恋充满情趣。自嘲的幽默可以化解自身的尴尬,变烦恼为欢畅,变痛苦为愉快,甚至在发生矛盾时,化干戈为玉帛。爱人长年厮守,很难不发生争吵,巧用幽默便可以轻松化解。下面这则故事中的妻子就用了幽默的智慧。

曾有位企业女高管,整天忙于工作和应酬,怠慢了丈夫,丈夫要同她离婚。当丈夫问她离婚后要什么东西时,她说:"我什么都不要,只要你。"丈夫听了心里一热,前嫌尽消。

与爱人相处时,出现问题,与其哀叹抱怨,不如急中生智来点儿幽默,让生活增添温馨与快乐。风趣智慧的人还懂得用言语来制造爱的浪漫,新鲜独特,不失真情。下面这位厨师,便将幽默用到情书里,博得美人芳心。

亲爱的西兰花:

你那白嫩光滑的脸多像芙蓉鸡片呀!你那娜娜多姿的身材又总是让我联想起松鼠鳜鱼的优美造型。你高耸的鼻梁仿佛木樨鱼翅。你那两道一会儿文一会儿洗的眉毛,又恰似扣在瓷盖碗里的红烧海参。

虽然你老笑我理了个狮子头,可我对你那咖喱鸡一样颜色的头发从来没说过什么。你把樱桃似的小嘴画得青紫,仿佛刚拌好的蒜泥茄子,我说什么啦?我虽然薪水不高,可我的心就像刚出锅的小炸丸子,滚烫滚烫的。好想念你那类似于锅巴碰见鱿鱼时发出的清脆笑声。

那天,我见你跟那个有钱的小子在一起,我的心就像铁板牛肉一样翻腾,心中泛酸,好似刚出锅的西湖醋鱼。那小子除了有两个钱,除了会像冰糖烧蹄似的对你死缠烂打,会还会什么呀?他会每天早晨给你端上一盅冰糖银耳燕窝粥让你青春永驻吗?他会在中午送上你爱吃的党参茯苓煲乳鸽让你保持身材苗条吗?他会在晚上备好你最爱喝的红枣莲子羹助你安眠吗?春天他会给你做滋养身心的鸡汤吗?夏天他会为你做爽口的蔬菜沙拉吗?秋天他会给你做当归黄芪羊肉汤吗?寒冷的冬夜你能吃上热腾腾、香喷喷的三分熟的煎牛排吗?他与你,就像吃螃蟹蘸酱油一样不般配。

在我眼里,你是那上好的龙须菜,切丝;我是那出色的罐头鲍鱼,切片;你的丝配我的片,那才是绝代佳配,冷盘双拼!相信我们在一起的日子,一定会像蜜汁莲子或是茄汁大虾一样甜蜜无比,幸福美满!

永远爱你的胖冬瓜

厨师用自己熟悉的美味菜肴巧妙地示爱女孩,又机智地击退竞争者,读起此信,想必这位女孩不仅会开怀大笑,也会内心甜蜜,无形中拉近了与厨师的距离。

幽默亦可化解尴尬,让爱人保存颜面,让事态变得更加轻松,让气氛变得活跃。下面这则故事的女主角就用智慧赢得了赞美。

莎是一个爱浪漫的年轻女性,她花了将近一年的时间筹划自己的婚礼。她和未婚夫把婚礼安排在一个非常漂亮的宴会厅,邀请了200多位客人参加。为了把婚礼办得完美,她对每一个细节,比如客人喝鸡尾酒时用什么纸巾这类琐事都要亲自把关,以保不出任何差错。

婚礼开始进行得非常顺利。但是,新婚丈夫在敬酒时,居然不小心把那块非常昂贵的结婚蛋糕打落在地,巧克力和奶油溅得满地都是。新婚丈夫站在那里,顿时不知道如何是好。

当时,所有的客人都以为莎会大骂新婚的丈夫,或者失声痛哭。但是,让大家感到惊讶的是,莎低头看着破碎的蛋糕,笑了起来。随后,她幽默地对他说道:"嗨,原来你是想送给我一个占这么大地方的蛋糕。"现场顿时欢笑四起,新婚丈夫轻松一笑,婚礼快乐进行。

故事中,莎的智慧在于打破陈规,使矛盾缩小化,甚至将不好的事情转化为一笑而过的趣事。幽默还可以让爱情变得愉快而轻松,下面这则求爱短信让人眼前一亮。

天气预报:今天凌晨到白天有时想你,午时转大到暴想,预计心境将由此降低五度。受延长低气压影响,预计此类天气将持续到见到你为止。

只要用心发现,幽默可以在爱的世界里演绎传奇。

第三节 约会与禁忌

法国作家罗曼·罗兰曾说:"爱情却是一盏可以变换光度的灯。"我们可以这样理解,爱并不是一成不变的,爱随着时间、环境的改变而有所不同。相爱则要相处,既然相处就需要沟通与交流,就需要一定的原则来规范与约束,比如,包容、守信、尊重、信任、学习等。对恋爱中常有的约会与恋爱禁忌,我们很有必要提前了解。

一、约会

约会可以说是恋爱的基本形式,是谈情说爱的必要方式,其目的是培养并巩固爱情。诚实守信则是发展未来亲密关系的首要条件。正确地对待约会,恰当的言语沟通和行动表现可以让爱情不断升温。一般情况下,由男士邀约,展现其主动的精神和姿态。不少女士认为主动约对方是掉价的表现,这就大错特错了,这种幼稚的想法往往会让自己陷入被动,错失良机。

当缘分让我们遇到一位心生爱慕之情的异性时,甜蜜的约会便在内心悄悄酝酿。但如何才能成功约到对方呢?首先要大致了解对方的性格特点,针对不同类型的人设定不同的约会地点,如腼腆敏感的人,则定在僻静、雅致的地方;开朗、直爽的人,则定在热闹的社交场合;重情之人,约会地点最好在他/她熟悉的地方。

沙沙与男朋友的约会多半选在清静、雅致的地方,以便尽情享受温馨的二人世界:

> 沙沙是个很可爱的女人。她和男友去吃西餐的时候,一顿饭都吃得很平静,两个人接下来也不知道该去哪里能更有乐趣一些。在快吃完甜点的时候,碟子里还剩下了一点巧克力酱,沙沙突发奇想,用牙签蘸着巧克力酱在碟子上写出两个人的名字,然后用一颗心把名字圈起来,画了一个他们两人之间代表亲吻的暗语。男友笑了,在上面又添了个嘴唇。这时服务员过来收餐具,沙沙快速把巧克力酱舔光了。男友笑得更厉害了,他觉得沙沙简直可爱极了,那一刻他总是能回想起来,心中充满了甜蜜。

现在,武汉男女青年约会的地方很多:或游东湖,或逛江滩,或玩欢乐谷,或看海洋世界……可谓丰富多彩,他们可以尽情享受自己的二人世界。

二、赴会

不论是主动方,还是被邀方,在赴会时,都应做好精细的准备。赴会前,主动方向另一方以温和、商量的口气发出邀请,在约会时间、地点和活动方案上,待对方提出意见或同意自己的想法后再做决定。约会时间和地点一经确定,无特殊的情况,双方都不能失约。若有不便,则提前电话或短信联系,以免让对方因久等失望,产生情绪和误会。因交通故障或天气原因等造成迟到,则要诚恳地表示歉意,并说明原因,取得对方谅解。约会沟通时,要真诚、坦率、不欺瞒,尊重对方,谦虚礼貌。若有事先离开,要告知对方,征得对方同意。要寻找共同话题,善于掌握分寸,不提及过度涉及隐私的话题。

下面这则故事很好地提醒我们要重视赴会。

> 日本首相田中角荣年轻时跟一位姑娘谈恋爱,他被那位姑娘深深吸引了。有一次,两人相约在一个水果店门前见面,田中提前几分钟就到了,他四下瞧瞧,空空荡荡,不见那位姑娘的身影。田中翘首以待。约定的时间到了,对方还是迟迟不来。时间一分一秒地过去了,田中为空耗的时间而惋惜,又为对方的无礼而愤怒,他暗暗打定主意,最多只能等她30分钟。
>
> 凑巧的是,到了第31分钟,姑娘来了。此时田中已看到女友的身影,但他还是不能容忍她的不守时,毫不犹豫地招手叫了一辆出租车走了。等那位姑娘赶过来时,水果店门前只剩下远去的出租车扬起的尘土。
>
> 田中认为不守时的女人不值得他爱。从此,这个田中一度十分迷恋的女人,被他

从心头永远抹去了。

故事中,田中以守信原则衡量迟到姑娘的品行,最终决定放弃。他的做法不无道理。田中心中的忍耐程度是30分钟,而赴会的姑娘已经打破了田中的底线,即使曾经十分迷恋这位姑娘,但赴会时,这位姑娘没有信守时间,没有尊重田中。

三、禁忌

恋爱约会,有许多禁忌,特别是第一次约会更要多加注意。世界上的人形形色色,如果碰到有好感的陌生人约自己聊天或见面,那可要好好审视这个人,看值不值得交往。若碰到熟悉又值得交往的对象,约会时就要好好表现一下了。首先,约会着装不宜夸张、随便或过于华丽不实;其次,约会不宜心不在焉,以免让人感觉不受尊重;再次,约会谈话不宜夸夸其谈,不宜独自掌握话语权,也不宜探问隐私,更不适合只谈自己的事情;最后,约会迟到不宜找借口,不能说谎话。

约会时,较好的做法是,守时、真诚、体面、大方,在谈话的过程中少谈工作,多谈生活,如兴趣爱好、天文、地理、朋友家人和时事新闻等轻松话题,适度地让对方发表意见,巧妙地将话题转到对方身上,以增进了解。

在科技迅猛发展的现代社会,约会形式也多种多样,不同地域的人们可以通过网络聊天来达到交际的目的。和陌生人交流,要特别注意防止上当受骗,不要过早透露自己的真实信息。下面这则故事就警醒我们要慎重。

何慧是一名高二的学生,原本开朗活泼的她最近一直闷闷不乐,这还要从QQ说起。两星期前,何慧在QQ上认识了一个叫"冰凉汽水"的网友,他自称是某名牌大学大二的学生,知道很多东西,让何慧敬佩不已,她庆幸自己找到了一个好朋友,心里什么话都爱跟他聊,还告诉网友自己的真实姓名、家庭住址和电话号码。没聊几天,"冰凉汽水"的话题越来越集中到"性"上面,一开始何慧还能接受,红着脸和他聊这些话题。后来越来越无法接受,上课也分神,想着那些肮脏的话,心里难受。终于有一天何慧决定和"冰凉汽水"绝交,然而对方说:"想和我绝交没那么容易。"何慧觉得这人太过分了,于是将他拉进了黑名单。奇怪的是没几分钟"冰凉汽水"又给她发来一大堆威胁的话,而且还发来他们曾经有关"性"话题的聊天记录。何慧六神无主,只好告诉自己的父母,她父母立即报告派出所。经过网络警察的侦察,抓到了"冰凉汽水",然而他只是个网吧管理员,并不是大二学生。后来才知道,"冰凉汽水"通过QQ给何慧的文件中隐藏着"网络窥探虫",通过网络,他控制了何慧的电脑,把里面放着有关何慧和他们家庭的隐私信息了解得一清二楚。

和陌生人交流,要防止上当受骗,要时刻保持头脑清醒,冷静沉着,不能掏心掏肺地把自己的真实想法和真实信息告诉他人。

▶ 第四节 求爱与拒绝 ◀

美国小说家西奥多·德莱塞曾说:"世界上只有渺小的人物,没有渺小的爱情。"人有贵贱,爱无卑微。当你在茫茫人海中遇到心仪的对象,请主动出击,千万不要放弃。虽说缘分天定,但事在人为。勇敢地追求幸福,大胆地去成全真挚的爱情。别等错过了才去后悔,别等失去后才想挽回。

相遇是缘,相爱是福。如果你爱的人正好也深深爱着你,那就是莫大的幸运。但如果追求你的人并非你所爱,那被爱就成了一种尴尬,若处理不当,这种被动的爱则可能让人感到痛苦,甚至成为抹不去的精神负担。爱你的人没有错,如果不愿意与对方相爱,则可以恰到好处地拒绝,千万不要伤害对方。

一、女性亦可主动追求

新时代的女性再也不像过去那样只能被动地接受命运,宽松自主的氛围,让女性也有了追求爱情的自由与勇气。面对心仪的男人,聪明的女人可以主动去追求,这也算是给自己喜欢的人多创造一些缘分。古话说"有花堪折直须折,莫待无花空折枝",善于把握机会的人,机会总会青睐于他。

我们耳熟能详的中国古代经典爱情故事中就有不少女性主动追求幸福的例子,如:

民间传说《白蛇传》中"许仙与白娘子游湖借伞"一节里,白娘子与丫鬟小青在西湖上,遇见同船回城的许仙。白娘子识出许仙正是自己的恩人,上岸时故意借许仙的雨伞用。后来还伞时,白娘子巧妙地向许仙表明爱慕之情,最后他们喜结良缘。

家喻户晓的爱情故事《梁山伯与祝英台》中,祝英台深爱梁山伯,但山伯却始终不知英台是女儿身,只念兄弟之情。祝父思女,催归甚急,英台只得仓促回乡。梁祝分手,依依不舍。在十八里相送途中,英台不断借物表意,暗示爱情。山伯忠厚淳朴,不解其故。英台无奈,谎称家中九妹,品貌与己酷似,愿替山伯作媒。

古往今来,不少感人的爱情故事里,女主人公都敢爱敢恨,主动追求自己的幸福。汉乐府民歌中就有这方面较早的文献资料记载:

上邪!我欲与君相知,长命无绝衰。山无陵,江水为竭,冬雷震震,夏雨雪,天地合,乃敢与君绝!

这首诗的主要内容是一位女子海枯石烂、至死不渝的爱情誓言,展现了该女子对于幸福爱情无所顾忌的大胆追求。该诗数千年为人传颂,读来情深意切,感人至深。

爱情是伟大的,它不仅给你力量,给你自信,主动追求幸福也能让女性变得更有自信、更有魅力。当然,如果求爱未果或遭到拒绝,女士们大可优雅地转身离开,至少努力争取了就不会留有遗憾。

二、自然表达爱意

如何让心上人明白自己的心意,这个问题难倒了万千男女。总是有人在心里盘算着,甚至演练着表白的场景。往往直接突然的表白,效果并不理想,但当双方相处在良好的气氛中,自然而然的表白成功率很高。轻松快乐的氛围能有效缓解尴尬,解除对方的警戒与设防,从而为双方的交往找到捷径。

自然地表达爱意,可以通过言语,也可通过行动,方式是多种多样的。如何才能找准表达爱意的时机和方法呢?这就需要我们用心多下功夫了。首先,要善于细心观察,随机应变,对开朗乐观的人,可以大胆地向对方表达自己的爱慕之情。若是暗恋已久,感觉双方都有了爱的情愫,但都害羞没有明说,可以借送礼物、写信等方式让心上人领悟你的意思,这样既不莽撞,也不唐突,反而会生出些许神秘和甜美。也可以幽默地表达,将真情寓于说笑逗趣中,让对方开心的同时传递了自己的爱意。有时候,表达爱意,不需言语,小小的一个动作,足以打动爱人芳心。比如在对方伤心难过时,给予一个温暖的拥抱;过马路时,男士主动走到车来的那一侧,为女士挡住来往的车辆,同时用一只手搭在女士的肩膀上,让她感到你带给她的安全感和浓浓爱意;天冷的时候,男士为女士披上自己的大衣,轻搂女士肩膀,可以为她带来无限暖意,爱意便悄然流进了她的心里。想要自然地表达爱意,我们必须做一个有心人,积极发现对方的变化,关心对方的情绪,适时给予对方肯定和赞美,让对方体会到自己的关心和爱护。

下面两则小故事让我们体会到,良好的沟通表达让爱自然其成!

邮差还在路上

2月14日情人节,莉莉打电话问男朋友:"知道3朵玫瑰代表什么吗?"莉莉男朋友说:"当然,花语是'我爱你'。"她沉默了一会儿,开始嗔怪说:"既然知道,为什么不送我一份?是不是邮差还在路上?"木讷的男友立马反应过来:"对对,不是3朵,是9朵哦,代表我们要长长久久。"莉莉果真开心地收到了男友寄来的9朵鲜艳的玫瑰花。

不如我们结婚好吗

她下班回家。他坐在沙发上,面无表情地抽着烟,突然他开口了:"喂,我说,我们像这样同居两年了,你不觉得厌倦吗?"她停下了正换着拖鞋的手,转过身愣愣地看着他:"你说……什么?"他还是一样面无表情:"我说,我厌倦了。"她的眼泪流了出来,无助地背过身擦拭。突然,一个温暖的身体抱住她:"不如我们结婚好吗?"她愣住了,不一会儿她转过身紧紧抱住他。

爱情需要我们用心去把握,做一个爱的有心人,自然地表达爱意,我们将收到意想不到的甜蜜果实。

三、初恋女性说话技巧

初恋的女性像一张白纸,简单、敏感而又多情,喜欢考验人,也有些爱使小性子。许多男士回忆起自己的初恋,怀念之余也会轻轻叹息当初恋爱时,女方给他带来的折腾与闹心。要做完美的女性,拥有甜蜜的爱情,那么就要在说话技巧上多加修炼了。

初恋女性与恋人交往时,要因时因地而异。与恋人单独相处时,可以自由轻松地沟通交流;与对方家人见面时,时刻保持微笑,礼貌待人;与恋人及其朋友聚会时,要热情大方,笑脸迎人,让男友明白你可以和他的朋友相处融洽的同时让他够有面子;当初次面对男友提出自己不愿意的要求时,要大方而且委婉地拒绝,绝不能直接驳回,甚至加以批评,否则伤了和气,让感情出现裂痕。

初恋女性和恋人聊天,最好选择轻松而且双方都感兴趣的话题,如运动、音乐会、电影等,这些话题不但可以持续,而且也能无形中制造相处的机会,比如聊到某部电影,初恋女性可以主动提出:"不如有时间我们一起去看看这部电影吧。"这样的恋爱将更有情趣。

初恋女性还应有意识地提醒自己宽容和谅解。当恋人有心事,或者因为忙于学习和工作而减少和自己的交流时,要主动关心对方,留给对方足够的空间。千万不能任性地胡搅蛮缠,凡事都可以心平气和地沟通。

初恋女性如何表达爱意,善言在《说话的分寸》中献有一策:

在单独接触的时候,假借别人之口说出自己想与对方建立恋爱关系的意愿,比如说:

"前些日子有人看见咱俩在一起,说咱俩在谈恋爱呢(或:背后说我在勾引你呢?)我不知道我配不配与你相爱,硬是没敢承认这件事,所以,今天想起来,问问你:我在你心目中能行么?"

这个策略不错:第一,是借别人之口说出,而不是自己亲口说出;第二,是以试探、调侃方式发问,而不是正式硬性提出,即使对方拒绝了,既不伤面子,也不影响彼此的关系。

四、巧妙拒绝对方诱惑

拒绝就是要明确地告知别人自己不愿意,它是一种情感态度,更是一种沟通技巧。在人际交往中,我们总会遇到要拒绝他人或者被他人拒绝的情况,拒绝让我们的内心变得更加宽敞。

时下,大多数人都敢于大胆地表白求爱,在桃花运亨通时,我们还要提防烂桃花。许多时候,诱惑容易让人陷入泥潭,比如一些财大气粗的男人用金钱诱惑年轻漂亮的女孩,风尘女子用身体诱惑男性,等等,面对这些诱惑,一定要保持头脑清醒,断然拒绝,立场坚定,万万不能模棱两可,迷失自我。

遇到没有感觉的异性向自己告白时,要委婉地拒绝,不可直截了当地无理拒绝或怒气冲冲地离开。拒绝不当,有可能酿成恶果。不少年轻人因为遭到拒绝而起杀人之心,也有一些人因为遭到拒绝而失意自杀。"拒绝"无小事,在沟通中,要想尽办法让对方理解,礼貌诚恳地说出让对方无法反驳的拒绝理由。

热恋中的女性常常经受不住甜言蜜语和糖衣炮弹的诱惑而失去自我。有些男性会拿"因为我爱你……"来做借口。面对这样的情况,多数女性会感到为难,但机智的女性会巧妙地拒绝:"如果你真心地爱我,就请不让我感到为难。"再用甜蜜轻松的微笑来化解尴尬。

下面这则故事,谈不上充满诱惑,但其自然巧妙的拒绝方式值得我们认真体会:

李玲和王楠是同班同学,那天下了晚自习之后,王楠把李玲叫到了以前常聚头的松树下,李玲还是像平常那样嘻嘻哈哈,问:"什么事儿?""我想跟你说点事,你想听直接一点的?还是委婉一点的?""什么事?快说吧!"李玲有点不耐烦。"我喜欢你!"王楠就这么直接地说了。可能因为事先背得太熟,说的时候似乎没经过大脑。李玲显得很不安,低声问王楠:"真的?"王楠的嗓子早已被卡住,只得点点头。李玲犹豫地踱了几步,回过头来问王楠:"做朋友不行吗?""行!"不知为什么,他说得很果断,似乎是为了消除她的不安。"那,以后见了面可别尴尬呀!""怎么会呢?只要你不尴尬,我就不尴尬!"他笑着回答,虽然知道这笑是挤出来的。他们俩就这样笑着回去了。

故事中,李玲不仅成功拒绝了王楠,而且巧妙地化解尴尬,让两人成为朋友。拒绝他人时,站在对方的角度考虑问题才能进行有效的沟通交流。

思考与训练

1. 谈谈你心中的爱情。说说如何才能达到爱的心灵沟通。你是否会用暗示的方法来表达爱意？

2. 约会时，要注意哪些禁忌？分享一下你的约会经历。

3. 查阅资料，品味中国古代经典爱情故事，如《梁山伯与祝英台》《许仙与白娘子》《柳毅传书》《董永与七仙女》《孟姜女》《牛郎织女》等。

4. 细细品味下面这则名人爱情故事，谈谈你的心得体会。

  一个是华裔女作家，一个是印度上校，1956年他们在印度相遇，离开时陆文星为韩素音收拾行囊时说："去吧，20年不见我也会等的。"

  这一"等"果然就是一生。韩素音埋头写作，每年大概有七个月在世界各地访问、演说，陆文星从不干涉，全力支持，在自己的技术工作之余，也陪夫人去访问。他不大喜欢文学，从没有当过什么"第一个读者"，可默默揽下买菜做饭的家务，去学了北京烤鸭的做法，甘当"煮夫"，偶尔离家，还要先准备好许多口锅。为什么？还不是因为韩素音写作专注，屡屡忘了放在火上的锅，直到烧坏了才惊觉，陆文星"控诉"的时候，韩素音在一旁哈哈大笑，毫不掩饰对丈夫半生宠溺的享受。谁说夫妻一定要是志同道合的伴侣？你若生命永远在路上，我们家里见。这就是不会走失的自我和爱情。

  陆文星对韩素音的言行，从不干涉，并且全力支持她的创作，在生活上、精神上都尽可能地体贴她。韩素音曾说过："只要他在身边，就感到有无穷的力量。"韩素音每年大概有七个月在世界各地访问、演说，而陆文星则忙于自己的技术工作。只要有可能，他就陪她去世界各地访问，20世纪50年代至70年代间，他就曾多次陪同韩素音来到中国，夫妇俩为重修中印友好关系做了许多工作。

5. 老舍的情书，既朴实坦诚，又情真意切；既深情表达爱意，又委婉提出建议。至今读来，都令人感动。老舍的语言有何特点？请具体谈谈你的感受。

  33岁时，老舍已是文坛著名的作家了，但还未遇到意中人，朋友们有意撮合他与才女胡絜青的姻缘，便轮流请他俩吃饭。几番赴宴，双方都心领神会了，但还是老舍主动写了第一封信："我们不能总靠吃人家饭的办法会面说话，你和我手中都有一支笔，为什么不能利用它——这完全是属于自己的小东西，把心里想说的话都写出来。"信写得诚恳坦率，于是打开了两人情感的闸门。他们相约，每天都给对方写一封信。如果哪天老舍没有收到信，就像丢了魂似的坐立不安。

  姑娘时代的胡絜青手巧艺高，爱做衣裳。朋友们与老舍，总看胡絜青每天准换一身衣裳，于是老舍的情书中出现这样的句子"……我可没钱供你，看来，你跟我好，就得牺牲这衣裳。我不能像一些外国男人那样，在外面把老婆捧得老高，回家就一顿打，我不会欺负你，更不会打你，可我也不会像有些外国男人那样，给您提着小伞，让你挺神气地在前头走，我在后头伺候你。"

  老舍的择偶标准是："两个帮手，彼此帮忙，是上等婚姻。"

6. 男女青年表达爱意的方式多种多样。下面两例示爱的方式就十分有趣,温馨而浪漫。请谈谈你自己的示爱经历,或者谈谈你听说的精彩的示爱故事。

　　某校男教师小王和女教师小余,由于工作关系渐渐萌发了爱情的种子,但碍于面子谁也未表露。有一次晚自习回家,小王在和小余分别时望着头上一朵朵浓重的乌云,略有所思地试探着问了一句:"明天,能天(添)晴(情)吗?"说完便满怀深情地望着小余。小余沉思片刻,低着头说:"现在已是梅(没)雨了啊。"看,小王用"天晴"与"添情"的谐音来巧妙地试探,小余用"梅雨"与"没雨"的谐音含蓄地暗示,简简单单一问一答,两人便通过谐音的运用委婉地沟通了心曲,建立了爱情关系。

　　剑鸣差一步就可以获取阿佳的芳心。可阿佳近来对他表现出不友好的神情。剑鸣着实乱了方寸,百思不解。情人节这天,本想买束花送给阿佳,可花市告罄。于是他直奔乡下花圃。入夜,当他抱着一大捧鲜艳的红玫瑰正要献给在公园门口等自己的阿佳时,被一群囊中有钱、手上无花的俊男靓女拦住,他们想出二十元买两束花,剑鸣灵机一动,不无得意地大声说:"按说,我有这些鲜花,卖你们两束也可以,可是,这是我特意从花圃采来献给我的天使的,花儿代表我的心,此花今晚只属阿佳一人!"阿佳顿时陶醉在一片羡慕声中。剑鸣通过赠花将他对心上人的情感,在大庭广众之下进行渲染,既表现了他对爱情的一心一意,又使阿佳在大家面前无限风光了一回,自尊心得到了最大的满足。难怪阿佳也会当众送他一个火爆的 kiss(吻)!

第八章　树立良好形象
——求职沟通

就业市场竞争激烈,强手如云,求职者要成功地推销自己,就需要做好充分的准备,根据所求职业对人才的要求有针对性地展示自己的知识、能力、性格、特长,树立良好的形象,成为用人单位所满意的人。

第一节　寻求理想的职业

孙子兵法云:"知己知彼,百战不殆。"对于求职者来说,这一格言同样适用。在求职中,正确认识自己,了解招聘单位招聘的目的,了解招聘单位的用人观,弄清招聘单位的情况,确立自己的求职定位,是求职者求职成功的重要保证。

一、认清你自己

所谓"知己",对于求职来说,就是要认清你自己。这点很重要。

我们经常看到一些大学生在招聘现场拿着个人简历到处投,这样看起来好像就业的成功率很高,其实这样漫无目的地投放往往是无效的。我们应当摆脱这种盲目的状态,要了解自己的优势在哪里,自己适合哪类工作、哪些岗位,做到有的放矢。在投放简历之前,我们应当好好问问自己:我希望找到一份什么样的工作?我为什么要找这份工作?我的专业、水平、能力、性格等是否能胜任这项工作?明白了这些问题,很自然地就会有目的、有选择地去应聘,也许会大大地提升竞争力。

然而,人们要正确地认识自己,客观地评价自己,看清自己的长处与短处,往往是十分困难的:有的人妄自尊大,总是过高地估计自己,大事做不来,小事又不想做,于是牢骚满腹,怨天尤人,一副怀才不遇的样子;有的人妄自菲薄,将自己定位太低,使自己的才智得不到充分的发挥;有的人缺乏主见,面对众多的择业机会无所适从,结果让机会擦肩而过,白白错失良机。而善于"知己"的人能够客观地认识自己,正确地估价自己,找准自己的所长所短,并且恰如其分地做到扬长避短,在竞争激烈的人才市场上才有可能成为求职的胜利者。

有的求职者,大学刚毕业就想拿高工资,把眼睛紧紧盯着党政机关、大城市、沿海地区、效益好的国有企业、外资企业等,不考虑自己的专业、水平、能力等实际情况,结果让众多的就业机会与自己擦肩而过,我们当以此为戒。

二、了解用人单位需求

求职者不仅要"知己",即认清自己;还要"知彼",要了解用人单位及其需求。从宏观上看,就是要对社会现实的职业市场有全方位的了解;从微观上看,就是要对招聘单位的现状与发展前景及面试的目的、录用标准有所了解。唯有这样,才能消除面试的陌生感与恐惧感,才能有针对性地做好准备,在竞争激烈的人才市场上把握机会,成功地推销自己,让用人单位感到满意。

1. 了解用人单位面试的目的

一般来说,用人单位对求职者面试的目的是在短时间内通过对求职者的衣着打扮、仪态容貌、待人接物、语言表达、知识水平、业务能力等各个方面的观察了解,对他的整体素质做出综合考评,从众多的求职者中挑选出比较优秀的人才,以确定招聘录用人选。具体来说,招聘面试主要是考察求职者的思维能力,看他是否反应敏捷,思路是否清晰,逻辑判断力是否强;考察求职者的口才能力,看他的语言表达是否得体流畅;考察求职者的专业知识技能,了解其特长;考察求职者的性格品质,测试其道德品质,是否诚实可信,能否吃苦耐劳,有无进取心等。

2. 了解用人单位的用人观

现代社会,求职竞争异常激烈。毕业生数量不断增加,就业率却有所下降,求职的难度越来越大,这样,用人单位对求职者的条件要求也越来越高。从各地人才招聘洽谈会获悉,用人单位对求职者的以下几项条件十分看重。①专业对口。这是用人单位录用人才的首要标准,一专多能、多专多能的求职者更有优势,多种资格证书也有参考价值。②实用性强。学历已不再成为唯一的衡量标准,用人单位更加关注求职者的实际操作技能。③敬业精神。用人单位都重视这一点,对工作尽职尽责、具有奉献精神的求职者更受欢迎。④应变能力强。用人单位要求求职者面对不断变化的情况,能及时调整心态积极应变。⑤团队精神。用人单位要求求职者能与上司、同事和睦相处,善于合作,协调一致。

3. 弄清用人单位情况

求职者应当对用人单位多方面的情况都进行了解。应积极思考怎样争取应聘成功。要解决这些问题就必须弄清用人单位的基本情况,其中最主要的情况有以下五个方面。①单位状况。如用人单位的机构规模、发展潜力、经营状况、对外声誉等。②工作性质。单位是事业单位还是企业单位,是合资还是独资,工作单位的隶属关系、工作范围、工作责任、自主性与创造性等。③工作环境。如工作节奏、工作设备、人员情况、工作地点、工作时间、安全程度、环境状况等。④工作待遇与发展机会。包括工资、奖金、保险、住房及其他待遇,晋升机会与个人发展的可能性。⑤职业对从业者的要求。包括对从业者学历、专业与知识结构的要求,对从业者体力、性格、身高、相貌、健康等生理素质的要求,对从业者性格、气质、能力、兴趣等心理素质的要求,对从业者职业道德、思想作风等思想素质的要求。此外,还可以尽可能地了解求职面试的规则、要求,面试考官的身份、性格、兴趣等相关情况,以及竞争对手的相关情况等。

在广泛收集上述信息的基础上,再结合自身的情况进行对比分析,做到知己知彼,扬长避短,以便在面试中做到胸有成竹,语言"有的放矢""对症下药",变被动为主动,给主考官留下良好的印象,争取成为成功的求职者。

▶ 第二节 做好求职准备 ◀

巴斯德曾经说过:"机遇总是降临到那些做好准备的人身上。"现在,在就业市场供过于求、强手如云的背景下,求职者要成功地推销自己,就需要做好充分的准备,根据所求职业对人才的要求,有针对性地展示自己的知识、能力、性格与特长,使自己成为用人单位所满意的人。

一、做好心理准备

一方面,要努力克服消极的心态。许多求职者对面试存在着不同程度的恐惧感,总觉得自己这也不行,那也不行,唯恐用人方看不中,情绪十分紧张。这是不必要的十分有害的情绪,怎样克服这种消极的心态呢?①不要把面试当成包袱,而要把面试当成展示自己的才能、自我推销的好机会,不必刻意追求一步到位和一次成功。②多看自己的长处与优势,不要总拿自己的弱点与别人的长处比,也不必将竞争对手想象得过分强大。③向有经验的求职者请教,要从有求职经验者的经验与教训中了解应聘的相关知识,让自己在面试中少走弯路。④必要时先进行自我演练,请同学、好友、家长当主考官,由他们提问,自己回答,并共同总结经验,以利实践。

另一方面,要保持自信的心态。怎样建立自信的心态呢?①要沉着自信。要相信自己的实力,相信自己的水平,相信自己终将能干出一番事业。唯有表现出这样的自信,显现出从容不迫的风度,才能赢得用人单位的赏识。②要具有竞争意识。人才市场竞争激烈,它给强者带来机遇,使弱者面临危机,必须抓住机遇,奋力拼搏,驶向成功的彼岸。③要具有顽强的意志。目标明确,坚韧不拔,不达目的誓不罢休,坚信"有志者事竟成"的哲理。

二、写好求职信

求职信是求职的第一阶段,是求职者的自画像,其目的主要是引起用人单位的注意,让该单位了解自己,争取面试的机会。求职信应简明扼要,并有针对性地概述自己的简历,突出自己的特点,努力使自己的表述与所求职位的要求相一致,重在告诉用人单位"为什么你是这份工作的最佳人选"。语气要诚恳,有礼貌,格式要规范。

一封完整的求职信可以从以下四个方面入手。

1. 开头

开关一定要开门见山地阐述你对该公司有兴趣并想担任公司所空缺的职位,以及你是如何得知该职位的招聘信息的。例如:获知贵公司 2020 年 10 月_____日在_____网上招聘_____的信息后,我附上简历敬请斟酌。

2. 推销自己

求职信的第二部分简短地叙述自己所学的专业以及才能,特别是这些才能将满足该公司的需要。没有必要具体陈述,详细内容可引导对方查看你的简历。此外,推销自己要适度,不能夸大其词。

3. 联系方式写清楚

在求职信中给出你的电话号码、预约面试的可能时间范围,或表明你希望迅速得到回应,并标明与你联系的最佳方式。

4. 收尾

感谢招聘人阅读你的求职信并考虑你的应聘。

请看某新闻专业大学毕业生的成功求职信,全文如下。

  尊敬的领导:

  您好!

  "天下无难事,只怕有心人"是我的座右铭;

"艰苦奋斗，自强不息"是我的人生观；

"如临深渊，如履薄冰"是我的态度。

我自幼长在一个依山傍水、风光秀丽的小山村，在家乡读完高中后，考上了××大学新闻系。我自幼喜爱文学，所以在大学期间常爬格子，系里的报刊上经常出现我的文章。大学三年级时，我被聘为校学生会刊物《新一代》的编辑。由于我的工作表现令人满意，四年级的时候被任命为该刊主编。

我们的学生刊物与社会上的报纸杂志相比，自然不能同日而语。但"麻雀虽小，五脏俱全"，在有限的人力、物力、财力情况下，我们曾在省高校刊物的评比中荣获一等奖。

三年级暑假，我很幸运地经人介绍到《大学生之友》杂志编辑部担任校对一个月。校对工作看起来比较简单，但做起来并不轻松，稍有疏忽，便会贻笑大方。这样一个月的实践，使我基本掌握了校对技能。

四年级的下学期，由于学业优秀，我被派到本市晚报去实习。学习期间，我采访、校对、编辑、发行……样样都干过，使我领略到，一份报纸必须经过千锤百炼才能送到读者的手上。只恨实习的时间太短，没办法从头到尾彻底实习一遍。

昨日见报，欣闻贵社招聘编辑，于是怀揣简历，特来应聘。我一向敬业乐观、负责任、守纪律，何况编辑工作是我的志趣所在，倘蒙录用，必当献身工作，为贵社兴旺发达效微薄之力。

此致

敬礼

×××

××年×月×日

某报社招聘编辑，应聘此职位的将近300人，结果只有5人被录用，其中包括这位刚从大学毕业的学生。除其他条件外，她的求职信也写得很有特色。

一般来说，求职信可分两类：一类是自荐信，是求职者自己写的；另一类是推荐信，像大学里的辅导员、系主任、院长、教授、专家等为求职者写的推荐信。据2013百度文库网载，河南大学生命科学学院一位辅导员为学生写了如下一封推荐信。

尊敬的上海植物所的各位老师：

你们好！

我是河南大学生命科学学院2009级学生的辅导员，很高兴能以这样的方式向你们推荐我校优秀的学生李雨爽。希望我的这封推荐信能够帮你们更好地了解李雨爽同学，同时期望李雨爽同学能有幸进入上海植物所得到锻炼和提升。

雨爽同学在学习方面，系统地学习了学校安排的专业知识，学习期间认真刻苦，以优异成绩完成各科学习任务，获得河南大学一等奖学金、优秀学生荣誉称号。初步确立了完善的知识框架，为以后科学研究奠定扎实基础。她积极参加每一次上海植物所、中国科学院等专家老师们的专题讲座，时常为老师们在植物学领域里的渊博学识和儒雅风采而感动，进一步激发雨爽同学对植物学的浓厚兴趣和对植物所的美好憧憬。作为一个已送走许多优秀毕业生的老师，我认为一个好的研究生要有长久的发展,不光要有扎实的知识和浓厚的兴趣,也要有创新、勇于探索、立足现实的科研精神。雨爽同学在暑期的专业实习中,在深山里能吃苦,勇于拼搏,获得优异成绩。他们实验团队的创新性实验——菊花嫁接多倍体青蒿,实验成果结合现实,解决实际问题,因此团队被推荐参加了第八届"挑战杯"、中国大学生创业计划竞赛。

雨爽同学在工作方面,作为院学生会干部、班级的团支书,以身作则,热情工作,在她的带领下班级有很强的凝聚力。在院学生会工作中认真负责、耐心细致,为老师排忧解难,从团员成长为院团委副书记,为院党团建设做了大量的工作,积极组织各项活动,作为总策划人领导各部门开展一系列的活动。她表现优秀,连续获得优秀团员、优秀班干部、优秀共青团干部的荣誉称号。作为篮球队主力,带领院女篮球队在学校女篮比赛中取得优异成绩。

相信系统的科学知识加上全面的科研素养,李雨爽同学在这个优秀的平台,会有一个很好的发展前景。若能获得贵单位的录取,定不辜负你们的期望,希望你们能优先考虑她的申请。谢谢!

特别说明,我院没有对外推荐免试生名额,请见谅,谢谢!

顺致

敬礼

推荐人:　　(辅导员)

××××年××月××日

这位辅导员为上海植物所推荐所带的优秀学生李雨爽,着重介绍了她的优异学习成绩,以及获得一等奖学金和优秀学生称号等荣誉;肯定了她扎实的科研基础,对菊花嫁接的创新性实验和吃苦耐劳、勇于探索的科研精神;赞扬了她的领导能力与协调能力,给上海植物所的专家留下了深刻的印象。

三、学一点求职礼仪

关于沟通礼仪,我们在第四章《有礼走遍天下——沟通礼仪》作了专门介绍,这里仅简要介绍求职礼仪,主要是面试礼仪。每位求职者要事先学一点相关知识,为自己的成功求职打下基础。求职者参加面试,望能注意以下几点。

1. 准时赴约

应邀赴约时,一定要按通知的时间到达面试地点,或不妨提前一刻钟到达面试场所附近,熟悉情况,做好面试准备。

2. 尊重接待人员

应主动向接待人员示好。轮到你面试时,应先敲门,得到允许后方可进去。进门后要有礼貌地问候主谈(考)人,随手轻轻关好门,待主谈人请你就座时,先道谢,然后再按指定位置落座。尽可能保持坐姿的优美,表情宜亲切、自然,不可趾高气扬。

3. 彬彬有礼

进门后,如果主谈人向你伸出手来,你要同他热情握手。若对方向你敬茶,应用双手接过,并致谢,不要推辞不喝。

4. 讲究谈话礼仪

寒暄完毕,通常让招聘者先开口,你的答话应吐字清楚,把握重点,准确客观,态度要热情、坦诚。答话时,眼睛看着主谈人及其助手,应自信、冷静、沉着,不要浮躁、紧张、胆怯。面试过程中,应仔细倾听对方的提问,对答如流,但不要夸夸其谈、炫耀自己。更不要喧宾夺主,随意插话或打断主谈人的谈话。

5. 适时告辞

当主谈人说"感谢你来面谈"等诸如此类的话时,意味着面试结束,你应站起来,面带微笑地表示谢意,与主谈人握手道别,然后走出房间并轻轻带上门。出场时,别忘了向接待过你的接待人员道谢。

6. 致信道谢

面试之后,求职者可以给主谈人写封邮件,感谢他花时间同你亲切交谈。可在信中再次表达你乐意进入该单位工作的愿望。

江丽萍待人彬彬有礼,很讲究面试礼仪,如愿以偿,成功地当上了某销售部经理秘书,请看江丽萍参加面试的全过程:

上午10时20分,江丽萍迈着轻盈的步子准时走进了销售部经理张吉的办公室。此时的江小姐身着银灰色西装套裙,内衬红白碎花衬衣,显得格外端庄、典雅、职业化。这一天,江小姐是前来接受面试的。在此之前她已经递交了个人简历和推荐信,并填写了求职申请书,她拟求的职位是销售部经理秘书。

张先生(点头微笑并示意江小姐坐下):"江丽萍小姐,你好!"

江小姐(微笑回应):"您好!张先生。"(然后轻缓地坐下,并把手提包轻轻地放在椅边。)

张先生(以下简称张):"江小姐,我们这儿不难找吧!"

江小姐(以下简称江):"没问题。您知道我对这儿很熟。"

张:"不错,(翻着江小姐的《求职申请书》)我这儿有你的《求职申请书》。看来,你的各方面条件都很不错,尤其是外语。你在审计局能用上你的英语和……(看江的《求职申请书》)日语吗?"

江:"用得很少,这也就是我为什么要来这儿应聘的原因之一。我希望能更多地用上我的外语。"

张:"噢,好!你有速记和打字的结业证书,而且你的速度很不错。"

江:"张先生,您知道,那都是我一年前的成绩。事实上我现在的速度快多了。"

张:"嗯。江小姐你为什么想来这儿工作呢?"

江:"主要想用上我的外语专长。当然我从秘书做起的另一个原因,是想逐步地积累一些做贸易的经验,以便将来能独当一面地从事贸易工作。"

张:"噢!(这时电话铃声响起,张对江)对不起。(接着对话筒)对不起,这会儿很忙,我一会给你打过去。(放下话筒,对江)实在抱歉,嗯,你对计算机很感兴趣。这上面说……(张查看江的《求职申请书》)。"

江:"是的。事实上,我哥哥在一家大的外贸公司里从事无纸贸易。我对此很有兴趣。在家哥哥也经常帮助我。"

张:"那很有趣!好!江小姐你有什么问题要问我吗?"

江:"主要是工资问题。广告上说'待遇优厚'……张先生,您能给我具体讲一下吗?"

张:"噢,是这样。我们职员的待遇在外企中属中等偏上。例如,一个新入公司的秘书每月工资 7000 元人民币。因此,我也想从 7000 元给你起薪,你看怎么样?"

江:"张先生,我希望你们对像我这样具有专业背景、实际经验及外语水平的人能给予恰当的评估及合适的月薪。顺便说一下,我在审计局的月工资包括奖金近 8000 元。"

张:"一周之后你会得到我们的消息。到时候我们再具体谈谈。"

江:"好的,谢谢您,张先生。"

张:"再见,江小姐。"

江:"再见,张先生。"

一周后,换了一身装束的江丽萍又神态自若地走进了张经理的办公室。这一次他们具体地谈了工作、待遇及其他。

大约 10 天后,江丽萍兴致勃勃地开始了她的秘书生涯,月薪 8000 元。

你看,江丽萍不但彬彬有礼、举止优雅、热忱亲切,而且善于沟通,表述得体有效,自己提出的诉求,不知不觉间顺利得到解决,拟求的职位也如愿以偿。

第三节 设计好个人简历

设计好个人简历是求职准备的重要内容。个人简历是求职者的资历和工作情况的反映;是求职者的"名片",它就像人的"脸面"一样,起着举足轻重的作用。正因为个人简历这项内容重要,所以我们将它从"求职准备"中抽出来作为一节来加以探讨。

一、个人简历的一般写法

个人简历的撰写离不开一般情况、教育背景,以及个人性格、爱好、专长和工作经验等内容。写作结构一般可分为以下三个部分。

1. 开头

概括介绍自己的一般情况,包括姓名、籍贯、性别、年龄、学历、政治面貌、身体状况、住址、电话等。也可写上你的应聘意向。这部分应简洁明了,文字不宜多。

2. 主体

这是简历的主要部分,重点是陈述个人的教育背景以及资格与能力等。教育背景主要说明自己毕业于哪所大学、哪个专业、主要课程以及自己在其他方面所受的教育培训情况。资格与能力主要是通过介绍自己的社会实践活动或工作经验来体现。个人技能、特长和爱好一笔带过。

3. 结尾

适当提供一些能证明自己资格和能力的单位鉴定、获奖证书或其他荣誉,附在简历之后。

这里介绍的是个人简历的一般写法。现在,我们在招聘会上或网上见到许多有特色的表现自己鲜明个性的简历,让人耳目一新。

二、个人简历的写作要领

1. 目的明确,言简意赅

自己求职的意愿是什么,围绕这一点来组织语言文字,力求简洁明了。

2. 重点突出,针对性强

根据用人单位和职位的要求,巧妙地突出自己的优势,给人留下鲜明的印象。

3. 文字准确,文风平实

不用生僻的字词和拗口的语句,不能有病句和错别字。文风要平实、沉稳,以客观陈述、说明为主。

4. 版面美观,不落俗套

建议使用电脑打印的文稿。如果你的字写得好,不妨再附上一篇工整、漂亮、简短的手书应聘信,效果或许更好。

5. 突出技能,详细说明

用人单位都关注求职者所掌握的相关技能,要具体细述,不可用概括性的抽象语言。

6. 自我评价,客观公正

要实事求是地评价自己,既不夸大,也不贬低。如果有别人的评价或资料证明,效果或许更好。

根据 WPS 文字网载,我们选择了李某某的个人简历,全文如下。

李某某/男/1987.10.08/178cm

湖南××××学院/会计电算化/本科

1524368****/

51602****@qq.com/

lwoh@live.cn

求职意向:会计、财务相关

教育背景

专业课程:基础会计|中级财务会计|成本会计|管理会计|财务管理|高级财务会计|会计电算化|财务管理电算化|审计学|经济法|统计学|财经写作。

系统学习并较全面地掌握了会计及相关专业理论知识,参加并通过学校手工会计模拟实习、电会模拟实习、财务管理电算化实习,熟悉财务政策、法规及银行相关业务,能较熟练地处理会计电算化业务。

接受了全方位的大学基础教育,受到良好的专业训练和能力的培养。

社会及在校实践

学校实践:手工会计模拟实习,电会模拟实习,财务管理电算化实习。

社会实践:常做兼职。务实工作,热忱待人。

工作经历

湖南媲美印刷有限公司 2020年10月至2021年3月任职统计员,薪资5000~6000元/月。

工作职责:车间在产品、产成品实时统计分析,仓库货物收发记录,发货开单,材料、产品收发存放清点。

湖南黄花集团 2021年4月至2021年10月任职财务/会计助理,薪资7000~8000元/月。

工作职责:处理日常业务并填制凭证,核算利润成本、编制报表。

专业技能

  会计：熟练使用各种办公软件、财务软件，熟悉财经公文写作；熟悉国家及企业会计制度、法规，熟悉经济法规及税务法规，了解税务规划知识，熟知银行各种结算方式及相关法规，能熟练进行相关账务处理。

  计算机：能熟练操作 office、财务软件；能快速安装 win/linux/apple 操作系统，熟悉局域网路架设调试，具备一定的硬件知识，能快速处理电脑网络系统故障。

  英语：听说（一般）、读写（良好）。

  普通话：表达清晰流利，说话风趣幽默，易于沟通。

专业证书

  会计从业资格证/计算机二级/英语四级/普通话二乙。

兴趣爱好

  金融、阅读、写作（熟悉财经应用写作）。

自我评价

  沉稳严谨，勤勉上进，自信乐观，开朗豁达。诚于沟通，精于协作。工作细致，责任感强，具有较强的沟通能力和承压能力。

  在学习和工作中，积极学习钻研专业所必需的基本理论、知识、技能和方法，在此基础上，结合专业特点及工作实际，自觉加强会计、计算机应用能力的锻炼，能熟练将会计相关专业理论知识灵活运用到财务办公中，为更好地从事财务工作、提高工作效率及质量打下了坚实的基础。

  渴望为您创造价值，希望在您的平台来提升和完善自我，挚待您的认可！

  这是一份比较规范的个人简历，介绍项目比较齐全，尤其可贵的是介绍了工作经历和专业技能，且有专业证书做证，让用人单位觉得实在可信。

第四节　如何应对求职面试

  面试，主要是应聘者与面试官面对面的语言交流。对应聘者来说，语言是他展示自己的知识、智慧、能力与综合素养的重要工具。恰当得体的语言无疑会增加应聘者的竞争力；相反则会损害求职者的形象，导致求职面试的失败。因而，应聘者参加求职面试，既要重视面试礼仪，更要重视得体有效的语言表达。

一、自我介绍的艺术

  面试时的自我介绍，虽然只有一两分钟的时间，却给了应聘者一个充分展示自己的机会。应聘者可以针对所求职位的需要，把自己最美好的一面，毫无保留地展现出来。面试开始之后，面试官多半会要求应聘者作自我介绍。虽然面试官已经通过个人简历和求职信对应聘者的个人情况有了个初步印象，他还想通过应聘者的自我介绍，通过应聘者的口头表述获得更多的信息；应聘者也可以通过自我介绍，发挥自己的口语表达优势，有针对性地介绍自己，突出自己与应聘职位相应的知识、能力、水平、经验与素养。应聘者的口头表述力求真实，不能与书面简历相矛盾。要注意说好第一句话，开门见山，简明扼要。要突出自己的长处，且与申请的职位相关;善于运用具体生动的实例、材料与证书来证明自己,不能泛泛而谈;要注意表述的语气、语调和语速,以表现自己良好的气质、性格与修养,给面试官留下鲜明深刻的印象。

下面是一位大学毕业生在面试现场的自我介绍:

  我是来自××的×××,大家所看到的我的内在就像我的外表一样,敦厚和实在是我对自己最好的概括。我不飘,不浮,不躁,不懒。我内心充实,物质享乐和精神刺激都不是我的嗜好。

  我待人诚实,从没有花言巧语,但真诚和厚道使我总能赢得朋友的信赖。我专业扎实,看书是我最大的享受,钻研电脑让我感觉其乐无穷。我做事踏实,再小的事情我也要一丝不苟地完成。我会修电脑,能管网络,网络经营和网上销售也没问题。重要的是,我有一种执着钻研的精神,一种不弄明白绝不罢休的劲头。我叫春雨,春天的雨润物细无声,我希望我能默默无闻地、悄无声息地给我的团队装一点点绿色。给我一个机会,我会给您一个惊喜。谢谢!

这位应聘者的自我介绍怎么样?总体看来还是不错的,比较充分地展示了自己,语言生动活泼、幽默风趣。这里,有两点值得改进:一是要突出与应聘职位相关的长处;二是适当运用具体的实例来证明自己。倘如此,将会锦上添花。

再看××工艺品总公司招聘业务员。主考官问:我公司主要是经营有地方特色和民族特色的工艺品。这次招聘的对象主要是能开拓海内外业务的潮州抽纱、刺绣的业务员。现在,先请你介绍自己的情况。于是,求职者开始介绍自己:

  我叫×××,1981年生于潮州市,今年毕业于××学校,是读市场营销专业的。我一直生活在潮州,在我读小学时,放学后就帮妈妈、奶奶做抽纱活,先是学勾花,再学刺绣、抽纱。以后寒暑假也都做抽纱,帮家里添点经济收入。上了中专,两年的专业学习,使我掌握了营销方面的专业知识,这是我将来搞好业务的资本。我爱说爱笑,善于交际,口才较好,曾参加省属中专学校的口语竞赛,得了二等奖(递上奖状)。我这个人平常爱看报纸,对国内外的经济发展动态很感兴趣。

你看,这位求职的中专毕业生的自我介绍,清晰明确,简洁明了,有针对性,介绍的内容符合招聘者的心理和要求,便顺利地被录取了。

应聘者的自我介绍,应极力避免以下几种情况:一是语言空泛;二是不着边际;三是"我"字连篇;四是故意卖弄;五是得意忘形。

有一位学中文的毕业生,到某报社去应聘编辑,他很想在介绍自己时把自己的文学才华和能力显示出来,他在介绍自己时,清清嗓门用抑扬顿挫的声调说:

  二十年前一个大雪纷飞万籁俱寂的夜晚,我的啼哭声把北国的一座城市闹醒了。我懵懵懂懂度过童年,我又迷迷糊糊度过了少年,热热闹闹地度过了青年,潇潇洒洒地读完大学,我有许多欢乐,也有许多痛苦,我自然也长了许多见识。我爱好黑色,包括黑咖啡;我讨厌红色,包括红樱桃、红纽扣儿,因为我幼年时,曾大病一场,那时,吃樱桃吃腻了——好了,再说我上大学时,我担任团支部书记,我具有非凡的组织能力、超人的交际能力,我有强烈的好奇心,协调能力强,我很果断,善社交,朋友多,我有韧性、有耐力、有魄力。

这位中文系毕业生的自我介绍毛病多,以上五种禁忌条条均有。如果你是主考官,你愿意录取这样的毕业生吗？

二、怎样回答面试官的问题

回答面试官的提问，应聘者应注意以下几点。首先，面试官提问时，要注意倾听，抓住提问的要点，面试官未说完，绝不能打断他的话。其次，面试官问完之后，应聘者先不要急着回答，不妨稍等两三秒钟迅速思考一下再开口回答。最后，在回答过程中要不时留心自己讲话的速度，密切关注面试官的反应：发现面试官未听清楚时，要及时重复一下；当面试官表示困惑时，要加以解释或补充说明；如果面试官流露出不耐烦的情绪，应聘者应及时有策略地结束谈话，不要等到面试官叫停。

一般用人单位选录求职者均会安排面试，许多单位不仅安排初试，还要安排复试。初试提出的问题相应简单容易些，只涉及带有共性的背景信息，诸如求职者的学历、专业、成绩、经历及求职意愿等常识性问题，只要针对提问简明扼要回答清楚就行了，一般来说过关并不太难。而复试的要求相应高一些，复试是在经过初步筛选之后，进而对求职者的学识、水平、才能、进取心、责任感、秉性人格等作深层次的测试与审视，为单位的最后决策提供依据。求职者在复试中会遇到多种多样的未曾思考过的难题。这就要求求职者在复试之前要做好准备，做到胸有成竹；在复试过程中要沉着冷静、灵活巧妙地回答面试官的问题，树立良好的形象，从而取得求职的成功。

1. 面试中常见问题含义简析

在面试中，面试官所提的问题多种多样、千变万化。下面我们将大学生求职面试中经常遇到的问题提出来，并作简要的分析，与大学生求职者共勉。

（1）请你简单地描述一下自己，好吗？

简析：此题旨在考察应聘者能否客观辩证地看待自己，既谈优点，也谈缺点，而且要简洁，不宜太长。不少应聘者喜欢大谈特谈自己的"闪光点"，对缺点只字不提，结果适得其反。

（2）你为什么要应聘我们公司？

简析：此题要求求职者对该公司有较多了解，让面试官感到你应试的决心与信心。回答时要显示你对公司的兴趣以及你对应聘岗位的认识，客观地谈谈你的印象；还可以介绍你必要的专业知识、职业技能、个人素质与该岗位的吻合度，以及可能将为公司所作的贡献。

（3）你最喜欢的大学课程是什么？

简析：面对这类题你最好说与你应聘职位相关的课程，如应聘广告设计的职位，你可以回答"我喜欢广告创意、广告作品鉴赏等课程"，以此说明你的专业对未来的工作的帮助；而不能泛泛地说"我喜欢音乐欣赏、舞蹈艺术"。

（4）从简历上看，你在大学学习时成绩优异，却缺乏相关的工作经验。对此，你有什么看法？

简析：求职者不好回答这个问题，大学生肯定缺乏工作经验；有的求职者反其道而行之，说"工作经验固然重要，但在当今日新月异、瞬息万变的时代，一个人的学习能力与适应能力比工作经验更为重要。在大学学习时的优异成绩，足以证明我具有学习新知识和新技术的能力以及接受新事物的能力，工作经验也会随之积累……"也不失为一种有力的回答。

(5) 你参加过什么社会实践活动?

简析:面试官是想了解你对工作的胜任能力,所有用人单位都看好有工作经历的大学毕业生。你回答时尽可能展示所有打工、兼职、支边支教、做义工等经历,若有实际的成果就更加有力了。

(6) 你有哪些主要的优点?

简析:该题是测试求职者能否客观地分析自己,并了解其口语表达与组织能力。除个人陈述外,师长、亲友的评说可增强说服力。应避免抽象的叙述,而以具体的体验及自我反省为主,使内容更具吸引力。还应根据应聘岗位的职责与素质要求,具体地组织话语,把你的优点告诉面试官。

(7) 你有哪些主要的缺点?

简析:回答问题时的态度比回答的内容更重要。刚毕业的大学生肯定缺乏实践经验,社会阅历浅,对此坦然承认,但可表达弥补缺憾的决心。你也可讲一两个不大严重的缺点,如"我有时点固执""我常常忽略一些生活小事"等,并表达克服缺点的意愿。

(8) 说说你一次失败的经历。

简析:"失败乃成功之母",有时失败的经历也是一笔财富。一些公司往往最早淘汰那些没有体验过失败的求职者,担心你一旦遇到挫折和失败缺乏承受能力。你可说出一次不太严重的失败经历,再强调你因此得到了很好的锻炼。有的求职者说:"我一直都很顺利,没有失败过。"人们难以相信,往往适得其反。

(9) 你的老师、朋友对你的评价如何?

简析:面试官想通过这个问题了解你的交际能力如何、是否与人容易相处、你的团结协作精神怎样等。你可举一两个生动事例,回答得体可信,给面试官留下良好印象。

(10) 你能和别人相处得好吗?

简析:一些公司在面谈时常常提出这样的问题,因为有些公司的老板往往独断专行,说一不二,甚至不太好相处,面试官希望知道你的反应。有经验的求职者提供一种回答方式:"让我用这个方式说,我从未碰到不能相处的人。"这可供参考。

(11) 你有何业余爱好?

简析:这个问题看似简单,但往往有更深一层意思,你的业余爱好是否有助于你的工作,你的娱乐活动是否会干扰你的正常工作。有的求职者回答:"我平时在课余时间打网球,既可消除疲劳,又可锻炼身体。"答得不错。你在回答这个问题时,既要显示自己的情调与修养,又要展现自己的事业心,以此为原则具体说明。

(12) 你的人生信条是什么?

简析:先看一位求职者的回答:"人活着不能只为自己。人也不能失去自我,完全由别人主宰。把个人融于集体之中,才会拥有一个完美的人生。"表述得体,充满哲理。话不在"多",而在于"精",既要充分地展示自己与所求职位有关的优点与特长,又要说得真诚可信,体现出良好的综合素质,这样才能在众多的求职者中脱颖而出。

(13) 你如何规划未来的事业?

简析:这道题是在考察你的工作动机,面试官想知道你的计划是否与公司的目标一致,是否可以相信你能把工作长久地干下去,而且干得努力、踏实、有成效。最好的回答应该先说明你要发展或进取的专业方向,并表明你脚踏实地的工作态度。有的毕业生直通通地说"进入管理层",大而空,没有底气,适得其反。

（14）你对工资待遇有何期望？

简析：这道题难以正面回答,回答高了,会让用人单位觉得你过分看重金钱或自不量力；回答低了,又会让该单位觉得你对自己缺乏信心。你的回答可避开具体数字,对该单位的信任与期望表示感谢,相信单位领导会给予合理报酬。如果面试官坚持要你说出具体钱数,你可以告诉你现在的工资待遇。

（15）参加面试的这么多,你能给我们一个录取你的理由吗？

简析：这道题是为了让应聘者亲口说出自己较其他应聘者所具有的优势,同时考察应聘者在面对竞争压力时,是否具备应有的承受力与公平竞争意识。你的回答可在客观地看待对手实力的前提下,有选择、有针对性地展示自身的优势与特长,同时也让面试官感受到应聘者承受的竞争压力。

2. 可能问及的 25 个问题

除了上述 15 个常见的问题之外,用人单位在校园面试大学毕业生时还要问到的一些问题,现综合归纳如下,请你认真浏览一下,并思考怎样回答。

（1）你对我们公司及你所应聘的岗位有哪些了解？

（2）你的学习成绩怎么样？能够提供一些参考证明吗？

（3）你曾经取得的最大成绩是什么？

（4）谈谈你对所学专业的理解,你在专业方面有哪些突出成绩？

（5）你有什么特长与爱好？你最自信的是你自己有哪些能力？

（6）你认为自己有哪些有助于成功的特殊才干？

（7）你什么时候确立自己的研究领域的？

（8）请谈谈自己的个性特点。

（9）你喜欢演讲吗？你的沟通能力怎么样？

（10）你除了英语之外,还懂何种外语？熟练程度如何？

（11）你喜欢和数字打交道吗？

（12）你上大学时参加过哪些社会活动？有什么收获？

（13）你在学校社团活动中担任过什么职务？是否参加策划过公益活动？

（14）你坚持锻炼身体吗？你喜欢哪些体育项目？

（15）你认为自己在这个岗位上有哪些竞争优势？

（16）你觉得这个岗位应具备哪些素质与能力？

（17）假如公司的安排与你的愿望不一致,你是否服从安排？

（18）如果公司打算录取你,你能长期工作而不跳槽吗？

（19）你对公司不时加班怎么看？

（20）公司的规章制度较多较严,你能遵守吗？

（21）你能很快适应新环境吗？

（22）你喜欢与别人一起工作,还是独自工作？

（23）如果你与同事不能合作,经常闹矛盾,你打算怎么解决问题？

(24) 你喜欢怎样的领导？假如你的上司常常批评你，该怎么对待？
(25) 你未来三年的目标是什么？怎样实现这个目标？

三、面试中的提问技巧

求职者在面试过程中，不能一味地接受面试官的提问，也可以适时地向面试官发问。据悉，90%的用人单位在面试时，都希望求职者提问，因为他们从提问中可以看出求职者的智慧与水平。因而，求职者要利用提问的机会，珍惜提问的机会，不仅要敢于提问，还要善于提问。当然，求职者在提问时应该把握几个原则。

1. 把握提问的时间

在面试过程中，有的问题可以一开始就提出，有的问题可以在快结束时提出，有的问题可以在谈话进程中提出，视具体情况而定。如果不把握时间，毫无目的地乱提问，必然会把面试搞得很糟。

2. 把握提问的范围

一般来说，所提出的问题都要与求职有关，诸如该职位所需人员的知识结构、能力结构与素质要求等都是可以提问的。如果求职者提出的问题超出求职的范围，面试官必然会产生厌烦情绪。

3. 把握提问的深度

求职者不能信口开河，提出一些肤浅的幼稚可笑的问题，而应提一些有水平、有深度的问题，以展示自己的智慧与水平。

4. 把握提问的方式与语气

有的问题可以委婉、含蓄地提出，有的问题则可以直截提出，均要根据具体问题而定。求职者在提问时，要注意语气，一定要诚恳，要尊重对方，否则会适得其反。

在前面，我们讨论"求职礼仪"，介绍了江丽萍小姐，她很讲究求职礼仪，又善于沟通，顺利地当上了销售部经理秘书。在沟通过程中既敢于提问，又善于提问。下面简略地回顾一下其中的细节（张是面试官，江是江丽萍）：

张："那很有趣！好！江小姐你有什么问题要问我吗？"

江："主要是工资问题。广告上说'待遇优厚'……张先生，您能给我具体讲一下吗？"

张："噢，是这样。我们职员的待遇在外企中属中等偏上。例如，一个新入公司的秘书每月工资7000元人民币。因此，我也想从7000元给你起薪，你看怎么样？"

江："张先生，我希望你们对像我这样具有专业背景、实际经验及外语水平的人能给予恰当的评估及合适的月薪。顺便说一下，我在审计局的月工资包括奖金近8000元。"

张："一周之后你会得到我们的消息。到时候我们再具体谈谈。"

从这个片段可以看出，江丽萍及时把握了提问的时间，是在面谈快要结束时，是在面试官提示下才发问的。以咨询的方式、诚恳的语气含蓄地提出了自己的愿望，策略地提了一个原单位的工资待遇。公司认为合情合理，大约10天后，江丽萍兴致勃勃地开始了她的秘书生涯，月薪8000元。非常理想，这是高超的提问技巧促成的。

四、应聘时的忌讳

应聘的忌讳很多,这里列举五条,愿求职者引以为戒。一忌乱拍马屁。一见主考官的面,千方百计套近乎,献殷勤,拉关系,殊不知许多主考官不一定欣赏这种拍马逢迎的方式。二忌打听熟人。现在求职面试越来越规范,"公开、公平、公正",个别熟人不一定能帮得上忙,有时可能起反作用。三忌打听招聘人数。这是一种缺乏自信的表现,你要设法增强自己的竞争力,不要过多地考虑招聘人数。四忌过早打听待遇。谈论报酬待遇无可厚非,关键要看准时机。一般在双方达成聘用意向后,再委婉地提出来。一见面就打听待遇,会让对方反感。五忌同主考官较劲。面试时,有的主考官可能提出一些难题来考问你,这时你要沉着冷静,可以说明、解释,尽量避免同主考官争论。

思考与训练

1. 求职者要寻求理想的职业,先要做到"知己知彼",既要认清你自己,又要了解用人单位的需求。如教材所述,了解用人单位需求包括哪几项内容?用人单位十分看重求职者哪几项条件?

2. 求职者的消极心态表现在哪些方面?你在克服消极心态方面有哪些好办法?

3. 个人简历的写作特点有哪些?怎样做到"重点突出,针对性强"?

4. 20世纪90年代初,海南刚刚建省,全国各地成千上万的人蜂拥海南岛下海谋职。海南某公司招聘一名总经理助理,报名求职者上千人。正在海南谋生的曹建军给公司罗总经理写了一封热情洋溢的自荐信,终于敲开了机遇之门,被公司正式录用。曹建军的自荐信为什么能深深打动罗总经理?这封自荐信有何特色?

罗总:

您的事很多,但希望您能看完。

我是一名经历过坎坷、尝过甜酸苦辣的人。

因为敢于冒险,而品味过成功的丰硕果实;因为探索冒险,也体验过触礁的震荡与凄凉。

但是,这一切都锤炼了我作为企业人员所必须具备的成熟与胆识!

我的过去,正是为了明日的企业发展而准备、而蕴蓄;

我的未来,正准备为经企总公司而奋斗、而拼搏、而奉献!

现在正是经企总公司招兵选将待机而发的重要关头。

我不想仅是锦上添花,我不想在凉爽的空调房里坐享其成!

我想雨中送伞,我想雪中送炭。我想亲身去闯、去干!

1982年到1992年间,我经受过8年驾驶汽车、摩托车的锻炼;学过3年法律(西南政法学院法律专业函授生);经历过6年办案(法纪与经济案件)的挑战与考验……

做文秘,我有作品见报;做驾驶,已有20万公里行程;做经管,我已摒弃了不切实际的梦想而变得自信和有主见。

兵马未动,先从失败着想,瓮中捉鳖,才是稳操胜券。

罗总,当初您闯海南,不也是三十六计,计计斟酌,万无一失,每失必补的吗?

最坏的打算不就是要变卖公司价值500万元的房子、车子吗？

实践证明，两万块钱闯海南建内江大厦体现的不仅是直观的赚钱三千万元，而是智慧、胆识与科学决策融合的立体结晶。

良鸟择木而栖，士为知己者"容"。

当公司需要宣传、誊写文书时，也许我可以提笔"滥竽充数"；当您为了提高办事效率而自己驾车的时候，也许我可以换换疲惫的您偕同前往；当公司为法律事务而起纠纷，因为业务增多而难于应付的时候，我可以动腿挥手用所学法律知识，伶牙俐齿，摇旗呐喊，竭力为公司解一分忧虑，增一寸利润，挽回一点损失……

我不能再说了，说多了我怕像王婆卖瓜，"实践出真知，斗争长才干"。

我只需要实践，去闯、去干。

因为才干在实践中养成，也终究要在实践中体现！

罗总，一个合作机会，对我来说是一次良好的开端。

我期待着好消息。

　　　　致

敬礼

　　　　自荐人：曹建军 1992年5月31日于海口

5. 下文中的求职学生，其学历和所学专业都不如其他求职者，结果被正式录用了，原因之一是他在报社面试过程中的出色表现，精心准备，巧答难题。试从答题的得体性、针对性、巧妙性和幽默感几个方面分析他的语言艺术。

临近毕业，一家地市级日报社招聘采编人员。在入围面试的10个人中，无论是从学历还是所学专业来看，我都处于下风，唯一的一点优势就是我有从业经验——在学校主办过校报。

接到面试通知后，我把收集到的该日报社的厚厚一摞报纸重新翻了一遍，琢磨它办报的风格、特色、定位及其主要的专栏等，做到心中有数。我还记下了一串常在报纸上出现的编辑、记者的名字。

参加面试时，评委竟然有8个。第一个问题是常规性的自我介绍。第二个问题是"你经常看我们的报纸吗？你对我们的报纸有多少了解"。我便把自己对这个报社的认识，包括其办报的风格、特色、定位等全部说了出来。最后我说："我还了解咱们报社许多编辑、记者的行文风格。例如某某老师写得简洁明了，某某老师文风清新自然。虽然我与他们并不相识，但文如其人，我经常读他们的文章，也算与他们相识了。"我当时注意到，许多评委露出了会心的微笑。后来我才了解到，我提到的许多老师就是当时在场的评委。

第三个问题是"谈谈你应聘的优势与不足"。我说："我的优势是有过两年的办报经验，并且深爱着报业这一行。我的缺点是拿起一张报纸，总是情不自禁给人家挑错，甚至有时上厕所，也忍不住捡起地上的烂报纸看。"听到这里，评委们不约而同地笑了。

面试结束的时候，我把自己主办的校报挑出了几份分给各位评委，请他们翻一翻，提出宝贵意见，并说："权当给我们学校做个广告。"评委们又笑了。

最终，我幸运地被录用了。

6. 求职面试，相同的问题，不同的回答，不同的结局。文军的回答好在哪里？耀明的回答毛病在哪里？我们该从两人的回答中吸取什么经验教训？

耀明和文军是同一所大学的毕业生。毕业后，他们一起被分配到市百货公司工作。经过近20年的勤奋努力，两人都已成为公司主要部门的负责人。近年来，单位效益不断下滑，前景黯淡，属下的小青年纷纷应聘到外资、合资企业，收入颇丰。两人不禁心生羡慕，在一起经常议论跳槽之事。终于有一天，两人下定决心，相约到一家招聘管理人员的外资公司去应聘。履历表寄出没有几天，两人都收到了面试通知。

耀明的面试时间是上午9时。文军的面试时间是下午2时。面试官提问的内容是一样的，他们回答的是同样的五个问题。

第一个问题：是什么促使你来我们公司应聘？

耀明回答：我现在的单位效益不好，我的一些下属都跳槽到外企和合资企业去了，干得都不错，收入比我高许多。我想，我的能力、经验要高于他们，所以一定能胜任贵公司的工作。

文军回答：我看到了贵公司的广告，经过仔细考虑，我认为自己具备贵公司要求的条件，能够胜任贵公司的工作。

第二个问题：你以前知道我们公司吗？

耀明回答：听说过！贵公司是大公司，可以说是"家喻户晓、妇孺皆知"，嗯，也可以说是"人见人爱"呀。

文军回答：知道。我对贵公司有一定的了解。我读过一些介绍贵公司的书和文章，对贵公司的经营理念和企业文化深表赞同。

第三个问题：你的履历表上列出了成就和爱好，还有什么强调或补充吗？

耀明回答：我最重要的一项成就，应该是参加全国商业系统"现代企业管理"研讨会，论文获一等奖；最大的爱好是踢足球。

文军回答：我毕业后一直做管理工作，也取得了一些成就，但那只能说明我的部分能力，也只能代表过去。至于爱好嘛，我实际上一直是把工作放在第一位的。

第四个问题：你能评价一下原来所在的公司吗？

耀明回答：我工作的那家公司是国有企业，在计划经济时期还不错，现在不行了。领导思想僵化，跟不上潮流，我早就想出来了，一直没有合适的机会。

文军回答：我原来的公司也是一家不错的公司，领导对我很重视，我的职位、成就便是很好的证明，但是我想贵公司能够给我提供更广阔的发展空间，来展现我的才能。

第五个问题：本公司出色的业务经理，收入高于中层管理人员。如果本公司向你提供业务经理的岗位。你愿意接受吗？

耀明回答：我从毕业就一直在公司做管理工作，管理是我的强项，但业务经理的工作我没干过。

文军回答：能加盟贵公司是我的荣幸。虽然我认为在管理的岗位上更有利于我长处的发挥，能更多地给公司贡献我的才能，但业务经理这个职位我也会认真考虑的。如果最终我能得到这一职位，我相信，我能做得很好，不会辜负公司的信任。

三天过去了，结果耀明未被录用，而文军进入了下一轮，最后被聘为经营部部长助理。

第九章　学会服从与建言
——与领导沟通

　　学会尊重领导，尽量服从领导，巧妙地向领导建言，是下级与上级沟通时必须掌握的交际艺术。学会说一些得体的话语赞美领导，既能够增加双方情谊，又能使工作更为顺畅，促进共同进步。在建言时，无论是向领导提意见或建议，都要事先预备好策略，曲折委婉地表达，在领导可以接受的情况下，才可以使自己的想法付诸实施，同时能与领导的关系更为融洽、亲近。

第一节　尊重领导，学会服从

　　下级都应尽量服从领导的命令，要抱着积极学习的态度，尽可能向领导学习。尊重领导，学会服从，是我们必备的素质。

一、尊重领导

　　中国传统观念对职位高低、长幼之尊分得很清楚，尊老爱幼成为我们生活的美德之一。职场上，也有同样的道理。上级与下级，指挥与服从，管理与被管理，不能错乱了这种关系。忽视上下之分，会被人视为不知深浅。领导是团队的核心，其言行、决策，决定团队的运行效率。

　　上级任何时候都是上级，维护和敬重上级的权威与尊严，是一个好下属应该做的事。"官大一级压死人"是下属私下的牢骚，但也是场面上的规律之一。再说，不可能人人都成为团队的领头人，雁群只有一只领头雁。每个团队员工可借助领导与团队的力量，共创佳绩，争取做团队的先进人物，这既是团队的光荣，更是个人的荣耀，领导更乐意看到这样的员工。

　　　　柏青初入社会，在某企业就职。他以出色的工作表现博得了许多同事的称赞，但无论怎样也没办法使挑剔、苛刻的总经理满意。他萌动了跳槽之念，于是向总经理递交了辞呈。总经理没有竭力挽留柏青，只是告诉他自己处世多年得出的一条经验：如果你讨厌一个人，那么你就要试着去爱他。总经理说，他就曾十分努力地在一位领导身上找优点，结果，他发现了领导的两大优点，而领导也逐渐喜欢上了他。

　　　　于是，柏青悄悄收回了辞呈。他说："学会尊重领导，比一味抱怨要有利得多。"最终，柏青在事业上取得了更大的成绩。

　　上例中的柏青之所以事业有成，是因为他认识到尊重领导的重要性。认识到这一点，必然从内心深处引发对领导的真心尊重，而不是挑剔、不满与不服从，才能在工作中做到：尊重领导的决定，服从领导的安排，支持领导的工作。

　　上级都爱面子，很在乎下属的恭敬态度，有的还以其作为考验下属的方式。上级的面子在以下几种情况下最容易受到伤害，必须多加注意：一是上级至上的规矩受到侵犯；二是在别人面前下级显得与上级很亲密，即使在非工作场合，下级也不能把上级当普通人看，让他失面子；

三是上级出现错误或漏洞时,不愿被下属公开批评纠正,上级理亏或有不雅举动,下级一定要给他台阶下。

阿成的工作很简单,就是每天收发文件。领导脾气很好,同事之间相处也很融洽,阿成很希望自己能长期在这里工作。

可是好景不长,一天领导突然找阿成谈话,他说:"因为你是外地人,'三金'不好交,以我们公司目前的情况不可能给你转户口,而如果不给你交'三金',我们就违反了国家的规定,所以……"

阿成听了也不知道该如何是好,他难过地说:"我尊重您的决定,虽然我很喜欢这里。"阿成没有再说什么,出门前给领导鞠了个躬,并轻轻地把门带上。

第二天,领导找阿成谈话,他说:"我专门跑到相关部门打听了,你还可以留在我们这里上班,但是你要到派出所办理个暂住证!"阿成会心地笑了。

上例中的阿成面对领导的"为难",却非常理智,他的表态体现了对领导的尊重与理解,表示不愿给领导添加麻烦,愿意接受领导的决定,这使领导的权威得到完全体现。结果,他让领导大受感动,领导还专门为其排忧解难。

二、学习领导

一般来说,领导之所以成为领导,一定有他的高明之处,在为人处世许多方面有值得我们学习的地方。下级应当欣赏领导,努力学习领导。

著名职场培训师吴甘霖认为,下属万万不可蔑视领导,因为,有些人眼中领导的"傻"——装作什么都不知道,可能正是他考验你的忠诚、能力的策略;领导的"傻",往往是大智若愚。即使领导真的在某些方面比不上你,你也应该看到领导优秀的方面,而不是挑剔其不足,因为你也有不足的地方。你应该抓住一切机会,向领导学习他的长处,请教为人处世的策略、经验。

客观地说,领导可能在专业能力上不如你,但领导的综合能力,如跨职业的专业能力、解决实际问题的能力、社会活动能力等,你可能望尘莫及,这也往往是领导成为你的上级的原因。因此,处于激烈竞争职场中的你怎么能糊涂地轻视领导,而不专心、认真地向领导学习呢?

一位综观全局、高瞻远瞩、高屋建瓴的领导,更像我们人生的指路人和导师。他能掌控全局,熟悉整体,在客观战略上总体布局、思考。而你可能只是看到整体中的部分,熟悉的是全局中的局部。因此,在这样的上级手下工作,你既要做好自己的本职工作,更重要的是有机会在执行、参与上级布局、指挥工作时,向上级学习非常重要的指挥艺术、战略思维。

在《三国演义》中,马谡自以为熟读兵书,才学过人,又经常与丞相诸葛亮谈论兵法,于是自然不把"没有学历"的副将王平看在眼里,只把他从书中学来的那一条条理论应用在实战中,但终因纸上谈兵,打乱了诸葛亮的战略部署,又不听王平的劝阻,硬把营盘扎在山上。结果,被敌方切断水源,放火烧山,一败涂地。后来尽管诸葛亮十分不忍心,但还是把他斩首了。

可以说,马谡被斩的深刻教训,是因为不执行上级诸葛亮的部署,也不听同僚王平的劝阻,这是他自命不凡,没有学到上级指挥艺术,缺少向上级、同僚学习的结果,令人扼腕叹息,也给我们职场中缺乏学习心态的人敲了一记警钟。

要善于向领导学习,这是提高自己能力的捷径。首先,要有遇事向领导请教学习的心态,还要有珍惜向领导学习的感恩心态。领导站在工作的角度,对我们的批评就是对我们的帮助。其次,在服从领导命令,做好领导安排的工作的过程中,还应主动地向领导学习,积极询问自己工作中是否有不妥之处,经常汇报自己工作的进展,在这种主动的工作中,你需要学习的地方越多,进步也会越大。最后,应谦虚求教。你的虚心,会使你跟领导的关系日渐融洽,你也会不断进步。

三、服从领导

服从是下级的天职。领导希望下属忠诚地拥戴、服从、支持自己。面对上级授意,要顺从地接受,迅速地行动,既要忠实地执行,又要出色地完成。只有这样,下属的工作才能得到上司的认可。

首先是忠实执行。上级的任何指示或命令,原则上都应当忠实地执行。接到上级布置任务的命令,应该做到:听到指示,立即停止手头工作,准备记录本到上级面前待命;边听指示,边概要归纳记录要点;领导布置任务时不插话,布置完后,对疑点进行咨询,要切实做到全部理解指示内容;完成上述过程后,重复指示内容,进行最后确认。

普尔顿是可口可乐公司的一位年轻员工,一次,领导让他去一个十分偏僻的地方开辟市场。在很多人看来,公司生产的产品要在那里打开销路是十分困难的。在把这个任务分派给普尔顿之前,领导曾经三次把这个任务交给过公司里别的员工,但是都被他们推托掉了,因为这些人一致认为那个地方没有市场,接受这个任务最终结果将是一场徒劳。

普尔顿在得到领导的指示后,起初也认为公司的产品在那里没有销路。但是,他选择了服从,欣然前往,并下决心用尽全力去开拓市场。他带着公司一些产品的样品出发了。3个月后,普尔顿回到了公司,他带回的消息是那里有着巨大的市场,普尔顿最终取得了成功。

其次是迅速行动。准确领会上级的指示,明确目的及作用,确定实施步骤及行动计划。出现问题要随机应变,及时加以解决。制订的工作计划要确保能得到上级的认可。要努力完成上级交代的任务,必须具有坚决的执行力。

刘琪是一家网络公司的编程员。最近他们的网站经常被黑客攻击。为此,领导非常恼火。一旦网络登录不上,领导就会冲他们几个编程员动怒。

第一次领导发火的时候,刘琪支支吾吾,什么都说不出来,结果领导甩手而去!半个小时后,领导回来的时候,刘琪已经将问题处理了。领导不但不高兴,反而丢了一句:"领导不发怒,员工不努力!"

刘琪被刺痛了,心里嘀咕道:"虽然我当时反应慢了些,但我还是努力去完成工作了,怎么说他不发怒,我就不努力呢?"

后来一个同事告诉他:"如果领导向你诉说工作上的问题,你的反应应该是充满自信地说:'您放心,我马上处理!'"刘琪听了觉得不可思议:"你真的能处理好吗?"同事笑着说:"我既然说了马上处理,就会尽心尽力地去做的!对于领导来说,他们想得到的就是这么一句话!如果后来我处理好了,那就证明我有能力,如果我处理不好,也不能说我不把公司的利益当回事!"

刘琪终于明白了，工作能力是一方面，让领导感觉你尽心工作又是一方面。以后，不管出现什么问题，只要领导询问工作上的问题，他都会说："您放心，我马上处理！"这句话真的让领导对他刮目相看！

"我马上处理"可以很鲜明地表达你执行领导指示的积极态度，使领导产生好感，他会认为你是听话、有效率的好下属。记住，关键是你说话后的迅速而有效的行动。

最后是及时汇报。工作完成后，要及时汇报完成情况。汇报前要做好准备，汇报的内容要事先整理、记录好；如果汇报内容复杂，还要形成正式报告材料；汇报时先叙述结论，再介绍经过及补充说明，不掺杂主观判断或猜测。如果工作进展缓慢或遇到阻力，要在工作进展的中途汇报，听取上级新的指示。

服从是行动的第一步，超强的执行力是最好的服从。

四、避免尴尬

工作中，领导与他人之间因为某些原因发生争执，往往出现尴尬的场面。作为下属，帮助领导保全面子是最明智的。这往往也是领导用来检验下属对他尊重与否的试金石。因此，下属要有化解难堪场面的技巧，成功地为领导打圆场。其具体方法如下。

1. 审时度势，让双方都满意

在争执双方难分对错的情况下，作为调解者，要对双方的优势和价值都予以肯定，使双方都能心平气和，在此基础上，再提出双方都能接受的建设性意见。千万不可厚此薄彼，否则会使双方更难堪。

2. 善意曲解，化干戈为玉帛

有些时候，上级的言行怪异，导致令人难堪场面的出现。对此可采取故意"误会"的办法，即故意不理睬上级言行的真实含义，或"揣着明白装糊涂"，从善意的角度，作出化解尴尬的解释。这种解释往往是曲解，但出发点是善意的，有利于向好的局面转化。

3. 找个借口，给对方台阶下

上级不是万能的，总可能说错话，或做错事，往往弄得很尴尬。针对这种情况，可以换一个角度或找一个借口，或自己承担责任，将"错误"揽到自己身上，给上级一个台阶下。

某公司新招了一批职员，领导抽时间与大家见面，点名认识新员工："马华。"

全场一片静寂，没有人应答。

领导又念了一遍。

一个员工站起来，摇头晃脑地指着另一位员工说："他叫马烨（yè），不叫马华（huá）。"人群中发出一阵低低的笑声，领导的脸色有些不自然。

"报告，我是打字员，是我把字打错了。"一个精明的小伙子站起来说。

"太马虎了，下次注意！"领导挥挥手，接着念了下去。

没多久，那位打字员被提升了，而那个很有"学问"的员工则被解雇了。

4. 转移话题，缓和尴尬局面

某个较为敏感或严肃的话题，弄得双方情绪对立，甚至让上级极为难堪，此时，下属可以巧妙地运用转移话题的技巧，如用一些幽默、轻松、愉快的话题，既可以转移双方的注意力，又可以活跃气氛，从而缓和尴尬的局面。这样的员工，必然令上级刮目相看。

第二节 注意倾听，巧妙建言

倾听是表达的前提，善于倾听的人才能真正领会领导的意图，但能做到这一点并不容易。

工作中上级也有犯错误的时候，面对上级的错误，既不能置之不理，听之任之，影响工作，阻碍事业发展，也不可直面陈词，使领导碍于面子不予以接受。因此，下属有了建议、意见时，就应该讲究策略，巧妙建言。

一、善于领会领导意图

上级的意图，并不等于上级的命令。命令，是上级直接对下级的行为提出要求，侧重于让下级知道行为的目标，即"要做什么"；而充分领会了上级的意图，则可以保证下级行为的效果，即"要做好什么"。可以说，领会上级意图可以减少无效劳动，是提高工作质量的保证。领会领导意图的要诀如下。

一是听其言。对上级的发言，要善于倾听，善于察言观色。特别要注意收集整理上级在平时的零言碎语，这些都能体现出上级对待事物的态度、看法和立场。细心揣摩，领其意，思其微。

二是观其行。对上级不仅要"听其言"，更要"观其行"，从上级的行为和肢体语言中领悟出上级的思想和主张，分析上级的下一步工作方向，提前备案，未雨绸缪，做到心中有数。

有一次，曾国藩召集众将开会，分析当时的军事形势时说："诸位都知道，洪秀全是从长江上游东下而占据江宁的，故江宁上游乃其气运之所在。现在湖北、江西均为我收复，仅存皖省，若皖省克服……"

此时，曾国藩手下的爱将李续宾，早已明了曾国藩的意图，顺势道："大帅的意思，是想要我们进兵安徽？"

"对！"曾国藩赞赏地看了李续宾一眼，"续宾说得很对，看来你平日对此早有打算。为将者，踏营攻寨计算路程尚在其次，重要的是要胸有全局，规划宏远，这才是大将之才。续宾在这点上，比诸位要略胜一筹。"瞧，李续宾一句话就赢得了这么多的信任和夸赞，实在是高明之举。

上例说明，读懂领导心理需要长期练习。只有平时紧跟着领导关心的敏感点进行思考，才有可能把握住领导意图。

三是察其微。善于从上级的语言、行为和阅读的文件中领悟上级的工作方法和工作思路。注重细节，从细微处拓展思维空间，做到窥一斑而见全豹。

四是深化完善。在上级下达的任务比较简单的情况下，面对只言片语和初步的想法，下级应发挥聪明才智，顺着上级的思路纵深思考，完善上级的计划。首先，要与上级有良好的沟通，一定要在明确工作的目标、程序和要达到的结果后再着手实施工作。其次，对上级的计划进一步深化与完善。联系大的方向、政策，结合上级的指示和要求，运用发展的眼光来深化上级的计划，进一步丰富上级的计划。最后，纵深思考，提炼升华上级的计划。上级提出计划后，下级对工作的每一个步骤进行深度思考，进行提炼、升华，得出一套符合上级计划的结论后，形成一套行之有效的实施方案，定能收到令上级满意的工作效果。

领会领导意图应注意以下四点。

第一,领会意图时切忌一知半解。领会上级意图必须准确、完整。

第二,理解意图时不能生搬硬套。要创造性地领会上级的意图,就要努力提高思维层次,善于集思广益,否则难以心领神会。

第三,贯彻时不可唯命是从。应从实际出发,在不违背上级指示原则的基础上,提出自己的看法与建议,完善上级的方案,查缺补漏。

第四,行动时不得固执己见。切忌把自己的意志强加于上级身上,更不能对上级的意图随意发挥。不能先斩后奏、喧宾夺主,更不能我行我素、固执己见。

总之,准确领会领导意图,需要在实践中做有心人,不断摸索、积累、总结、提高,努力掌握领会领导意图的技巧,提高工作质量和效率。

二、建言要讲究策略

金无足赤,人无完人,领导也有犯错误的时候。面对上级的错误决定或其他不当言行,既不能置之不理,那样会影响工作,甚至阻碍事业发展,也不能直言面陈,言语尖刻,让领导碍于面子不容易接受。因此,下级有意见、建议时,就得讲究策略。这就需要我们掌握建言的技巧。

1. 欲擒故纵法

先肯定上司的观点,再提出自己的意见,这样做,意见往往容易被领导采纳。

在某公司的一次例会上,杨娟对经理关于质量问题的处理不是很满意。经理征求大家意见的时候,她说:"经理说得对,在产品质量方面,我们的确应当给予充分重视,这是解决问题的前提之一。我认为,除此之外,还应当加强全体员工的质量意识。现在我观察到公司员工的质量意识并不强,工作中有疏忽大意的倾向,这股风气必须刹住,否则质量问题很难得到彻底解决。我想,如果我们对各级员工都进行质量意识培训,员工看到公司上层如此重视,自然也就重视起来了。如果真能这么做的话,解决这个问题不费吹灰之力,公司也能以更快的速度发展。"

上例中,杨娟的一席话,经理听得不断点头,采纳了她的意见,并对她这种敢于提意见的行为给予了表扬。杨娟用的其实就是"欲擒故纵法"。

2. 幽默法

采取开玩笑的方式。下级向上级建言时,可以运用幽默的方法,把自己的意见表述得含蓄委婉,容易被上级接受。

某公司的待遇很差,职工苦不堪言,上班迟到现象非常严重。有一天,一位主管对经理说:"公司的员工简直没法按时到公司工作。"

经理问:"为什么?"

主管说:"坐出租车吧,车费太贵;坐公交车吧,人太多挤不进去。他们如何才能解决这个问题?"说完,主管叹了口气,摆出一副毫无办法的样子。

经理接着说:"以步当车,一分钱也不用花,而且可以锻炼身体,这不是很好的办法么?"

主管摇了摇头:"不行,鞋磨破了,他们买不起新的。我倒有一个办法,公司提倡赤足运动,号召大家赤脚走路上班,这个问题不就解决了吗?"主管一面说一面笑。

经理有些不好意思起来,只好同意提高员工的薪水。

上例中主管一个小小的笑话,比较委婉,既没有伤领导的面子,又在轻松的氛围中达到了建言的目的。

3. 选择法

提出多项意见和建议,留给领导选择的余地。让领导在多项意见和建议中做出选择,实为一种高明的建言方法,因为其中隐藏着一种暗示:至少你得选择其中一条。这样领导也会在不知不觉中接受下级的建言。

小齐是一家装修公司的设计师。最近由于业务繁忙,公司扩招了十多名装修工人。工人们白天干活儿,晚上在公司食堂吃饭。吃饭的人多了,但食堂的工作人员没有增加,因此饭菜质量有些下降,工人们牢骚不断。这件事本来也不在小齐的职责范围之内,但为了公司的整体利益,小齐来到经理办公室,说明情况后,经理问他:"你说该怎么办?"

小齐说:"我觉得有三种解决方法:一是给工人提高待遇,让他们到外面吃饭;二是叫'外卖',新招来的工人每人一份;三是增加食堂工作人员,可以是临时性的。您认为哪种方法最合理呢?"

经理考虑一番,采取了第三种建议。同时,经理也非常欣赏小齐这种处处为公司着想的工作态度。

4. 析弊法

由对方的观点推导出可能产生的不良后果,在此基础上,再提出自己的意见。要认真思考对方的弊端在哪里,尽可能多找一些典型的弊病,分析领导的意见时要实事求是,有理有据,不能无中生有,更不能任意扩大。

中国历史上有一名叫甘罗的孩子,12岁就做了秦国宰相。他与秦始皇有过一次关于"公鸡下蛋"的辩论。

秦始皇养了一些妖言惑众的方士。方士说,吃公鸡下的蛋可以长生不老。秦始皇信了,便命令甘罗的爷爷前去寻找。

"爷爷,您有什么心事吗?"甘罗看到愁眉不展的爷爷在房间里走来走去,便上前问道。爷爷说:"唉,皇上听信了方士的话,要吃公鸡下的蛋以求长生。现在命令我去找,要是三天之内找不到,就得受罚。"

甘罗一听,也着急起来。不过他灵机一动,有了主意,"爷爷,您不用再为此事操心,三天后我替你上朝去,自有办法应付皇上。"

三天后,甘罗不慌不忙地随着大臣们走进宫殿。

秦始皇生气地问:"你来干什么?是不是你爷爷找不到鸡蛋不敢来了?"

"启禀陛下,我爷爷来不了啦。"甘罗冷静地说,"他在家里生孩子呢,所以我替他来上朝了。"

秦始皇说:"你这孩子真是胡说八道,男人怎么会生孩子呢?"

"既然公鸡能下蛋,为什么男人就不会生孩子呢?"甘罗反问道。

秦始皇一听就知道自己错了。他看甘罗小小年纪就这么聪明,便破格录用,拜他为秦国宰相。

5. 借助法

借助他人的观点和做法来代替自己的不同意见。直抒胸臆可能会触怒上级,但可以借助同类型的、对方也熟悉或已经明确了的事例来代替自己的意见。借助法,实际上是用已有的事实来说话,往往可以达到建言的目的。

给领导建言前要做好准备工作。

首先,要自己规划一番。做出两种以上的方案,这其实是运用上述建言方法中的"选择法",领导听到的不应该是问答题,而应该是选择题。为此,事先应当周密准备,弄清每个细节,使之不断成熟、完善,经得起领导推敲与反驳。

其次,建言时要密切注意领导的反应。通过领导的表情及身体语言所传达的信息,迅速判断他是否接受了你的建议。可适当举例说明,以增强说服力。

最后,表述要言简意赅。时间冗长的建议,啰哩啰嗦的表述,最容易使领导厌烦。在几分钟之内说完话,他更容易接受。

三、建言语气要委婉

向领导建言时,最难做到的是不卑不亢,既不可过于显示自己,也不要过分卑躬屈膝。要以谦虚的态度,含蓄委婉的语气,给领导提建议,才容易被领导接受。

尤其是在拒绝或反驳上级的时候,更要委婉地提出自己的观点,这样既可以维护上级的面子,也能让他感觉到你说得很有道理,从而容易使上级改变原来的主张。

中国有个古老的传说,在龙的咽部一尺左右的地方有一片"逆鳞",如果有人不小心碰到了龙的"逆鳞",龙就会因此而大怒、杀人。对上级建言时,如果不讲究方式,语气过于直白,所谓"直谏",往往会让领导面子无处搁,触犯了"逆鳞",建言时不被采纳,还容易被领导冷落、疏远,事与愿违。

如何做到建言时语气委婉圆通呢?

1. 态度诚恳谦逊,要用请教的口吻

建言时向领导提几点建议,要以请教的口吻,使建议听起来悦耳、顺畅,这样上级易于接受你的建议。

美国第28任总统伍德罗·威尔逊恃才傲物,对绝大多数人的意见根本瞧不起,要么不采纳,要么不理会。但他的顾问霍士却最得其信任,霍士的进言也屡屡得以采纳。这是为什么呢?

后来霍士做了副总统,他在自述中说:"我认识总统之后,发现了一个让他接受我的建议的最好办法,我先把计划偶然地透露给他,使他自己感兴趣。"霍士使威尔逊认为这种计划是自己想到的,后来他还牺牲了自己许多伟大的计划,让威尔逊来获得民众的拥戴。

那么,霍士是怎样把计划"移植"给威尔逊的呢?他常常走进总统办公室,以一种请教的口吻提出建议:"总统先生,不知道这个想法是否……您觉得这样做还有什么不妥吗……"就这样,霍士把自己的思想不露痕迹地灌入威尔逊的大脑,使他从自己的角度考虑这些计划,加以完善并付诸实施。

上例中,霍士的建言屡屡得到傲慢总统的采纳,主要是得益于他委婉的请教的口吻。因此,诚恳谦虚的态度,委婉请教的口吻,得体的语言,是建言成功的法宝。

2. 切勿直接否定上级提出的建议,语气要坦诚

对上级提到的建议切勿未经思考立即拒绝,因为他也许已经看到这项建议有某些优点,否则不会征询你的意见。如果你认为不合适,最好用提问的方式来表示反对。例如:"我们可以这样改变而不妨碍工作的进展吗?"如果你的观点基于某些他不知道的数据或情况,效果就再好不过了。

有时面对上级的质问,态度要坦诚,勇于承担责任,敢于承认错误,还应该表现出自己的大度,这样更容易获得上级的认同。

汉代公孙弘年轻时家贫,后来贵为丞相,但生活依然十分俭朴,吃饭只有一个荤菜,睡觉只盖普通棉被。就因为这样,大臣汲黯向汉武帝参了一本,批评公孙弘位列三公,有相当可观的俸禄,却只盖普通棉被,实质上是使诈以沽名钓誉,是为了骗取俭朴清廉的美名。

汉武帝便问公孙弘:"汲黯所说的都是事实吗?"公孙弘回答道:"汲黯说的一点没错。满朝大臣中,他与我交情最好,也最了解我。今天他当着众人的面指责我,正是切中了我的要害。我位列三公而只盖棉被,生活水准和普通百姓一样,确实是故意装得清廉以沽名钓誉。如果不是汲黯忠心耿耿,陛下怎么会听到对我的这种批评呢?"汉武帝听了公孙弘的这一番话,反倒觉得他为人谦让,就更加尊重他了。

上例中,公孙弘面对批评,以勇于承认错误的态度,坦诚的语气,使汉武帝不仅原谅了他,而且更加尊敬他。

3. 提出忠告时,用商讨或询问的口吻

对上级提出忠告时,虽然你的出发点是好的,是为领导和工作着想,但必须考虑对方的尊严,顾及领导的颜面。要让领导接受自己的忠告,就要用领导更容易接受的方式。用商讨的口吻,因势利导,可以消除抵触的情绪,达到说服上级的目的。

乾隆年间,宰相刘墉与贪官和珅一向不合,和珅为除掉刘墉费尽了心机,而刘墉也想除掉这个祸国殃民的大贪官。

有一次,刘墉设计,乾隆随口下旨将和珅的小舅子斩首而且无法收回旨意。这件事使乾隆非常生气,但又拿他没有办法。于是,乾隆说道:"朕让谁死,谁就得死,是吧?那刘墉你就去死吧!"

刘墉问道:"皇上让臣怎么死?"

乾隆随口说:"你家不是有个荷花池吗?你就往那里一跳,死了得了!"

刘墉只好跪下接旨:"谢主隆恩!"

几个时辰过去后,刘墉去见乾隆,此时乾隆已经气消,问道:"朕不是叫你去死吗?你怎么敢违抗朕的旨意呢?"

刘墉跪下回禀道:"万岁,臣按照皇上说的去跳了荷花池,可是臣碰见一个人,臣就回来了。"

乾隆问道:"碰见谁了?"

"臣碰见了屈原,楚国大夫屈原,屈原见了我就问,你怎么也投水自尽了,他当年投水自尽是因为他碰上了昏庸无道的楚怀王，所以郁郁不得志，才投水而死。他说，刘墉啊，你怎么也投水自尽？是不是也碰上了无道的昏君了？臣一想，不对啊，臣死事小，万岁的名声事大啊！于是我就说，屈原啊，此言差矣，你们的楚怀王怎么能跟我们当今皇上相比啊，臣只不过是失足落水而已。我就挣扎着从水里浮出来了，皇上您说臣做得对不对啊？"

乾隆听了之后，高兴地大笑起来。

刘墉巧编故事，因势利导，循序渐进，有效地与皇帝进行沟通，达到了进谏的目的，让皇帝收回成命。

4. 上级出现明显决策错误时，可采用"旁敲侧击"法

（1）找客观原因。例如："要不是形势变化太快，您的计划一定会大获成功。"

（2）婉转表述，暗中建议。例如，跟领导说："换成我还真想不出您的办法来，我原来想……"表面上说领导比你聪明，实际上达到说出自己想法的目的，领导听了也许会动心。

（3）让领导自己动摇信心。例如，可以说"您真敢冒险！"或者"哇！您真勇敢"，语气里带上点怀疑，比直说"您的计划太冒险"要好得多。

（4）请领导把他的想法解释一下。在领导解释的过程中，他就有可能察觉有漏洞，而不必等你提出来。

（5）询问领导还有没有别的办法。或许领导反问："你有什么想法？"你善加引导，让领导认为一切是他自己想出来的。

正如著名人际关系大师卡耐基所说："如果你仅仅提出建议，而让别人自己得出结论，让他觉得这个想法是他自己的，这样不更聪明吗？"实践表明，人们对自己得出的看法，往往比别人强加给他的看法更加坚信不疑。

四、建议理由要充分

上级在解决问题时，有时也面临巨大的压力。有时候，上级也会做出一些错误的决策。作为下级，在顾全领导自尊心的前提下，应该积极建言，巧妙地反对领导一些不合理的观点，为上级献言献策，帮助上级远离误区，走出困境。这就需要我们有独到的见解、正确的建议、合适的建言方法。

向领导提合理建议时，重在理由充分，具有说服力。如何做到建议理由充分呢？这需要我们下一番苦功，可以从以下几个方法入手。

1. 预测导向法

通过预测工作的多种结果，提出有价值、有远见的建议，促使上级向正确的方向做决策。在预测活动中要注意收集大量的有关资料、信息、数据，尽可能详尽地对过去的、现实的状况及未来发展趋势进行分析，针对未来的状况，对未来可能发生的变化做出较为可靠的描述，提出相应的对策。

2. 咨询建议法

对上级即将实施的决策，通过周密的调研，用充分的根据，提出可行性或补充性的意见。在咨询过程中，要特别注意以下几点：一是注意客观、全面，要到现场考察，及时发现问题；二是防止按图索骥，要对上级既定的方案深思熟虑，从各个角度对其进行重新评估，得出正确的结论;三是付诸文字,写出咨询报告,请上级考虑是否采纳。

3. 提供资料法

将有关历史的、现实的、国内外的、同行业的资料,收集归类总结,供上级参考,使上级从中得到启示。即使上级没有主动索要有关资料,我们在弄清上级意图的情况下,做到有备无患,顺势提供。

4. 补充完善法

适用于初定方案、已经使用过的原有方案,或正在执行的方案。这些方案存在缺陷,需要进行修订、补充和完善。使用该法时要注意两点。一是要抓住重点。经过缜密的分析,抓住问题的核心,准确地指出存在的主要问题,并提供解决方案。二是谨慎表达不同意见。上级对自己的方案一般是经过深思熟虑的,我们要肯定方案有合理、可行的地方。在正确理解原方案的基础上,对其中存在的问题,要有足够的理由和证据,指出其不合理的成分,这样才能起到完善和补充的作用。在此基础上,提出自己的观点及解决问题的策略,才易于被领导所接受。

5. 随机提醒法

关键是"随机"二字,抓住机会随时向上级提出新建议,无论在什么情况下,发现什么问题,或者上级突然想起某个问题,我们都可以根据自己的思考,提出新的见解。能做到"随机",关键在平时下功夫。一是要有全局意识。只有了解全面的情况,才有可能提出全面的、分量重的建议,这些建议能在随机提醒中产生积极的效果。二是要在平时注意收集有关信息,做好对信息、资料与知识的储备。三是要巧妙掌握时机。应经常关注上级重视的热点问题,一旦发现不好的苗头与潜在的危机,及时提醒上级注意防范,协助上级分析潜在的危险因素。

6. 比较选优法

提出多种方案,供上级从中选出最佳方案。需要注意以下三点。一是分析要透彻,既要分析各方案的整体情况,又要分析各方面的内部结构;既要分析整体上的利弊得失,也要分析各个环节的有利与不利的因素,才能在比较分析中得出较为可靠的结论。二是比较要全面、理性,防止掺杂个人感情因素。三是头绪要清晰。将最有效、最管用的方案提交上级选择。

美国一家贸易公司的经理设计了一个商标,这个商标的主题是旭日,很像日本国旗。

然后他征求各部门主任的意见,营业部主任和广告部主任都极力恭维,大赞经理构思的高明。最后轮到代理出口部主任、年轻员工程伟发表意见,程伟说:"我不同意用这个商标!"

"我不喜欢这个商标。"程伟直率地回答。其实从艺术的观点来说,他的确是有点讨厌那个红圈圈,他明白,和经理辩论审美观是得不到什么效果的,所以他接着说:"我恐怕它太好了。"

经理笑了起来,说:"这倒是我不懂了,你解释一下看看。"

"这个设计鲜明而生动,这是毫无疑问的,无论哪个日本人都会喜欢的。"程伟说。

"是啊,我的意思正是如此,这些我刚才已经说过了。"经理有些不耐烦地说。

"然而,我们在远东还有一个重要市场,那就是华人,包括中国大陆,以及中国的台湾、香港和澳门地区,还有东南亚一些国家,这些国家和地区的人们看到这个商标,也会想到日本国旗。尽管日本人喜欢这个商标,但由于历史原因,这些国家和地区的人们就不一定喜欢了,甚至可能产生反感。这就是说,他们可能因此不愿意买我们的产品,这不是因小失大么?"程伟有理有据地说。

"天哪!我怎么没有想到这一点,你的意见对极了!"经理几乎叫了起来。

上例中,程伟一句"我恐怕它太好了",这样的恭维话,满足了经理的自尊心,为下面充分陈述理由营造了好的氛围。接着程伟运用了比较选优法,对经理在商标设计的利弊上,作了中肯的分析,指出原方案错误在"因小失大",使经理很快接受了建议。

第三节　适度赞美,委婉拒绝

从心理学的角度讲,被赞美是人们的一种心理需要。赞美上级是一种大学问。恰当地赞美领导是一种增进双方情谊、促进共同进步的交际艺术。赞美上级需要适度,难在把握分寸,不能让人感觉是"奉承""拍马屁",要做到真诚地、有针对性地赞美。工作中对上级的赞美,其实是对他们某些行为的一种肯定。同时,领导在受到赞美的同时,有可能反过来赞赏你、帮助你,这是一个双赢的过程。

一、真诚赞美领导风范

赞美必须要真诚,它不是一种取悦他人的简单公式,不能不分时间、地点、条件地对他人一味加以赞美。卡耐基说:"赞美和恭维到底有什么区别呢?很简单,一个是真诚的,一个是不真诚的;一个出自内心,一个出自牙缝;一个为天下人所欣赏,一个为天下人所不齿。"

对上级,要真诚地赞美他的长处,也就是要抓住领导的闪光点,而不可人云亦云,随声附和。

有位大人物对于奉承的下属一向很反感,这一点他的部下都知道。然而有一个聪明的下属却对他说:"您是最不喜欢听奉承话的,您真英明啊!"大人物听后不仅没有斥责他,心里反而十分舒服。

上例中,这位下属之所以能赞美成功,是因为他深知领导秉性,讨厌听奉承的话,然而他又非常准确地抓住了领导这一"闪光点",赞之以"英明",应该说是一次高明的赞美,也是真诚的,所以领导非常受用。

真诚地赞美领导,要抓住领导最重视、最引以为自豪的,真正在乎的事情,将其放到突出的位置加以赞美,可以最大限度地满足对方的心理需要。

如领导谈到他自己引以为荣的事情时,希望得到欣赏、肯定和积极的回应,这个时候我们应给予适当的赞美。再如领导最要紧的是他真正在乎的事情。对他不在乎的事情,如果喋喋不休地赞扬,对方反而反感。领导最在乎的事情往往是新上任时第一次公开讲话,领导作出的决策被实践证明是完全正确的,等等,领导对这些事情很"上心",可适当赞扬。

乔治·伊斯曼是世界上最有名望的商人之一。当时,纽约高级座椅公司的总裁亚当斯想得到伊斯曼所盖的两幢大楼的座椅订货生意,于是,约定拜访伊斯曼。

进入伊斯曼的办公室时,亚当斯满脸诚恳地说:"伊斯曼先生,我一直很羡慕您的办公室,我在这之前还没见过比这更漂亮的办公室呢。"

伊斯曼回答说:"这间办公室很漂亮,是吧? 当初刚建好的时候我对它也是极为欣赏。可如今,我每来到这里时总是盘算着许多别的事情,有时候甚至一连几个星期都顾不上看这个房间一眼。"

接下来,伊斯曼带亚当斯参观了那间房子的每一个角落,他把自己参与设计与建造的部分一一指给亚当斯看。他还打开一只带锁的箱子,从里面拉出一卷胶片,向亚当斯讲述他早年创业时的奋斗历程。

在离开伊斯曼办公室时,亚当斯获得了那两幢楼的座椅生意。

上例中,乔治·伊斯曼显然对他的办公室很在乎,亚当斯适当的真诚的赞美,深深地打动了伊斯曼,并激发他讲述自己早年的奋斗史——对方的激情被调动了,这是赞美的魔力,亚当斯得到的回报当然不菲。

二、赞美领导要掌握技巧

赞美领导不是一件简单的事,如果欠缺一定的技巧,即便是真诚的赞美,也未必能取得良好的效果。

制约赞美效果的因素主要有两个:第一,如前所述,赞美者是否发自内心,是否真诚,虚假的赞美是不受欢迎的,甚至令人反感;第二,被赞美者所得到的赞美是否是他所期待的,是否合情合理。

我们在赞美上级时应注意以下几个原则。第一,实事求是,措辞得当。要有足够的证据,要以事实为基础,切忌浮夸。第二,赞美要真诚、热情,发自内心。第三,赞美要具体、深入、细致。即要善于挖掘对方不太显著的、处于萌芽状态的优点。这样更能增加对方的价值感,所起的作用会更大。第四,将赞美用于鼓励、支持。

在把握了赞美的基本原则的前提下,要掌握好赞美的技巧。

1. 赞美要把握好时机

赞美应切合当下的气氛、条件,千万不要错过时机。时机一过,味同嚼蜡;适时赞美,锦上添花。

2. 赞美最好以公众语气

以"公众"的语气赞美领导,使用"我们""大家"这些代词,让领导感受到集体的赞美,你就是集体赞美的"代言人"角色;当然,也可以把自己的赞美融入进去。

3. 赞美尽量使用中性词

切不可滥用形容词和副词,要尽量使用"中性"词。否则容易使领导感到你言过其实,甚至言不由衷。

某位领导经常自己动手写稿,偶尔由秘书帮他准备稿子时,他也是事先把稿子的"路子"告诉秘书,供执笔人参考。秘书说:"像您这样当领导,我们都快失业了。""人家都说写稿子是苦差事,可是为您写稿子是美差事。"由于赞扬恰如其分,这位领导很愉快。

如果秘书说:"您真有水平,别的领导都比不上您。"这位领导也许接受不了,也不会有好的效果。

4. 间接赞美更有效

间接赞美是指当事人不在场时,说些赞扬他的话。一般情况下,间接赞美的话语都能传达到本人耳中。据国外心理学家调查，间接赞美的作用绝不比当面赞美差。因此，当你不便或没有机会向领导表达赞美，或是担心有恭维之嫌时，不妨在领导的朋友或同事面前赞美他，可以避免上述不足。因此，我们与其当面赞扬，不如通过第三者间接去赞美，还有一种传播效应。

有一个员工，在与同事们午休闲谈时，顺便说了几句领导的好话："海总这个人很不错，办事公正，对我的帮助尤其大，能为这样的人做事，真是一种幸运。"没想到这几句话很快传到海总的耳朵里去了。这免不了让海总的心里有些欣慰和感激。而同时，这个员工的形象也上升了。那些"传播者"在传达时，也顺带对这个员工夸赞了一番：这个人心胸开阔、人格高尚，真不错！

上例这位员工就是巧妙地运用了间接赞美的手法，这比直接的、当面的赞美效果更好，甚至还连带引起"传播者"对他的好感。可见，间接赞美上级确有功效。

5. 赞美要因人而异

俗话说在什么山上唱什么歌。赞美上级要看对象。对于权高位重的领导，可称赞他为国为民、清正廉洁；对于知识型领导，可称赞他知识渊博、淡泊宁静；对于年轻的领导，可夸赞他的开拓精神和创造才能；对年长的领导可称赞他功勋卓著、雄风不减当年……针对性要强，要依据事实，不可虚夸。

三、赞美领导要把握分寸

赞美领导要恰如其分，切忌过分，那会给人一种奉承的感觉。把握赞美的要诀，就需要掌握赞美的度，不可夸大其词，只有这样才能赢得上级的信任与好感。

把握好分寸不是一件容易的事情，赞美如煲汤，分寸火候是关键，稍不留神，要么太过，要么不及。以下就是一则不得要领的反面例证。

赵女士在某单位做行政工作，她既漂亮又聪明，而且嘴巴也很甜。这样的一位女士，却成了她的一位领导的苦恼。

她的女领导非常爱打扮，又很会搭配衣服。因此每天早上一到公司，赵女士那种令人不舒服的赞美声就涌入耳中："哇，夏经理！又买了套新衣服，颜色好漂亮！穿在您身上就是不一样。"隔天一见面，又说了："看看看，又一套，很贵吧？还有项链、耳环也是新的吧？我缺这个本事，不像您这么会打扮。"不仅如此，赵女士还当着客户"恭维"领导，说辞几乎都是："在我们经理的英明指导下，我才有今天的成绩。"

夏经理终于被赵女士的过分恭维弄烦了，只好告诉她："不是你没看过的就是新衣服，我的衣服有的已经穿了五六年啦，只是保护得好！你一嚷嚷人家还以为我多浪费呢！以后请别再评论我的衣服啦！"

上例中，赵女士的失败在于对领导的赞美很不得法。让人感觉不真诚，内容毫无新意，喋喋不休，让人产生厌烦感，当然不会得到领导的喜欢。

怎样把握好分寸，是一门学问。赞美领导要注意以下几个方面。

1. 不可"过"

主要是不要过于夸张。过分的赞美、夸张，就有溜须拍马、阿谀奉承之嫌。夸张最易过头，往往言过其实，或言不由衷，尽为溢美之词，滥用形容词、副词，听者会感到肉麻，甚至会怀疑你赞扬他的真实意图。

赞美不是不切实际的恭维,尤其是不分时机、不看场合、不分尺度地堆砌一大堆好话、赞美语,极尽阿谀奉承之能事,往往给领导和同事一个"马屁精"的感觉,令人反感。试问:这样的恭维、不得体的夸张有何益处? 还不如闭嘴不说话。

2. 不可"不及"

"不及"的赞美在尺度上犹如未烧开的温暾水。"不及"往往表现在以下两个方面。

一是说外行话。赞美时切忌不懂装懂、说外行话,否则会赞美不成,反落笑柄,贻笑大方。不能为了显摆,过多赞美,画蛇添足。因此,赞美时切忌充内行,应有所保留。

二是说空话、套话、俗话。赞美时人云亦云,随大流,毫无创意,只是炒现饭,说些不痛不痒的套话、俗话,甚至没话找话,废话、空话连篇,这种肤浅至极的所谓赞美,只能让领导感到乏味。

有这样一则故事:

几个电话预约以后,一位商界成功人士终于答应同莉莉见面。莉莉很珍惜这次机会,因为她的目的是让此人成为他们公司的品牌代言人。在一般情况下,商界人士是不屑于为其他人做广告的:"我又不是明星,那些出风头的事找别人去做吧!"这是他们的观点。为了在短暂有限的时间内能够说服这位成功人士,莉莉制订了详细的计划。她的计划是:想办法先赢得他的好感,然后努力延长对话的时间,这样才有可能成功。

见到了久负盛名的慕容先生时,莉莉打过招呼,然后微笑着说:"您好,我仔细阅读了您的成功经历,您真是一个商界奇才啊!"

慕容先生显得波澜不惊,说:"啊,真是奇怪,现在每一个人见到我都这样说。其实我并不认为那样,这也是我给每一个人的回答。"

"不,不。您太谦虚了,中国像您这样的人物真的太少了。"莉莉唯恐慕容先生不高兴,赶紧又说。

"莉莉小姐,如果你是来跟我说这些的话,那么你可以走了。因为这些话对我没有任何意义,如果我想听这样的话,随便拉一个人进来都可能比你说得好。如果你没有其他的事情,请不要浪费大家的时间。请原谅我的直白,因为时间对我来说实在是太宝贵了。很抱歉。"

莉莉动了动嘴唇,什么都没有说出来。

上例中,莉莉失败的原因在于赞美太过于一般化,毫无创意可言,甚至让人觉得是在听废话,浪费人家的时间。

3. 把握火候,关键是有真情实感

真诚的赞美发自内心,表现出真情实感,最能打动人心,也显得最为自然,领导受到感染,自然会接受你的一番好意。

4. 表达方式要恰当、贴切,不可过于直白

民间有一个关于朱元璋的笑话:

朱元璋有两个过去一块儿长大的穷朋友。朱元璋后来做了皇帝,这两位朋友仍过着苦日子。一天,一位朋友从乡下赶到南京,拜见了朱元璋,他对朱元璋说:"我主万岁! 当年微臣随驾扫荡庐州府,打破罐州城,汤元帅在逃,拿住豆将军,红孩儿当

关,多亏菜将军。"朱元璋听到他讲得很生动,十分高兴,也隐约记得他所说的一些事情,立刻封他做了御林军总管。事情一经传出,另外一个朋友也去了南京,拜见朱元璋,也说了那件事:"我主万岁!从前你我都替人家看牛,一天我们在芦苇荡里,把偷来的豆子放在瓦罐里煮着,还没煮熟,大家就抢着吃,把罐子打破了,撒了一地豆子,汤都泼在泥地里。你只顾从地下抓豆子吃,结果把红草根卡在喉咙里,还是我出的主意,叫你用一把青菜吞下,才把那红草根带进肚子里……"朱元璋见他不顾体面,没等他说完,就命令:"推出去斩了!"

从上例来看,第一位朋友将朱元璋儿时偷吃豆子的故事,巧用比喻,赞为赫赫战功,高雅别致,说者动听,听者明意,使人愉悦。第二位朋友有话直说,粗俗低劣,讲话不动听,有伤皇帝尊严,结果被斩首。

总之,把握好赞美领导的分寸,需要我们在平时多揣摩、多用心总结,正确地运用这些技巧来达到与上级良好沟通的目的。

四、委婉拒绝过高要求

拒绝,是对他人意愿、行为的一种直接或间接的否定。在工作中,上级常向我们指派某项任务或提出各种要求。我们应该坦然接受那些合理的任务和要求,但是,有些任务和要求过高、不合理,我们没有办法答应与接受。拒绝领导的要求是不容易的事情。即使对普通人说"不"也很难,在办公室里和上级说"不"更是难上加难。如何巧妙委婉地拒绝上级的要求,既不伤对方的面子,又能让他知难而退,真是一门学问。这既需要有莫大的勇气,也需要运用一些技巧和方法。

(一)拒绝的基本要求

(1) 认真倾听。认真倾听对方的要求,表示确实了解对方的需求。拒绝的话不应脱口而出,即使已明白非拒绝不可,也该凝神听完他的话,使对方了解到我们的拒绝不是草率做出的,是在认真考虑之后才不得已而为之的。

(2) 看准情势。要审时度势,要看是否有拒绝的必要和可能。

(3) 下定决心。如情势需要拒绝又可能拒绝,就应下定拒绝的决心。

(4) 直言"不"字。对于明显办不到的事,应该明白直接说出"不"字。

(5) 理由充分。不要只用一个"不"字就让对方"打道回府",而应给"不"加上合情合理的注解,要讲明自己的处境,最好具体说出理由及原委,让对方明白我们的苦衷。

(6) 态度友好。无论是听对方陈述要求和理由,还是拒绝对方并说明缘由,都要始终保持和蔼亲切的态度。

(7) 措辞柔缓。对他人的要求,表现出无能为力,迫于情势不得已拒绝时,一定要记得加上"真对不起""实在抱歉""不好意思""请多包涵""请您原谅"等致歉语,可舒缓对方的挫折感和对立情绪。

(8) 择取他途。在拒绝对方要求的同时,积极地出谋划策,建议他选择其他的途径和方法。

(二)委婉谢绝的方式与技巧

1. 先感谢上级,然后婉言谢绝

黄燕是公司的一名中层干部,最近正与外商谈判,忙得焦头烂额。偏偏在这个时候,顶头上司又要求她去参加拓展业务的研讨会。

黄燕微笑着对上司说:"谢谢您如此器重,不过真是抱歉,虽然我很想去,可是现在正忙着和外商谈判,一时抽不出时间,您看……"

没等她说完,上司就说:"哦,没关系。与外商谈判是件大事,不要浪费你的时间和精力,我派别人去参加研讨会。"

上例中,黄燕先对上司的器重表示感谢,然后道出自己的工作与上级的要求发生冲突,让上级感到她的确有难处,只好另请他人。

2. 用借口如请假的方式拒绝上级

借口的目的是让上级明白下属不愿意答应其要求,但又不好意思直接开口拒绝。请假不失为一种好的借口。

阿倩是一位活泼漂亮的女孩,上司每次约见重要客户时都要带着她。时间长了,有些客户对阿倩产生了"非分之想"。阿倩向上司倾诉心中的苦恼,但上司说:"这些都是重要客户,不要得罪他们。"阿倩只好勉强忍耐。

后来,一位客户直接向阿倩表白心迹,但阿倩对他一点兴趣都没有。面对客户的强烈追求,阿倩只好去求助上司。不料上司却说出这样的一番话:"阿倩,你还没有男朋友,那个客户条件不错,为了咱们公司的业务,要不你先和他相处一段时间吧。"

当时阿倩内心非常气愤,但没有在脸上表现出来,而是使用了一个微沟通的策略,她说:"我现在还不想谈对象。另外,这段时间我有些累了,想好好休息几天。请给我三天假期,让我好清静一下。"

上司明白了阿倩的意思,说:"这几天公司的事比较多,你就别请假休息了。这样吧,我告诉那位客户,就说你已经有了男朋友,而且马上就要结婚了。"

上例中,阿倩以请假为借口,表明自己的意图,成功地拒绝了上级的"美意"。

3. 幽默拒绝

用恰当的幽默的语言拒绝上级,会有意想不到的效果,能让上级在捧腹大笑中放弃自己的要求。这样的拒绝,既能愉悦对方,还能达到自己的目的。

老张是一家公司的部门经理,虽然经验丰富、工作态度认真,但能力一般,总经理有意让别人替换他的职位。

一天,总经理拍着他的肩膀说:"张经理,你看是不是要早日把你的职位让给年轻人啊!"

"好啊!就这么办!"

"嗯?你愿意?"

"当然愿意了。不过俗话说'鸟不去浊池',所以我有个请求,希望能让我把正在进行的工作彻底做好再离开。"

"完全可以,你手中的工作什么时候可以完成?"

"大概需要十年左右。"

总经理听后哈哈大笑,彻底打消了让别人顶替老张的念头。

上例中,老张的回答非常有艺术,巧妙地将"职位"一词用"正在进行的工作"来替换,上司误以为是某件具体的工作,没想到是一件需要花十年时间才能完成的工作,忍俊不禁,在大笑中收回成命。

4. 上级安排不合理的任务时,让对方决定完成的先后次序

上级交给我们的大量任务,实在让我们不胜负荷,我们可以主动请求上级决定完成工作的先后次序,比如可以说:"领导,我现在手里有五个大型计划和十个小项目,我应该先处理哪个呢?"明智的上级一定会明白我们的言外之意,会认同我们认真严谨的工作态度,自然不会增加任务。

5. 直言不讳拒绝上级

当上级要求我们做违法的事或违背良心的事时,要尽量以平静的心态,直言不讳地说出自己的想法。比如说:"您可以辞退我,也可以放弃要求,无论如何我都不会泄露这些资料,这是我的做人原则。"也可说:"对不起,谢谢,这样做对我不合适","对不起,这次我真的无法帮忙",等等。采用此法时,重要的是避免态度生硬,需要把拒绝的原因讲明白。

6. 采取缓兵之计

如果上级打算授予我们一个职位,而我们认为这个职位不适合自己时,可以采用缓兵之计。比如我们可以这样说:"无论在哪个职位,我都希望为单位贡献自己最大的力量,这样吧,您让我再考虑几天。"上级是明白人,知道你是不愿意听从他的安排,只是不好意思当面拒绝罢了。

7. 面对异性上级过分要求时的拒绝法

某医院外科护士小敏漂亮大方,待人热情。科室主任刚刚离异,对小敏动了心。这天下班的时候,科室主任对她说:"小敏,晚上一起去吃饭好吗?我和你说一件很重要的事情。"

小敏马上明白了"重要事情"的含义,笑着说:"太好了,我也正好有事情要您帮忙。"

主任一听正中下怀,说:"我非常愿意为你效劳,说吧,什么事需要我帮忙?"

"我男朋友是一位拳击运动员,训练时腹部被队友打了一拳,已经疼痛好几天了。我想让你帮他检查检查。"

外科主任一听,心里顿时凉了半截。

面对异性上级过分的要求,小敏的拒绝法非常高明,她巧妙地告诉主任自己有心上人,而且是在假装没听明白对方真实意图的情况下,使对方打消念头,这样既达到了自己的目的又没有伤害对方的自尊。

第四节　类型不同,沟通有别

由于每个人的性格、素质和经历不同,不同的领导就会有不同的领导风格。仔细揣摩每一位领导的不同风格,在与他们交往的过程中区别对待,运用不同的沟通技巧,会获得更好的沟通效果。

一、与脾气暴躁的上司的沟通

脾气大的上司,动辄对下属拍桌子、摔板凳,甚至破口大骂,高分贝的指责声劈头盖脸向你袭来。遇到这样的上司,你如何与他相处,有什么沟通技巧呢?专家总结出与脾气暴躁的上司沟通要掌握五大诀窍:控制火势,坦然承受;掌握火候,善意规劝;管好火源,防患未然;拿出事实,付诸行动;安然处之,事后调解。

脾气大的领导具有控制型的性格特征,他们往往对琐事不感兴趣,充满竞争的心态,做事果断、实际,旨在求胜,因此,往往在态度上表现得强硬,部属稍有不如意的地方,他们往往就大发雷霆。与这种领导沟通,可以从以下五个方面着手。

1. 控制火势,坦然承受

领导发火时,最聪明的办法是坦然承受其狂轰滥炸,硬着头皮洗耳恭听。一般来说,领导发火也不是无缘无故的,他的指责是正确的,你当然须坦然接受;如果确实不对,也不必当面锣、对面鼓地与领导抢白、争吵,甚至跟领导一样拍桌子。马上辩解,往往造成火上浇油的局势,对自己、对工作都不利。对于领导不对的地方,可以等领导火气消了之后,找机会加以说明。

2. 掌握火候,善意规劝

领导发完脾气冷静下来之后,下属可以给领导沏茶,待领导火气完全消了之后,再利用恰当时机,以诚恳、善意的态度,规劝领导,讲明常发脾气,一是对身体不利,怒火伤肝,二是对工作、对同事也带来不良影响,有损领导良好形象,恭请领导遇事要理智、冷静,切勿放纵火气。当然,规劝领导时,言语要委婉,态度要坦诚,要把握火候,掌握好分寸。

3. 管好火源,防患未然

领导发脾气,往往有缘由,所以要好好检查自己,办事要雷厉风行,对领导交代的事,不要有丝毫的懈怠、耽搁、拖延;做好自己的本职工作,做好工作的各种准备,另外,跟领导说话不可太呛,既要简洁、利索,也要委婉、温和。管好了火源,相信领导不会无端发火。切忌故意惹领导生气,故意"放火",要避免摩擦点火。总之,尽可能管好火源,消除隐患,从自身做起,防患未然。

4. 拿出事实,付诸行动

有时候,领导之所以发火,是因为我们做事拖沓,把领导吩咐的事情当成耳边风。我们只有拿出事实,积极付诸行动,才能熄灭他的火气。有时候我们自己并没有错,但要拿出事实来,所谓摆事实,讲道理,事实胜于雄辩,以此证明自己清白。雷厉风行的行动也很重要,当然跟领导沟通时,要讲究方式,言简意赅,不可过激,要态度真诚,沉稳自信。

5. 安然处之,事后调解

领导发火,气焰正盛之时,不管你有多大委屈,有多充分的理由,也不管领导有没有理,你的任何辩白和解释都无异于火上浇油。只有等领导发完脾气安静下来之后,你才可以找个适当时机做解释。

如果上级对你的指责是错误的,就更应该在事后去澄清。策略是,可以先承认自己也有过错,然后转过话锋,解释事情的原委与真相,相信此时领导已心知肚明。

如果确实错在我们自己,一定不要羞见于领导,或害怕被训斥。应该在事后进行深刻的检讨,查找自己犯错误的原因,拿出解决问题的对策,请领导批评,领导也就不会苛责于你。逃避只能使自己在领导心中的形象一落千丈,要认识到这是一次提升自己的难得的机会,要有感恩的心态和痛改前非的决心。

二、与爱挑剔的上司的沟通

爱挑剔的上司性格上比较严厉。他们重组织、轻个人,要求部属牺牲个人利益服从组织利益,工作中会执行严格的纪律,重视监督和考核,对待错误深挖猛打,这种领导喜欢挑剔指责下属。爱挑剔的领导一般分为两种类型。一种是自身水平较高的领导,他们往往以自己的水平要求下属,认为下属应该把他交代的一切事情做好。一般来说,下属让他们满意的时候很少,因此,在这种领导面前下属往往受到指责和挑剔。还有一种是嫉妒心强的领导,为了显示自己水平高,往往爱挑下属的毛病,甚至是"鸡蛋里挑骨头"。这种领导往往不会设身处地地考虑属下的难处,不承认属下的优点,不尊重属下的劳动成果,很多人碰上这种上级只能自认倒霉,有的干脆辞职,有的则每天战战兢兢生活在痛苦之中。其实,这种类型的上级可以促使我们提早成熟,提早获得经验,并且培养实事求是、一丝不苟的做事风格。在这种严格的挑剔之下,你的潜力会被无情地激发出来。当别人还在摸索的时候,你已经远远地跑在他们前面了。

与爱挑剔的领导相处,要采取以下对策。

1. 忠心第一

如果上级处处为难你,你应该做的最重要的事情是表明你的忠心,要尽最大的努力让他安下心来。具体的做法,可以主动提出定时向领导汇报,让你的工作情况完全在上司掌控的范围内,力争获取他对你的信任;再就是收敛自己的锋芒,极力做烘云托月的"云",时时显得领导"月"的光彩;还有,不妨做无名英雄,甘心做铺路石。久而久之,领导不会再挑剔你,不会过分要求完美的效果。

2. 多请示汇报

在工作中多请教上级,使他感受到你的成绩中有他的功劳,有他的心血,他便不会老是否定你,转而是肯定和表扬你了。

其次是多汇报。多汇报能让领导知道你在干什么。不仅要汇报困难,更重要的是汇报如何克服困难。在汇报中,领导会提出一些指导性意见。按领导的要求开展工作,以免费力不讨好,走弯路,白辛苦。

邱晓红与杜宇在同一家公司的企划部工作。杜宇的工作时间长,经验丰富,能力也相对较强。邱晓红虽然刚刚进公司,但头脑聪明,有上进心。

有一次,企划部经理安排邱晓红和杜宇到一家公司谈一个项目,回来时正是午饭时间。杜宇到食堂吃完饭回到办公室时,经理笑着说:"你们两人干得很好,看来这个项目的成功性很大。"原来,邱晓红已经把上午的工作情况向经理汇报过了。

下午,邱晓红和杜宇就这个项目方案进行了深入讨论。邱晓红对杜宇的许多想法都非常赞成。第二天,经理把杜宇叫到办公室,说:"昨天晓红说了许多新的想法,我觉得很有创意。"

杜宇脸色一沉,不高兴了,那些想法分明都是自己的主意啊。

经理看出他的内心变化,笑着说:"晓红说那些想法都是你琢磨出来的。不过她又进行了一番提炼、整合,而且融入了她自己的构思,因此让人觉得很有创意。对于一个女孩子来说,这已经很难得了。原来我打算亲自负责这个项目,以后就让晓红负责吧,我觉得她有这个能力。"杜宇一时语塞,只好怏怏告辞。

上例中,邱晓红的成功与她勤于跟上司汇报有很大的关系,领导对勤于汇报工作的下属不仅不会挑剔,还会信任她,委以重任。

3. 明确了解任务

当上司交给你一项任务时,不能敷衍了事,更不能遗漏工作要点,应该当面问清楚工作的具体要求、性质和完成的期限等,最好是作好书面记录,然后复述一遍,请问上级有无遗漏。这是为了后来开展工作时,避免彼此产生误会。这是应对挑剔的上司的基本功,切不可疏忽大意。

三、与健忘型的上司的沟通

健忘型的上司性格上大多是活泼乐天型,他们性格善变,工作和生活不拘小节,丢三落四,自我控制能力较差,做事易冲动,好耍小性子。最明显、最要命的是很健忘。常颠三倒四,明明在前一天讲过某件事,过两三天后,他却说根本没有讲,或者说前几天他讲的是这个意思,可今天又说是那个意思。因此,健忘型的上司忘记了提拔他承诺的表现优秀的下属,忘记了承诺给下属的奖金和好处,这一点也不奇怪。

应对健忘型的上司,其方法如下。

1. 多问,多重复

当上司在讲述某个事件或表明某种观点时,你可以佯装不懂,故意多问几遍,也可以借机提出自己不同的看法,故意引起上司注意,参与讨论来加深他的印象。对上司陈述用简洁的语言,重复讲给上司听,让上司也记住。还有,就是随时准备笔记本,将上司布置任务、表明观点时的时间、地点,以及简要内容作书面记录,万一领导遗忘,可随时翻阅备查。

2. 请上司签字或增加旁证

有的上司,明明你在上午把某个重要材料送给他了,下午他却一本正经地说根本没拿,重新向你要。碰到这种情况,送材料时不要将材料一放就一走了之,可要求上司在备忘录中签字。

一般不要托人转送材料。即使托人转送,可在送前或送后打个电话给上司以证明。当今资讯发达,可以用手机短信、微信、QQ等提示,也可作备忘提示。托人转送时,还可以适当延长接触时间,对材料作些具体解释,让转送人也知道有这么一个材料,可在备忘录中让转送人签字,以增加旁证。

3. 书面显示,提醒上司

如果接到上级的文件或书面通知,要上司参加会议或活动,就要把通知直接给他看,并把有关时间、地点、所要带的材料物品等,用笔作标记,或者将其写在上司的台历上。如果是电话通知,可把具体内容写成书面通知,直接交送上司。如上司不在,可放在办公桌上,但事后见面时要提醒一下,重复说明有关事项。还可以用手机发短信提示。

总之,即使上司再健忘,你也不能健忘。

思考与训练

1. 怎样做到尊重领导,学会服从?当领导遇到尴尬场面,怎样帮助领导摆脱困境?
2. 向领导建言,要讲究哪些策略?为什么向领导提建议,理由一定要充分?
3. 赞美领导要掌握哪些技巧?当领导对下属有不适当要求时,下属怎样拒绝才好?
4. 在下面这种情况下,你会在哪些程序中怎样赞扬上级?

如果你是新到某银行信用卡中心工作的商务代表,最近准备新开发一家商户,你现在要去向中心经理请示,你该怎么做?

提示:询问中心的相关规则,介绍商户情况,告知自己拟订的工作时间表,以及如何根据工作时间表安排工作步骤,认真听取上级的反馈信息。

按上题所设,你已经开始工作,请分阶段向上级汇报,设计每次汇报时如何表现你对上级的尊重。

5. 某大学商学院贾院长学历低,只是20世纪80年代初毕业的本科生,回学院工作前一直从事商务工作,具有很强的实战能力,商场的得意使他养成了刚愎自用的领导风格。在平时工作中,他上不媚校长,下不考虑师生员工感受,从来是说一不二,但他工作极其认真负责,每次学校评比,他所领导的学院各项指标总是名列前茅。请分析:贾院长属于哪种类型的领导?假如你是他的部属,你在日常工作中该如何与他交流?假如要求你去向他提出一些改进工作方法的意见,请设计你与他交流的方式、方法。

6. 综合下列案例及本章内容,请做如下练习。

部门经理谭锋在处理业务时,由于疏忽,给公司带来了麻烦,同时也受到了总经理的严厉批评,并扣发了他们部门所有员工的奖金。这样一来,大家都有怨气,认为谭锋办事失当,造成的责任却由大家来承担,所以一时间怨气冲天,谭锋处境非常困难。

这时秘书小高站出来对大家说:"其实谭经理在受到批评的时候还为大家据理力争,要求总经理只处分他自己而不要扣大家的奖金。"听到这些,大家对谭经理的气消了一半儿,小高接着说:"谭经理从总经理那里回来后很难过,表示下月一定想办法补回大家的奖金。其实这次失误除谭经理的责任外,我们大家也有责任。请大家体谅谭经理的处境,齐心协力,把公司业务搞好。"小高的调解工作获得了很大的成功。按说这并不是秘书职权之内的事,但小高的做法却使谭经理如释重负,心情豁然开朗。

纠纷很快得到了圆满的解决,小高在这个过程中的作用是不小的。可见,善于为领导排忧解难,对于更好地开展工作的确是有利的。

试问,当你的领导处于尴尬局面时,你懂得怎样为他们解围、打圆场吗?

第十章　贵在尊重包容
——与同事沟通

事业是立身、养家之本。一个人事业的成功，除了自身的努力之外，搞好与上级、同事的关系非常重要。与同事在一起的时间，和与家人在一起的时间是相等的，与同事关系的好坏直接影响到自己的工作、事业的进步与发展。同事之间关系要和谐、融洽，只有这样，才会感到心情愉快，有利于工作的顺利进行，促进事业的发展。切忌相互拆台、摩擦不断、关系紧张，如果那样，将影响正常的工作和生活，阻碍事业的正常发展。

如何与同事相处，怎样与同事相互帮衬，与同事发生冲突时如何化干戈为玉帛，这里面大有学问。

▶ 第一节　真诚相处，增进感情 ◀

若想在事业上获得成功，在工作中得心应手，就不得不深谙同事间相处的学问。同事相处的基本原则是：真诚、友善、和气、有亲切感。只要不是原则性问题，就没有必要争论高低。即使你比同事优秀，也要放下身段，谦卑为怀，切勿出风头。要使同事觉得与你相处，心情愉悦，关系和谐。同事之间相互沟通，得体恰当的语言是非常重要的。尤其要注意一些看似不起眼的细节，它最能反映你内心真实的"本我"。

一、与同事相处的要点

要处理好与同事的关系，就要注意以下几点。

（一）以诚相待

俗话说："精诚所至，金石为开。"真诚是同事之间沟通的基础，只有真诚待人，别人才会真诚对待我们。在职场中，同事遇到困难时，真诚的帮助会让对方充满感激与感动，也会使我们的人际关系更加融洽。

伍兰兰大学毕业后进入一家企业从事销售工作。她是一个勤劳善良的女孩，每天都提前到达公司，把同事的桌椅收拾整齐，把办公室打扫干净，尤其是帮同事江龙收拾好桌椅。由于江龙常常加班，桌上堆满书本，显得十分凌乱。江龙对此非常感激，主动要求带伍兰兰出去洽谈业务。在"师傅"的指引下，伍兰兰的能力提高很快。半年后，伍兰兰自认为已经能够胜任业务工作，私自决定替江龙撰写一份策划方案，并交给了客户。

没想到由于疏忽大意，一组数据被弄错了，客户因此否决了伍兰兰的方案，并且拒绝与他们合作。江龙得知后非常生气。伍兰兰诚恳地承认了错误，并在以后的工作中更加努力,将洽谈好的业务都算在江龙的头上,以此弥补自己的过失。

后来有一天,江龙生病住进医院,伍兰兰主动去医院精心照顾,而且没有放松工作,甚至连江龙的工作也一起处理了。

伍兰兰的一言一行都被同事们看在眼里,渐渐地,她的人缘越来越好,有什么事情大家都愿意真诚地帮助她。

在上例中,伍兰兰受到同事欢迎,她与同事交往的方法并不复杂,只是用一颗真诚的心去沟通而已。真诚是做人的基石,也是与人相处的根本。在职场人际交往中,如何才能做到真诚沟通呢?

1. 保持本色,抛弃做作

真诚一定是发自内心的,是真情实感,而不是盲目地迎合、随从别人,也不意味着标新立异,更不是明明有错,却不肯改正。保持本色,真诚待人,抛开尔虞我诈,是保证自己区别于他人的独特、健康的个性。以这样的态度与同事沟通,大家才能和谐相处,共同进步。

2. 不必过于掩饰自己的外表

一个人是否真诚,也体现在外在形象上。适当地对自己进行修饰是无可厚非的,但是过多掩饰会适得其反。如果太计较这些"表面现象",很容易滑向自卑的泥潭。

3. 不能不懂装懂

"知之为知之,不知为不知,是知也。"与同事沟通千万不要不懂装懂,要做到不懂就问。大多数人对不懂装懂的人十分讨厌,尤其是在知识渊博、经验丰富的同事面前,班门弄斧,更令人觉得可笑。每个人都有知识、技术的盲区,本属正常,刻意装内行,反而显得不真诚。

4. 真诚也要掌握分寸

良好的沟通始于真诚,但真诚也要把握分寸,不可过度。真诚过度,与同事走得太近,容易让职场上的同仁产生排斥感。

(二)尊重同事

同事之间地位平等,只有先从自己做起,尊重对方,对方才会给予同样的回报,彼此尊重才能落实,沟通起来才更容易。只有尊重同事的个性,才能做到相互理解。同事相处,做到互敬、互信、互助、互让,有礼有节,真正达到团结和谐,携手共进。同时,也应努力调整自己,保持自我的尊严。

职位相同的同事常因工作接触,宜以商谈、讨论以及提出建议的方法解决问题,共同完成工作任务。要尽可能照顾到各部门的利益,而不能以"命令"或责怪的口吻把自己的想法强加于同事。

人人都爱惜自己的面子。聪明人在与同事交往时,切忌把话说死,弄得自己毫无退路。给别人留面子,实际也就是给自己挣面子。

爱玛小姐是一位食品包装业的营销专家,她的第一份工作是一项新产品的市场测试。可是,她犯了一个大错,整个测试都必须重来一遍。当她向老板报告时,她恐惧得浑身发抖。以为老板会狠狠训她一顿,可是老板并没有像她想象的那样,而是谢谢她的工作,并强调在一个新计划中犯错不是很稀奇。而且他有信心等待第二次测试。老板给了爱玛面子,使她深为感动,果然第二次测试她进行得十分成功。

虽然别人犯了错,但如果不能为别人保留面子,也许会毁了一个人。老板保留了爱玛的面子，使她焕发了自信，走向成功。

（三）关心同事

与同事相处，应该真诚，当他在工作上有困难时，你应该尽心尽力予以帮助，而不是冷眼旁观，甚至落井下石；当他征求你的意见时，你不要给他毫无意义的称赞；当他在无意中冒犯了你，又没有跟你说声对不起时，你要以无所谓的态度，真心真意地原谅他；如果今后他还有求于你时，你依然要毫不犹豫地帮助他。

不仅要关心同事的工作，还要关心同事的生活。不仅要在平时关心理解同事，更要在关键时刻体贴帮助同事。

要仔细研究与同事合作方面存在的问题，特别是自身的问题，要待人热情，努力营造愉快气氛。不要只寄希望于对方的援手，而是要多考虑自己如何去关心和帮助别人。不妨用下面的办法试试：

（1）同事们在一起聊天，你应该暂时放下工作，走过去跟他们很随和地开些无伤大雅的玩笑，让同事们感觉你与他们很合得来，有助于融洽与同事们的关系；

（2）切忌随便把同事对你说的话告诉上司，否则你会很容易遭到大家联手反对，将你"拒之门外"；

（3）切勿妒忌同事的能干，而应诚心诚意欣赏他的优点。

关心同事，才能设身处地为同事着想，才能做到默契配合、共同合作，努力创造事业辉煌。

（四）保持适当距离

与同事相处，要把握好分寸，最好是保持适当的距离。距离太远了显然不好，别人会误认为你性格孤僻、高傲、不合群；距离太近了也不好，那样容易让别人说闲话，而且也容易让上司误解，认为你是在拉帮结派。所以不即不离、不远不近的同事关系，才是最合适和最理想的。这个分寸该如何把握呢？

1. 学会体谅别人

不论职位高低，每个人都有自己的工作范围和责任，所以在权力上，千万不要喧宾夺主。但也不能说"这不是我的事"之类的话，过于泾渭分明，只会破坏同事间的关系。在筹备一个会议前，应该谦虚地问上司："我们应该做到什么？""要顺利完成任务，我们应该再做些什么？"通过上司指示的信息，你要明白怎样在工作中与同事配合，并尽可能帮助同事，体谅同事的难处。

2. 不要在背后议论别人

比较小气和好奇心重的人，聚在一起就难免说东家长西家短。你一定不要加入他们，偶尔批评或调侃一些公司以外的人，倒无所谓，但对同事的私事，保持沉默才是聪明的做法。尊重同事的隐私权，不要让你的关心成为恶意的刺探，更何况有很多事局外人是无法理解的，容易以讹传讹，会给同事带来严重的伤害。

3. 公私分明

同事众多，总有一两个跟你特别投机，可能私底下成了好朋友。但不管你职位比他高或低，都不能因为关系好而偏袒纵容，上司对这类人"最讨厌"，认为这是不能信赖的人，一个公私不分的人，怎么能成就大事？所以你应该有所取舍。如果夫妻或情侣在同一单位办公，上班时间最好公事公办，不要常常腻在一起说话，以免引起其他不必要的风言风语。

（五）不搬弄是非

不应窥探或暴露同事的隐私,搬弄是非,人为制造一些麻烦。同事间在面对某些方面的成绩时,不能彼此嫉妒,更不能借机寻衅或捉弄报复、造谣中伤。在保证不影响工作的前提下,一定要注意不要因这些小节而伤了彼此的和气。

日常交往之中,不妨注意把握以下几个方面,建立融洽的同事关系。

1. 对待分歧,求大同存小异

同事之间由于立场、经历的差异,对于一个问题往往产生不同的看法,引起争议,一不小心容易伤和气。切忌把不同意见当成是非。一是不要过分争议。彼此之间谁也不服谁的情况下,过分争论,容易激化矛盾影响团结。二是不要一味"以和为贵",即使触及原则问题也不坚持、不争论。在发生分歧时要努力寻找共同点,争取求大同存小异。实在不能取得一致时,不妨冷处理,表明"我不能接受你们的观点,但我保留我的意见",让争论淡化,又不失自己的立场。切忌将不同观点当成攻击对方的把柄,造成是非,造成不和。

2. 以大局为重,多补台少拆台

与外单位人员接触时,切忌对同事评头论足、挑毛病,甚至恶意攻击。同事之间要珍惜共事的缘分,要有集体意识,以大局为重,形成利益共同体。要形成"团队形象"的观念,多补台少拆台,不要为自身小利而损害集体大利,最好"家丑不外扬"。

3. 对待升迁、功利,要保持平常心,不嫉妒

许多同事平时一团和气,而遇到利益之争,就当"利"不让。或互相诋毁,或嫉妒心发作,说风凉话。这样不光明正大,于己于人也都不利,对待升迁、功利时要时刻保持一颗平常心。

（六）其他注意事项

1. 冷静处理矛盾

对同事在工作中产生的矛盾,应以冷静、宽容的态度去对待、处理。不要因一时沉不住气而急于争辩,致使事态更为复杂。要坦然对待矛盾和误解,仔细地分析原因,寻求适当的方法来解决。

2. 经济往来一定要分清楚

同事之间为了彼此照顾,往往在经济上有来往,但不要过于随便,所谓"财上分明大丈夫",否则会造成一些不必要的麻烦。来往账目及时结清,如果纠缠不清,总会有一方有意无意地占了另一方的便宜,从而发生隔阂矛盾。切忌因经济问题伤害对方的感情。

3. 不要把自己的好恶强加给同事

有些同事间相互比较亲近,很容易过分亲密而忽视了距离,因而把自己的好恶强加给同事。这些做法都容易伤害对方,影响双方之间的感情,应注意避免。

二、态度要谦和

无论是在职场,还是在日常交往中,每个人都希望得到别人的肯定。

法国哲学家罗西法古说:"如果你要得到仇人,就表现得比你的朋友优越;如果你要得到朋友,就要让你的朋友表现得比你优越。"当你让同事表现得比你优越时,他会有一种得到肯定的感觉,但是当你表现得比同事优秀时,他会产生一种自卑感,甚至对你产生敌视情绪。因为谁都会自觉不自觉地强烈维护着自己的形象和尊严,如果有人对他过分地显示高人一等的优越感,那么无形之中是对他自尊心的一种挑战与轻视,同时排斥心理乃至敌意也就应运而生。怎样赢得同事的好感呢?

1. 甘当绿叶,让同事多表现

你想处处表现优越,结果在同事中反而失去威信。在这个世界上,那些谦逊豁达的人总能赢得更多的知己,那些妄自尊大,小看别人、高看自己的人总是令别人反感,最终在交往中使自己到处碰壁,可见谦和在同事相处中的重要性。要甘当绿叶,多做陪衬,让同事多多表现展示,你会赢得同事的心。

何先生是一位很有人缘的骨干,在他刚到人事局时,在同事中几乎一个朋友都没有。因为他正春风得意,常告诉别人有多少人找他帮忙,哪个几乎记不清名字的人,昨天又硬是给他送了礼,等等,同事们听了不仅不欣赏,而且还极不高兴。后来经当了多年领导的老父亲点拨,才意识到自己的毛病。从此以后便很少谈自己而多听同事说话,因为他们也有很多事情要吹嘘,远比听别人吹嘘更令他们兴奋。后来,每当他与同事闲聊时,总是先让对方滔滔不绝地表现自己。只有在对方停下来问他的时候,才很谦虚地说一下自己的情况。

何先生在同事心目中印象的改变,得益他的谦逊和甘当绿叶的心态。

2. 收敛锋芒,隐藏锐气

老子云:"良贾深藏若虚,君子盛德,容貌若愚。"这是说,善于经商的人不向外暴露财货,君子品德高尚,而外貌却显得愚笨。这句话告诉我们,与同事相处的职场,暗藏着许多不确定的因素,要收敛锋芒,隐藏锐气,你的才华暂时收藏着,并不等于它会失去,所谓"养兵千日,用兵一时","台上三分钟,台下十年功",你的功夫和真才实学,不要当作把戏一样,随便显露。好钢用在刀刃上,才华和能力用在关键的地方,千万不要不分场合、不辨时机地将你的才能随意显露,让人一览无余。

3. 对自己要轻描淡写,不必看得很重

常言道:"天使为什么能飞,因为她们把自己看得很轻。"《金刚经》上说:一个人要想彻底觉悟,首先要做到"无我相",要抛除"我执"。自己那点本事,在芸芸众生面前不算什么。如果说上面提到的收敛锋芒是一种无奈的应对,带有委屈的情绪,在这里则是真正的自觉。彻底抛弃"自我",从内心深处把好表现自我的根子拔掉,对自己永远不要看得很重,将"我"空掉,"我执"放下,你才会真正重视你的同事,他们的一切真正的优点,你才会心悦诚服,坦诚友好地、真正地认可。这种改变就是修身养性,是能赢得同事之心的非常关键的功夫。

真心懂得自我表现的人,常常既表现了自己又不露声色,他们不会总是以自己为中心,而是能给人一种"参与感"。他们与同事进行交谈时喜欢用"你""您",喜欢用"我们",而很少用"我",因为"我"给人距离感,而"你""您""我们"则让人倍感亲切。

张研是一家大公司的高级职员,工作积极主动,待人热情大方,但是有一天,一个小小的动作却使他的形象在同事眼中一落千丈。

当时在会议室,许多人都等着开会,其中一位同事发现地板有点脏,便主动拖起地来。而张研一直站在窗台边往楼下看。突然他急步走过来,叫那位同事把手中的拖把给他,同事不肯,可张研却执意要求,那位同事只好把拖把给他。

张研把拖把接到手,刚过一会儿,总经理推门而入。张研正拿着拖把勤勤恳恳、一丝不苟地拖着。从此,大家再看张研,顿时觉得他虚伪了许多,从前的良好形象被这个小动作冲得一干二净。

上例中,张研的良好形象,被一个抢风头表现自己的小动作破坏得干干净净,从这个反面教材中,可以看到,做人不可过多地炫耀、图表现。

4. 时刻保持谦逊的态度

谦虚的人,往往能得到别人的信赖。谦虚能赢得别人的尊重,更易于与同事建立良好的关系。相反,那些妄自尊大、小看别人的人不仅会引起身边人的反感,而且会招致嫉妒和排斥。如果你是初到工作岗位的新员工,更要注意谦虚谨慎,要在工作中慢慢显露自己的才干,而不是让别人感到受威胁。尤其是对待资深同事,更应谦虚谨慎。

一是对一些"小事"亦很细心,当大事来做。"小事不愿干,大事干不了",这是刚参加工作的新职员最容易犯的毛病,如果不注意纠正,很可能被人看作志大才疏的人。所以,看似不起眼的小事,要认真对待,要表现得勤快。传真机没纸了,主动给加上;饮水机没水了,主动给送水公司打个电话;同事忙不过来的时候主动问要不要帮忙。这些小事能让你快速融入同事圈中,而且容易使资深同事甚至上司产生好感。二是多向资深同事请教。很少有人拒绝谦虚好学的同事,你的请教,会让他们生出一种自豪感。三是多赞扬他们工作上的成就,有时话题不妨聊及他们的家庭,如"听说您孩子考上重点大学了,真是教子有方"之类的话,从生活方面来肯定、鼓舞他人,相信对方一定也会非常高兴。

三、交谈要得体

同事之间相互沟通,是为了关系良好、融洽。要做到关系融洽,交谈要得体恰当。但是在职场中,有的人言语不谨慎,说话随意,常常以言语冒犯人。轻者,惹人不快;重者,伤及自尊。同事之间的交流怎样才能做到得体呢?

(一)与不同年龄段的同事交谈时的注意要点

1. 与年纪小的同事

与年龄比自己小的同事交谈时,态度要慎重,应该表现得沉稳。这类同事有的可能只是经验不及你,与其交流,注意不要随声附和。但也不要同他们争论,执意坚持自己的意见,当他们谦虚求教时,可点到为止,不可卖弄经验、夸夸其谈。

2. 与年长的同事

与年长的同事交流要谦虚谨慎,与其交流,无论对方正不正确,重在认真聆听,这个态度很重要,有异议听完之后再提出来,以示尊重。多称赞他们做出的成绩或是在家庭教育方面取得的成效。

3. 与年龄相仿的同事

与年龄相仿的同事交流,态度可以随和些,但也应把握分寸,切忌出言不逊,太过随便、伤人自尊。与异性交流时,要文明礼貌,不宜态度暧昧、开过分的玩笑,以免引起一些不必要的猜疑。

有一次某公司聚餐,同事们酒后兴起,越聊越高兴。小施说:"今天小许有事没来,上次我们一起喝酒,小许喝得酩酊大醉,最后被家人接回去了。"

乘着酒意,小朱开了一句玩笑:"是吗?是喝醉被家人接回去的吗?不会是由于嫖娼被抓,警察才通知家属接他回去吧?哈哈。"

大家都知道小许喜欢喝酒,但作风正派,因此,明白小朱是在开玩笑,都没当一回事。

然而,酒桌上另一位同事小魏喝得有点多,迷迷糊糊之中没弄清楚事情真相,以为小许真的曾经因为嫖娼而被抓过。后来小魏对其他同事讲了这件事情,结果人们以讹传讹,"小许因嫖娼被抓"的谣言传得沸沸扬扬。

小许非常生气,最后经过调查,终于弄明白原来谣言始于酒席上的一句玩笑。然而,此时小许在同事心目中的形象已经大打折扣。虽然小施、小朱、小魏向他道歉,但小许同他们的关系彻底疏远了。

上例中,几个年龄相仿的同事,因为乱开玩笑,结果谣言四起,严重伤害了同事的感情,我们要引以为戒。

(二)要重视对方的性格特征

俗话说:在什么山上唱什么歌。说话要看人,与同事交谈要明白对方的个性、脾气和爱好。对方喜欢推心置腹,你应该多说些质朴诚恳的话;对方喜欢直来直去,你也来个三下五除二,干脆利落,千万不要绕来绕去;如果对方比较含蓄,喜欢委婉的话,你说话就应该讲究方法;如果对方喜欢钻研学问,你应该多说有关学术的话,而且有理有据。

小吕是一位文学爱好者,业余时间喜欢写一些文章。有一次,小吕写了一篇报告文学,投稿之前让一位水平较高的同事孔先生过目。孔先生发现这篇文章不太符合报告文学的文体,便说:"你这篇文章如果投到《×××月刊》,肯定会受到编辑的好评。"小吕马上明白了这篇文章并不是报告文学,于是在孔先生的帮助下重新进行了修改。

上例中,孔先生的话很得体,巧妙地让小吕领悟到自己的错误,委婉含蓄,顾及了对方的面子,也获得了对方的尊敬。

(三)态度要平和友善

同事交谈的基本原则是友善,态度要平和,有亲切感。一些非原则性问题,没必要争论不休。意见不统一时,可以搁置争议。如果讨论一些原则性问题时,你不得不与同事进行言语交锋,就要慎重,注意运用一些语言技巧。

1. 晓之以理,动之以情

居高临下的神态,不屑一顾的眼神,嘲讽乃至侮辱的词句,这种讲话方式,不管你多有道理,绝不会让人心悦诚服,还会引起其他同事的反感。

2. 抑扬有节,不能急于求成

同事讲到兴头上,滔滔不绝或多有冲撞冒犯之时,你此时的指责是徒劳的,不如任其发泄,你要气定神闲,泰然处之,可以在不当着其他同事面的情况下,私下以柔和礼貌的语言表达自己的意见或建议。

鲁明和苗霞既是同事,又是恋人。有一天下班后,两人和苗霞的几个朋友一起吃饭。席间,鲁明口若悬河,大谈特谈自己的能力和业绩。当别人发表意见的时候,鲁明常常插嘴打断对方。苗霞非常生气,批评他说:"你少说几句行不行?别人讲话你老插嘴,太不尊重他人了吧?"

鲁明当众受到训斥,觉得非常丢面子,反驳了几句,最后大家不欢而散。后来苗霞经过反思,认识到自己批评鲁明的方法不太恰当,心中产生了一丝悔意。

不久,鲁明又在朋友聚会时高谈阔论,苗霞没有当场指责。宴席散了之后,苗霞对他说:"如果你不那样独自占用所有的讲话时间,我会更喜欢和你在一起。我说话的时候不喜欢被别人打断,其他人也有同感。你已经养成大嗓门、打断别人说话的习惯,一时不容易改掉。以后遇到这种场合,我眨眨眼睛提示你一下,你尽量控制一下自己。这样大家就会更加乐意与你交往。"

鲁明接受了苗霞的批评,渐渐改掉了以前的不良习惯。

上例中,苗霞第一次不注重措辞、不注意场合的批评,使得鲁明丢了面子,闹得大家不欢而散,这种沟通方式是失败的。第二次苗霞注意了沟通技巧,顾及了鲁明的面子,而且好言相劝,对方自然而然接受了劝告。

(四)要体察对方的心情

根据同事的心情,应该有针对性地选择不同的话题。对方的心情可以分为得意和不得意两种情况,要分别应对。

1. 同事得意时

遇到同事得意时,应该同他谈得意的事;如果同他聊你的失意,他说不定会怪你扫他的兴,你刚开口,他说不定会让你吃闭门羹,使你无法久谈。

2. 同事失意时

遇到同事失意时,应该适时予以抚慰。如果同失意的人大聊自己得意的事,不但显得你不知趣,而且让对方误以为你是在挖苦他,你们的感情很容易疏远甚至恶化。

(五)要考虑对方与自己的亲疏关系

在一个单位里,要同身边的同事搞好关系,交谈时应该注意自己与交谈对象的亲疏关系。

1. 对交情匪浅的同事

对待关系好的、亲密的同事,可以不断交流思想;关心对方的生活,替对方出主意;对方有难时,主动关心,为对方排忧解难。

2. 对交情较浅的同事

对待关系不深、交情较浅的同事,可以随便聊聊天,内容不可涉深,尤其对于个人的私事,还是不谈为好。如果你不识趣,与之深谈,则显得你很冒昧。

小王是公司的职员,总感觉生不逢时,才华未尽其用,所以经常和别人说自己的种种不幸,大倒苦水,如待遇不好等。结果很少有同事喜欢和他聊天,所有人都唯恐避之不及。

小王之所以与大家关系很僵,症结在他与人交谈不分亲疏,逢人便说心里话,他的心里话又都是牢骚,没有人愿意听他的。

(六)要注意对方的语言习惯

不同地方的人,语言习惯也不同,你自以为习以为常的话语,在一个语言习惯不同的同事听来,可能很刺耳,甚至认为你在侮辱他。因此,必须留意对方的忌讳语,关注不同地方的语言习俗。否则,不看对象,随意脱口而出,极易伤害同事的感情。

  小夏是西北人,而小秦是北京人,一次两人在业余时间闲聊,谈得正起劲,小夏看见小秦头发有点过长,便随口说:"你的头毛长了,该理一理了。"

  不料小秦听后勃然大怒:"你的毛才长了呢!"

  结果两人不欢而散。

  无疑,问题就出在小夏所说的"毛"字上,小夏那个地方的人都管头发叫作头毛,他刚来北京时间不长,言语之中还带着方言,因此不自觉地说了出来。而北京人却把"毛"看作一种侮辱性的骂人的话,如"杂毛""黄毛"等,无怪乎小秦要勃然大怒了。

四、与同事分享成绩

同在职场中,成绩的取得与分享,利益的分配,都是大家关注的焦点。对于成绩,如果你在工作上有特别的表现,受到嘉奖时,千万别独享成功的荣耀。因为工作不是哪一个人能够独自完成的,需要同事明里暗里的协助,所谓"一个篱笆三个桩,一个好汉三个帮",是大家共同努力的结果。无论是有人与你争功,还是无人与你争功,你都要抱着分享、感恩的心态,才能赢得同事的好感与支持。

(一)无人与你争功,要主动分享功劳

1. 讲成绩时,学会说必要的客套话

我们在讲自己的成绩时,往往会说一段客套话:成绩的取得,是领导的支持,同志们帮助的结果。这种客套话听上去虽然有些乏味,却有很大的妙用,显得你谦虚谨慎,从而减少他人的嫉恨。

  在某单位的一次公开竞聘中,任贤战胜了其他几位竞争对手,当上了经理。许多同事对他表示祝贺,更有人当众夸他能力非凡。任贤却坦诚地说:"其实几位候选人各有长处。论管理我不如老刘,论经营我不如老叶,论公关我不如小王。"后来任贤不但以诚意挽留了这几位竞争者,而且还根据他们各自的特长做出了相应的安排。宽厚的气度使他赢得了大家的尊重,也使他在工作中取得显著成就。他上任没多久,单位就取得了很好的业绩。

上例中,任贤之所以能得到同事的支持,妙诀就是不把功劳揽在自己一个人身上,一句功劳是大家的,温暖的是人心,赢得的是尊重。

2. 将分享落实到行动上

当荣誉到来时,言辞上要真心实意感谢同事的鼓励和帮助,但语言上的感谢是一种口头上的分享。实质上的分享有多种方式,如经济上、荣誉上的分享等,要真正将言辞上的感谢化作行动,让同事感受到你的谦虚和真诚。如果能做到这一点,你获得的荣耀会助你更上一层楼,你的人际关系也将更进一步,事业必定进步、顺利。切忌那种"吃独食"的小家子作派,这往往得不偿失,丧失同事对你的信任与期待。

  小楠近来的情绪很不好,原因在于她在竞争办公室主任一职上遭遇失败。

  本来,小楠是办公室里的得力干将,工作表现相当好,经常获得奖金。前不久,他们的办公室主任升职了,临走前,主任向上级部门推荐小楠接任办公室主任一职。

上级部门在准备任命之前对小楠所在办公室的一些职员做了一个秘密调查,并找了几个人谈话,无意间提到了小楠几次,结果同事多说小楠"抠门""自私""不合群""孤傲"等。结果,上级领导部门就任命办公室另一个人缘好,但业绩一般的同事担任了办公室主任。

小楠为什么不受欢迎呢?原来,小楠的工作能力异常突出,经常被评为优秀员工,经常获得大笔奖金。有一次,一个同事吵着要她请大家到麦当劳去吃一餐,但是她认为是自己的劳动所得,没有必要请大家,于是就拒绝了。谁知,她这一举动不仅得罪了那个同事,而且还导致整个办公室的同事都对她有看法。最让大家受不了的就是开会时,小楠在发言中往往只提自己的功劳,同事们的配合和帮助她只字不提,于是一些同事便想办法找机会整治她。

有一次,小楠联系的一个客户打电话来找她,小楠刚好出去了,她的一个同事居然在电话里说:"公司里没有叫小楠的!"以致后来小楠在与该客户打交道时被认为是骗子。经过了这件事小楠与同事的关系越来越僵了。

在办公室里,同事之间的关系是一种竞争合作的关系,一个人取得的成就或多或少都离不开同事的帮助。因此,应该懂得主动与同事们分享。小楠的同事在她获得巨额奖金时要求她请客,其实并不是要从她那里得到什么,只是想分享她成功的快乐而已,而小楠却固执地认为自己的努力与他人无关,当然会引起同事们的不满。彼此之间有了这样的隔阂,以后还能合作下去吗?还能得到大家的好口碑吗?口碑不好,没有群众基础,又怎么可能走上领导岗位呢?

俗话说:"吃别人的嘴软,拿别人的手短。"身在职场,如果你取得成功时能够慷慨地把自己的成功与同事们分享,同事们得了你的好处,领了你的情,你还担心他们在今后的工作中不会一如既往地支持你吗?

上例中,小楠失败的教训是深刻的,本应该成功的她,败在错误的认识上:功劳是自己的,与大家无关。不会分享的小楠错失了升职的机会,还处处受到同事们的刁难,真是得不偿失。

(二)同事与你争功时,分享要讲究策略

当你挖空心思想出一个好主意,或者你勤奋工作为单位发展作出了极大贡献时,却有人试图把这份功劳据为己有,这时你该怎么办?

1. 赞赏抢你功劳的人

当同事和你争功时,不妨大度一些。首先向他表示你的感谢,赞赏他在你获得这次功劳中给你的启发和帮助。然后再重申功劳主要是自己的。说这番话的时候,要再一次对这位同事的才能和见解大加赞赏,并着重凸显他的从属和辅助作用。

当你觉得这个方法比较适合你运用时,你就应早点行动。如果等你的同事把他的想法散布开时再行动,困难就大得多了。

2. 写邮件澄清事实

写邮件的主要目的是委婉地提醒一下对方,自己当初随便提出来的想法,是怎样演变成今天这个令人欣喜的样子的。在信中适当的地方,可以写上有关的日期、标题,可以引用任何现存书面证据。

最后还是建议进行一次面对面的讨论。这是很重要的,这能让你有机会再次含蓄地强调一下自己的真正意思:这主意是你想出来的。如果真的有人把你的功劳忘记了,想把功劳归属自己,那么这个方法倒能为你争回功劳起一定作用。

3. 退出争"夺战"

初看起来,这似乎不是一种方法,至少不能算是一种很好的方法。但在某些情景下,对某些人来讲,这或许是最好的。你应该问一问自己:哪个更重要,是把这个想法付诸实施,还是独自拥有想出这个点子的名誉?在这种情况下退出争夺战显然是明智之举,是上上之策。

▶ 第二节 尊重同事,尽力相助 ◀

孟子云:"爱人者,人恒爱之,敬人者,人恒敬之。"只有尊重他人,互帮互助,才能营造融洽、良好的同事关系。尊重他人,即尊重他人的人格、尊重他人的工作,不贬损人、不嫉妒,为人低调,不张扬。同事有难,当伸出援助之手;同事受挫,当予以安慰鼓励。只有如此,才能共同营造互相帮扶、团结战斗的集体,才能打造具有凝聚力的团队。

一、学会尊重他人

同事相处,要相互理解,尊重第一。同时,也要保持自我的尊严。只有如此,才能达到团结和谐,携手共进。

1. 从自己做起

人与人之间地位平等,只有先从自己做起,尊重对方,对方才会同样尊重你,沟通才更容易。解决问题时,宜采用商谈、讨论以及提出建议的方式,切忌用"命令"的口吻,颐指气使。

2. 姿态谦虚

谦虚能赢得别人对你的尊重,并能赢得更多的朋友。那些妄自尊大、小看别人的人,不仅是对别人的不尊重,还会招致同事的反感,甚至嫉妒与排斥。初涉岗位的新员工,更要注意谦虚谨慎。虽然社会上提出"崇尚个性,凸现才华"的理念,但你在同事面前最好不要过于张狂自负,不要处处炫耀自己的能耐,要藏起锋芒,收敛锐气,不可将自己的才能让人一览无余。

多娜小姐刚到公司的时候,最喜欢吹嘘自己以前在工作方面的成绩,以及自己每一个成功的地方。同事们对她的自我吹嘘非常讨厌,尽管她说的都是千真万确的事实。她与同事们的关系因此弄得很僵,为此,多娜小姐很烦恼,甚至无法在公司里继续工作了。

她不得不向职业专家请教。专家在听了她的讲述之后,认真地说:"唯一的解决方法就是隐藏你自己的聪明以及所有优越的地方。他们之所以不喜欢你,仅仅是因为你表现出比他们更聪明,或者说你常常将自己的聪明向他们展示。在他们的眼中,你的行为就是故意炫耀,他们的心里难以接受。"多娜小姐顿时恍然大悟。她回去后严格按照专家的话要求自己。从此,她总是先请对方滔滔不绝地把他们的成绩讲出来,与其分享,而只是在对方问她的时候,才谦虚地说一下自己的成绩。很快,公司同事们就改变了对她的态度,慢慢地,她成了公司最有人缘的人。

可见,炫耀让人讨厌,谦虚赢得信赖。你尊重别人,别人才会尊重你,你才能与同事建立良好的人际关系。

3. 给同事留点面子

要尊重同事,注意给同事留点面子。给别人留面子,其实也是给自己留面子。在言语中,多用一些"可能""也许""我试试看"和某些感情色彩不强烈、褒贬意义不太明确的中性词,以便自己能"伸缩自如"。给人方便,自己方便。尊重别人,赢得尊重。

4. 乐于向老同事学习

老同事相对来说积累了丰富的经验,有机会我们不妨聆听他们的见解,从他们的成败得失里寻找可供借鉴之处,这样不仅可以帮助我们少走弯路,更会让其感到我们对他们的尊重。

5. 对新同事提供善意的帮助

对新同事的尊重,莫过于帮助他们。新同事对工作还不熟悉,当然很想得到大家的指点,但是心有怯意,不好意思向人请教。此时,我们最好主动关心他们、帮助他们,在他们最需要得到帮助之时,伸出援助之手,这往往会让他们铭记终生,从内心深处感激你,因为他感受到了尊重,更感受到了温暖,他会在今后的工作中更主动地配合你、帮助你。切不可自以为是,不把新同事放在眼里,不尊重他们,这样不仅会伤害他们,还会让他们厌恶你、远离你。

6. 外出要与同事打招呼

尊重同事表现在很多细节上。你有事要外出一会儿,或是请假不上班,虽然批准请假的是领导,但你最好要同办公室的同事说一声。即使你临时出去半个小时,也要与同事打个招呼。这样,倘若领导或外人来找,也可以让同事有个交代。如果你什么也不愿说,进进出出神秘兮兮的,有时正好有要紧的事,人家就没法说了,有的还懒得说,受到影响的恐怕还是自己。互相告知,这是对别人的尊重与信任,既是共同工作的需要,也是联络感情的需要。

二、不嫉妒他人

同事之间容易出现嫉妒,嫉妒别人升迁比自己快,嫉妒别人比自己有才华……嫉妒是一种对人对己两不利的情绪,嫉妒别人其实就是折磨你自己。

1. 不嫉妒他人

在别人事业取得进步后,有的人总喜欢拿来与自己比较。人比人,气死人。一比发觉不如人,但又觉得不服气,结果便是嫉妒别人。因为嫉妒,你整我,我整你,弄得人人自危,还因此使同事关系紧张,自己不舒服,别人也难过。

> 胡某、王某两人同年大学毕业,进入同一个单位工作,业务上经常相互交流。但经过几年以后,胡某以其纯熟的业务能力、精干的办事能力而获得领导的赏识,还评上了高级技术职称。而王某则平平淡淡,无所建树。但他对胡某很不服气,对胡某所获得的一切也很嫉妒,于是给领导写了一封匿名信,诬陷胡某。最终事情败露,被单位给予行政处分,正所谓偷鸡不成反而蚀把米。

嫉妒这个恶魔能令人丧心病狂,甚至能让人丧命。电视剧《三国演义》中,周瑜因为嫉妒诸葛亮,发出"既生瑜,何生亮"的感叹,最后活活气死,就是最大的教训。

与其嫉妒同事的才干,不如奋起直追,来个友谊竞赛,形成同事间你追我赶的正常竞争,所谓"风水轮流转,明年到我家",通过正常竞争而超过比你强的同事,比起使绊子、穿小鞋、泼脏水、拆后台的不正当卑劣伎俩,来得光明正大。

同事取得了成绩,主动向其道贺,更显得自己有修养、大度,也能得人心。如果放下身段,虚心向先进学习,向其取经,别人也愿意传经送宝。比起那种因嫉妒而眼红、生事的人,境界高出许多,还使自己在事业上有了追赶先进的奋斗目标。用谦逊的美德战胜卑劣的嫉妒,不仅可以与先进同事愉快相处,还能得到其帮助,共同进步,何乐不为!

2. 被人嫉妒怎么办

与同事相处,不要嫉妒同事的上进、成功。但反过来你被别人嫉妒了怎么办?

第一,向你自己道喜,因为你如果不是有几分才气,谁会嫉妒你?被人嫉妒,说明你有本事,否则就是平庸汉一个。

第二,要更加谨慎。不可因为自己有才干、有本事就沾沾自喜,尾巴翘到天上去了。应该学会运用《诗经》上说的"战战兢兢,如履薄冰"。因为你要明白,你的才华显露了,不知有多少双嫉妒你的眼睛看着你。

第三,不必斤斤计较。要吸收别人嫉妒中的合理因素和有利成分。如剧作家周振天所说:"不必怨恨嘲讽与嫉妒,它的每一次到来,都是前进的动力。"要正确对待别人、对待自己,发现自己的"白璧微瑕",加以完善,使之转化为前进的动力。

第四,对于一些毫无缘由的嫉妒大可不必理会。黄炎培老先生,字任之,他在解释为何取"任之"这个字时,说:"这有两重意思。其一是对自己该做的事、对国家该负的责任,坚决勇敢地担负起来,任之。其二是对无所谓的事、无聊的流言等,不管它,由它去,任之。"这应是对待同事嫉妒你的正确态度。

第五,要激励自己,追求更大的进步,取得更大的成绩。要使自己与那些嫉妒你的人在才华、能力、成绩上拉开更大的距离,不是一个档次,而是几个档次,让别人对你产生的不是嫉妒,而是敬畏之心。当然,最重要的是不可骄傲,即使取得了再大的成绩,也要把成绩归功于集体,要更加谦逊。

三、有成绩不张扬

受到表彰,得到上司器重,不过分表露,可避免刺激同事的自尊心或虚荣心。过于张扬,易遭嫉妒,一些小心眼或嫉妒心强的同事会寻机使坏。因此,有成绩不可张扬,于己、于人、于单位都有好处。

1. 不要过分表现自我

美国戏剧评论家威廉·温特尔说过:"自我表现是人类天性中最主要的因素。"在现代社会,充分发挥自己的潜能,表现自己的才能和优势,是适应挑战的必然选择。但是,表现自我要分场合、讲方式,在竞争日益激烈、同事关系日趋复杂的今天,过于自我表现往往遭人忌恨、讨厌,使同事产生排斥和不快的情绪,使自己平白无故多了许多"敌人",又是何苦呢?

善于自我表现的人常常既"表现"了自己,又未露声色。他们与同事交谈时多用"我们",因为"我们"这个字眼,代表着集体的参与感,且使人感觉亲切,大家都是同一战线的,"敌人"不就少了,阻碍不也少多了吗?

2. 别在同事面前吹嘘自己

如果经常在同事面前口若悬河、大吹特吹,只要你开口讲几句,别人就会感到厌烦,最终你会成为孤家寡人。而那些谦虚豁达的人,却能赢得更多的知己。

纪森在一家图书出版社担任编辑。他为人随和也很有才气,平日里总喜欢与同事开些小玩笑,所以他与单位上下的关系都非常融洽。舒心的工作气氛,给纪森创造了许多写作的机会,闲下来时,他就拿起笔随意地写点什么。

有一次，他编辑的图书在评选中获得了大奖，而且位居排行榜榜首。为此，他感到无比荣耀。大概是开心过了头，他逢人便说自己的图书获得了大奖，同事们表面上纷纷向他祝贺。可是，一个月过去后，他发现工作氛围似乎有些僵硬，平日里同事间的融洽全部消失了。大家似乎都在刻意地躲避他，有的还有意和他过不去。过了一段时间以后，他终于找到了矛盾的根源，原来他犯了盲目炫耀的错误。

从上例纪森的教训可以看到，在同事面前恃才傲物、吹嘘本领的下场，就是把自己弄成同事的对立面，伤害的是自己。

3. 要学会与同事分享成果

刚刚踏入职场的新员工，获得荣誉，很容易自我膨胀，此时保持清醒的头脑、谦逊的态度十分重要。总是不断提自己的成绩与荣誉，会显得十分狂妄。成绩是大家的，自己的作用再大，也只是集体的一分子，大家既然已经知道你的荣誉，又何必总是提起？

千万别独享荣誉，否则这份荣誉就会成为你人际关系上的定时炸弹。不必斤斤计较眼前的蝇头小利，而丧失了远大的前程，应大大方方把功劳分给身边的人。

4. 隐藏功劳，中庸处世

中庸之道是处世哲学中最难做到的，尤其在对待功劳、成绩上。一般人喜欢炫耀，造成对立，使自己处于不利境地。中庸之道的精髓在于以和为贵。以和为贵，在对待自己的成绩、功劳上，要善于掩饰，谦逊为上，成绩微不足道，不值得一提，就会少许多嫉妒、隔阂，甚至仇恨，要保持一团和气，与同事们融洽相处。这是一种高明的处世手法，它既是生存的需要，更是工作的需要。

三国时期曹操的著名谋士荀攸智慧超群，谋略过人，他辅佐曹操征张绣、擒吕布、战袁绍、定乌桓，为曹氏集团统一北方、建立功业做出了重要的贡献。他在朝二十余年，能够从容自如地处理政治旋涡中的复杂关系，在极其残酷的人事倾轧中，始终地位稳定，立于不败之地，原因就在于他能谨慎安身，以忍为安，很好地处理同僚关系。他平时特别注意周围环境，从不刻意与同僚争高下，总是表现得十分谦卑、文弱、愚钝和怯懦。他对于自己的功勋讳莫如深。这样，他才能和其他同僚和平相处，并且深受曹操的宠幸，从来没有人到曹操处进谗言加害于他，朝中朝外口碑极好。

四、帮助同事解难

人人都有困难的时候，同事之间少不了互相帮衬。当同事遇到难处，或身陷窘境时，我们有责任伸出援助之手，用自己的真诚和热情助同事一臂之力，帮其渡过难关。帮别人就是帮自己，有朝一日，当自己遇到难处时才有可能得到别人的帮助。

1. 学会安慰和鼓励同事

俗话说：危难时节见真情。如果同事自身或者家中遇到不幸，工作情绪非常低落时，往往最需要人的安慰和鼓励，也只有此时同事才会对帮助他的人感激不尽。你应该学会安慰和鼓励同事，让同事将心中的烦恼和痛苦诉说出来，尽力帮助同事解决困难，分担痛苦。同事在你的安慰下，排遣了心中的苦闷，精神上的负担将减轻许多，有助于增强其面对生活的勇气和工作的信心。这种帮助是精神上的，不要小看这种精神援助的力量。

2. 以宽容之心对待同事

同事在犯了错误时，是其最为难的时候，除了帮助其认识错误，改正错误之外，要以宽容的心态对待有错误、正犯难的同事,容许其有改错的机会。尤其是年轻的同事,经验不足,犯错误使自己处于为难、尴尬的境地是常有的事。列宁说,年轻人犯错误,上帝也会原谅他。能够原谅别人对自己的冒犯以及不敬,这是真正的宽容。

有一次,周总理工作之余请来理发师为自己刮胡须。理发师做好准备工作后,总理便躺在特制的椅子上。理发师非常专业,不一会就刮完了胡须,但正当他准备为总理刮脸时,总理突然咳嗽了一下。理发师始料未及,刀锋立即划破了总理的脸。理发师非常紧张,站在那里不知所措。然而,总理非但没有责怪他,反而和蔼地对他说道:"没关系,这并不怪你,我咳嗽前没有向你打招呼,你怎么知道我要动呢?"

虽然是一件小事,却不难看出周总理的宽容之心。即使一个人再英雄了得,也不可能万事皆顺,总有一些非人为因素在影响着一个人的能力发挥。

3. 平等互惠,不让对方吃亏

与同事相处,要采取平等互惠的原则,只要你能做到,就尽力帮同事忙。如果其他部门或同事在工作上给了你帮助,在你取得成绩后一定要懂得跟大家分享,切不可"吃独食"。要尽可能在力所能及的情况下,帮助同事,建立起"和我打交道一定不吃亏"的信用,增加大家对你的信任感。

小王是一家公司的秘书,奉命写一篇有关吞并另一个小公司的可行性报告,但事关机密,他知道只有一个人可以帮助他得到那些非常需要的资料——这个人曾在那家公司效力了十几年,不久前他们变成了同事。于是小王找到了这位同事,请他帮忙。当他走进这位叫作小李的同事的办公室时,小李正在接电话,并且很为难地说:"亲爱的,这些天实在没什么好邮票带给你了。"

"我在为我那12岁的儿子收集邮票。"小李解释道。

小王说明了他的来意,开始提出问题。但也许是小李对他过去的组织感情颇深吧,竟不太愿意合作,因此说话含糊、概括、模棱两可。他不想把心里的话说出来,无论怎样好言相劝都没有效果。这次见面的时间很短,没有达到实际目的。

起初小王很是着急,后来小王突然想起小李为他儿子收集邮票的事情,随即想起他的一个朋友在航空公司工作,一度喜欢搜集世界各地的邮票。小王想到了办法……

第二天一早,小王带了一些精美邮票,坐到了小李的办公桌前。小李满脸带着笑意,很客气。于是他们花了一个小时谈论邮票和他的儿子,然后小李又花了一个多小时,把小王所有想要得到的资料都说了出来,而且还当即打电话给他以前的一些同事,求证了一些事实和数字。

这正是给别人帮忙,就是给自己帮忙的例证。

4. 重视团队合作

随着社会分工越来越细,企事业单位越来越强调员工之间的互助合作。作为团队的一员,无论自己处于什么职位,要想取得团队的认可,就要主动关心和帮助同事,与同事同心协力、相互支持。需要大家协同完成的,要事先进行充分的沟通,配合中守时、守约、守信;除了自己分内的事情认真完成之外,要尽力尽心帮助其他同事,出现问题或差错要主动承担责任,不拖延、不推诿。在工作中要多关心和帮助别人,特别是与自己关系不太好的同事,化"敌"为友,于自己、同事、团队都是幸事。应扪心自问无法与对方精诚合作的原因,究竟出在自己身上还是对方身上。应以团队利益为最高的利益,化解个人恩怨,与同事和平相处,友好合作。

有一个人请求上帝带他参观一下天堂和地狱,希望通过比较选择自己的归宿。上帝答应了,先带他参观了由魔鬼掌管的地狱。进去之后,只见一群人,围着一个盛满了肉汤的大锅,但这些人看起来都愁眉苦脸、无精打采,一副营养不良、绝望又饥饿的样子。仔细一看,原来,每个人都拿着一只可以够到锅子的汤匙,但汤匙的柄比他们的手臂长,所以没法把东西送进嘴里。他们看来非常悲苦。

紧接着,上帝带他进入另一个地方。这个地方和先前的地方完全一样:一锅汤、一群人、一样的长柄汤匙。但每个人都很快乐,吃得也很愉快。上帝告诉他,这就是天堂。

这位参观者很迷惑:为什么情况相同的两个地方,结果却大不相同? 最后,经过仔细观察,他终于看到了答案:原来,在地狱里的每个人都想着自己舀肉汤;而在天堂里的每一个人都在用汤匙喂对面的另一个人。结果,在地狱里的人都挨饿而且可怜,而在天堂的人却吃得很好,非常快乐。

确实,帮助别人就能得到别人的帮助,在相互帮助中,我们能体会到和谐人际关系的幸福快乐。

5. 帮助同事也要把握分寸

以上都是讲要尽力帮助同事,但是要注意的是,热心不能太过,你是同事,不是管家婆。办公室里帮助人要因时、因事、因人制宜,而且热心要有度,帮人要有分寸,能帮则帮,雪中送炭,扶危济困,且力所能及,不触及你帮人的底线,这样才能既给你带来乐趣,双方也都能接受,同事之间才能更加和睦。

A女士非常重视同事间的交情,待人极其热心:同事夫妻不和,她充当"和事佬",讲尽好话,决心要令破镜重圆;同事弟弟过了适婚年龄仍无女朋友,她知道后主动请缨当红娘,把所有自己认识的未婚姑娘都拉去介绍给他认识;同事要约会、要办事,有未完成的工作往她桌上一放,她二话不说挽起了袖子就干……她虽然热心助人,但却常帮倒忙,同事们干脆送了A女士一个外号"管家婆"。A女士实在很困惑,为什么一心助人却还落了一身不是?

A女士的问题就出在她没有把握好"度",她的帮助太泛滥,这样"助人"自然就不会有任何乐趣了。关键是她经常帮倒忙,就失去帮忙的作用和意义了。

▶ 第三节 包容缺失,化解矛盾 ◀

俗话说,冤家宜解不宜结。同事之间经常会出现一些磕磕碰碰,如果不及时妥善处理,就会形成大矛盾。在与同事发生矛盾时,要主动忍让,从自身找原因,换位思考,多站在对方角度想想,避免矛盾激化。如果已经形成矛盾,自己又的确不对,要放下身段,学会道歉,以诚心感人。就算错在对方,最好的解决办法还是包容对方。不要抓住别人的错误或缺点不放,要多说体谅的话,主动示好,寻求和解的办法,用热情感化冷落,化干戈为玉帛。

一、用热情感化冷落

在职场上,许多人都不同程度地尝到过被同事冷落的滋味。尤其是职场新人,初来乍到,你在大家眼里是个陌生人,没有多少人愿意主动接近你,自然而然你会遭受冷落。那些有过不同程度过失的同事,大家也是唯恐避之不及,也自然会遭受冷落。面对冷落,我们该如何通过言行,感化冷落你的同事呢?

(一)泰然处之,热情为上

不要害怕冷落,同事毕竟是同事,又不是敌人。只要你对冷落泰然处之,以豁达坦荡的胸怀和热情的言行,一定能够感化同事,他们接受你是迟早的事。

于冬毕业后到某外事部门工作。到了新单位后,于冬发现同事们大部分都是大专、本科学历,他觉得这些比他学历低的同事都在排斥他。每当他满脸笑容地向同事询问一些问题的时候,他们大都不理不睬,甚至还会奚落于冬说:"研究生连这都不知道?"这让于冬感到很郁闷。妈妈得知了儿子的苦恼后,就笑着对儿子说:"他们冷,你就热,就是石头也能捂热。"

听了这番话后,于冬觉得茅塞顿开。从此以后,他在努力做好自己的工作的同时,还主动帮助同事做一些力所能及的事情。比如:他每天都会提前来到办公室,打扫卫生,并根据每个人的喜好,沏上一杯热茶或是倒上一杯开水……不论何时遇到同事,他都热情主动地上前打招呼;遇到同事家有婚丧嫁娶的事情,他就主动去帮忙;在周末、节假日里,他还主动邀请同事参加聚会,或者一同上街购物。渐渐地,同事们对他有了热情,并开始接受他,他也逐渐融入这个集体中。

一年后,单位有一个出国深造的机会,经过大家一致推举,领导把这个让人眼红的机会给了于冬。

上例中,于冬"以热对冷",终于化解了同事和他之间的坚冰,而且赢得了大家的好感,事业步上正轨。

(二)化解危机,积极主动

在人际交往中,主动性很重要。特别是当面临人际危机时,主动解释,主动示好,是消除误解,重新建立良好的同事关系的关键。

1. 主动迎接挑战

面对同事的冷落,首先要有接受冷落的心理准备。既然承认被冷落存在客观性,我们就要直面这一问题,既不害怕,也不回避。比如:面对冷落你的人,早上见面时,可以主动上前去问候一声"早上好!"当对方工作忙时,你可以助他一臂之力;关心对方的生活,如对方乔迁新居时,你可以主动去当个帮手,等等。你能这样去想、去做,是完全有可能改变对方的态度的。精诚所至,金石为开。看上去你很委屈,但在对方的心目中,你是有胸怀、值得信赖的人。

2. 换位思考,主动为先

交际中存在着主动的心理倾向,你以什么态度对人,别人往往也回报你什么态度。有的人在处理同事关系上,总是抱着"你对我好,我就对你好""你看不上我,我也不买你的账"的态度。这至少是一种不够大度的表现。要学会换位思考,主动替对方着想。你想得到别人的尊重,自己就要先尊重别人；要想得到别人的热情，自己先要热情待人；想得到别人的理解，自己先要理解别人。多想想对方的难处，为对方着想，你的所作所为一定能赢得同事的理解。用自己的热情博得他人的好感，用自己的温情融化他人心中的坚冰。你的热情一旦得到对方的认可，一定会产生良性互动，双方交流会向好的方向发展。

（三）加强沟通，化解敌意

1. 增加联络机会，以和为贵

在应对处处与你为敌或对你有成见的同事时，要寻找机会加强与他的联络、沟通和交流，绝对不要因为他对你"冷落"，或对你有敌意、有成见就断绝你们之间的来往，断绝来往只会让你们之间的矛盾越来越深，会给你的工作带来更多的麻烦。为避免这种情况的发生，建议你主动向其示好，增加联络，以和为贵。

2. 适当显示你的尊重之情

有时，同事之所以处处与你作对，可能是因为他觉得你经常不尊重他，虽然你本意并非如此，但这要求你认真审视一下自己平常的言行。并且在以后的相处中，要适当显示自己的尊重之情，如认真倾听对方的谈话，向对方表示你需要他的帮助，让对方知道你需要他，等等。

3. 肯定对方的成绩

对同事的成绩表示关心，是一种表达尊重与欣赏的方式。如果能做到这一点，对于缓和与同事之间的矛盾有很重要的作用。

4. 以"爱"制敌

所谓以"爱"制敌，就是用你的关爱来化解同事对你的敌意，也就是爱你的"敌人"。如巧妙地欣赏对方、友善的微笑、亲切的问候和热心的帮忙，这些都会让你减少很多不必要的麻烦。同时，你的行为也会使对方失去攻击的立场。若他不理解你的关爱继续攻击，那么他必将招致别人的谴责。人心都是肉长的，只要你真心地关爱别人，并转化为实实在在的行动，相信"敌人"终究会被你的诚意打动。

二、学会化"敌"为友

俗话说："人在江湖，身不由己。"身在职场，同事之间免不了会产生矛盾，发生不愉快的事。但同事间的矛盾，不至于是那种不共戴天之仇，不可化解。同在一个单位、一家企业共事谋生，低头不见抬头见，还是少结冤家比较有利。敌意是一点一点增加的，也可以一点一点消失。如果让矛盾激化，事情就有可能无法收拾，你也可能因此失去一个朋友，而多了一个敌人。

不过，化解矛盾也需要技巧，并非一味迁让与软弱。怎样化"敌"为友，在工作中是一门高深的学问。

你与同事积怨已久，双方都存有戒备甚至敌对心理，心与心之间似乎有一堵冰冷的墙。怎样化解这堵坚冰之墙呢？要勇于面对，融化坚冰。

1. 抓紧机会多做亲善工作

你与他也许曾经为一个职位或功劳争得头破血流，但为将来着想，平时就要为融化坚冰铺好路、搭好桥。抓紧机会，平常多做亲善工作。

如果你无缘无故地去邀约对方或送礼给对方，太唐突，也太贬低自己，应该见机行事。例如，从人事部探知他的生日，在单位举办一个小型生日会，主动邀请他，送礼物给他……真诚的善意,谁也不好拒绝。

要是对方升职,这是最佳时机,写一张贺卡,衷心送上你的祝福。如果其他同事为他开庆祝会,你无论多忙,也要抽空参加,或者私下请他吃一顿饭或喝茶。恭贺之余,不妨多谈些大家在工作方面的喜与乐,对往事绝口不提,缩短双方距离。

这些亲善之举平时有机会就要做,不要等到有直接来往或非见面不可时才行动,那就太迟了。那时,也会给人一种"市侩"之感。

2. 鼓足勇气,主动退让

面对两人之间的坚冰之墙,如果你能主动退让,给对方传递一个善意的信息,或为对方做一件友善的事,很可能从此化干戈为玉帛。但是这一步往往很难跨出。这需要作为当事人的你,有足够的勇气,具有较深厚的道德修养。你主动示好,寻求和解,摒弃前嫌,不仅有利于化解已有的矛盾,恢复和发展良好的人际关系,且有利于塑造自身良好的形象。《史记》中《廉颇蔺相如列传》,正是蔺相如不计前嫌,主动示好、退让,最后感动了廉颇,使他"负荆请罪",上演了让君臣百姓倍感欢欣的千古绝唱"将相和"。

"得饶人处且饶人",在占优势的情况下,放对方一马,他自然会心存感激。智慧地让步,避免一切无价值的纠缠,不是胆怯,不是懦弱,不是无能,而是大度、智慧和勇敢。

为了竞选美国总统,杰斐逊和亚当斯曾经针锋相对。竞选结束后,在就任美国总统前夕,杰斐逊想到白宫去告诉亚当斯:"让我们继续彼此的友谊吧。"但杰斐逊还没来得及开口,亚当斯便愤怒地说:"是你把我赶走的!是你把我赶走的!"从此两人没有交往达数年之久。

直到后来,杰斐逊的几个邻居去探访亚当斯,亚当斯仍在诉说那件难堪的往事,他解释说:"我一直都喜欢杰斐逊,现在仍然喜欢他。"邻居把这话传给了杰斐逊,杰斐逊便请了一个他俩彼此都熟悉的朋友传话,让亚当斯也知道自己对他们之间友情的珍视。后来,亚当斯回了一封信给他,两人重新建立起友谊。

上例中,杰斐逊和亚当斯因为竞选总统成为仇敌,但一句"我一直都喜欢杰斐逊,现在仍然喜欢他",传达了善意和真诚,终于融化两人之间的那堵冰墙。退一步海阔天空,能退让乃大丈夫所为也!

3. 宽厚包容,融化坚冰

发生矛盾后,首先要放下身段,以弥勒菩萨"肚大能容,容天下难容之事"的心态,宽大为怀,从自身找原因,换位替对方着想,避免矛盾激化到不可收拾的地步。真诚道歉,动之以情,晓之以互利之理。包容是一种崇高的境界。选择包容,就是掌握了破解坚冰的利器,从此两人放下仇恨,抛却前嫌,重新握手言和。给对方一个真心的微笑,让它融化写在脸上的坚冰,相信紧锁的眉头一定会松开,还你一个最灿烂的笑容,此刻你会感到这世界如此辽阔,阳光如此明媚……

在某报社的一次记者部主任职位竞争中,李慧败给了竞争对手姜英,心里很不是滋味:一是自己竞争失败了;二是她担心自己以后在记者部没有好日子过了。于是特别想调离记者部去做一名专职编辑,但又不甘心放弃记者生涯。正在犹豫不决之时,忽然得到一项姜英交给她的重要任务:负责一个重大选题的采访,并被任命为首席记者。这个任务出乎李慧意料,着实让她大吃一惊。这就是姜英对待同事兼竞争对手的双赢策略。事后,她对好友说:"如果我不对李慧委以重任,部门里就会形成以她和我为中心的两个帮派。有了这样两个对峙的小团体,以后的工作还怎么展开啊?所以我们之间应该和睦相处,适当地给她一些重大且富有挑战性的采访任务,让她有受到器重的感觉。更何况她还是整个部里最有实力的记者之一,工作能力很强,又有威望,事情如果处理得好,会成为我最得力的助手。"

果然,李慧圆满地完成了此次采访任务。姜英正确处理同事关系的做法受到了领导的称赞。

上例中,姜英的宽容大度,对竞争者公正宽容的做法,化解了两人之间的不快,使同事关系没有向矛盾深渊滑落。她的包容心、双赢策略,使自己、对手、单位都受益。

三、舍弃好胜之心

有些同事狂妄自大,喜欢炫耀,尤其是少数年轻员工因为气盛,总是不失时机自我表现,力求显出高人一等的样子,各个方面都好占上风。如果彼此都想争个高低,难免产生大大小小的矛盾。当我们面对这些矛盾时,不可以"狭路相逢勇者胜",使矛盾激化、事态扩大,那样不但于事无补,反而关系更僵。

朱女士在一家出版公司工作了10年之后,突然面临失业。她的位置将被一位更年轻的同事取代,而此同事对她十分冷漠,缺乏同情心。这令朱女士十分痛苦,还好许多好友都帮她找工作。几个月后,她找到了一份相当满意的工作,在一家虽然小却声誉很好的出版公司任总编。又过了两年,她先前所在的那家公司倒闭了,碰巧的是,曾经顶替她位置的那位同事如今到了她手下工作。带着满腔怒火,朱女士明确地表示她和此人誓不两立。她想要对方也尝尝痛苦的滋味,于是她故意不让她通过任何一个选题,甚至在大厅里相遇时也不忘对她嘲笑一番。日子长了,她俩的敌对情绪反倒干扰了朱女士正常的工作和生活。

上例中,朱女士对过往旧事放不下,一直耿耿于怀,结果伤人伤己,身心疲惫。同事间反目成仇,对个人、对单位都不利,影响大局。只有每个部门、每个人都相互协作,才能最大限度地营造出好的工作环境,整个单位、公司才能良好地运转。

1. 切勿争吵

争吵中没有胜利者。即使你口头胜利,但与此同时,你多了一个对你心怀怨恨的人。争吵总有一定原因,总有一定的目的。如果你真想解决问题,就不要采用争吵的方式。争吵除了会结怨树敌,在公众面前破坏自己温文尔雅的形象外,没有丝毫益处。如果只是日常生活中观点不同而引发的争论,就更应避免争执不休。如果你一面公开提出自己的主张,一面又对所有不同的意见进行抨击,那可是太不明智了,这样会使自己被孤立并就此止步不前。如果你经常如此,那么你的意见也不会引起别人的注意,你不在场时别人会比你在场时更高兴。你知道得那么多,谁也不能反驳你,人们也就不会再反驳你,从此再没有人跟你辩论,而你所懂的东西也就不过如此,再难以从交往中得到丝毫的补益。因为争辩而伤害别人的自尊心,结怨于人,既不利己,还有碍于人而使自己树敌,这实在不是明智之举。

2. 多一点谦让

身处职场,需要每个人都有宽容的智慧。当你与同事发生矛盾或冲突时,只要不是原则性的问题,你完全可以舍弃争强好胜的心理,尽可能地避免两败俱伤;当你与同事发生摩擦时,舍弃争执退后一步,给双方都留下清静思考的余地。

一天,孙冰交给一位年长下属制订月度计划的任务,并要求他在三天内完成。到了第四天,他还没有完成。孙冰看到,这位下属甚至在办公室内和其他人谈笑风生,完全没有忙于赶计划的意思。孙冰觉得,应该与他好好谈一谈。

下班后,孙冰约这位下属到茶馆坐坐,并亲自给他斟上茶。在幽幽的茶香中,孙冰谈到自己的成长经历,谈到自己的人生观、价值观,谈到自己的工作经历,谈到在这个公司得到的帮助和自己的奋斗经历,以及对未来事业的种种憧憬,等等。总之,孙冰推心置腹地和这位下属聊了很多。孙冰并没有希望从对方那儿得到什么,只希望让他真正地了解自己,而对于工作本身,并没有多谈。

第二天,孙冰一到办公室,就看到办公桌上工工整整地摆着月度计划。看来,要想得到别人的支持,和他们沟通显然非常重要。沟通是为了赢得理解,进而赢得他们的心。况且,自己作为年轻的领导,一定要积极听取老同志的意见,并将他们当作师长。也就是说,让老同志切实地感到:他们的资历和意见,备受年轻人的重视。

上例中,孙冰作为"新人",对"元老"级同事的拖拉作风并未当面指责,而是以礼贤下士的姿态与对方促膝谈心,使矛盾化于无形。和同事难免有摩擦的时候,如果非要计较,咄咄逼人,辩个你对我错,争个你高我低,只能使矛盾升级。对于无伤大雅的小节,谦让一点,就能够从不必要的纠缠中挣脱出来,去争取大局的利益。

3. 留有余地,话不可说绝

年轻人争强好胜,最易犯的毛病就是说大话,甚至夸海口,话说得太"死",以致一点回旋的余地都没有,常常使自己陷入自相矛盾或无法兑现承诺的境地。

我们说话一定要给自己留条后路。尤其是在别人向我们提出请求或是征求我们的意见时,请务必多使用间接、含蓄、模糊的词语,以避免出现过于绝对导致无法收场的局面,或是承担不必要的责任。

某家居公司销售部经理在对新产品进行市场预测时,总是先召开部门会议,并经常叫上其他部门共同讨论。

一次开会,销售部新来的两名职员陈诚和肖亮,表达了自己独特的看法,并初步受到部门经理乃至公司高层的好评。二人似乎有点得意忘形,在做进一步阐述时一再强调,如果按照他们的想法进行销售活动,一定会取得成功。销售部经理当即要求他们拟定一份详细的销售计划书,声明公司一定会认真考虑。听闻此言,陈诚和肖亮更是喜不自禁——作为公司的新人,能得到部门经理如此的重视,岂不预示着自己日后定能平步青云?

然而,新产品上市后,销售情况一路红灯,这令销售部经理大为光火。最后,公司决定重新制订销售策略,在追究问题相关责任时,陈诚和肖亮自然被推上了风口浪尖,表现不成,还险些丢了工作。

上例中,肖亮、陈诚最终的失败,源自最初的承诺。试想,如果肖亮、陈诚在阐述自己的想法之后,不去强调"一定",而是谦虚地补充一句:"当然,这只是我们的个人想法,还是要各位领导来决定。"是不是就可以巧妙地留有一些回旋的余地?

四、努力化解矛盾

没有矛盾就没有世界。职场中同事之间的磕磕碰碰最易产生矛盾。如何将矛盾消灭在萌芽状态？如何避免矛盾的发生、发展、升级？如何化解矛盾？是职场中每个人都十分关心的问题。

（一）审视自我，消除矛盾

1. 多从自己身上找原因

同事之间发生矛盾的原因是多方面的，既有对方的原因，也有自己的原因，还可能有第三方的原因。矛盾既已产生，就不要怨天尤人，要严格审视自己，调节自己的情绪，控制自己的感情，寻找自身的原因。

2. 化解矛盾要有度量

立足于自身，从自己身上找原因，你就会心平气和，冷静地、大度地面对矛盾。要缓和矛盾，不忘旧情、不记旧账，善于容纳各种各样的人，特别是能宽容曾经伤害过自己的人。

其一，当对方与自己争吵时，要有度量。对顶撞自己的同事应宽宏大量，保持冷静，不使用过激的言辞。对方无论说什么过激的话，都不要往心里去。可以在对方冷静下来后，找一个适当的时机与其沟通，解决问题。

其二，当对方批评自己时，要有度量。对待同事的批评应持欢迎的态度，不论批评的正确与否都要正确对待，一定要虚心接受正确的批评。只要你坦然接受，就不会擦枪走火，产生矛盾。

其三，当对方误会自己时，要有度量。对方误会自己，大多数情况下是没有弄清事情的原委。你不可与对方赌气，要主动找对方交谈，因势利导，讲清原委，消除误会。

3. 化解矛盾要讲策略

策略一：发泄法。同事对你有怨气，要采取一定的方式让他们出气。对方有过激的话，也要让他讲完，讲完他可能就气消了，再选择恰当的时机与其沟通。

策略二：疏导法。对方心中有矛盾焦虑，不能堵，不能压，而要采取疏导的方法，在疏导中引导，在引导中疏通，化矛盾于无形。

（二）把握分寸，化解矛盾

化解矛盾，要把握好以下分寸。

1. 不要理会威胁

威胁性的话，比如"你以为你是谁？""你连最基本的常识都不懂吗？"等一类，都是为了挑衅找由头，是导火索，如果你按捺不住气恼，势必要相互破口大骂或大打出手。此时，你不予理会，就不给别人破口大骂的机会，减少他表示强烈敌意的可能性。

2. 让同事知道你倚重他

每个人都希望自己很有分量，适时地表达对方在你心目中的分量，抬高他的地位，满足他的自尊，就可以避免一些矛盾的激化，尽可能减少或消除将来的敌对怨恨。

3. 肯认错

同事找出你的错误，一定要感激致谢，并以"良药苦口""当面纠错是最大的爱护"来感谢人家。而且,积极认错往往能够让对方很快闭上嘴巴,以免他"越说越来劲"。

4. 从批评中寻找积极成分

如果同事对你的错误大加抨击,即使带有强烈的感情色彩,也不要与之争吵不休,而应从积极的方面来理解他的抨击。这样,不但对你改正错误有帮助,也避免了语言敌对场面的出现。

5. 工作严谨,行为检点

不要在工作和生活上,因为不谨慎或不检点,给同事留下小辫子,免得同事抓住你的小辫子或踩你的肩膀往上爬。

6. 紧睁眼,慢张口

看清了事情的本质再说话,涉及飞短流长和对领导或同事评头品足的话不要说,免得被同事利用,或以此制造谗言,破坏你和领导或同事的关系。

祁莹莹经过几轮面试,终于如愿进入一家向往已久的公司。当她第一天到公司上班时,意外发现有一位曾经见过面的同事。同事名叫姚芳,与她住同一小区。二十多天前,祁莹莹看见一位妇女带领几个人把姚芳打得头破血流,听围观的人说姚芳是那位妇女的丈夫的情人。

姚芳也认出了面熟但没有说过话的祁莹莹,脸上马上流露出惊讶与不安的表情。此后,姚芳处处为难祁莹莹,比如周末做报表时故意拖到很晚才把有关数据告诉祁莹莹,或者在工作中故意失误,然后向经理解释说祁莹莹没有配合她……

祁莹莹心里明白,姚芳害怕自己把她的丑事宣扬出去,因此故意刁难,目的是在试用期满之前把她挤走。祁莹莹初来乍到,不愿与她正面冲突,极力保持克制。

然而,姚芳变本加厉,又一次将工作中的失误推到祁莹莹身上。祁莹莹忍无可忍,下班后约姚芳来到一家茶馆。

祁莹莹首先开口:"你似乎对我充满敌意,如果咱俩不住一个小区,可能会相处得更好。"

姚芳自知理亏,面露羞愧之色。

祁莹莹接着说:"我是来这工作的,对工作以外的其他事情毫无兴趣,包括他人的隐私、爱好和家庭。即使无意中知道了别人的一些秘密,我也会守口如瓶。"

姚芳松了一口气,笑着对祁莹莹说:"你是一位好姑娘,晚上我请你吃饭。"

后来,两人不仅成了工作上的最佳搭档,而且也成为生活中的亲密朋友。

简简单单几句话,就将两人之间的隔阂消除得无影无踪,显然,祁莹莹不仅道德高尚,同时也是消除矛盾的沟通高手。

思考与训练

1. 在一个新的工作环境中应该如何与同事相处?尤其是怎样与令人讨厌的同事相处?
2. 怎样做到尊重同事,尽力帮助同事?
3. 如何包容同事的缺点、化解矛盾?

4. 下面是发生在某公司销售部门的故事。小汪告状对不对？小汪、马达和部门主管应该怎么处理，才能化解矛盾？

汪新华是某公司销售部的一名员工，为人随和，平时不爱与人争执，和同事们的关系处得都比较融洽。

但是，前一段时间，不知道为什么，他们部门的马达老是处处和他过不去，有时候还故意在别人面前指桑骂槐，对于他们合作的工作任务，马达也总是有意刁难他，甚至还抢了汪新华的好几个老客户。

起初，汪新华觉得都是同事，没什么大不了的，忍一忍就算了。但是，看到马达如此嚣张，汪新华一赌气，就跑到经理那儿告了马达一状。经理把马达批评了一通，从那天起，汪新华和马达就彻底成了冤家。

其实，在之前一段时间里，马达就对小汪的态度大有改变，对此，小汪应该是有所察觉的，这时，他应该主动及时地和对方进行真诚的沟通，比如问问马达是不是自己什么地方做得不对，让他难堪了之类的。

但结果是，小汪忍让到了忍无可忍的时候，选择了告状。其实，找主管来说明一些事情，不能说方法不对，关键是怎么处理。但是，在这里，小汪、部门主管、马达三人犯了一个共同的错误，那就是没有坚持"对事不对人"的原则，做事都过于草率，结果反而加剧了矛盾。

第十一章　重在关怀体贴
——与下属沟通

　　第九章、第十章分别探讨了与上级和同事的沟通，本章阐述与下级的沟通。上下级之间的有效沟通，决定着管理的效率，决定着组织的发展前途。上级须时刻了解下属的观点、态度和价值理念，积极帮助他们通过创造性的工作实现其价值。作为上级，不管工作多么繁忙，都要始终保证与下级的沟通时间。没有沟通，就没有了解；没有了解，就没有全面、整体、有效及平衡的管理过程。要成功地与下级沟通，基本原则有三点：一是要有真诚的态度，不搞形式主义；二是要主动创造沟通的良好氛围；三是要保持开放的心态，广开言路。

第一节　与下属沟通要领

　　上级和下级之间好比是船长和水手之间的关系，当船长指挥水手驾船航行时，他们是互相扶助的整体，而不是不可协调的散沙。船长正确地指挥，水手熟练地执行，航船方可安全驶向成功的彼岸。能否建立一个关系融洽、积极进取的团队，很大程度上取决于上级（船长）是否善于和下级（水手）进行沟通，取决于上级是否善于运用沟通技巧。

　　上级在与下级沟通时，可灵活综合使用下列技巧，掌握如下要领。

一、传达命令，充分信任

　　命令是上级对下级有所指示，是上级对下级特定行动的要求或禁止。命令的目的是要让下级按照上级的意图完成特定的行为或工作；命令也是一种沟通，只是命令带有组织阶层上的职权关系，它隐含着强制性，会让下级有被压抑的感觉。当领导下达命令的时候，每个下属都希望拥有四个权利：知情权、参与权、商量权与决定权。如果上级能让下属在接受命令、执行命令的过程中体会知情、参与、商量与决定的过程，由被动状态转为主动状态，尽心尽责尽力，就能调动下属的潜能和积极性。其中，领导对下属充分信任，是保证下属主动接受命令的原动力。上级如何做到让下级心情舒畅或没有抵触地接受任务呢？

1. 让下属明白工作的重要性

　　下达命令时，要告诉下属该项工作的重要性，让下属获得信任感，以激发下属的成就感和使命感。例如："小李，组织经过商议，决定由你来完成此次达标验收报告的撰写任务，这对单位项目合格验收是非常重要的一环。希望你能竭尽全力争取成功！"相信小李听了这番话会觉得："组织和领导如此信任我，把这样重要的工作交给我，我一定要努力，不负领导和组织的期望。"尤其是在人才济济的单位，接受任务的下属一旦明了所承接任务的重要性，会有一种被信任、受赏识的感觉，一定会铆足了劲努力干好。

2. 给下属更大的自主权

一旦决定让下属负责某项工作,就应该放手让他去干,这就要尽可能地给他更大的自主权,使下属可以根据工作的性质和要求,更好地发挥个人的创造性。例如:"这次展交会由你负责,关于展示主题、地点、时间、预算等请你作出一个详细的策划,下周你选一天,我们听取你的计划。"还应该帮助下级获取必要的信息,例如:"财务部门我已经协调好了,他们会提供一些必要的报表。"

3. 征询意见,提供建议

即使命令已经下达,下级已经明白了他的工作重点所在,上级也已相应地进行了授权,但切不可就此不再过问事情的进展,尤其当下级遇到问题和困难,希望上级协助解决时,上级要征询下属的意见和建议,听取他们对困难的陈述,共同探讨、分析,以寻求解决困难的办法。这既是对下属的勉励,也能让下属真正感受到上级的信任和关心,其工作积极性会大大提高。

例如,你询问下属将如何完成任务,他的回答让你比较满意时,你应当及时予以肯定,多加赞扬,这样可以提高士气。当下属对于接受的任务提出问题时,要让他把话说完,不要说"理解的执行,不理解的也得执行"之类的话。下属能提出问题,说明他已在积极思考,但尚无把握,正是需要你帮助和支持的时候。这个时候,你能和下属一起来讨论,并根据自己的经验提供一些建议,他就会认为自己正在执行的是领导和自己共同制订的方案,自然会感到自豪和兴奋,从而就有了更大的干劲和动力。

4. 保护下属执行命令的热情

下属在独立完成具体工作的过程中,领导不应过多干涉,但为了保护下属执行命令的热情,上级应该了解和关心工作的进展情况,让下属感受到自己执行的工作是受到上级热情关注和重视的,感受到自己不是孤军作战,上级是自己最好的靠山,再大的困难,有领导的指点和支持,一定能够克服。这种始终饱满的工作热情,对于下属如期地保质保量完成任务,是非常重要的。

5. 态度友善,以礼相待

每个人都很在意别人对自己的态度,下属同样希望得到领导的尊重和关心。有人认为打着官腔说话,颐指气使,摆足做领导的样子,下属就会俯首听命,这是误区。如果领导的态度让下属感到冷冰冰的,没有人情味,那么他就会对这个命令产生抵触甚至不满情绪。所以看起来是说话的方式和语气,但影响的是下属的心绪和工作热情。

领导要做到态度和善,尊重下属,下达命令时的语气要和谐、有礼貌。不礼貌的用语,如"小张,进来一下"、"小李,把文件送去复印一下",会让下属有一种被呼来唤去的感觉,缺少对他们起码的尊重。因此,为了改善和下级的关系,使他们感受到自己更受尊重,不妨使用礼貌用语,如"小张,请你进来一下"、"小李,麻烦你把文件送去复印一下"。尊重换取尊重,对下级的尊重,赢得的是下级的尊重和信任。

二、拉近距离,平等交流

领导与下属存在着职务、身份、年龄等方面的差异。下属对上级,往往存在各种各样的心态:试探、戒备、恐惧、佩服、对立、轻视等。作为上级,要洞悉下属的心态,用平等的态度和下属沟通,让下属感觉到你尊重他,你能放得下架子,就会显得亲切,有人情味,容易与下属拉近距离,达到有效沟通的目的。

1. 了解下属,发挥语言魅力

要充分了解下属的心理和他们所关心的焦点问题。要重视开场白的作用,可以从日常生活话题开始,拉几句家常,开一些善意的小玩笑。这样容易消除对方的疑虑,拉近双方心理上的距离,再引入正题就容易达到沟通的目的了。态度要和蔼,语气要平和,语调要自然,晓之以理、动之以情,多采用商量口吻。

艾森豪威尔是第二次世界大战时的盟军统帅。有一次,他看见一个士兵从早到晚一直挖壕沟,就走过去跟他说:"大兵,现在日子过得还好吧?"士兵一看是将军,敬了个礼后说:"这哪是人过的日子哦!我在这边没日没夜地挖。"艾森豪威尔说:"我想也是,你上来,我们走一走。"艾森豪威尔就带他在那个营区里面绕了一圈,告诉他当一个将军的痛苦和肩膀上挂了几颗星以后,还被参谋长骂的那种难受,打仗前一天晚上睡不着觉的那种压力,以及对未来前途的那种迷惘。

最后,艾森豪威尔对士兵说:"我们两个一样,不要看你在坑里面,我在帐篷里面,其实谁的痛苦大还不知道呢,也许你还没死的时候,我就活活地被压力给压死了。"这样绕了一圈以后,又绕到那个坑的附近的时候,那个士兵说:"将军,我看我还是挖我的壕沟吧!"

2. 站在下属的角度,多为下属着想

注意观察和体会下属的感受,尽量做到所说的话不仅是自己要说的,也是对方愿意听、能够接受的。站在下属的角度,考虑他们的实际情况,这样你说的话他们就爱听,他们听到的就不是报告、指示,也没有官腔。如果你能深入到他们中间,在行为、情感、性格等方面与他们再接近一些,那么沟通的效果就会更好。

3. 多说"小话",少说"大话"

"大话"就是打官腔,"小话"就是亲切的话、温馨的话。中国人最不爱听官腔,感到领导高高在上,盛气凌人,以权势压人,缺乏信任感。若能让下属感受到领导不是替自己作决定,而是让他心甘情愿地去做事情,他会非常用心地去做。多以关怀的口吻,多说亲切的话来感动下属,很多事情就容易处理了。

4. 真诚相待,坦诚交流

与下属沟通,需要的是真诚,也要讲究技巧,但不要变技巧为计谋,尤其不要要挟他人,把沟通当作搏击,不择手段地制服对方。玩弄权术的人,人人避而远之。真诚对待下属,他才会亲近你。

现代人普遍面临竞争带来的压力,易产生不良情绪甚至不良行为。上级与下属沟通,要以关怀他们为出发点,与其坦诚交流。近年来,一些竞争力强的美国公司统一成立"员工协助"单位,目的在于给员工提供心理辅导,以解决员工的个人与家庭问题。关心下属的心理健康已成为现代管理趋势中较重要的一环。要做好心理辅导工作,要做好面谈工作。

面谈时可选择一个星期中的前几天的早上,一个让员工感觉安全的地方,使得面谈的过程不受干扰,让下属轻松自在。注意聆听而不作任何建议或判断,此外,谈话内容要保密,会谈后不与其他同事讨论细节。

三、加强沟通,提高效率

领导与下属的沟通要经常化,不要希望一次沟通解决所有问题。一次交流的时间不要太长,频繁地、短时间地与下属沟通,下属更容易感受到领导的亲近,更能明确地体会到上级对其的注意、关心。沟通中注意以下几个方面。

1. 帮助下属改进工作方法

下属工作不力怎么办?

一是"导"。下属工作不力,思路不顺、认识不足、态度不端是主要原因。对上级安排的工作不满意,或对工作的重要性缺乏足够的认识,以致干起活来情绪低落、心不在焉。对这种下属,要耐心细致加以引导。第一,要放下架子,亲近下属,听取意见和呼声,把准脉搏,缩短心理距离;第二,要帮下属理顺思路,消除疙瘩,振奋精神;第三,要帮助下属认识自己所承担工作的重要性,勉励其积极主动把工作做得又快又好。

二是"扶"。有的下属能力不强,胆量不大,工作不力。对待这样的下属,绝不轻言放弃。所谓"扶",就是不断鼓励其增强信心,挖掘其潜力,多提供培养锻炼的机会,让其在实践中提高素质,增强能力和胆识。倘若如此着意"雕刻",有些看似无能之辈,完全有可能成才、挑担子。

三是"逼"。有的下属惰性太强,办事拖拉,导致工作不力。但这样的人往往脑子好使,爆发力强。之所以不能按质如期完成工作任务,主要原因是律己不严、自由散漫,工作缺少紧迫感,习惯于"火烧眉毛"之时方才认真"作答",无奈时日所剩不多,只得糊弄一下,硬着头皮交差。调教这种下属,最有效的办法是增加沟通,增强压力,加强督促,时常鞭策,谨记一个"逼"字足矣。

2. 纠正下属"老毛病"

一些下属有不良习惯,成"老毛病",如办事粗心、拖拉,经常迟到、早退,或贪杯误事等。对其不可听之任之,要宽严适度,正确对待。

一是可以通过一些幽默的解释或调侃,给其施加一种无形的压力,同时也给他们一个台阶下,使他们认识并改正自己的"老毛病"。

二是假以辞色。一个失望的眼神,一声无奈的叹息,让他们察言观色,反思自己的行为,然后进行自我剖析和改正。

三是采取"放一放"式的冷处理。让那些常因"老毛病"影响正常工作的下属尝尝受冷落的滋味,让别人暂时替代其工作,使其警醒,迫其改正。

四是直言相告。通过做思想工作,分析利害,动之以情,晓之以理,开诚布公,直言相告,热心地为其指明改进的方向。

3. 对待下属上班时间办私事问题

处理下属在工作时间办私事的问题,要先找出原因,然后就不同情况,做出弹性处理。

针对某些下属过于清闲、无事可做,找别的事做打发时间等,可安排较多或较有挑战性的工作给他,情况自然会改善。

某些下属有兼职,但没有足够时间应付,便利用正职的工作时间。领导要清楚地表明立场,要求他不要在办公时间另赚外快;在下班后,如果他的兼职工作没有与单位或公司利益发生冲突,就无须提出严格要求。

有些下属办理私事是情有可原的，如家庭发生变故，在这种情况下，要做一个有人情味的领导，否则，很难要求他们通力合作。

为了杜绝上班时员工办私事，应该根据单位的实际工作情况，建立和健全各项规章制度，靠制度约束人、管理人。在管理过程中，经常在下属中间走动，短、频、快地与下属沟通、交流，可以及时发现问题、解决问题，有助于提高工作效率。

四、因人而异，不作比较

由于个性、性格、知识水平和人生经验的差异，员工开展工作的能力和方式就有差别，这就要求上级在与下级沟通时要根据不同的对象，采取不同的方式。要避免拿一个人的短处和他人的长处进行比较，也不能将一个人做错的事同别人做对的事相比。

根据现代商务沟通理论，将员工分成四种类型，即实干型、分析型、同情型、规则型，针对不同类型的下属，因人而异制定相应的沟通策略。

1. 实干型

实干型的人富于实践能力，适应性强，善于做技术性的、循序渐进的工作。他们开朗、宽容、灵活且善于处理变化，善于调解纷争。他们工作起来富有成效，具有一种自发的推动力和活力，爱好刺激。

与他们的沟通策略是：给予他们大量的自由和多元化的工作，帮助他们从机械的工作中走出来。给予他们循序渐进的训练，帮助他们自我调节，并加强时间管理。上级应帮助他们完善工作技巧，提高危机意识，使他们乐于与他人为伴。

2. 分析型

分析型的人擅长推理，逻辑思维能力强，其思维的创造性非常有价值。他们常为了工作置家庭于不顾，工作是其生命的一部分。他们对待事物严肃认真，不断战胜自我，独立工作时效果最佳。

与他们的沟通策略是：沟通时不要提供太多的细节及常规行为，只要告诉他们你想要的，并且给他们机会实施计划，给他们评价的标准。当你需要建设性意见时，可以与他们沟通并询问他们的建议。

3. 同情型

同情型的人善于帮助、支持和鼓励他人。他们性情温和、有灵性，善于交际，他们最善于创造和谐的工作环境。

与他们的沟通策略是：给予他们自治权和学习的机会，不要让细节成为负担。给予鼓励和指导，使他们认识到自己的重要性。如果必须给予他们否定的反馈，要谨慎，不要让他们感觉到这是个人攻击。

4. 规则型

规则型的人稳重、谨慎、实际，他们恪守信用，认真、忠诚、负责任，给人以安全感和不善变化的感觉。他们善于做具体的工作，在有计划和有组织的条件下工作效果最好。

与他们沟通的策略是：

第一，沟通主要目的是告诉他们行为的规则、组织形式等，平时要为他们提供有组织的训练，使他们能够按照规则和标准做事；

第二，如果事情发生变化，要耐心、详细地向他们解释，以免他们产生抵触情绪；

第三，要为他们提供完成任务的详细资料，对于他们的贡献和努力要予以充分的肯定，对待他们要守信，不要怀疑他们。

第二节 爱护下属，了解需求

一些管理者认为，爱护下属就是给予工作上的指导，或者帮助他们解决生活中的困难。实际上，除了工作和生活中的实际问题，下属还有思想诉求。作为管理者，要善于倾听，在与下属交谈中交心，真正了解下属的内心需求。

如果管理者忽视倾听下属的心声，很容易导致上下级之间产生误会、冲突。如果不能真正了解下属的内心需求，容易导致下属辞职、人才流失。

小蒋大学期间主修机械制造专业，毕业后进入一家大型制造企业担任技术员。由于努力钻研、工作认真，小蒋很快成为公司的技术骨干。经过近一年的研究，小蒋设计出一种新的农用机械。如果研制成功，则可提高农业生产力，同时给公司带来良好效益。

小蒋怀着激动的心情走进总经理办公室，向总经理讲起自己的构想。然而，总经理并没有听他在说什么，也没有认真研究他带来的图纸，而是靠在老板椅上闭目养神。小蒋尴尬地收起图纸，说了句"告辞"就往外走。

第二天，总经理意识到自己的做法有些问题，打电话邀请小蒋喝咖啡，并说想与他聊聊昨天的事。不料小蒋却说："总经理，我已经买好了去上海的机票，谢谢这几年您对我的照顾。"

"啊！这是为什么？"总经理问。

"我仔细考虑了一下，觉得贵单位不是适合我发展的平台。"

不久，小蒋去了上海另一家机械公司。他的设计方案受到公司高层关注，经过研究一致决定研发这种机械。产品上市后，广受欢迎，为公司带来巨大利润。

上例是一个反面教材，上级如果做不到与下属进行深层次的交流，就会难以明白下属到底在想什么，极易挫伤人才的积极性，导致单位（公司）的效益与发展受到影响。

上级如何在沟通中掌握倾听的技巧，达到爱护下属、了解下属、了解其内心需求的目的呢？

一、弄清下属诉求

在倾听下属谈话时，要确定、明白下属的诉求是什么，他是想给单位（公司）提意见、给工作提意见、对他人提意见，还是对待遇不满呢？有些下属性格内向，或因种种原因，在表达敏感问题时，语言晦涩。作为管理者，平时要多与下属接触，鼓励下属将内心深处的想法说出来，知其所求，方能帮助下属解决问题。

1. 认真倾听，重复一遍有惊喜

当下属在向你汇报时，千万不要让自己的大脑走神。要放下手头的活计，认真地集中精力倾听。下属讲述的内容也许清楚明白，但语气上的细微变化，里面可能埋藏了许多信息，需要上级挖掘。重复一遍下级说过的话，可能会有意外的惊喜。

于先生白手起家创立了目前的公司,有着极强的个人能力。在公司不断发展壮大的今天,于先生的领导能力赢得了下属的尊重,在员工中有着极高的威信。于先生也因此而非常自信。

　　对于公司的重要决策,于先生基本上不用听取相关部门和人员的意见就自己做主,很多时候让下属参与讨论和提出意见只是一种形式。一天,于先生因为儿子夜不归宿而大发脾气,他几乎不听儿子的任何辩解就把儿子臭骂了一顿,儿子也很生气:"爸爸,你总是这样,说是让我讲一下原因,但又不耐心地听我解释,不信你重复一下我所说的话?"于先生一愣,仔细一想还真想不起儿子到底说了什么。

　　第二天,于先生约工程师讨论一个工程建设项目的问题,工程师不到5分钟就将自己的看法说完了。因为他知道,老板早就心中有数,一般不会考虑下属的意见。

　　于先生听完后对工程师说:"我复述一下你的看法,你看我理解得对不对?"于是于先生将工程师的每条意见都复述了一遍,并询问某个意见的细节。工程师感到很惊讶,于是他针对细节进行了一些补充和完善,不知不觉,他们已经谈了两个小时,最后的结果是于先生采纳了工程师的意见,对自己的想法进行了调整。他发现工程师在很多地方的想法要比自己周全。

　　于先生大发感慨,原来重复别人的话还有这么大的收获,看来要真正管理好企业,首先必须摒弃自己的主观心态,耐心地去同下属沟通啊!

　上例中,于先生改变以往的态度,耐心倾听,重复员工的话,结果让下属敞开心扉,收获很大,可见耐心地、认真地倾听下属的话多么重要。

　2. 让下属说实话

　　上级与下属谈话的目的是了解真实情况,但是,有的下属说话有所顾忌,言不由衷,不说真话,见风使舵,从而使谈话丧失意义。因此,领导要以坦率、诚恳、求实的态度,要亲切和蔼,克服专制、蛮横的作风,同时尽可能让下属在谈话中清楚,上级感兴趣的是真实情况,而不是奉承、应付场景的话,从而消除下属的顾虑或迎合心理,坦诚说出自己的真实诉求。

　3. 让下属喜欢说话

　　谈话是双方的,是双向交流。如果一方对另一方的讲述予以积极、适当的反馈,就会使另一方敞开心扉,从而使谈话融洽、深入。所以,上级与下属谈话应注意自己的态度,充分利用一切手段,如感情、插话、姿态或感叹词等来表示自己对下属所讲的话很感兴趣。

　　下属若没有讲话的愿望,谈话就难免陷入僵局。所以,上级首先应具有细腻的情感和分寸感,注意谈话的态度与方式甚至语音、语调,目的是激发下属说话的愿望,使双方在感情的交流过程中完成信息的交流。此时领导微微一笑,轻轻一点头,热情地说一个"好"字,都是对下属谈话最有效的激励。

　4. 利用谈话中的停顿

　　当下属在讲述中出现停顿时,一般有两种情况,必须区别对待。一种情况是思维突然中断引起的,可能是下属紧张的缘故,此时,领导最好帮助下属接通原来的思路,用提问的形式重复下属刚才讲的话,让下属继续讲述。另一种情况可能是故意的,是下属为试探领导对他讲话的反应,此时,领导有必要给予鼓励性的插话,以使他进一步讲述。

二、设身处地为下属着想

俗话说:设身处地,将心比心。许多说服工作遇到困难,沟通遇到障碍,并不是我们没把道理讲清楚,而是由于领导和下属固执地据守本位,不替对方着想。如果换位思考,沟通就会容易多了,下属也愿意将自己的诉求坦诚告知上级,这样可以避免隔阂,融洽关系,促进工作。领导如何为下属设身处地着想呢?

1. 调整观念,变"上下"为"主伴"

下属很难在领导面前坦诚诉求,主要原因是上下级之间的地位差异,造成沟通障碍。为了保证沟通的效果,领导在与下属沟通时最好先调整观念,变"上下"为"主伴",认为彼此之间没有什么上下之别,只是出于办事的需要,有主也有伴,虽然"主"很重要,"伴"也不可少。抱着"看得起下属"的心情,也怀着"红花需要绿叶扶持"的期待,自然而然会以关怀的口吻、关心的态度和开阔的心胸善待下属,下属也会感受得到,双方的距离瞬间缩短,沟通渠道自然畅通得多。

2. 亲临现场,不耻下问

亲临现场是能让下属有效地表达诉求的好办法。在下属工作的场所,他有一种天然的安全感,而且用于提出诉求的资料、材料都在身边,不至于到上级办公室与领导谈话、提出诉求,忘了这丢了那,造成人为的紧张。这是下属的地盘,他有心理上的优势,满足下属这种心理上的优越感,有利于沟通,有利于听到真实的诉求。

下面是一位成功的管理员介绍的经验。

> 首先,我知道谁在干活。我向他们请教,他们很骄傲地描述他们的工作,显示他们的技巧。我学到了整天只是在办公室里学不到的许多东西。另外,这给我提供一个了解下属,甚至是工作以外的有益事情的机会。我了解他们的业余爱好、家庭、他们的问题和长远的打算。反过来,我也把我这些事儿都告诉他们。重要的是,我结识了办公室以外的人。我喜欢上了他们。我们相互尊敬和理解。

3. 将关心做到细微处

真正做到设身处地,一定会在细小的环节上表露作为领导的真情。每个人都有自己的尊严,都希望得到别人的认可。上级对下属的关心,对下属倾注的感情,尤其是对下属生活方面的关怀与照顾,可以使他们的这种尊严得到满足。如果在电梯或门口遇见下属,在点头微笑之余,叫出他的名字来,会令下属受宠若惊,感到被重视。

领导应对下属的生活方面给予一定的关爱,特别是下属碰到一些特殊的困难时(如意外事故、家庭问题、重大疾病等),作为领导,此时应伸出温暖的手,那才是雪中送炭。这时候的下属会对你产生一种刻骨铭心的感激之情,并且会时刻想着要如何报效于你。他时刻像一名鼓足劲的运动员,只等你需要他效力的发令枪一响,就会冲向前去。这时的"雪中送炭"比"锦上添花"更有价值,更容易迅速缩小上下级的心理距离,更容易让下属"掏心窝子"。

美国百货大王华纳·麦克,有一次指责员工对顾客服务不周时,对员工说:"你最近似乎情绪不稳,我很担心你是不是遇到困难,如果有,不妨告诉我,希望我能帮得上忙。"当对方表示没有时,他便接着问:"那是有别的事困扰你吗?否则依你平日的表现,怎么会有顾客抗议呢?"对方一听,自然觉得十分羞愧,从此对顾客态度十分和善,也得到不少来自客户方面的好评。

4. 助其发展,共谋进步

下属最渴望的,莫过于事业上的进步、自身的发展。领导懂得下属的这一需求,帮助下属发展,使其进步,在这一成长的过程中,下属与领导的沟通、诉求完全是发自内心的。

在某些方面对下属进行培训,实际上,就是在更大范围内为其打开机遇大门,以开发他们还未利用的能力、技巧、资质和智慧,以使下属超越自我成为可能。

领导给下属一项任务,他在完成时,运用了新发现的能力,这样你就帮助他发展了自我。你和他共享乐趣,也使他增强了自信心。

如果他跌倒了,你就去指导他,使他能够重新站起来,鼓励他去克服对第二次失败的恐惧,不采用托儿式教育去培养他们,让他们在大风浪里学会游泳,增强他们不断挑战的自信心。

在这个帮助下属成长的过程中,上级真正做到了同舟共济,下属的诉求就是"知心话儿"了,同心同德,于人、于己、于事业,大有裨益。

5. 注意细节,及时调整

常言说,细节决定成败,行动胜于雄辩。在与下属沟通时,若要设身处地为下属着想,就要注意沟通中的细节。

一是与下属沟通,要有充足的时间。如果是下属找你沟通,你确实有急事要办,最好和下属说明,另约时间来谈。

二是语音和语速显示着你的情感和态度。小范围的谈话沟通,用比较缓慢的语速,柔和的语音会让下属听起来比较舒服。如果平时一向说话语速快,记住让自己说慢一点;如果平时说话语速不快,那么最好顺其自然。

三是注意自己和对方的肢体语言。通常在下属的面前站着或坐着最好是挺直腰板,给人以庄重、威严、一丝不苟的印象,但是如果在办公室约见下属,你仍然是这样一种姿态,那就有点不合适了。你不妨让自己坐得或站得更舒服一些,作为领导你先放松了,自然会影响下属。在放松氛围中交谈一定会使双方感到愉快。

领导还要善于观察下属的肢体语言。比如:不住地搔头,说明他感到局促,有些不好意思;用力活动自己身体的某个部位,说明他有些紧张;坐在那里不断地变换坐姿,一会儿架起左腿,一会儿又换成右腿,说明他心里左右不是;不停地在脸上抓挠,说明他心里正因为什么事而着急。领导要替下属着想,巧加引导,让下属放松下来,使之坦诚告知内心的诉求。

三、明确回应下属诉求

倾听下属发表意见时,上级要适时做出明确回应。

1. 简单复述,畅所欲言

复述下属反映的情况,是一种巧妙回应,比如下属反映说:"这批产品的合格率不达标。"上级可以这样说:"是的,这批产品的合格率不达标。"不可以小瞧一句简单的复述,这是一种高明的回应。它暗示下属你已经理解了他的主要观点,而且赞同他的观点。这样,下属就容易畅所欲言,说出自己的改进方法或者其他方面的事情。

2. 让下属发表意见

下属的诉求不管合不合理,首先要让他发表意见,哪怕是对自己、对单位的不满。下属提出意见后,再做相应的处理。

　　松下允许员工当面发表不同意见与不满。有一位候补员工就向松下发表过不满。那时的松下电器把员工分成一、二、三等和候补四级。这位候补员工迟迟未获升迁,他直截了当地对松下说:"我已经在公司服务很久,自认为对公司有了足够的贡献,早已具备了做三等员工的资格。可是直到现在,我也没有接到升级令。是不是我的努力还不够?如果真是如此,我倒愿意多接受一些指导。其实,恐怕是公司忘了我的升级了吧?"松下对此非常重视,责成人事部门查处,原来还真是漏办了升级手续。接着,除了立即发布升级令外,松下还明确表示,非常赞赏这种坦白的请求。松下鼓励大家把不满表达出来,而不是闷在心里,因为那样只能增加自己的内心痛苦,对公司是不会有好处的。

3. 诚心接受下级的意见

卡耐基承认,每当有人批评他的时候,只要他稍不注意,就会马上很本能地开始为自己辩护——甚至可能还根本不知道批评者会说些什么。

"人非圣贤,孰能无过。"领导者应该有宽阔的胸怀,能够容纳下级的批评。你的容纳就是对批评的最好回应。领导者坦率地接受建议并加以改进,这样谦虚的美德将会使员工对你更加信服。

4. 委婉拒绝下级

上级拒绝下级时要讲究"巧"和"善"。作为回应下级诉求最不得已的办法——拒绝,首先要"巧",就是灵活多变,抓住对方的心理,顺坡下驴,避免拒绝得太过直接。而心怀"善"字,即使下级被你拒绝也不会怀恨在心,你友善的态度消除了他可能产生的敌意。要做到委婉拒绝,可适当运用以下技巧。

其一,反复申诉。当集体利益或自己的权利受到了侵害时,上级就要既坚持自己的立场,也不急躁或高声喊叫,应该学会在冲突的情境中有效地反复表达自己的意见。如此一来,大多能够成功地做到委婉拒绝。

其二,热情应对。明确表示你希望满足对方的要求,并表示同情,可是实际上是心有余而力不足,请对方谅解,而不直接拒绝。这样也能收到良好的效果。

其三,假托直言。采取假托方式,以非个人的原因作为借口从而加以拒绝,这样对方就容易接受。

其四,旁溢斜出。对下属提出的问题给予回避性的回答,而不直接否定对方提出的不合己意的问题。

其五,模糊应对。这种方法很容易理解,即如果由于某种原因不愿意或不便于把自己的真实想法告诉对方,就可以用模糊语言来应对。

▶ 第三节　有效激励,调动下属 ◀

美国著名企业家艾柯卡说:"企业管理无非就是调动员工积极性。"这句话深刻指出了管理者的工作实质。虽然很多管理者知道激励的重要性,但是由于沟通方法不当,不能充分调动员工的积极性。上级要掌握哪些技巧实现有效的激励呢?

一、赞美激励

鲍勃·纳尔逊在其畅销书《奖励员工的一千零一种方法》中说:"在恰当的时间从恰当的人口中道出一声真诚的谢意,对员工来说比加薪、正式奖金或众多的资格证书及勋章更有意义。"赞美激励是领导手中的"精神原子弹",只要好好运用,威力巨大。领导者要学会一些赞美激励的技巧。

1. 赞美要及时

赞美是对他人美好行为的反馈,而反馈必须及时才能更好地发挥作用。如果反馈不及时,迟到的赞美发挥的作用将大大减弱。管理者要在第一时间注意到相关人员已取得的成就,并及时亲自表示嘉奖。

有一个"金香蕉"的故事颇能给人以启示:

在福克斯波罗公司的早期,急需一项"性命攸关"的技术改造。有一天深夜,一位科学家拿了一台确能解决问题的原型机,闯进了总裁的办公室。总裁看到这个主意非常巧妙,简直难以置信,便思考该怎样给予奖励。他把办公桌的大多数抽屉都翻遍了,总算找到了一样东西,于是躬身对那位科学家说:"这个给你!"他手上拿的竟是一只香蕉,但这是他当时能拿得出的唯一奖励了。

自此以后,香蕉演化成小小的"金香蕉"——别开生面的别针,以此作为该公司对科学成就的最高奖赏。由此可以看出,美国福克斯波罗公司的领导对及时表扬的重视。

"金香蕉"启示我们,及时表扬是一种积极强化手段,它可以使员工和部属很快了解自己的行为引起的反应,有利于巩固成绩,向前发展。

2. 态度要真诚

赞扬下级必须真诚。英国社会关系专家卡斯利博士说:"大多数人选择朋友都是以对方是否出于真诚而决定的。"赞美下属可以不拘形式,可以拍拍对方的肩膀,向他竖起大拇指,以欣赏的表情点头示意,用夸奖的语言赞赏对方等,但有一点是共同的,那就是你发自内心的真诚的态度。称赞时若能说出理由,可以使对方领会到你的称赞是真诚的。如:"要不是采纳了你的建议,这次咱们公司的损失就可能难以估计了!"

3. 内容要具体

赞扬要依据具体的事实来具体评价,所谓"论功行赏",使受到赞扬的人明白自己身上确实有此优点,让听到赞扬的人信服。因此,除了使用概念化的广泛用语,如"你不错!""你表现得很好!""我很满意!"等评价之外,最好加上具体事实的评价。例如:"你处理这次客户投诉的态度和方法非常好,自始至终婉转、诚恳,并针对问题加以解决,你的做法正是我们期待员工能做的标准典范。""你关于这次人才引进的建议很好,我们不应当求全责备,希望尽善尽美,但有些方面还是要提出要求的,比如德。人才就应该德才兼备,这个标准不算苛刻。"

有一天晚上,小偷"光顾"了某家公司。正当小偷撬保险柜时,公司的一位清洁工与之进行了激烈搏斗,最后保住了公司的财产。清洁工本来是最被人忽视、被人看不起的角色,事后有人为他请功并问他的动机时,答案出人意料。他说:"公司的总经理每次从我身旁经过时,总会夸奖'你扫的地真干净'。"

总经理的表扬很及时、具体,对员工起到的激励作用真是不可小觑。

4. 当众表扬讲技巧

一是当众不提名表扬。团队成员有一个特点:如果在会议上表扬一种现象,而不是表扬某一个人,很多人都会对号入座,认为自己就是这种现象产生的主体,所以上司表扬的是自己。所以当众不提名地表扬一种现象,可以起到表扬很多人的目的,鼓舞士气。事实上,当众直接提名表扬,不仅起不到表扬的边际效应,有时还会使受表扬的人在所有的同事面前略感尴尬,并进而使其成为大家远离的对象。

二是借第三者来赞扬对方,这样往往比直接赞扬对方的效果更好,还可以借高一级的上司之口,这种表扬方式适用于核心团队老成员。上司要经常将自己属下的突出表现向更高一级的领导汇报,以便他们在与那些表现突出的人员接触时能够有针对性地加以赞美、鼓励,这样可以起到自己无法达到的激励目的。

二、情感激励

所谓情感激励,就是上级以真挚的情感,通过增强与下属之间的情感联系和思想沟通,满足下属的心理需求,从而形成融洽、和谐的工作氛围,激发下属工作的主动性、积极性和创造性。

(一)对下属细心呵护

运用情感激励,莫过于如慈母一般,对下属细心呵护。每一个管理者都应具备慈母的手、慈母的心,悉心关怀自己的部属和员工,只有如此,才能团结他们,共达目标。

和田加津努力创造一个积极、愉快、向上的内部环境,主要采用爱顾客首先要爱员工的方法。20世纪50年代末,八佰伴拟贷款2000万日元为员工盖宿舍楼,银行以员工建房不能创效益为由一口回绝贷款。但是和田夫妇以爱护员工,员工才能努力为八佰伴创利的理由说服银行,终于建起了当时日本一流的员工宿舍。

那些远离父母过集体生活的单身员工,吃饭爱凑合,和田加津总像慈母一样,每周亲自制订菜谱,让员工吃到香喷可口的饭菜。

在生活中,她也像关心自己的孩子一样关心他们,她先后为97名员工做媒,其中有一大半双职工都是八佰伴员工。

五月份过"母亲节",和田加津想:远离父母、生活在员工宿舍的年轻人,夜里一个人钻进被窝时,一定十分怀念、留恋父母。于是,她专门为单身员工的父母准备了鸳鸯筷和装筷匣。当员工家长在"母亲节"收到孩子寄来的礼物后,不仅给他们的孩子,也给公司写信表示感谢。一些员工边哭边说:"父母高兴极了!我知道了,孝敬父母只有让父母高兴,做子女的才最高兴。"

为了加强对员工的教育,除每天的班前会之外,她在每月定时进行的实务教育中,都要进行精神教育,包括创业精神、忠孝精神、奉献精神等。和田清楚,孝敬父母是与别人和睦相处的基础,正因为能孝敬父母,所以能尊敬上司,把对父母的诚心变成服从上司的领导。

(二)推心置腹,动之以情

古人云:感人心者,莫先乎情。领导者的说服工作,在很大程度上,可以说是感情的征服。

只有善于运用情感技巧,动之以情,以情感人,才能打动人心。

吴起是战国时期著名的军事家,一生经历无数次战役,从未打过败仗。无论战斗力多么弱的军队,在他的指挥下就可变成虎狼之师。这一方面是因为吴起具有卓越的军事才能,另一方面得益于他懂得对士兵进行感情投资,深受士兵爱戴。

有一位士兵身上长了个脓疮,吴起竟然亲自用嘴为士兵吸吮脓血,全军上下非常感动,唯有士兵的母亲痛哭流涕。人们问她:"将军亲自为你儿子吸脓疮,这是多荣耀的事情,你为什么要哭呢?"母亲说:"以前吴将军对我的丈夫特别好,打仗时他总是冲锋在前,终于战死沙场;现在我的儿子又受了这样的恩惠,肯定也会誓死效忠,恐怕活不长了。"

杰出的统帅都懂得笼络士兵,在他们身上进行感情投资。在一个单位,如果没有下属的努力工作,就没有集体事业的进步。在一个企业中,如果没有销售人员去联系业务、抢占市场,就不会有团队的业绩和公司的发展。因此,管理者要掌握感情投资的方法,动之以情,激发下属的潜能,调动下属的积极性。

(三)寓关心于言行细节之中

天下大事,必作于细。关心下属要注意从日常语言、行为的细节中体现出来。看似不起眼的言行,正是情感激励的精髓所在。管理者在微小之处体现出对下属的尊重与关爱,才能得到下属的拥护,从而使下属以更积极主动的姿态投身工作。

1. 多说暖人心的话

日常工作中,一句"你父母身体还好吧""房子装修了吗""你快结婚了吧"之类的语言,便可温暖下属的心,达到理想的激励效果。

2. 微笑

微笑是人类宝贵的财富。管理者对下属的一个微笑,既是礼貌的体现,更是关心的信号,可以起到激励下属、增强信心的作用。

3. 点头

与下属相遇,主动对下属点头,既是礼貌、打招呼,也内含一种对下属的肯定情感,是很好的激励。

4. 鼓掌

当下属出色地完成一项重要任务,或者在会议上提出一项非常好的建议时,作为上司应及时报以热烈的掌声,用来表达自己的敬意和激赏之情。鼓掌时一般伴有口头语言,如果不出声鼓掌也可以,但是要让下属看见上司的动作,这对下属的激励作用相当大。

三、信任激励

有人说:"信任是最大的激励。"这话道出了管理的境界。那种"事必躬亲"的管理模式,上级永远是保姆,是"万能"的领导者,下属则变成了"永远长不大的孩子"、一群被动的机器人,丧失了主动性和积极性,这样的单位或企业,没有生气,没有活力。因此,有必要提倡信任激励。

1. 改变观念,充分信任下属

保姆式管理的实质,是领导对下属不信任。因此,信任激励的首要条件,是领导要改变观念,充分相信下属。那种怀着猜疑的心态,严密监控,下级会感觉得不到上级的信任,他会觉得工作没有意义。信任是双向的,上司不相信下属,下属也就很难相信上司,谈不上对单位、对企业的忠诚,也就不会积极工作,对整个事业不利。

刘某在卷烟厂上班,一天在车间门口吐了口痰,被厂长看见了,扣了本月奖金,还通报全厂批评。刘某不服,觉得厂长处罚太重,自己在众人面前丢了面子,特别是正热恋的女朋友不理他了。刘某趁人不注意,用脚狠狠踢了已装箱的外运烟。结果,这批好不容易争取来的大宗订货,不久被全部退回,原因是质量不过关,抽检的样品正好是刘某踢过的那几箱烟,加长过滤嘴有不少脱落。厂长气得发火,可是查不出是谁所为,刘某看着厂长沮丧的样子暗暗偷笑。

这个反面个案说明,因为员工一点小毛病,就把他当成"坏人",其实是管理者不信任的缘故。

2. 积极授权,传达信任

授权是指上级将职权或职责授给某位下属负担,它是信任激励的最高表现。充分合理的授权不仅能使领导们不必亲力亲为,把更多的时间和精力投入到组织机构的大政决策上,更重要的是能够充分传达对属下的信任。它对下属的激励是任何其他管理行为所难以企及的。

3. 放手让下属去做

这是仅次于授权的信任激励。作为领导者,你只需要为下属指引方向,至于具体到计划如何落实的细节问题,全部交给下属去负责、去落实。给下属尽可能大的空间,放手让他们去干,下属会表现得比你想象的更好。

卡尔松担任北欧航空公司董事长时,进行了一项改革,改革目标是把北欧航空公司变成欧洲最准时的航空公司。他委托一名下属负责此事。

几天之后,卡尔松问下属:"怎么样?可以实现我的目标吗?"

下属回答说:"当然可以了,但是,大概要花 6 个月的时间,还需要 150 万美元……我带来几位同事,准备向您汇报。让他们告诉您我们的工作计划。"

卡尔松想都没想,摆摆手说:"不用汇报了,你们放手去做,我相信你的能力。"

4 个月之后,下属圆满完成了卡尔松交给的任务,而且为公司省下了一大笔费用。

4. 让下属明白这个工作的重要性

告诉下属这个工作的重要性,可激发部下的成就感,让他觉得"我的上司如此信任我,把这样重要的工作交给了我,我一定要努力才不辜负他的期望"。

四、成就激励

心理学家马斯洛的"需求层次"理论认为,人们除了追求物质之外,更渴望自我价值的实现。从这种意义上来说,成就感比物质奖励更能激励下属。曾经有人问微软的一名员工:"你为什么要留在微软?"员工回答说:"因为微软有很多机会让员工有成就感。"可见,成就激励是员工心目中的灵魂激励。

1. 荣誉证书是无言的赞美

给优秀员工颁发荣誉证书,胜过千言万语的有声赞美,它对员工的成就感是一种至高无上的肯定,这种激励力量是持久的。

有一年除夕,电子厂的库房管理员马先生收到一张贺年卡,是经理寄来的。第二年除夕,马先生又收到一张"先进工作者"荣誉证书……马先生将这些奖励挂在墙上,亲朋好友来拜年时看到这些东西,纷纷表示赞扬和祝福:"嘿,登上光荣榜了,不错呀,新一年里加油干,再上光荣榜!"

贺年卡和荣誉证书,满足了马先生的成就感,它将激励马先生这样的员工以更大的热情投身到工作中,为公司创造更好的效益。

2. 设置先进岗位、流动红旗

对先进员工授予先进岗位、"模范标兵"之类的荣誉,使员工的成就感体现在工作之中,是一种无形的激励。流动红旗,既是对拥有者成就的肯定,也是对其他员工的鞭策、激励。

3. 让先进员工宣讲先进事迹

以会议的形式,让先进员工代表宣讲自己在工作中的先进事迹,是对先进员工成就的充分肯定,对其他员工也可起到宣传带动作用,为企业、集体营造"学先进、赶先进"的氛围,对企业、事业的进步有相当大的作用。

第四节 委婉批评,化解冲突

俗话说:金无足赤,人无完人。下属在工作中犯错误是难免的,作为上级,对其进行批评教育是职责所在。批评的目的是帮助下属找到问题的症结和解决办法,帮助他们重新树立信心,更好地工作。要想做到让对方虚心接受批评,需要讲究批评的艺术。

一、不当众批评

有些领导喜欢当众批评斥责下属,以此转移责任,这种做法是不可取的。身为领导,无论如何对单位的人和事都负有责任,责任是推诿不掉的。问题发生的时候,领导应该怎样做呢?

1. 平等沟通,不居高临下

无论职位高低,所有人在人格上都是平等的。下属出现过失,管理者批评指正时要尊重对方的人格,切不可居高临下、颐指气使。

比如,有些管理者和下属发生口角,正在气头上,经常会说:"到底是听你的,还是听我的?"或者说:"这里谁说了算?"被批评者觉得自尊心受到伤害,旁观者也会感到不舒服。时间久了,这样的管理者将会脱离群众,渐渐失去人心。

2. 选择适当的场所

批评最好选择单独的场所。上级的办公室、安静的会议室、午餐后的休息室或者咖啡厅都是不错的选择。不当着众人的面批评下属,给下属保留了面子,保护其自尊心不受到伤害,他们也许会认为这是领导对自己特殊的关照而心存感激,即使领导批评得重一些似乎也能接受。

玫琳凯要批评一个人时,总是单独与被批评者面谈,而绝不在第三者面前指责。

她认为,在第三者面前责备某个人,不仅打击士气,同时也显示出批评者的极端冷酷。

她说:"一个管理人员在第三者面前责备某个员工的行为,是绝对不可原谅的。"

3. 批评前先了解下属犯过错的原因

先了解事情的原委,让下属解释,把想讲的话或要讲的话说出来,真相明了,再批评也不迟。如果下属真的犯了错误,要帮他找到犯错误的原因,指出来帮他改正。如果错误不在下属而另有他因,那么就避免了"错上加错"。还要时时提醒自己不可以根据听到的传言去批评下属,所谓"偏听则暗,兼听则明"。批评人不是一件难事,但是通过批评去帮助一个人就不是一件容易的事了。

4. 明确并区分责任

批评下属的目的是帮助他认识错误,纠正错误,起到"亡羊补牢"的作用。因此,领导要区分主要责任和次要责任、有意过失和无意过失,以及条件、环境等各种因素带来的影响,指出他应该承担的具体责任,帮助下属正确认识自己的履职能力和水平,有效改正错误。

5. 借用他人的话批评下属

为了减少对方的成见和反感,可以选择一个合适的第三人来提醒他,借用他人的话批评对方,显得比较含蓄委婉,对方往往更容易接受。

列宁曾经与高尔基讨论过一个问题。高尔基认为"苏维埃政权对敌人镇压太残酷了",列宁认为高尔基的观点是错误的。这时,彼得堡的一位老工人来见列宁,向列宁报告敌人的猖獗活动,并说:"如果不向富农作斗争,苏维埃政权就难以维持。"列宁看看高尔基,对老工人说:"那样的话有人会说我们'太残酷了'。"老工人立即反驳:"残酷的不是布尔什维克,而是敌人,他们到处烧杀抢掠。"

列宁没有直接批评高尔基,而是借用老工人的所见所闻,间接地批评了他。最后高尔基承认自己的观点是错误的。

假如列宁义正词严地指出高尔基的错误,对方可能会认为伤了他的自尊心而心生反感,一定会出言争辩,这样不仅达不到纠正对方错误的目的,反而会恶化双方的关系。列宁巧借老工人的话"批评"高尔基,可谓高妙。

二、不过分指责

对受到批评之后即能认错道歉的下属,不宜继续对其加以责备。特别是犯了极轻微的错、第一次犯错和不小心犯错的下属,只要稍微提醒一下就可以了。要做到适可而止、恰如其分,就要讲究批评的技巧和艺术。

1. 点到为止

在有些情况下,下属出现过失并非主观上故意为之,而是一时冲动或一时糊涂所致。此时管理者不必完全说破,只需要轻轻一点,就能够达到较为理想的效果。如果抓住下属的小辫子不放,喋喋不休、唠叨不停,容易让下属陷入窘境,产生反感心理。

当年中国女排为了保持队员战斗力,每隔几年就要调换一批队员。每次队伍调整后都会遇到怎么处理新老队员关系的问题。

在一次训练中,郎平与当时的新二传手杨锡兰练习战术配合。不是杨锡兰传高了,就是郎平跑快了,或者不是杨锡兰传低了,就是郎平跑慢了,总是协调不起来。

眼看训练结束时间快到了,可是训练指标还没完成。郎平有些不耐烦了,扣球完之后去捡球时,使劲把球踢到墙上,反弹之后再捡起来。杨锡兰见郎平这副样子,有些心慌,两人配合起来更加糟糕了。

这时,袁伟民教练把队员们叫到身边,对她们说:"郎平、孙晋芳、张蓉芳,你们仔细回想一下,过去老队员是怎么带你们的,现在,你们自己又应该怎么带新队员……"

聪明的郎平马上反应过来,很快调整了情绪。杨锡兰见教练批评了郎平,支持了她,也不再那么紧张了。继续练球时,她越传越放得开,与郎平的配合很快协调起来。

袁伟民教练只是轻轻一点拨,过去怎样,现在应该怎样,巧妙化解了队员间的矛盾。

2. 与其指责过失,不如强调改过

只知一味地指责员工的过失,却不肯定他们工作中认真负责的一面,这种做法会让员工产生挫败感,也会影响他们以后的工作热情。因为只有做才会错,做多错多,不做不错。因此,与其批评过失,不如让他们把精力放在改过上面。

比如,某人受上司委托办理一件事情,他很努力地工作了好几天,甚至加班加点,却因为一点疏忽而被上司骂。这时这个员工必定会心生委屈和不满,认为自己只不过犯了一个小错误,他付出的心血就不值得一提吗?面对这种情况,身为上司不妨说:"谢谢你帮我一个大忙,不过似乎有一点小问题,麻烦你再帮我修改一下,我相信你一定会处理得很完美。"这样不仅肯定了员工的努力,也会使他以后更好地工作。

3. 不要认为一次批评就可以解决问题

下属有了过错,不要以为一次批评就可以解决问题。从主观上讲,他会找一些开脱的理由,如强调不是主观有意而是客观条件不利,或是情况发生突变,认为自己运气不好,对要承担的责任觉得不太公平。从客观上讲,人的认识有一个渐进的过程。因此,领导要考虑这些因素,给下属反省和认识自我错误的时间,如果事后找时间再沟通一下,下属会觉得你多给他一次机会,对他充分理解,他会在今后的工作中好好表现。

4. 让下属把批评的压力变成动力

批评的目的是让下属重新振作精神,所以,结束批评之前应说一些期望和勉励的话,比如:"振作起来,我对你还是有信心的!""我相信你会东山再起,打一个翻身仗!""好好干,不要让大家小瞧你。"并报以微笑,这样会帮助下属打消顾虑,放下沉重的包袱,增强其改正错误、做好工作的信心。

下属在犯错误以后,心里忐忑不安,精神压力大,有的会过分自责和内疚,这时候他最需要的是有人帮他缓解压力,领导此时的安慰和鼓励,是下属重新找到信心的强大的精神力量。

三、就事论事,欲抑先扬

批评下属一定要客观具体,就事论事,不转移话题,不随意联想,更不要进行人身攻击,批评的话语简洁明了。为了达到让下属容易接受的理想效果,在批评之前,先对下属的长处进行真诚的赞美,可以很好地化解对立情绪,使批评在和谐的氛围中进行。

1. 尊重客观事实

没有调查就没有发言权。弄清楚事实是正确批评的前提,既有利于达到批评的目的,也是对双方负责的表现。批评他人是很严肃的事情,在批评时一定要客观,应该就事论事。批评他人并不是批评对方本人,而是批评他的错误行为,对事不对人。比如,你批评下属工作没有做好,那么你应该先了解下属在开展这项工作时面临的问题或解决的条件,当你了解到下属所遇到的问题或困难远远超出他拥有的条件或权限时,你可能就不会再批评他,反而要检讨自己了。了解了情况,你就等于掌握了主动权,你的话才能言之有理,以理服人。否则,你的批评会

让下属不服，并产生强烈的抵触情绪。

2. 以真诚的赞美开头

俗话说，尺有所短，寸有所长。一个人犯了错误，并不等于他一无是处。如果下属在接受批评的同时，能够听到表扬和赞美，他会觉得你对他的态度是公正客观的、一分为二的。心理学研究表明，被批评的人最主要的心理障碍是担心批评会伤害自己的面子、损害自己的利益。所以，在批评前，以真诚的赞美开头，可以帮助下属打消顾虑，让他感到是技术、方法或其他原因导致的问题，而不是本质上出了问题，甚至让他觉得你认为他"功大于过"，那么他就会主动放弃心理上的抵触，对你的批评也就更容易接受。玫琳凯女士主张批评要用"三明治式"，避免单刀直入的训诫或指责，以免使人难堪。她的方法是先赞扬被批评者的优点，从赞美中隐喻或捎带批评，最后再给予鼓励。

窦女士是一家电器经销公司的客户服务部经理。最近，有一位下属在工作中经常出错。窦女士并没有对他直接批评或责骂，而是把他叫到办公室，跟他进行了简短的沟通。

窦女士是这样说的："你是一位很棒的技工，在这条生产线上工作好几年了，顾客对你修理的电器非常满意。事实上，很多人都夸奖你技术好。只是最近你完成的一项工作所需要的时间好像加长了，而且质量也达不到以前的水准。我想，你也知道我对现在这种情况不太满意。也许我们可以一起来想个办法改变这种情况，你认为呢？"

下属点点头，说："窦经理，这段时间我对工作确实有些怠慢，非常感谢你给我改正的机会，我保证以后一定改进。"此后，这位下属对工作非常用心，干得也非常出色。像窦女士这样的"批评"，既照顾了下属的面子，又传达了自己的不满，可谓一举两得。

3. 打一巴掌揉三揉

"打一巴掌揉三揉"的方法也叫"打个巴掌给个枣"，西方叫"胡萝卜加大棒"。实践证明，管理者利用这种批评方式时，不仅不会使下属产生抵触情绪，而且会使下属无地自容，甚至对领导产生感恩戴德的想法。

某位经理脾气比较暴躁，并且对工作总是一丝不苟，如果看到部门经理对工作不负责任，或者令他不满意，就会情不自禁地要当时当地直截了当地指出来。

有一天他又批评了一位部门经理，尽管经理那样做是为了工作，部门经理心里也明白，知道经理并不是责骂他一个人，但是心里毕竟不是滋味。

事后，经理冷静下来，知道自己太冲动了，而且后来听部门经理解释说，这个部门平时工作也是十分出色的，只是因为特殊情况有些小错，但工作成果还是可观的。

于是，经理马上进行"补牢"工作。他在那天下班之前，派人把部门经理找来说："今天委屈你了，首先怪我太冲动没有十分了解情况，对你的责怪不当，请原谅。不过，你们部门的工作仍需要提高，相信你能做到这一点。"

几句话使部门经理的心得到了安慰，同时又有一种被信任感，再大的委屈也就飞到九霄云外去了。

打了一巴掌之后，给不给"甜枣"效果大不相同。

4. 批评的方式因人而异，因事有别

批评下属时，要尽量做到对事不对人、就事论事。批评人犹如开锁，只能一把钥匙开一把锁。

对性格内向、敏感寡言、承受力较弱的下属,批评时可以委婉一些,耐心地说服他认识到自己的过失。

对心直口快、生性率直的下属,则可以"当面锣对面鼓"地指出他的错误所在。

对担任一定职位的下属,原则上不当着他的下属的面批评他,最好找个合适的场所,以体现你的关心和爱护。

对一个平时很优秀,而偶尔犯过失的下属,批评时可以点到为止。所谓"响鼓不用重锤",对这样的下属,保护他的自尊心比给他一顿批评更有教育意义。

对事实明确、责任重大,又带有共性特征的人或事,就应该公正、公开地进行批评,目的是惩前毖后、警示他人。

批评时,不宜把下属过去所犯过失也翻出来,所谓陈年老账一起算,这有点像秋后算账,上纲上线了。如果这样做,下属会怀疑你对人不对事,怀有成见,想整人,就会觉得不公道,乃至挫伤自信心和工作激情,甚至酿成悲剧。领导在批评人时,应尽量只对事不对人,就事论事地批评,给对方留有余地,这对单位也有好处。

思考与训练

1. 与下属沟通有哪些要求?为什么与下属交流时首先要拉近与下属的距离?

2. 为什么要设身处地为下属着想?为什么在倾听下属意见时,上级要适时做出明确回应?

3. 要调动下属的积极性,必须进行有效的激励。试问有哪几种有效的激励方法?你还有什么激励方法?

4. 美国前总统林肯力排众议,大胆起用有缺点的英才。林肯的用人观有何过人之处?

美国南北战争时期有一位名叫格兰特的将军,此公作战勇猛果敢,善于以己之长攻敌之短,而且战术机动灵活,善于随机应变,打破军事常规,是一位杰出的帅才。但他有一个贪杯的毛病,一些别有用心的人利用格兰特嗜酒的习惯,造谣说他经常在战场上喝得酩酊大醉。1863年,格兰特久攻维克斯堡不下,指控他纵酒的报告和建议撤换格兰特的信件不断送到林肯手中。但林肯对格兰特深信不疑,并于1864年3月大胆起用他为陆军总司令。格兰特不负林肯重托,经过几个月的浴血奋战,终于在同年7月4日拿下了敌军在密西西比河上的一个最坚固的据点,把南部同盟切成了两半,最后迫使名噪一时的叛军总司令罗伯特·李于1865年4月9日投降。

5. 湖广总督张之洞往往对下属傲慢无礼,这次下属布政使让张之洞碰了个钉子,真是哑巴吃黄连,有苦说不出。这个笑话可笑之处在哪里呢?

晚清湖广总督张之洞从不把下属放在眼里,对他们常常不以礼相待。下属虽有不满,但慑于权势,只好忍之。但有一位布政使却借机"报复"了张之洞一次。一天,布政使到总督府去拜见张之洞。谈完公事,便向主人告辞。按照清朝官场礼仪,张应把他送到仪门。但张把他送到厅门时就止步回头。布政使回过头来,故作机密地对张说:请大帅多走几步,下官还有话要告诉您。张之洞不知是计,就陪他走了一段路,直到仪门,仍不见布政使开口,张不耐烦地问道:你不是有话要说吗?这时布政使回身长揖,不无得意地说:其实我只想告诉您,按照大清礼仪,总督应该把布政使送到仪门,现在大帅既然已照规定把我送到仪门,那就请您留步吧!张之洞听后气得说不出话来,但他自知"礼"亏,也就不好责备布政使了。

6. 李肇星外长关怀身边司机靳宝喜师傅的孙女珊珊的健康成长,劝告靳师傅:"请马上打电话向珊珊道歉。"此材料感人至深,你从中受到哪些教益?

2004年7月初的星期六去钓鱼台国宾馆会见外宾途中,李外长发现在驾车的靳宝喜师傅似有不悦,便宽慰几句。

靳师傅说,今早动手打了6岁的孙女珊珊。

李外长问,为什么要打孩子?应该道歉。

靳师傅说,她把您上次送的那块好橡皮用小刀切成了碎块,好东西全给糟蹋了。

李外长说,这也不应该打人啊!另外,珊珊为什么要切呢?也许是有原因的,无论如何,打人不对,必须道歉。

外事活动结束后,李外长还惦记着珊珊。靳师傅也许利用李外长会见外宾的空隙,给家里打过电话。回外交部的路上,李外长继续追问道:"靳师傅,孩子怎么样了?给人家赔不是了吗?!"

"嗯!""嗯!"靳师傅欲言又止。

"究竟是怎么回事?"李外长明显加重了语气。

靳师傅这才道出了原委,并自责说,我今早打了珊珊两扫帚把,老伴立即夺走了扫帚。我马上也后悔极了。原来珊珊是因为太喜欢这块橡皮,怕被个别小朋友偷走,或丢失,才想到切成小块。小块也不影响使用,更不怕丢失……

"那到底给孩子赔礼了没有?"李外长盯住实质问题不放。

"还没有。"靳师傅低声回答。

"这就更错啦!请马上打电话向珊珊道歉。"李外长很不客气地下了"命令"。

珊珊今年秋天上二年级,是北京朝阳门小学三好学生。她的爸爸妈妈均在中国驻美国休斯敦总领事馆工作,这两年她都是由靳师傅的退休在家的老伴照顾,每天上学接送。

2004年的8月8日是星期一,珊珊在另一户去中国驻休斯敦总领事馆探亲的家长的陪伴下,去美国探望久违的爸爸妈妈。

此前的8月6日深夜,李外长在应约与韩国外长潘基文通完电话后,严肃地说:"后天一定要安排靳师傅去机场送珊珊。"

珊珊真幸福。

第十二章　切记热忱周到
——与客户沟通

销售工作是一项与客户不断保持沟通的工作,谁与客户之间的沟通更为有效,谁就是其中的佼佼者,否则就只能在一次一次的较量中失败。人们经常说推销是一项最辛苦又最能锻炼人的工作,确实,从约见之前的客户信息分析,到谈判过程中的你来我往,再到交易完成之后的继续联系,只要存在市场需求,那么销售人员与客户之间的互动沟通就不会停止。

第一节　赢得客户好感的法则

成功的销售从与客户建立良好的关系拉开序幕。要赢得客户的好感,就要掌握一些法则,用自身的亲和力、人格魅力,取得客户的好感,让客户感觉自己像上帝。哪些因素会影响第一次会面的印象呢?作为销售人员,我们该把握哪些方面呢?

一、给客户良好的外观印象

"推销商品就是推销自己",是商界箴言。客户在做决定的时候往往是感性的因素左右着理性的因素。一个人给别人的第一印象非常重要,首先就是外观。你的长相、衣着、表情、姿态都会给人深刻印象。第一印象并不一定正确,却总是最鲜明、最深刻的。对于双方后来的沟通有着深刻影响。销售人员应该从仪容和服饰两方面装扮自己,从而给客户留下良好的第一印象。

1. 男性销售人员仪容装饰应注意的问题

一是头发。保持干净,选用适当的洗发水,让头发富有自然光泽,让人感觉到健康、精神。

二是面部。耳孔要进行清洁;眼睛要得到足够的休息,注意眼部清洁,避免眼屎粘到眼角;要保持口气清新,可常备口香糖、口气清新剂等;修剪鼻毛;不留胡须,定期修面。

三是手部。不宜留长指甲。

2. 男性销售人员在服饰方面应注意的问题

一是西装。准备几套得体的西装,颜色应以主流颜色为主,如灰色或深蓝色。

二是领带。以真丝的为好,应保持清洁无瑕,无一丝折痕。颜色与服装协调。要打好领带,打的结坚而挺,两边平衡。

三是衬衣。衬衣以白色或浅色为主,这样好配领带和西裤。平时也应该注意选购一些较合身的衬衫,穿前应熨烫平整。

四是鞋和袜子。皮鞋以黑色为宜,拜访客户前一天要擦亮。袜子颜色最好是深灰色、蓝色、黑色等。

3. 女性销售人员仪容装饰应注意的问题

一是头发。发型美观、大方、整洁,方便生活与工作,要与自己头发的发质、脸形、体形、年龄、气质,以及服装和环境等因素很好地结合起来,给人以整体美感。

二是面部。可用洁面奶或洁面皂清洁皮肤,涂上适合的面霜;比较理想的眉毛结构是,眉头在内眼角上方偏里侧一些,眉峰在眉梢到眉头的三分之一处,眉梢在眼尾至鼻窦外侧的斜线上;眼睛小的画眼线可以明显一些,圆形眼睛的可以从眼睛中间处开始往外画眼线,使圆形眼变得更像杏形眼,眼尾下垂的可以画得稍弯,眼尾斜吊的画眼线时可在尾部微微往下描些;使用口红时,颜色要用和嘴唇接近的红色,不要过于艳丽、刺眼。

三是手部。应保持干净,指甲修剪好,千万不要留长指甲。

四是腿部。有腿毛的,穿裙子时处理掉腿毛,或选择颜色较深且不透明的袜子。不宜在脚部化彩妆或在脚指甲上涂彩色指甲油。

4. 女性销售人员在服饰方面应注意的问题

一是套装。要与自己身份相符,鲜艳的套装会使人显得活泼、有朝气,素色稳重的套装会使人显得大方、干练。

二是裙子。一条恰到好处的裙子能够充分增加女性的美感和飘逸的风采。最好是西装套裙,至少长应及膝,不穿外露小腿过多乃至外露大腿的开衩裙。

三是鞋和袜子。鞋跟不宜过高和过于前卫,夏日不要穿露出脚趾的凉鞋。袜子不能有脱丝,为稳妥起见,应备用一双。不论你的腿有多漂亮,都不应在拜访客户时露着光腿。长筒袜要够高,不要在裙子和袜子之间露出皮肤。

二、记住客户的名字

每个人都希望别人重视自己。业务代表在面对客户时,若能经常流利地以尊重的方式称呼客户的名字,客户对你的好感会越来越浓。若有客户的名字被报刊报道,你带着剪报或刊物去拜访客户,客户能不被你感动吗?

沟通大师戴尔·卡耐基小的时候家里养了一群兔子,每天找寻青草喂食兔子,成为他每日固定的工作。有时候没有办法找到兔子最喜欢吃的青草,因此,卡耐基想了一个方法:他邀请了邻近的小朋友到家里看兔子,要每位小朋友选出自己最喜欢的兔子,然后就用小朋友的名字给这些兔子命名。每位小朋友有了以自己名字命名的兔子后,每天都会迫不及待地送最好的青草给与自己同名的兔子吃。

三、满足客户的优越感

满足客户优越感最有效的方法是对于他自傲的事情加以赞美。若客户是知名公司的员工,你可表示羡慕他能在这么好的公司上班。有一位爱普生公司的业务代表,每天约见客户时的第一句话就是:"你的公司环境真好,能在这里上班的一定都是很优秀的人才。"客户身上可以用来赞美的细节很多,比如客户穿着讲究,你可以向他请教如何选购衣服。他的知识渊博,你可以请教他某方面的学问。一句简单的赞扬,一个虚心的请教,可以满足客户的优越感,初次见面时的戒备心自然消失了,彼此距离拉近,双方的关系自然向前迈进一大步。

四、让客户感到亲切

销售人员要寻找与客户彼此之间存在的共同或相近之处,以使相互之间更加容易接近。这种相互接近,会使客户萌生亲切感,有助于推销的最终落实。

(一)迎合对方的兴趣与经历

找出并强调与客户之间的类似经历、行为或想法。比如,你看到客户阳台上有很多盆栽,可以问:"您对盆栽很感兴趣吧?"围棋、钓竿、溜冰鞋等,都可以作为话题。

约翰是一名业绩在公司名列前茅的儿童图书推销员。同事阿法尔十分好奇地问:"你的制胜法宝是什么?"约翰只是说了三个字"亲和力",阿法尔当时并没有完全明白,于是请求跟着约翰一起上门推销。

他们去的第一家,孩子正在客厅的地板上玩玩具。约翰跟家长打过招呼,简单道明来意后,就趴在地板上对小家伙说:"小朋友,你叫什么名字?"

"我叫布兰尼。"

"你好啊,布兰尼。你肯定是个乖孩子,对吧?啊!你手里的小轿车可真漂亮!"然后,约翰就让布兰尼和他一起爬回座位,而孩子的父母正在一边看着这一切。

"布兰尼,我有些小礼物要送给你,猜猜看,是什么?"说着,约翰就从包里掏出一大把棒棒糖来。孩子十分开心,之后在约翰介绍儿童图书的过程中,一边吃着棒棒糖,一边积极地回答他的提问,表现出对图书的喜爱。

结果,布兰尼的父母为孩子买下了一大堆图书。

(二)找准沟通的方式

每个人都用各种不同的方式来感受这个世界。一般来说有以下三种感受方式。

1. 视觉型

在一般情况下,视觉型的人比较喜欢快节奏,说话很快,思维敏捷,喜欢阅读图表,行动力强。

2. 听觉型

听觉型的人喜欢的是有秩序的生活,说话慢条斯理,喜欢交谈和聆听,行动力稍次。

3. 触觉型

这种人重视感觉,爱好舒适,说话有时是不看对方的,速度也比较慢。

掌握对方是什么类型,可以运用其特点与之沟通。

(三)使用"我也"的句式

交谈中可使用具有神奇力量的句式——"我也……"

例如:"您认为产品的质量是最重要的,我也这么想,因此您可以比较一下我们的产品与其他同类产品的质量。"

五、帮助客户解决问题

在与客户见面之前,最好是能事先知道客户面临哪些问题,有哪些因素困扰着他。销售人员要以关切的态度,用真诚去关心客户,站在客户的立场上,真切地帮助他解决实际问题,客户必然会对你产生好感,也会消除之前对销售人员的误解和疑惑。

十几年前有一则宣传理光复印机的广告,大家对它的广告词一定还记忆犹新:"用普通办公用纸就能复印文件。"大家记住了这种便利,也记住了桂林理光这个产品。十几年前机关文书的复印用纸是专用的纸张,对纸质要求非常高,每年政府机关都为复印用纸的巨额花销头痛不已。这个问题各家复印机厂商的业务代表都很清楚,但复印机都是自国外进口的,国外没有复印用纸与普通办公用纸的区别,因此进口的机器根本不能为普通办公用纸提供复印。

理光公司的一位业务代表,知道政府机关在复印上存在这个问题,因此,他在拜访某个政府机关的主管前,先去找理光技术部的人员,询问是否能修改机器,使机器能适应普通办公用纸的复印需求。技术部人员知道了这个问题,经仔细研究后,认为可以改进复印机的某些设置,以适应普通办公用纸的纸质。业务代表得到这个信息后,见到政府单位的主管,告诉他理光愿意特别替政府机关解决用普通办公用纸复印的问题。客户听到后,对理光产生好感,在极短的时间内,理光的这款机器成为政府机关复印机的主力机种。

▶ 第二节 激发客户购买欲的方法 ◀

购买欲是指客户购买商品的动机、愿望和要求,它是使客户的潜在购买力转化为现实购买力的必要条件。作为销售人员,该如何激发客户的购买欲呢?

一、表演示范

为了激发客户的购买欲,销售人员应该学会一定的表演技巧。准确生动的言辞解说,配以直观鲜活的示范表演,这样能够使解说与演示相互补充、相得益彰。

1. 表演要简便、直观

俗话说百闻不如一见。一个简单的产品使用表演,有时胜过万语千言。

有一名销售洗涤剂的推销员,为了吸引客户的注意力,在自己的衣服上倒上浓黑的墨汁,随后涂上洗涤剂冲洗干净,她边做边讲,激起了观众的兴趣及购买欲望。

2. 穿插戏剧性内容

销售人员可在表演中穿插一些戏剧性的内容,会更好地增强示范表演的艺术效果。这种方法必然会引起顾客的兴趣,推销效果非常好。

有一位儿童玩具推销员每次表演时,总是将一个沙漏器放在顾客面前来计算时间长短。表演时,他对顾客说:"这种儿童车拆装简单,不信的话,我给大家演示一下,如果沙子漏完之前我没有拆装好,就送给在场的朋友一人一套。"

3. 与其他公司产品比较示范

"不怕不识货,就怕货比货。"销售人员应拿自己的产品与其他公司(可以用不透明胶布遮盖商标,或撕下该公司的商标)产品作比较示范。

某销售人员在推销隆力奇公司的口气清新喷雾剂,与 A 公司同类产品作比较时,用 A 公司喷雾剂朝打火机火苗喷去,顿时火苗猛窜。用隆力奇喷雾剂朝打火机火苗喷去,火苗熄灭。销售人员解释说:火苗变猛,说明喷雾剂中含有酒精等易燃物,使口腔、咽喉容易上火,有炎症的人群更不宜使用,而隆力奇产品没有酒精成分。通过比较示范,客户马上对隆力奇产品产生了浓厚的兴趣。

二、数据说话

有些顾客宁愿相信一组数据,也不相信销售员的长篇大论。运用精确具体的数据等信息说明问题,可以增强客户对产品的信赖。我们可以这样说:

"有一家工厂购买我们的机器后,产量增加了20%。"

"自从新产品开发出来后,我们公司的业绩每年平均增长10%。"

"我们的产品销往21个国家和地区,都得到了一致好评。"

在运用精确数据说明问题的时候,销售人员需要注意以下事项。

1. 必须保证数据的真实性与准确性

运用精确数据说明问题,是为了引起客户的重视并增强客户对产品的信赖。如果使用的数据本身不够真实和准确,就会失去其原本意义,顾客还会认为受到了欺骗和愚弄,产生极为恶劣的影响。

2. 利用权威机构的证明

权威机构的证明更具权威性,影响力非同一般。当客户对产品的质量或其他问题存有疑虑时,销售人员可以利用这种方式打消客户的疑虑。例如:

"本产品经过××协会的严格认证,在经过了连续9个月的调查之后,××协会认为我们公司的产品完全符合国家标准……"

3. 用影响力较大的人物或事件来说明

要想使你列举出的数据给客户留下更为深刻的印象,销售人员可以借助那些影响力较大的人物或事件来加以说明,由此提高客户对产品的信任度和重视程度。

小温来到一家公司,向公司员工推销人寿保险。开始的时候,大家都反应冷淡。

小温看出"准客户"的心思,不痛不痒地说:"其实大家买不买无所谓,不过已经有五位明星买了我们公司的人寿保险。此外,你们公司的董事长和总经理也买了我们的人寿保险。"

小温的话引起了大家的兴趣:"噢,我们公司经理那么精明能干,他们都买你们的人寿保险?看来你们的人寿保险不错,我们也买吧。"

小温巧借名人、权威的影响力,激发了客户的购买欲望。话不在多,关键要说在点子上。

三、设置疑问

如果顾客看完商品尚无购买欲望,不妨使用"设置疑问"的方法,勾起悬念,激发顾客的好奇心和购买欲望。

在一次商品交易会上,孙女士来到一个摊位前,拿起一张产品说明书看了起来。

推销员小林走过来说:"您想买什么商品?"孙女士摇摇头,说:"这儿没什么可买的。"

小林接着说:"是呀,别人也说过这话。"

孙女士听了没说什么,准备转身离开。这时小林又微笑着说:"可是,他们后来都改变了看法。"

"噢,为什么?"孙女士有些好奇了。

于是,小林向孙女士解释了原因,然后又介绍产品的质量、价格和特色。

最后,孙女士欣然购买了小林推荐的商品。

上例中,小林巧设疑问:别人也说过没有什么可买的,但后来都改变了看法。从而引发了顾客的好奇心,终于达成交易。

四、对"症"下药

顾客不想购买我们的商品时,有时候不会说出不想买的原因,很多时候,是出于对销售人员的戒备心理。这种戒备心理的表现"症状"有以下几种。

第一,通过排斥性语言说明,表现直接,如说"我们这里不欢迎任何推销活动",等等。

第二,通过动作表现。比如:双手一直不停地摆弄一件东西;跷起二郎腿,不时欠欠身;双手紧抱在胸前;将衣扣一会儿解开,一会儿扣上,等等。

第三,通过表情和神态表现。他的眼睛从上到下不太友好地打量着你,或不停地东张西望,或双唇紧闭,身体后仰。

针对顾客的"症状",需要对"症"下药。

1. 解除顾客的戒备心理

为了打消客户对自己的戒备心理,最好不要在沟通一开始就直截了当地说明销售意图。成功的销售高手通常会在拜访客户前掌握充分的信息,然后找一个客户比较感兴趣的话题,直到时机成熟时才引导客户参与到推销活动当中。

销售人员:"阿姨您好,今天天气可真好啊,您的气色看起来也不错,是不是有什么值得高兴的事呀?"

客户:"小伙子,你可说对了,我儿子考上了名牌大学,今天上午刚刚收到录取通知书。"

销售人员:"那真应该好好庆贺庆贺,您的孩子可真不简单,您也为他付出了不少心血吧?"

客户:"是啊,从小这个孩子就……"

销售人员:"……"

不用多说,顾客打消了顾虑,打开了话匣子,紧跟着的销售活动也就容易多了。

2. 寻找客户疑虑中蕴藏的契机

客户使用过同类劣质产品而产生疑虑时,销售人员可以换一个角度想想:既然客户此前购买过同类产品,表明客户对这种产品有一定需求。销售人员要做的就是,从产品的质量上做好文章就可以了。

客户不了解而对产品提出质疑时,销售人员要想到客户对产品具有一定兴趣。销售人员可以抓住兴趣这个契机,定有收获。

客户因为道听途说对产品存有疑虑时,不必埋怨客户"听信谣言",此时,销售人员要做的是用可信的证据当面向客户解释,这可是转变客户态度的大好时机。

3. 针对顾客不同的心理,采用相应的方法

对症下药,要的是一针见血、药到病除的效果。针对有自卑心理的顾客,我们可以采用赞美法;顾客心情郁闷,可以采用幽默法;顾客不明事理时,要将道理说到点子上。

有位农村老太太去商店买布料,售货员小靳迎上去打招呼:"大妈,您要买布呀?您看这匹布怎么样,颜色好看又结实。"老太太听了并不高兴,反而嘟囔着说:"要这么结实的布有啥用,穿不坏就该进棺材了。"听到老太太这样的话,小靳一下子愣住了,幸好她头脑机灵,略一思索又笑呵呵地说:"大妈,看您说到哪儿去了。您身体这么结实,再穿几百件也没问题。"一句话说得老太太心中发热,不但兴高采烈地买了布,还直夸小靳长得漂亮。

上例中,农村老太太开始不想买的原因是自身存在自卑心理,担心自己的身体状况。小靳用"身体这么结实"赞美她,激发了她的购买欲望,从而顺利成交。

第三节 应对客户异议的策略

销售的第一步是与顾客沟通,而沟通的第一步是消除顾客的异议、疑惑、戒备或误解。无论顾客的异议是来自推销人员、所推销的产品、产品的价格、企业的信誉,还是来自顾客本身,销售人员都有义务为顾客解决问题。针对不同情况下客户提出的不同意见,要因地制宜,因人制宜,随机应变,妥善处理。

一、关于产品质量异议的对策

顾客对产品质量有异议,带有一定的主观色彩,其根源在于顾客的认识水平、购买习惯及广告宣传、各种社会成见等因素。对这种异议处理的关键是,销售员必须首先对产品有充分的认识,然后再根据顾客的不同诉求采用不同的办法去消除异议。

一位先生来到专卖店购买打印机。看了好几种型号和品牌后,他对一台打印机产生了兴趣。

销售员走过来,热情地向客户介绍说:"先生,您真有眼光。这台打印机的分辨率非常高,它是4800×1200dpi,可在1平方厘米的面积打印出90个墨点。打印效果非常清晰,没有丝毫毛边,而且打印出来的文字在水中浸泡七八天都不褪色。"

那位先生说:"我准备用来打印海报、照片之类的,这台打印机可以吗?"

"没问题,横幅、照片、海报、手册、信封,甚至是T恤衫,都可以打印。"

"哦,使用说明书上说这种打印机每分钟只能打印12页,这速度太慢了。我听说有一种打印机每分钟能打20多页。"

上例中,顾客提出打印速度问题,能否成交可能会卡在这个地方。实际上,顾客未必真的需要一台每分钟打印20多页的打印机。销售员应该给出一些理由说服他购买这台速度相对较慢的打印机。

针对类似的情况,销售人员可以从以下四个方面入手,消除顾客异议。

1. 找到客户的需求点

客户的需求是其购买的原动力,如果销售人员不能把重心放在寻求客户的需求上,就没有抓住销售的重点。一旦把握了顾客的需求所在,其他问题也就迎刃而解。比如上例中,如果客户看重的是产品的功能,我们就可以说:"我现在详细地说明我们的产品具有哪些功能,这一定能够满足您的需求。好吗?"

某图书馆采购商:"现在的学生根本就不认真读书,他们连学校的课本都没兴趣读,怎么可能看课外书呢?"

某出版社发行人员:"是啊,现在的孩子的确没有我们小时候读书用功了,我们这套图书就是为了激发他们的学习兴趣而编写的。图书内容丰富,形式新颖、活泼,对学校教材可以起到很好的辅助作用。"

很显然,图书馆采购商在异议中提到的"兴趣"应该是其需求点,发行人员在回答中明显抓住了这一需求点,他的说明具有针对性,极具说服力,足以消除其异议。

2. 着重推荐产品功能

销售员可以询问顾客看重产品的哪些功能。只有将顾客急于了解的产品功能介绍清楚了,才能成功消除顾客的异议。比如可以这样问:"您最看重的产品功能是什么?是速度还是性能?"如果是速度,你就去讲速度方面的功能;如果是性能,你就去讲性能方面的功能。

一位中年女顾客购买的金首饰只戴了一个星期,便出现了一层灰蒙蒙的雾。于是,她一气之下跑到商场大吵大闹,并要求退货。

营业员小姐和颜悦色地接待了她:"请问您在哪工作?"

"我在化学试剂厂工作。"

"您上班时戴首饰吗?"

"当然戴首饰!"

营业员小姐于是亲切地告诉顾客:"以后上班时最好不要戴首饰,在试剂厂容易受到化学试剂的腐蚀。"并为顾客进行了免费的清洗。

顾客临别时不好意思地道歉:"刚才我太性急了,还没搞清楚就……"营业员小姐微笑着说:"这怪我们工作没有做好,如果我们将金首饰的保养方法详细地告诉您,就不会出现这样的问题了。"一句话就把顾客从尴尬中解脱了出来。

已经卖出去的金首饰要退货,问题到底出现在什么地方?显然不是金首饰质量有问题,而是在使用的环节上。营业员的询问找到了问题所在,很快使顾客消除了疑虑。

3. 要突出本产品的优势特色

要对顾客说明销售的产品在同类产品中的明显优势、鲜明特色。如果我们的产品具有竞争对手没有的功能,一定要为顾客指出来,这样他会觉得物有所值,甚至物超所值。我们可以自信满满地说:"我们的产品还有其他产品没有的功能,对您来说那可是个意外的惊喜,不是吗?"

有一次,托马斯去见一个准保户,这个人正考虑买个25万美元的保险金。在这同时,有10家保险公司提出计划,角逐竞争,还不知鹿死谁手。

托马斯见到他时,对方回答说:"我已委托一位好朋友处理此事了,你把资料留下,我需要比较哪家公司最便宜。"托马斯说:"我想告诉您的是,现在您可以把那些计划书都丢到垃圾桶里。因为保费设计基础都是相同的起点,就是帮助您做最后的决定。以银行贷款25万美元而言,受益人当然是银行。关心您的健康,才是最重要的。不用担心,我已经帮您约好了医生做体检,这位医生是公认最有权威的,他的报告每一家保险公司都会接受,何况25万美元的高额体检,只有他有资格能做。"

"难道其他保险公司不能帮我安排吗？"

"当然可以，但是您可能要耽误三天。如果明早您患了感冒，时间一拖，保险公司甚至会考虑再等三四个月的时间才予以承保……"

"哦，原来这件事有这么重要！托马斯先生，我还不知你代表哪家保险公司？"

"我代表客户！"

托马斯先生在迅雷不及掩耳的积极行动下，顺利地签下了一张25万美元的高额保单。

托马斯让客户明白自己产品的优势所在，他突出强调自己的保险业务有25万美元的高额体检，而且比别的公司快。抓住了这一优势，所以他很快成交。

4. 让顾客亲身体验

有些顾客之所以对产品的质量有异议，是缺少体验产品这一环节。若能让顾客亲身体验产品，往往在体验之后，异议会烟消云散。

一位美国客户与一家自行车工厂签订了一批自行车生产合同。合同签订完毕，客户才得到准确信息，这批自行车可能有质量问题，定制的自行车在骑行中可能会咯吱作响。而那批自行车一个星期后就要交货，这个时候那个美国客户有两种选择。

A. 立刻去工厂检查质量问题，并告诉厂长，自行车咯吱作响的问题必须在交货之前解决好。

B. 去工厂测试几辆自行车，然后带着厂长骑着自行车转几圈，并询问："是不是所有的自行车都会发出咯吱声？这声音是否属于质量问题？"

那个美国客户选择了后者。他去了这家工厂，测试了几辆自行车，并和厂长骑了几圈，同时，委婉地询问了关于咯吱声的问题。

最后，客户按时收到了没有咯吱声的自行车，且对质量很满意，并追加了订单。

二、关于产品价格异议的对策

在销售过程中，价格的问题总是最敏感的。顾客关注产品的价格，并且为了降低价格进行协商，多半表明他需要这样的产品。销售商家们深知，如果客户对价格没有提出异议，那也许是他对你的产品缺乏兴趣。

因此，顾客提出价格异议时，销售人员不必紧张，应该看到，真正的销售成交的时机到了。针对价格异议，销售人员应该怎样应对才能成交呢？

（一）有的放矢

客户说价格太高，是出于各种不同的原因，这时我们就要采取相应的策略。

1. 第一种原因：我们的价格确实比其他同类产品高一些

一是要说明质优价高的道理。比如说：

"我们的产品是名牌产品，加热更均匀，更省电，烹调效果更好。质检部门的抽查结果表明，我们的加热效果在同类产品中最好。按照这种品质来衡量，定价不高吧？"

二是要说出产品涵盖的范围不同。比如说：

"您说的那款汽车不包括空调、音响和燃油切断系统，是吗？我们这款汽车全部包括在内，相比较之下，您会发现我们的产品更便宜。"

2. 第二种原因：顾客对价格高度敏感

针对这种顾客，首先，询问顾客是否进行了比较。如果顾客说做过比较，那就让他说出比较的结果，以便进行沟通说服；如果顾客没有做过比较，说明他只是对价格敏感而已。可以这样问他："您是拿我的报价与什么做比较呢？"

其次，着重阐述产品突出的价值。要从根本上解决价格异议，最好的办法是让他看到产品突出的价值。

小华是一位自行车推销员。有一次，一对夫妇带着一个小孩来看车，小华热情地接待了他们，但他没做过多介绍，只是请他们自己慢慢看。最后，这对夫妇选中了某型号的自行车，但他们嫌这辆车比其他品质相近的车贵了20元。这时，小华说："你们的这种感觉我同样有，但以后你们会发现，多花费这20元是值得的。因为，这辆车还有一个非常好的名字，叫作'你放心吧'，它有一个非常好的刹车器，这个刹车器经久耐用，操作方便，更重要的是安全可靠。"

"太太，您的小孩骑自行车，您最担心的是什么？当然是安全，多花20元买安全，您不觉得很值得吗？而且，一辆车至少会使用5年，5年只多了20元，您还有什么顾虑呢？"

这对夫妇想想小华的话，觉得也很有道理，于是就购买这辆车了。

瞧！20元买安全，这太值了。

3. 第三种原因：客户只想降价

这种情况比较好处理，只需将价格报得高一些，然后适当降价，客户就会满意了。如果客户仍嫌不足，可以赠送价格较低的相关产品。

（二）淡化客户对价格的关注

销售人员可以采用价格分解的方式，淡化顾客对价格的关注。不要在价格上与其纠缠，要引导到价格背后的价值问题。对价格进行分解的方式有如下三种。

1. 比较法

销售人员可以把客户特别满意的产品与其他不同档次的产品进行比较，然后让客户在多种产品之间进行选择。在比较的过程中，销售员可以针对客户的实际需求对他们提出合理化的建议。

在美国零售业中，有一家知名度很高的商店，它是由彭奈创立的。

彭奈对"货真价实"的解释并不是"物美价廉"，而是什么价钱买什么货。他有个与众不同的做法，就是把顾客当成自己的人，事先说明货品等级。关于这一点，彭奈对他的店员要求非常严格，并对他们进行了严格的培训。

彭奈的第一家零售店开设不久，便有一个中年男子到店里买打蛋器。

店员问："先生，您是想要好一点的，还是要次一点的？"

那位男子听了显然有些不高兴："当然是要好的，不好的东西谁要？"

店员就把最好的一种"多佛"牌打蛋器拿出来给他看。

那位男子看后问："这是最好的吗？"

"是的。"

"多少钱？"

"120元。"

"什么！为什么这样贵？我听说,最好的才六十几块钱?"

"六十几块钱的我们也有,但那不是最好的。"

"可是,也不至于差这么多钱呀!"

"差得并不多,还有十几元一个的呢。"男子听了店员的话,马上脸现不悦之色,想立即掉头离去。

彭奈急忙赶出来,对男子说:"先生,您想买打蛋器是不是,我再为您介绍一种好产品。"

男子仿佛又有了兴趣,问:"什么样的?"

彭奈拿出另一种产品,说:"就是这一种,请您看一看,式样还不错吧?"

"多少钱?"

"54元。"

"按照你店员刚才的说法,这不是最好的,我不要。"

"我的这位店员刚才没有说清楚,打蛋器有好几种品牌,每种品牌都有最好的产品,我刚才拿出的这一种,是这种品牌中最好的。"

"可是为什么比'多佛'牌的差那么多钱?"

"这是制造成本的关系。每种品牌的机器构造不一样,所用的材料也不同,所以在价格上也会有出入。至于'多佛'牌的价格高,有两个原因:一是它的品牌信誉好;二是它的容量大,适合做糕点用。"彭奈耐心地说。

男子脸色缓和了很多:"哦,原来是这样。"

彭奈又说:"其实,有很多人喜欢用这种新品牌,就拿我来说吧,我用的就是这种牌子,性能也不错,而且它有个最大的优点:体积小,用起来方便,适合一般家庭使用。请问您家里有多少人?"

男子回答道:"5个。"

"那再适合不过了,我看您就买这个吧,保证不会让您失望。"

彭奈送走顾客后对他的店员说:"你知不知道你今天的错误在什么地方?"

那位店员愣愣地站在那里,显然不知道自己错在哪里。

"你错在太强调'最好'这个概念了。"彭奈笑着说。

"可是,"店员说:"您经常告诫我们,要对顾客诚实,我的话并没有错呀!"

"你是没有错,只是缺乏技巧,我的生意做成了,难道我对顾客有不诚实的地方吗?"

店员摇了摇头。彭奈又说:"除了说话的技巧外,还要摸清对方的心理,他一进门就要最好的,对不对?这表示他优越感很强,可一听价格太贵,他不肯承认他舍不得买,自然会把不是推到我们身上,这是一般顾客的心理。假如你想做成这笔生意,一定要变换一种方式,在不挫伤他优越感的情况下,使他买一种比较便宜的产品。"

店员的比较是"好一点的"与"次一点的",结果失败;彭奈的比较是"每种品牌都有最好的产品",是"品牌"与"品牌"的比较,推荐顾客适用的品牌,结果成功。

2. 整除分解法

整除分解法是化整为零。

让顾客知道产品的价值所在,使顾客的注意力从较大的数额转移到容易接受的小数额上,更容易让顾客认同产品的价值,从而有利于达成交易。

顾客:"这栋房子的整体设计、质量很好,可是价格实在太高了。"

推销人员:"房子其实并不如您想象的那么贵。您看,房子的现价是每平方米7000元,这种房子以后一定会继续升值,其潜在价值将远远高于它目前的价格。"

顾客:"这房子是我准备自己住的,不太可能出让,升不升值与我没有太大的关系。"

推销人员:"即使是这样,您也不希望今天每平方米7000元买到的房子,明年就跌到每平方米5000元吧。这个房子用来自己住最适合了。您算一算,房子的产权期限是70年,而房价总额大概为70万元,那么您一年其实只要花1万元就可住在如此高品质的建筑之内了;再算一下,即使您每年只在其中住10个月,一个月也只需要花1000元,一天才花几块钱呢?"

顾客:"大概是33元吧。"

推销人员:"是啊!才33元钱,您每天只要少在外面吃一顿快餐,就能够一辈子住在如此高档的住宅当中了,而且您可以享受到高品质的物业服务。难道您愿意为了每天少花33元而放弃这样的人生享受吗?"

运用整除分解法,将70万元分摊成每一天差不多33元的小数目,而且是一顿快餐的价钱,容易让顾客动心。

3. 强调产品优势

运用这一方式,可以对沟通产生很多积极作用,尤其可以增强顾客购买产品的欲望,当客户的购买欲望被激发到极限时,就会减少对价格的关注。

(三)讲究策略

1. 策略一:先发制人

在洽谈前,可以向对方申明,我方的供货价格已经"定死",且因种种原因不能下调,希望对方能理解。这是"把丑话说在先"的策略,目的是堵住客户讨价还价之口,收到先发制人之效。

2. 策略二:突出周全的配套服务项目

比如建立了免费咨询服务、送货上门、安装调试、终生保修等一套比较完善的售后服务机制。

以上的策略二,表面上与价格无关,但突出了产品的附加值,让顾客感到物超所值,自然而然对产品价格的"含金量"感到放心,有利于促成交易。

三、关于立即签单异议的对策

客户很少在第一次接触到销售人员时就决定购买,他们往往会提出异议,比如"今天不买,以后再说"、"我要和太太商量一下"、"我再考虑一下",等等。其实,客户提出以上异议时,他的内心已经在琢磨到底买还是不买。此时,销售人员需要争取在最短的时间内,使客户下定决心马上买单。最好的办法就是重申产品或服务的全部优点,强调立即购买的紧迫性。

一位年轻女孩到欧阳先生家中推销保险。欧阳先生听了她的简短介绍后说:"我现在不需要。"

年轻女孩并没有放弃,而是微笑着说:"先生,我以前也不相信任何推销员,干吗要买保险呀?我年纪不大,身体健康,花这些有必要吗?但是前两年,我突然患了一场大病。家中经济条件不好,父母只好向亲戚朋友四处借债,总算捡回了一条命。出院后,我们全家非常后悔,当初为什么不买一份人寿保险呢?有了那次教训,现在我们家每人都买了一份保险。您知道,保险的最大好处就是对人的生命安全起到保驾护航的作用。我想您肯定不愿意由于亲人因疾病或意外而债台高筑吧?现在就签单吧,可不能拿自己和亲人的生命开玩笑。"

欧阳先生不再拒绝,为全家每一个人都买了一份保险。

四、关于公司规模异议的对策

大多数客户认为大公司技术水平高,产品质量有保证,所以在作出购买决策时会考虑公司的规模,以及产品是不是名牌。

家具制造厂的业务员小秦正在接待一位大客户丁先生。双方经过一番沟通,丁先生说出了心中的顾虑:"经过我的考察,觉得你们公司规模较小,供货能力不足,难以保证大量家具的及时供应。另外,我觉得你们的产品研发缺乏技术支持,恐怕在质量方面难以保证。"

丁先生的意思非常明显,他对公司规模不满意,同时担心质量问题。作为推销人员,此时你应该如何见招拆招呢?

首先,要讲出小公司具有大公司无法比拟的优势。我们可以这样说:"大公司的产品质量有保证,小公司的产品有特色";"大公司供货能力强,但有时会歧视小客户,小公司则会认真对待每笔订单";"大公司按照自己的生产方式组织生产,难以满足不同客户的需求,小公司的经营灵活,可以按照客户的要求设计、制作家具",等等。

接着再抛出优惠措施,引导客户签单。我们不妨这样说:"您购买我们的产品可以享受九折优惠。另外,国外很多大公司都喜欢向小公司下订货单。通常情况下,小公司的产品价格更低,质量也有保障,物美而价廉,您何乐而不为呢?"

▶ 第四节 消除客户抱怨的技巧 ◀

客户的抱怨行为是由于对产品或服务不满意而产生的。"经营之神"松下幸之助认为:"顾客肯上门来投诉,对企业来说实在是一次难得的纠正自身失误的好机会。"一般来说,向企业提出批评的客户,说明他是一个比较忠诚的客户,所以,对这样的客户,我们应当加以重视,不仅要正确看待客户的抱怨,而且要采取一定的技巧化解顾客心中的不满,促进销售业绩的提升。如何恰当处理顾客的抱怨呢?

一、采取缓兵之计

在通常情况下,对顾客的抱怨,销售员应立即应对和答复。但在某些情况下,立即应对、答复反而是不明智的。在这些特殊情况下,对于客户的抱怨,可以采取缓兵之计,推迟答复。有下列几种情形时,应采取缓兵之计,采用推迟答复法,或极力安抚,暂缓处理。

1. 不能马上回答

如果不能立即给客户一个满意的答复,或没有足够的资料做说服性的回答,那么,销售员就应该将客户的问题暂时搁下。如对某些技术性很强的问题,可以对客户说"这个问题,等我请示了专家后再告诉您",或者"请稍候,我给您问一下",等等。这样做,既能表明销售员认真对待客户的态度,又能得到客户的理解与信赖。

2. 马上回答会产生不良影响

如果销售员认为马上回答客户的问题会产生不良影响,或者不利于销售计划的实施,容易引起客户更多的抱怨,甚至有可能引起中断销售,此时,你不如暂时不回答客户的异议,可以有意将话题岔开。稍候片刻,适时将话题引向产品。你一定要尽量掌握主动权,掌握答复客户的有利时机,否则会处于不利地位,受到客户更多的怀疑与盘问。

3. 推迟回答更有利于销售

如果销售员预计推迟处理顾客的抱怨,可以缓和洽谈的气氛,降低客户的反感程度,或者随着你的引导,客户自己可以从你的言谈中找到答案,你就可以不立即处理客户的抱怨。

4. 后面的工作能更有效回答

如果销售员认为客户的抱怨可能会随着业务洽谈的继续而消失,或按照计划的程序在后面能够更好、更有效地化解客户的抱怨时,可以推迟回答。

这体现了安排策略的高明之处,也可以减少不必要的争执并节省时间。客户也许会因为想自我表现一下或心情不佳而提出一些抱怨或借口,但随着业务洽谈的逐渐深入,客户可能会认识到这些抱怨是毫无根据的或者说根本就是不重要的,从而不再坚持自己的抱怨,也就不需要你进行化解了。

有一位进口啤酒公司营销部的副总经理张某,一次进口一种新品牌的啤酒,在开拓市场过程中,想争取一个开了10家连锁店的潜在大客户。他去拜访这个老板许多次,都没得到准确回答,每次对方不是态度很冷淡,就是敷衍了事。

他再次拜访这个客户,刚走进对方的办公室,还未来得及问候,就看见对方一拍桌子说:"你怎么又来了,我不是告诉过你,我最近很忙,没有空吗?你怎么那么烦人,赶紧走吧!我没时间理你。"如果你遇到这种情况,是不是心里很不舒服?但张某不但没有这种感觉,反而马上想到了"情绪同步"这四个字。于是立刻用和客户几乎一样的语气说:"陈总,您怎么搞的,我每次来,都发现您的情绪不好,您到底为了什么事情烦心?我们坐下来谈谈。"那个客户立即改变了说话的口气,很和气地说:"张先生,我最近实在是烦死了。我花了很多时间好不容易培养了3个分店经理,结果上个月都让我的竞争对手以高薪抢走了。"张某听了后拍拍他的肩膀说:"咳,陈总啊,您以为只有您才这么烦心吗?我也跟您一样,我们最近不是有新产品要上市吗?前几个月好不容易用各种方法,招来十几个新业务员,并进行了相关培训,结果才一个多月的时间,十几个新的业务员走得只剩下五六个了。"接下来他俩互相抱怨,现在的员工是多么难培养,人才是多么难寻找……谈了十几分钟。最后张总站起来拍拍陈总的臂膀说:"陈总,既然我们俩对人事的问题都比较头痛,咱们也先别谈什么人才流失的事了。正好我车上带了一箱啤酒,搬下来您先免费尝一尝,不管好喝不好喝,过两个星期等我们都解决了人事问题后我再来拜访您。"陈总听后就顺口说:"好吧!那你就先搬下来再说吧。"

　　最后,张总赢得了这个客户。

张总不谈啤酒的事情,与对方"情绪同步""互相抱怨",这种缓兵之计,实在高妙,最终他赢得了大客户。

二、向客户作出承诺

　　如果客户的抱怨有一定道理,我们就应该迅速向顾客说明各种可能采取的解决方法,或者询问他们想怎么办。在充分听取顾客对解决问题的意见后,对具体方案进行协商,最后确定下来。

　　销售员在面对客户的要求时,应该有选择、有技巧地作出承诺。在这种情况下,销售人员应该注意以下几点。

1. 承诺时的表现要坚定

　　如果确定可以向客户作出承诺,在承诺时,需要表现出真诚的态度和坚定的语气,不要支支吾吾,更不要唯唯诺诺。一旦销售人员在承诺过程中的表现不够坚定、真诚和信心十足,客户就会对承诺的内容产生怀疑,进而对此次沟通产生不满。

　　客户:"产品的质量有可靠保证吗?"

　　销售人员:"当然有了。"

　　客户:"可是我怎么觉得这产品质量不如另外一家好呢?如果质量不可靠,那怎么办?"

　　销售人员:"那——如果质量不可靠的话,你可以来换一下,我应该——不,是保证给您调换。您觉得这样行吗?"

　　客户:"我觉得还是有问题,我不能放心……"

销售人员如此没有信心的回答,客户怎么能放心得下呢?结果可想而知。

2. 需要谨慎承诺一些问题

　　对于不能确保兑现的客户要求,销售人员应坚持"谨慎许诺"的原则,然后依照当时情形灵活处理。

　　如果客户提出的某些要求实现的概率很低,而客户又十分坚持,那么最好不要许诺,而应该尽可能地说服顾客减少这方面的要求。例如:

　　"您真的需要一个星期之后交订金吗?您知道,现在楼价上涨的速度,而且来买房的人又这么多,我很难保证您看中的那套房子一个星期后还没卖出去……"

　　如果客户坚持某项要求,而且通过一定的努力有可能实现的话,销售员可以对其进行比较委婉的承诺,但是要同时告知客户可能会出现的其他情况。如:

　　"刘先生,我们会尽可能地按照您的要求在10点钟以前把货送到,不过万一送不到的话,我会及时打电话通知您……"

3. 不能满足的需求坚决不作承诺

　　如果销售人员已经确定客户的某些需求无法给予满足,就千万不要轻易承诺。这时,销售人员就要用其他辅助手段淡化客户这方面的需求,或者真诚地向客户说明你的难处。例如:

　　"您希望我们上门指导安装?您一定以为它安装起来非常复杂吧?其实特别简

单,我现场给您演示一下,您就会了……"

如果以上方式仍然无法使客户改变要求的话,那么销售人员宁可失去一次交易成功的机会,也不要失去最基本的信誉。失去一次交易也许有些可惜,但是如果失去了最基本的信誉,以后就没有机会挽回客户的信任了。

三、让客户尽情发泄

有些顾客抱怨时,感情容易冲动:或双手颤抖,呼吸急促;或捶胸顿足,又蹦又跳;或开口就骂,拍桌子摔板凳,等等。他们是在发泄心中的怨闷之气。碰到这种情况,销售人员该怎么办呢?

1. 静坐倾听

让顾客尽情地发泄心中的不满,在听其诉说时,闭口不语,但要不断地点头,保持眼神交流。要记住客户表现出的愤怒、烦恼或沮丧,只是一种发泄,你只是他的倾诉对象,不要以为他的行为是针对你的。

某电话公司曾遇到一个凶狠的客户。这位客户对电话公司的有关工作人员破口大骂,甚至威胁要拆毁电话。他拒绝付某种电信费用,认为那是不公正的。他写信给报社,还向消费者协会提出申诉,到处告电话公司的状。

电话公司为了解决这一麻烦,派了一位最善于倾听的调解员去见这位难缠的顾客。这位调解员静静地听着暴怒的客户大声地"申诉",并对其表示同情,让他尽量把心中的不满发泄出来。三个小时过去了,调解员一直非常耐心地静听着他发牢骚。此后,这位调解员还两次上门继续倾听这位客户的不满和抱怨。

当调解员第四次上门去倾听他的牢骚时,那位顾客已经完全平息了怒火,而且把这位调解员当作好朋友一样地看待了。

调解员利用了倾听的技巧,友善地疏导了暴怒顾客的不满,不但解决了矛盾,而且成了顾客的朋友。

2. 迅速将当事人带离现场

客户在发泄时,往往想争取他人的支持,支持的人越多,他就越猖狂。此时不可置之不理,而应采取断然措施,迅速将当事人带离现场,或到办公室,或到僻静之处,以避免在公众面前被制造"负面宣传"。接下来,就是安抚。当面向客户道歉。可以说:"先生,实在抱歉,让您生气了。来,先坐下来休息一会儿。"或者说:"谢谢您对这个问题的提醒,我们以后一定认真改进。"这种情况下切忌意气用事,用激烈的言语回应对方,而应有礼貌,心平气和,这样有助于对方怒气的平息。

3. 更换处理抱怨的销售人员

当客户针对某一销售人员发泄不满时,再让这个销售人员待在现场去倾听,去解决客户的问题,不但不利于与客户的沟通,还会增加客户的不满。因此,应找一个经验丰富、工作能力强、职位高一点的主管出面,代替上述人员受理业务,会让客户有受尊重的感觉,有利于问题的圆满解决。有时候客户自己会提出这个要求:"去!叫你们老板来谈!"更换一个交谈对象,也是更换一种情绪的方法。

第五节 抓好成交的最后一环

从介绍产品到化解拒绝,销售的最终目的,就是与客户达成交易,业内称为"临门一脚"。在成交的关键时刻,许多销售人员由于忽视了一些能够决定成败的细节,往往功亏一篑,使之前的努力付诸东流。如何在最后关头使客户下定购买的决心,促成交易呢?这需要销售人员摸清客户的心理,采取一些应对策略和技巧。

一、捕捉成交信号

成交信号是指顾客在语言、表情、行为等方面表露出来的打算购买商品的一切暗示或提示。顾客一般不会主动、明确地提出成交,但其购买意向会通过各种方式表现出来。所以,在销售的最后阶段,应密切注意和积极捕捉客户的成交信号,抓住稍纵即逝的时机,达成交易。

1. 语言成交信号

语言成交信号是指顾客在洽谈过程中通过语言表现出来的成交信号。这也是成交信号中最直接、最明显的表现形式,销售人员也最易于察觉。通常表现为:

(1) 关心送货时间或怎样送货等交易方式、购买手续、付款条件;

(2) 询价或讨价还价,这是一个最明显的信号,谈好价格意味着可以成交;

(3) 口头或非口头地向另一方(配偶、朋友、你本人等)征求赞同,例如:"有朋友说它性能非常可靠,真是这样吗?""这倒蛮适合我们的,能试用一下吗?",等等;

(4) 话题集中在某一独特的问题上,反复询问;

(5) 询问售后服务的各种细节,等等。

2. 表情成交信号

表情成交信号是客户在销售洽谈过程中通过面部表情表现出来的成交信号。它能够表现客户的心情或感受,但其表现形式更微妙、更具有迷惑性。通常表现为:

(1) 两眼发光,紧盯着包装精美的产品,面部表情渐渐放松;

(2) 认真观看有关视听资料,并不断点头;

(3) 认真观察产品,在听产品介绍时若有所思;

(4) 销售人员讲话时,客户频频点头,面带微笑,等等。

3. 行为成交信号

行为成交信号是客户在销售洽谈过程中通过行为表现出来的成交信号。客户表现出的某些行为是其心理活动的一种反映。这种购买信号主要是身体语言,通常表现为:

(1) 客户由原来漫不经心的坐姿变为端坐,甚至身体前倾;

(2) 认真做笔记;

(3) 不再提问,而是认真思考;

(4) 打电话询问家人或者询问他心目中的专家;

(5) 听完产品介绍后,会不由自主地走近观看、抚摸产品,详细查看说明书;

(6) 查看或询问有关成交条件的合同文本或看订单;

(7) 跟销售人员套近乎,递烟、倒水,等等。

一位汽车销售人员正在做客户回访,他看到那位客户的同事正在上网看一组汽车图片,他觉得这是一位潜在客户。于是,他对那位潜在客户说:"您可以看看我们公司的汽车,这是图片和相关资料。"但这位潜在客户马上拒绝了,他表示自己马上要出去办事。"只需要五六分钟就可以看完了,而且我可以把东西留在这里。"销售人员急忙说道,同时他迅速拿出几款男士比较喜欢的车型图片,这时他看到潜在客户的目光停留在其中一款车的图片上,而且刚刚拿着皮包准备走的他又把皮包放回到了桌面上,坐了下来。销售人员意识到,潜在客户已经对那款车产生了极大的兴趣,于是开始趁热打铁地展开推销……

这位汽车销售人员很善于抓住潜在客户的行为成交信号,那由拒绝到"目光停留"的行为细节,正是销售成交的开始。

4. 进程成交信号

进程成交信号是客户在销售洽谈过程中通过主动参与表现出来的成交信号。通常表现是:

(1) 向销售人员介绍自己同行的有关人员,特别是购买的决策人员。如主动向销售人员介绍"这是我的太太""这是我的领导"等;

(2) 销售人员在订单上书写内容、做成交付款动作时,顾客没有明显的拒绝和异议,甚至详细阅读书写内容;

(3) 转变洽谈环境,主动要求进入洽谈室或在销售人员要求进入时,非常痛快地答应,等等。

二、用语言暗示

临近客户签单的关键时刻,客户依然十分犹豫。此刻,可采用语言暗示的方式,尽快促使对方签订合同,完成交易。以下是常用而有效的暗示性语言,只要我们灵活掌握,就可以踢好"临门一脚"。

"王经理,我们已经协商好所有细节问题了,接下来我们把合同签了吧,好吗?"

"一会儿咱们把合同签一下,您做个决定,是购买30台呢,还是购买50台?"

"签了合同以后,如果您方便,我们明天就把产品送过去。这样可以吧?"

"这种产品使用起来非常方便,您看,只要轻轻一拨……"

"当您使用这台笔记本电脑的时候,它会大大提高您的办事效率,我敢肯定您一定会非常喜欢。"

"我们来看看,当您购买了产品,可以得到哪些额外的优惠。"

"我很高兴您做了一次明智的决定,您认为如何呢?"

"今年的春天来得早,气温回升很快。如果您今天做出购买的决定,我们将在三天之内将冷冻设备安装好。请问贵公司的冷库面积有多大?"

1. 直接要求法

销售人员收到客户的明确购买信号时,应马上直接提出成交请求。可以这样说:"太太,既然您没有别的意见,那我们现在就签一下单吧。"提出成交要求后,就应保持沉默,静待客户做出决定。切忌喋喋不休,因为言多必失,一旦说错一句话,将前功尽弃。

2. "二选一"法

将要签单时,销售人员应使客户避开"买还是不买"的问题,而是让客户回答"要这个还是要那个"的问题。例如,你可以这样问:"您是喜欢黄色的还是白色的?""您是刷卡还是用现金?"在引导客户成交时,不要提出两个以上的选择,以免因太多选择让客户无所适从。

3. 从众法

客户对于认可的产品,才容易信任和喜欢。只有打消其怀疑态度,交易才有可能成功。例如:

  一位客户看中了一台电脑,却没有决定是否购买。销售人员说:"您真有眼光,现在就流行这种电脑,我们平均每天要售出几十台,有时还要提前预订才能买到。"客户听了这番话,还有点犹豫,销售人员接着说:"我们的老板也都在用这种电脑,都说效果很好。"客户最终做出了购买的决定。

4. 兴趣法

引起客户的购买兴趣,是有效成交的方法。要围绕着省钱、省时、高效、方便、舒适、安全、爱、关怀、成就等几方面展开。例如:"产品时尚的外观设计可以体现您超凡的品位。""产品先进的技术会给您创造巨大的收益。""高效的功能可以满足您的多种需求。""方便的使用方法为您节省了大量时间。"等等。

一些销售专家还专门总结了如下有效句型,根据具体情况套用这些句型不失为一种既省时又省力的好方法。具体句型如下。

"会造就您……"
"会使您成为……"
"会把您引向……"
"会为您节省……"
"会为您创造……"
"可以满足您的……"
"使您更方便……"
"减少了您的……"
"增强了您的……"
"有利于您进一步……"
"帮助您改善……"
"提高了您的……"
"免去了您的……"
"您更容易……"
"使您有可能……"

三、采取激将法

激将法的本意是指用刺激性的语言使将领出战的一种方法,后泛指用刺激性的语言(或反语)鼓动人们去做某事的一种手段。用于营销实践中就是利用客户的自尊心和逆反心理积极的一面,以"刺激"的方式,激发其购买商品的欲望和行动。

1. 私下激将

私下激将适用于私人场所,只针对顾客个人的小型范围。例如,可以这样说:"您的亲戚朋友都买了这种产品,以您的能力,相信没问题。""像您这样顾家的人,相信绝对会为家庭购买一份保障!""如果您的生命还剩下一天,您要干什么?是不是要做您认为最重要的事?既然您已经认同了保险,也接受了为获得这样的保障而付出的这笔保费,那就今天签单吧!"说这些话时,你的态度要坚定,语调要委婉,并且定睛看着对方,帮他下决心。

有一位著名的棒球运动员,无论是在运动场上,还是在保险公司营销员的眼里,他都是一个难以攻破的堡垒,他对投保之类的事,根本就不感兴趣,而且还很反感。

但原一平却攻破了这个堡垒。他没唱那些令人生厌的老调,也没对保险的好处进行宣传,而是采取了拐弯抹角的方法,对棒球运动表现出极大的兴趣,洗耳恭听对方大谈棒球。他的倾听、他的插话、他的问题以及他简短的议论,都给这位职业球手留下了深刻的印象。

在一个适当的时候,原一平向球手提出了一个关键的问题:"您对贵队的另一位球手川田的评价如何?"

"川田,正是有了他,我才能放手投球的,他是我的坚强后盾和依靠,万一我的竞技状态不佳,他可以压阵。"

"请原谅我打个比方,您想过没有,如果把您的家庭比作一个球队,您家里也应该有个川田。"

"川田?谁?"

"就是您。"原一平接着说,"您想想,您的太太和两个孩子之所以可以'放手投球',换句话说,能无忧无虑地幸福生活就是因为有了您,您是他们的坚强后盾和幸福的保证,所以您好比是他们的川田。"

"您的意思是……"

"原谅我的直率,我是说人有旦夕祸福,万一您有个什么不测,我们就可以帮您,帮您的太太和孩子。这样,您就可以更放心地驰骋球场。所以,从这种意义上说,我们也是您的川田。"

至此,那位棒球运动员才想起原一平的身份,然而他已经被感动了,因为原一平形象的比喻,使他深刻地领会了他的人身保险与他的家庭幸福的关系,这场生意当场就成交了。

"万一您有个什么不测",仅这一句,使对手被激,购买了保险。原一平成交就巧妙运用了激将法。

2. 当众激将

当众激将适用于商场等大众场所。有些顾客心高气傲,谈判经验不太丰富且容易感情用事,尤其在大众场合,他们受自尊心的驱使,在被激将的情况下,会为捍卫尊严而当即购买。

有一对夫妇看中了一串名贵的项链,但是由于价格高昂,他们在柜台前犹豫了很长时间始终无法下定决心购买。这时,销售员走过来用激将法的微沟通技巧说:"这串项链虽然质量上乘,款式精美,但价格昂贵。前几天有一位房地产大亨的夫人相中了,最后由于价格原因而无奈放弃。"

这对夫妇以为销售员觉得他们经济实力不强而瞧不起他们,情急之下立即掏钱将项链买了下来。走出商店的时候,夫妇俩用嘲笑的目光瞧了销售员一眼,得意扬扬地离开了。

值得注意的是，使用激将法要看对象。对于那些办事稳重、富于理智的经验老成者，激将法在他们身上很难奏效。对那些小心谨慎、性格内向的人，也不适宜用激将法，因为富有刺激性的语言会被他们误认为是挖苦和嘲笑，而且可能产生严重的怨恨心理。

3. 点位激将

在激将时，最好把涉及整个购买决心的问题变为只问某一个购买细节，即在某个细节这个点位上进行激将。这样，可以给客户一种心理安慰，引导客户采取合作的态度，客户也会因此感到购买的决心是自己下的，而不是别人强加的。

房地产推销员哈尔默奇先生，有一次承担了一项艰苦的推销工作，因为他要推销的那块土地紧邻一家木材加工厂，虽然这片地临近火车站，交通便利，但电动锯木的噪声使一般人难以忍受。

哈尔默奇先生想起有一位顾客想买一块土地，其价格、标准这块土地都大体符合，而且这位顾客以前也住在一家工厂附近。于是，哈尔默奇拜访了这位顾客。

"这块土地处于交通便利地段，比附近的土地价格便宜多了。当然，之所以价钱便宜，主要是因它紧邻一家木材加工厂，噪声比较大。如果您能容忍噪声，那么它的交通条件、地理位置、价格均与您希望的非常相符，我觉得这块地很适合您购买。"

哈尔默奇先生如实地对这块土地进行了认真的介绍。

不久，这位顾客去现场参观考察，结果非常满意，他对哈尔默奇先生说："上次你特地提到噪声问题，我还以为一定很严重，那天我去观察了一天，发现那里噪音的程度对我来说不算什么，我以前住的地方整天重型卡车来来往往，而这里的噪声一天只有几个小时，所以我很满意。你这人很老实，别人或许会隐瞒这个缺点，你这么坦诚，反而使我更放心。"

就这样，哈尔默奇先生顺利地做成了这笔难做的生意。

噪声，只是土地成交中的一个细小环节。哈尔默奇在沟通时，单提噪声，"如果您能容忍噪声"。点位激将的结果，促使顾客注意到这个问题，并进行现场考察，结果"以为一定很严重"的问题，变为"对我来说不算什么"，交易顺利达成。

四、抓住成交机会

在客户不再拒绝而有购买意向时，就要马上抓住能达成成交协议的时机以促成交易。把握好成交的时机犹如把握炒菜出锅的火候一样，只有适时出锅的菜肴味道才是最好的。如何抓住成交机会呢？可参考如下方法。

1. 利用最后的成交机会

从推销心理学理论上讲，面谈结束前的最后一刻也是成交的好时机。这时顾客没有心理压力，心情舒畅愉快起来，会对"可怜的"销售人员产生一种同情心。正是这一点同情心，很可能转化为购买念头。有些经验丰富的销售人员善于捕捉告别前的时机，每到与客户告别时便慢慢收拾东西，有意无意地露出客户未曾见过的产品样品，这样反而容易再次吸引客户，并最终完成交易。

2. 因小失大法

因小失大法是向客户强调不购买某产品的严重后果，告诉客户不购买决定是一个很大的错误,这个错误可能会导致恶劣的后果。通过这种强化"坏结果"的办法,促使客户在最后一刻购买。如销售保健品时,说:"如果您现在舍不得这么点钱,要是以后生病了,多遭罪呀,治病要花的钱,可能会是现在的十几倍、几十倍啊!"这些话就增加了客户购买的可能性。

3. 层层逼近法

如果客户在购买前说:"那我再考虑一下吧。"销售人员在这种托词之下,应先赞同,然后,再紧问一句:"我只是出于好奇,想了解一下您要考虑的是什么,是我公司的信誉度吗?"对方如果说:"哦,不是这个问题。"你可再问他:"那是我这个人不值得信任?"如果对方说:"你这个人不错。"你再用层层逼近的技巧,不断发问,直到让对方说出他所担心的问题。只要能解决客户的疑问,自然能顺利成交。

一位身材偏胖的女顾客走进服装商场,某服装厂的销售代表高小姐发现这位女顾客虽然是在逛商场,可是她脸上的表情却很严肃,不像其他女士那样充满了购物休闲的乐趣。

这位女顾客来到了高小姐负责的区域,她仍然像刚才在其他商家一样:眉头紧锁,匆匆地看过每件衣服之后就摇摇头继续向前走。通过多年的销售经验,高小姐猜出这位顾客可能是想买衣服参加某种重要活动,但是又不知道自己穿哪种服装合适。这类顾客虽然有较强烈的购物需求,可是却没有明确的购物目标,他们通常都需要别人的介绍或建议。

高小姐迅速从货架上取下一件适合这位顾客体形的衣服,然后微笑着对顾客说:"我看您在这里转了挺长时间了,是不是一直没发现称心的衣服?"

女顾客回答:"好看的衣服倒是不少,可是我太胖,现在的服装样式几乎都是针对瘦人设计的,我穿上一定很难看。"

高小姐柔声说道:"您看上去很有气质,像您这么有气质的人最适合穿套装了,而且套装无论在上班、约会还是重要的社交场合都是最合适不过的。您觉得我手上的这身套装如何?"

女顾客看了看说:"这种颜色太亮了吧?我觉得太显眼了。"

高小姐微笑着说:"这是今年的流行色,很多年龄比您大得多的人穿着都很好看,而且这种亮丽的颜色可以使您的皮肤显得更有光彩。您可以试一试,看看效果如何,如果您觉得不满意,我们这里还有其他颜色。您的身高是多少?"

听到女顾客的回答后,高小姐热情地说:"这件正合适,您先试这件,我再去找几件其他颜色的,您多试几件,比较一下。"

女顾客试了好几套衣服。可是最终还是拿不定主意。高小姐建议她还是选择第一次试的那件亮色套装,因为顾客穿上那套衣服给人的感觉充满了活力,而且与她的肤色十分相配。高小姐还告诉顾客:"如果您穿上这身衣服去参加重要约会,那一定会给人留下十分深刻的第一印象。"

其实女顾客自己也对那套衣服比较满意,听到高小姐的建议她坚定了购买的决心,于是这场交易成功了。女顾客满意而归,并且表示以后买衣服还来找高小姐。

4. 拜师学艺法

眼看生意做不成时,不妨请教顾客有关销售或其他方面的问题。你可以这样说:"我很肯定这个产品能为你带来许多好处,可惜我口才太差劲,没法表达我真正的意思。能不能请您告诉我,我哪里做得不好?"顾客此时因被请教的身份而感到十分满足,对你的好感陡增,俨然从售客关系变成师徒关系,在这种情况下,交易极有可能成功。

有一个化妆品推销员,最近遇到一位难缠的顾客(化妆品店的老板)。当推销员刚刚踏进该顾客的店门,想推销自己的产品的时候,这位顾客就大声嚷道:"你没有走错地方吧!我才不会买你们公司的产品。"

这位推销员于是盖上了手提箱,很虔诚地对顾客说:"您对化妆品一定很在行,商品推销经验很丰富。我是一个刚进入推销行业的新人,您能否教我一些推销技巧?还望老前辈能不吝指教。"

当她看到顾客的脸色渐渐转变时,便再度打开了手提箱。

"想当年,我开始做这一行的时候……"这个化妆品店的老板终于打开了话匣子,一口气讲了15分钟,在他介绍自己艰辛而辉煌的经历时,越来越喜欢这个认真聆听、不断点头的女推销员了,最后这位老板终于购买了这位女推销员所在公司生产的化妆品,而这位难缠的顾客最终成了年轻女推销员的长期顾客。

思考与训练

1. 赢得客户好感的法则有哪些?怎样才能给客户留下良好的印象?
2. 激发客户购买欲的方法有哪些?主要根据客户什么"症状"来下药?
3. 应对客户异议有哪些策略?消除客户抱怨的技巧有哪些?
4. 阅读下面的案例,它给我们带来什么启示?

陈明利是新加坡保险界的明星。她在从事保险业之初,客户往往会请她喝咖啡或含糖的饮料,许多次之后,她意识到不能喝这么多甜的东西。于是,她告诉客户她要喝白开水,客户常常对她的回答感到不解。

"那么多饮料你不喝,偏偏要喝白开水,为什么?"客户好奇地问。

"我一天要去好多家公司,一天喝七八杯有糖的饮料,不得糖尿病才怪!"她回答。

"对啊!这种病真让人头痛!"客户说。

"人们常常在不知不觉中喝了很多含糖饮料,这对身体是非常不好的。所以现在我们公司的重病保单很畅销。"

她将重病索赔的数据放在客户面前,客户在意识到健康的重要之余,也对重病保险有了更深刻的印象。

从一杯白开水中,她成交了很多重病保单,也不知不觉地改变了客户爱喝含糖饮料的习惯。

陈明利深有感触地说:"现在,我有许多客户都改变了喝含糖饮料的习惯,问他们喝什么,他们都会回答:'白开水就好。'"

没想到,白开水也能成为重病保单成交的关键。保险员要发自内心地关心每位顾客。假如他被你善待,他就可能成为你最有价值的顾客。

5. 请阅读下列案例。顾客为什么对推销员小刘特别反感？小刘推销商品时有哪些显而易见的毛病？请谈谈你的看法。

一年夏天，推销员小刘浓妆艳抹，衣着时髦，来到顾客家推销产品。她敲开门后立即作自我介绍："我是来推销××消毒液的。"当女主人正在犹豫时，她已进入室内，拿出商品，说："我厂的产品质量好，是×元一瓶。"顾客说："我从来不用消毒液，请你介绍一下消毒液有何用途。"小刘随即往沙发上一坐，对顾客说："天这么热，你先打开空调我再告诉你。"顾客不悦："那算了，你走吧，我不要了。"小刘临走时说："你真傻，这么好的东西都不要，你会后悔的！"

6. 下列案例有何独特之处？对你有何启示？

于先生因公务经常去泰国出差，并下榻东方饭店。第一次入住时，良好的饭店环境和服务就给他留下了深刻的印象。当他第二次入住时，几个细节更使他对饭店的好感迅速升级。

那天早上，在他走出房门准备去餐厅时，楼层服务员恭敬地问道："于先生是要用早餐吗？"于先生很奇怪，反问："你怎么知道我姓于？"服务生说："我们饭店规定，晚上要背熟所有客人的姓名。"这令于先生大吃一惊，因为他频繁往返于世界各地，入住过无数高级酒店，但这种情况还是第一次碰到。

于先生高兴地乘电梯下到餐厅所在的楼层，刚刚走出电梯门，餐厅的服务生就说："于先生，里面请。"于先生更加疑惑，因为服务员没有看他的房卡，就问："你知道我姓于？"服务生回答："上面电话刚刚下来，说您已经下楼了。"如此高效率让于先生再次大吃一惊。

于先生刚走进餐厅，服务小姐微笑着问："于先生还坐老位置吗？"于先生的惊讶再次升级，心想"尽管我不是第一次在这里吃饭，但最近的一次也有一年多了，难道这里的服务小姐记忆力那么好？"

看到于先生惊讶的目光，服务小姐主动解释说："我刚刚查过计算机中记录的资料，您去年8月8日在靠近第二个窗口的位子上用过早餐。"于先生听后兴奋地说："老位子！老位子！"小姐接着问："老菜单，一个三明治，一杯咖啡，一只鸡蛋？"现在于先生已经不再惊讶了，"老菜单，就要老菜单！"于先生已经兴奋到了极点。

上餐时餐厅赠送了一碟小菜，由于这种小菜于先生是第一次看到，就问："这是什么？"服务员后退两步说："这是我们特有的小菜。"服务员为什么要先后退两步呢？他是怕自己说话时口水不小心落在客人的食品上，这种细致的服务不要说在一般的饭店，就是美国最好的饭店里于先生都没有见到过！这一次早餐给于先生留下了终生难忘的印象。

后来，由于业务调整的原因，于先生有3年时间没有再到泰国去。在于先生生日的时候，突然收到一封东方饭店发来的生日贺卡，里面还附了一封短信，内容是："亲爱的于先生，您已经有3年没有来过我们这里了，我们全体人员都非常想念您，希望能再次见到您。今天是您的生日，祝您生日快乐。"

于先生当时激动得热泪盈眶，发誓如果再去泰国，绝对不会住任何其他饭店，一定要住东方饭店，而且要说服所有的朋友也像他一样选择！于先生看了一下信封，上面贴着一枚6元的邮票，6元钱就这样融化了一颗心，这就是客户关系管理的魔力！

第十三章　为你架设桥梁
——跨文化沟通

随着经济的全球化,不同文化之间的交流与合作大大增强了,跨文化沟通现象越来越普遍,小至邻里校园,大到跨国公司管理、国际项目合作,必然要与许多国家的人接触与沟通,必然会产生诸多文化碰撞,这可能会引起不必要的误解,从而影响跨文化人际关系的发展。为此,我们必须培养自己的跨文化沟通能力:了解东西方文化的差异,明确东西方文化在沟通方式中的不同,学会克服跨文化沟通中的障碍,掌握跨文化沟通的策略与技巧。

第一节　跨文化沟通的类型与特点

一、跨文化沟通的含义

跨文化沟通就是文化交流,通常是指国际间不同文化背景的人之间发生的沟通行为,即不同文化之间,通过一定的途径与方式,如经商、求学、婚姻、传教等,在一定的时间和空间发生互相碰撞、互相接触,从中互相学习、彼此融合,从而不断发展的文化现象。

美国著名文化人类学家罗杰·基辛在其所著《当代文化人类学》一书中讲了这样一个真实的故事。有一次,一位保加利亚籍的主妇招待美籍丈夫的朋友吃晚饭,客人中有位亚洲来的留学生。当客人把盘里的菜吃完以后,这位主妇问亚洲留学生要不要再添一盘。在保加利亚,如果女主人没让客人吃饱的话,是件很丢脸的事。这位留学生接受了第二盘,紧接着又是第三盘;女主人忧心忡忡地又回到厨房准备了一盘。结果,留学生在吃第四盘时竟撑得摔倒在地上。因为在这位留学生的国家里,宁可撑死也不能以吃不下去来侮辱女主人。基辛的故事告诉人们,不同的民族有不同的民族心理和文化传统。这些不同的民族心理与文化传统,造成了民族之间的思维方式、生活方式和风俗习惯的差异。这就要求事前了解双方的文化差异,避免跨文化沟通中的障碍,建立和谐的人际关系。

跨文化沟通中的"文化"并不是有关人类社会的宽泛意义上的文化概念,而是指由某一群体的人们发展、共享并代代相传的行为方式,即某一组织特有的行为特征;其要素涵盖了认识体系、规范体系、社会关系和社会组织、物质产品、语言和非语言符号。

二、跨文化沟通的类型

我们主要从政治学与文化人类学的角度来划分类型。

1. 国内的跨文化沟通与国际间的跨文化沟通

这是从政治学角度来划分的。所谓国内的跨文化沟通,是指沟通的双方均属于同一个国家,比如中国的武汉人与北京人,由于文化习俗的不同就可能会产生一些冲突。

这里介绍一位学生写的、新疆多民族和谐相处的小故事：

说起民族团结，生在边疆少数民族地区的我对它的感受异常深刻。可以说，在我的生活中，民族团结之花处处都在开放。

民族团结在我们祖国有着非同寻常的重要性。人们常说：汉族离不开少数民族，而少数民族也离不开汉族。我就举个例子吧。我们学校有很多的少数民族同学，由于他们汉语基础较差，经常把汉语倒过来说。在学习中，经常遇见不懂的题和语文书中的词句，或者不理解题目的要求，在作业中常常出现文不对题、词不达意的情况。这时就需要我们汉族同学来帮忙了。各种习题汉族同学都会热心解答，让少数民族同学能渐渐熟悉汉语、理解汉语，使这些少数民族同学能够准确流利地使用汉语，学习成绩也就提高很快。假如你对音乐和舞蹈感兴趣，不妨让我们学校的少数民族朋友们来教教你吧：像冬不拉、民族舞等很多种民族乐器和舞蹈，每一种都蕴含着浓厚的民族特色，那可真美啊，我们真像一个大家庭啊！

俗话说："五十六个民族五十六朵花，五十六个兄弟姐妹是一家。"这句话正点明了我们中华民族五十六个民族团结又友爱。只有我们心心相连、手手相牵，五十六个民族才会融为一个真正的大家庭。如果我们各民族和睦相处、共创和谐，我们一定能建设好我们的祖国。

文中汉族同学与各少数民族同学之间、不同少数民族同学相互之间的交往，均属于国内的跨文化沟通。

所谓国际间的跨文化沟通，是指沟通的双方来自不同的国家和地区，比如中国人和美国人，由于文化习俗的巨大差异就可能会产生很多的冲突。

这里介绍中国工人刘克功与津巴布韦总统的交往趣事：

刘克功是中国华陇建筑公司的一个普通工人，他也是津巴布韦总统穆加贝的"老乡"。1984年7月，35岁的瓦工刘克功作为中国援外人员来到了津巴布韦。刚到那儿，刘克功不会说当地语言。他是瓦工领班，每天要带几十个黑人干活，早上分工时，他只能用手比画，结果误工费时。刘克功下决心学绍纳族语（绍纳族是津巴布韦人数最多的民族），他碰到什么问什么，走到哪儿就学到哪儿，慢慢地当地人都知道有个中国"老津巴"，都愿和他亲亲热热地拉家常，说点心里话。

津巴布韦总统穆加贝也是绍纳族人。1991年的一天，他视察由华陇建筑公司承建的一处工程时，听着刘师傅操着绍纳族语有板有眼地介绍情况时，一向庄重的穆加贝兴奋异常，在他的众多中国朋友中，刘克功是第一个用绍纳族语同他交谈的人。

从此，穆加贝总统称刘克功为"塞苏卢"（绍纳族语意为"老乡"），每次回到家乡，穆加贝都要找刘克功拉家常，谈中国建筑公司的成就。这种特殊的友谊，使穆加贝总统不愿刘克功离去，多年过去了，工友们换了一批又一批，老刘却一直被留下。津巴布韦哈拉雷体育场、图书馆、师范学院、医院、地方政府办公楼、住宅小区、钢铁厂等建筑工地上都留下了他的汗水。人们都知道"老津巴"是总统穆加贝的"塞苏卢"，他除了会瓦工活计以外，还是翻译、司机、木工、油工，是个顶呱呱的中国人。

中国工人刘克功与津巴布韦总统穆加贝的不寻常的交往，就属于国际间的跨文化沟通。

2. 种族间的沟通、民族间的沟通与跨国的沟通

这是从文化人类学的角度来划分的。所谓种族间的沟通，是指沟通的双方分属于不同人种的沟通。不同人种进行跨文化沟通时,往往会产生种族偏见,这种偏见会导致成见与猜疑,最终阻碍有效的沟通。

请看黑人教授亨利·盖茨的遭遇:

> 2009年7月,哈佛大学黑人教授亨利·盖茨刚从中国旅行归来,发现用钥匙没法打开自家前门。送他回家的出租车司机也是黑人,过来帮忙,两人开始动手撬门。行人发现两个黑人在撬门,立即报警。等警察到来时,盖茨已经在屋里。警察让盖茨出来,盖茨不从。警察遂进屋检查盖茨的证件,盖茨则反问警察的名字和警号。警察说盖茨气势汹汹,大声喧闹,威胁警察。结果盖茨被戴上手铐带回警察局问话。教授在自己家里被捕,此事引起人们对种族偏见问题的讨论和反思。

亨利·盖茨与出租车司机都是黑人,他们之间的交流属于相同人种的沟通;他与美国警察的交流属于不同人种的沟通。

所谓民族间的沟通,是指不同民族之间的沟通。这种民族间的沟通形式多半发生在一个多民族的国家内,他们会因为语言、风俗、习惯、文化的不同而在沟通过程中产生差异。前文"民族团结一家亲"谈到的"汉族与各少数民族",包括与维吾尔族、回族、蒙古族等的交往就属于民族间的沟通。

所谓跨国的沟通,是指发生在国家与国家之间的沟通,通常指外交和宣传领域的沟通,也常常是跨种族、跨民族的沟通,这种沟通受到国家政策、关系等条件的影响。

请看埃及与以色列关于西奈半岛的谈判经过:

> 1967年的中东战争以后,以色列占领了埃及的西奈半岛。埃及对此一直耿耿于怀,十几年来通过种种手段想收复失地,但始终没有成功。1978年埃以双方在美国撮合下进行谈判,不可避免地涉及西奈半岛的归属问题。在开始谈判时,双方发现他们的立场是完全对立的:以色列同意归还西奈半岛,但必须保留其中的某些部分,否则就不签订和约;埃及则坚持西奈半岛是埃及的领土,每一寸土地都要回归主权国,在领土问题上不可能妥协。但是要恢复到1967年以前的情况,则又是以色列不能接受的,双方的立场处于严重的对立当中。当时,如果考虑一下双方的利益而不是停留在立场上,突破这种僵局是有可能的。以色列坚持必须占领西奈半岛的部分地区,他们不想让埃及坦克、大炮布置在邻近自己的边界地区,是出于国家安全防卫上的需要,他们的利益是在安全上的。而埃及坚持要全部归还西奈半岛,是因为西奈半岛自法老王朝时代起就一直是埃及的一部分,以后被希腊人、罗马人、土耳其人、法国人和英国人占领了几个世纪,直至近代才夺回完整的主权,他们的利益是在主权上,他们绝不能再把任何一部分主权让给另一个外国征服者。
>
> 经过谈判双方认清了彼此的利益所在,于是埃及总统萨达特与以色列总理贝京达成了一项协议,这项协议规定把西奈半岛的主权完全归还给埃及,但大部分地区必须实行非军事化,不得在埃以边界地区布置重型武器,以此保证以色列的安全。这样,尽管埃及的国旗可以在西奈半岛上到处飘扬,实现了埃及收复失地、维护主权的需要,但是由于规定坦克和大炮不能接近以色列边界,也实现了以色列保证国家安全的需要。双方从坚持立场、僵持不下到重视利益、各获所需,使一场困难的谈判突破了僵局,达到了各自的目的。

埃及与以色列关于西奈半岛归属的谈判,就属于跨国的沟通。

三、跨文化沟通的特点

国内学者关世杰已将跨文化沟通的特点进行了归纳,下面介绍其中的四个特点。

1. 文化差异程度不同

两种文化的相似程度对跨文化沟通的实现有着重要意义。在跨文化沟通中,各种文化之间的差异程度不同,其产生误解的可能性大小也就不同。人们具有的共性越多,沟通中遇到的挫折就越少;人们具有的共性越少,那么沟通中遇到的挫折就越多。

请看看一位美国上司与中国员工的沟通障碍:

某知名跨国公司大中华区人力资源副总(美国人)与一位被认为具有发展潜力的中国员工交谈,想听听这位员工今后五年的职业发展规划以及期望达到的位置。中国员工并没有正面回答问题,而是开始谈论起公司未来的发展方向、公司的晋升体系,以及目前他本人在组织中的位置等,讲了半天也没有正面回答副总的问题。副总对此大惑不解,因为同样的事情之前已经发生了好几次。

"我不过是想知道这位员工对于自己未来五年发展的打算,想要在公司做到什么样的职位罢了,可为何就不能得到明确的回答呢?"谈话结束后,副总忍不住向人力资源总监梁先生抱怨道。

"这位老外副总怎么这样咄咄逼人?"谈话中受到压力的员工也向梁先生诉苦。

作为人力资源总监,梁先生明白双方之间因文化背景不同而引起了沟通的隔阂,虽然他极力向双方解释,但要完全消除已经产生的问题并不容易。

美国上司对自己所提问题"不能得到明确的回答"很恼火,而中国员工因"这位老外副总怎么这样咄咄逼人"而抱怨,使得人力资源总监梁先生左右为难,他深知这是双方的文化差异导致的,其隔阂难以完全消除。

再看一个中国小伙子向总经理道歉的经历:

一个中国的小伙子陈俊在一家美国驻中国的公司当部门经理,前不久他在工作中出了差错,准备去向总经理皮特道歉。在得到允许后,陈俊进入老总的办公室,还没开口就赔上笑脸,在他诚心诚意道完歉后,刚进门时的微笑一直挂在脸上。皮特望着陈俊的笑脸,说道:"真的吗?""绝对!我保证!"陈俊说着脸上的笑容更加明朗。皮特说:"对不起,我无法接受你的道歉,我看不出你有什么不安!"陈俊的脸通红,他急切地想要皮特明白自己的意思,强作笑脸说:"相信我,我一定改过。"皮特更火了,说:"如果你是真的难过,你怎么会笑得出来?"

中国小伙子陈俊"在工作中出了差错",诚心诚意道歉,得不到总经理皮特的谅解;而皮特认为陈俊不是诚心诚意道歉,"看不出你有什么不安","你怎么会笑得出来",这是双方的文化差异所致。

2. 双方文化共享性差

在跨文化沟通中,沟通双方来自不同的文化背景,其各自文化中的认识、规范、语言和非语言符号系统的相似与不同混淆在一起,其文化共享性差,当双方对文化信息加以编码与解码,进行沟通时,往往就会产生障碍。

请看 2001 年北京申奥的一段趣闻:

在 2001 年的北京申奥陈述中,杨澜当时准备一开始就谈《卧虎藏龙》。一来在中国文化中,"龙"含有褒义,"生龙活虎""龙腾虎跃"等成语就是其体现。龙在中国还曾是帝王的象征,皇帝被称为"真龙天子"。二来想一语双关地说中国也是卧虎藏龙的。但是北京申奥团所聘请的澳大利亚专家就指出,龙在西方并不是正面的形象。在《圣经》中,龙即是恶魔,是邪恶和恐怖的象征。于是,在最终陈述时,杨澜就改成这样一段话:"早在 11 世纪,也就是中国的宋朝时便有一种运动开始流行起来,甚至有许多妇女也参加了进来,那便是蹴鞠。"同时,在幻灯片中展示了一幅几名女子正在踢球的宋代古画,这时,杨澜也开了个玩笑:"现在你们应该知道我们的女足为什么会那么出色了吧!"说到这儿,听众席上的人一下子就笑了起来,沟通也收到了良好的效果。

杨澜原先打算着重谈"龙",但龙在《圣经》中是恶魔的象征,与西方的公众缺少文化共享性;后改为介绍"蹴鞠",取得了良好的沟通效果。

再请看付先生在日本索尼公司的经历:

付先生是索尼公司的一名中国电气工程师。一天,他看到一块破旧的 PCBA(一块用于多媒体电脑上的线路板),便把它捡起来仔细检查,发现上面有不少贵重的元件。

作为一名工程师,付先生认为自己有责任把它修复,否则它就会被当作一个废物而丢弃。他花了大约两个小时的时间才把这块 PCBA 板彻底修好。测试结果表明:其工作性能良好。付先生很为自己的杰作感到高兴,他在系在 PCBA 板边上的卡片上签上了自己的名字。

大约一个小时之后,那块被修复的 PCBA 板被质量检查部剔了出来,总经理办公室通知付先生去一下。他到达那里时,日方总经理津吉近藤先生以及来自法国的质量检查部经理弗兰克先生都用冰冷的目光看着他。

"他就是那个把报废的 PCBA 板放在生产线上的人。"质量检查部经理弗兰克先生以一种咄咄逼人的口气对总经理说。

"您为什么把那块报废的 PCBA 板修好,然后又把它放到生产线上?"津吉近藤先生以一种怀疑的口气问付先生。

"那不再是一块废板,我敢保证它的工作性能正常。"付先生以自信的口气回答了总经理的提问。"为了替公司省钱,我这件事干得很辛苦,同时也很出色。这是为公司好。你们为什么把我叫到这里来,用这种严肃的态度质问我?"付先生的目光直逼弗兰克的眼睛。

"您是否打算买一部装有这块破损但却被修复的 PCBA 板的多媒体电脑?"质检部经理没有直接回答付先生的问题,而是向付先生提出了上面这个问题。

津吉近藤先生也紧接着说:"我知道,您想为公司省下 1000 美元,但是索尼公司的声誉却是无价的。假如这块修复的破损的 PCBA 板逃过了我们的质量检查到了消费者的手中,那对索尼公司的声誉将是一场灾难。这就是我们要把那些问题比较严重的 PCBA 板扔掉的原因。"

中国文化认为节俭是一种美德,日本文化则认为追求卓越是一种美德,"索尼公司的声誉是无价的",双方文化共享性差。

3. 无意识地先入为主

在跨文化沟通中,人们往往缺乏对对方文化背景的了解,就无意识地用自己文化的标准去衡量和评判对方的行为,因而引起对方的不满与反感,致使沟通难以顺利进行。

请看美国众议院前议员比尔·理查森前往伊拉克斡旋的经历:

> 两名美国飞行技师因穿越科威特沙漠误入伊拉克而被伊拉克政府以间谍罪监禁。为营救他们,美国众议院前议员比尔·理查森前往伊拉克斡旋。这位议员一向以平易近人和让人感到放松而著称。实际上,他在国际领域的成就大都归功于他的这种观念,即与人共事时,他并不咄咄逼人,总是以私人身份而不是官方身份进行交往。
>
> 那天,和萨达姆见面后,他们开始讨论问题。议员靠着椅背,跷起二郎腿,说自己非常理解双方当前所面临的问题。这时,萨达姆突然显得特别严肃,接着站起身来,二话没说就离开了房间,顿时屋内仿佛有一阵寒气袭来。
>
> 议员大感惊愕,不明白到底发生了什么。他四下看了看,希望有谁能解释一下。萨达姆的一位助手马上走过来并请他把脚放到地上。他把脚放到地上,心里还是想不通。经过解释后,他才明白,在阿拉伯国家,讲话时把脚跟跷给对方看是一种极为无礼的举动。议员急忙解释说他这样做不是故意的,他只是想显得轻松一点。萨达姆的助手答应替他向总统说明他那么做完全是不懂规矩所致。

美国人一向随意,不拘小节,比尔·理查森随便跷起二郎腿,而在萨达姆看来这是傲慢无礼的举动。这位前议员的"无意识"差一点把事情搞砸。

再看看小布什的趣事:

> 有一次,布什总统访问澳大利亚,一切圆满,可是他在向澳大利亚的欢送者告别时却竖起了大拇指,这引起了一个不大不小的问题。对美国人来说,这是友好、赞誉的表示,而澳大利亚人却认为是猥琐的动作。

小布什习惯性地竖起大拇指,想不到引起了澳大利亚人的反感。

4. 误解与冲突增多

鉴于沟通双方文化差异程度不同、文化共享性差、无意识地先入为主等特点,跨文化沟通的矛盾、误解与冲突就增多了;在不同类型、不同层次的文化沟通中,矛盾、误解与冲突都时有发生。

请看一次商业谈判,中美双方对词语的不同理解:

> 在一次商业谈判中,马上就要签合同了,一位细心的中方工作人员发现合同上的报价与谈判的不符,中方气愤地找到美方,美方也觉得不可思议。经过长时间的争辩,大家才弄清楚症结所在:中方提出报价时,翻译直接用了"ton"这个单位,中方当然用的是公制重量单位,而美制中分长吨、短吨,美方当然按照有利于自己的长吨来计算,所以误解在所难免。

中方发现合同上的报价与谈判的不符,中方用"吨",而美方用有利于自己的"长吨",其误解不可避免。

再看德奎利亚尔"想当然"的用语：

  20世纪80年代初，联合国秘书长德奎利亚尔飞抵伊朗协助解决人质危机问题，伊朗的媒体播放了他抵达德黑兰机场时发表的讲话。其中有一句是这样讲的："我来这里是以中间人的身份寻求某种妥协的。"讲话一经播放，他立即遭到强烈的抵制，甚至连他的座驾也受到石头的袭击。产生冲突的原因是秘书长忽视了"中间人"（mediator）和"妥协"一词在波斯语中的含义，"中间人"是指"爱管闲事的人"，"妥协"是指一个人的美德被折损了。这样，当然会引起误会。

德奎利亚尔所用的"中间人""妥协"是中性词，而在波斯语中带有明显的贬义，这是这位联合国秘书长始料未及的，伤害了伊朗民众的感情。

第二节 跨文化沟通的障碍及其克服

随着经济的全球化，跨文化沟通越来越普遍、越来越频繁，遇到的障碍也可能越来越多。我们要进行有效的沟通，必须弄清楚影响跨文化沟通的障碍有哪些，并找到有效的克服办法。

一、跨文化沟通的障碍

归纳起来，跨文化沟通主要有以下四种障碍。

1. 文化差异

每个人成长的文化环境不同，这就决定了他所能接受的行为与理念模式。只有接触了不同于自身的行为模式之后，人们才能真正体察到自身文化的基本特质。文化影响了我们的感观接受力，对人际沟通会产生重要的影响，这些影响主要表现在认知方式、思维方式、价值观和社会规范诸方面。

请看1992年中国商务谈判代表赴美国采购化工设备的故事：

  1992年，来自中国的商务谈判代表和其他12名不同专业的专家组成一个代表团，去美国采购约3000万美元的化工设备和技术。美方自然想方设法令他们满意，其中一项是在第一轮谈判后送给代表团每人一个小纪念品。纪念品的包装很讲究，是一个漂亮的红色盒子，红色代表喜气。可当代表团高兴地按照美国人的习惯当面打开盒子时，每个人的脸色都显得很不自然——里面是一顶高尔夫帽，但颜色却是绿色的。美国商人的原意是：签完合同后，大伙去打高尔夫球。但他们哪里知道"戴绿帽子"是中国男人最大的忌讳。最终代表团没签下合同，不是因为美国人"骂"人，而是因为他们对工作太粗心，连中国男人忌讳"戴绿帽子"这点常识都搞不清，怎么能放心地把几千万美元的项目交给他们？

美国人谈判的失败，不是因为美国人缺乏诚意，而是因为他们不了解中国文化。

再请看美国经理琼斯先生表扬日本工人杉木所造成的尴尬：

  美国人：杉木先生，我注意到您在装配线上干得非常出色。我希望其他工人都能注意到应该怎样做事。

  日本人：（感到不安）表扬就没有必要了，我只是在做我该做的事。（他希望其他日本工人什么也没有听见。）

美国人:您是我们在琼斯公司所看到的最优秀、最杰出、最尽心尽力的工人。

(日本人的脸红了,点了好几下头,继续做他的事情。)

美国人:唔,杉木先生,您是打算说声"谢谢"还是继续保持沉默?

日本人:对不起,琼斯先生,我可以请五分钟假吗?

美国人:当然可以。(他很生气地看着杉木走开。)我真是不敢相信,一些日本工人竟然会这样粗鲁,他们好像对表扬感到不安,不作回答而只是保持沉默。

美国人崇尚个人主义,表扬别人理所当然,无可非议;而日本人崇尚集体主义,你不可以把某一个人从他所在的小组中挑出来单独表扬,杉木毫无思想准备,他避而远之是很自然的。这就是美日文化的差异。

2. 民族差异

不同国家、不同民族的成员,必然具有不同的文化背景,不同的价值观念、态度与行为,这也必然会导致文化差异与冲突。

请看中国M公司的郭先生接待阿拉伯商人的深刻教训:

M公司是一家大公司,其产品在中国的同类产品中名列前茅,其业务已经拓展到国外好几个地区,但在中东地区仍是一片空白,因为他们没有与阿拉伯人打交道的经验。

一天,一个代表团从迪拜来M公司参观,郭先生作为公司的总代表接待了他们。由于该代表团对公司的产品很感兴趣,双方坐下来就产品问题进行谈判。

在进行谈判时,郭先生感到困惑和厌烦,因为那些阿拉伯人每隔一个小时就要求暂停一会儿,然后他们去洗手间将脸和手洗上一番。从洗手间回来后,他们就跪下来祈祷。由于洗手间没有毛巾,这些阿拉伯人的手和脸都是湿漉漉的。郭先生感到很为难,他不知道自己是否应在他们祈祷时退出。

到了午餐时间,公司为这些阿拉伯人安排了丰盛的午宴。在客人们都坐定后,女服务员开始用英文向这些阿拉伯客人介绍各种菜肴。这些阿拉伯人对品种繁多的菜肴感到吃惊和开心,然后好景不长,当女服务员提到特别烹制的猪肉时,笑容从客人们的脸上消失了。他们所有人都板起了脸,没有人说一句话,并很快站起来离开了餐桌,没有和任何人打招呼,尽管当时陪坐的还有中国当地的一些贵宾。在没有通知M公司的情况下,这个迪拜代表团便于当天离开了M公司所在的城市。

几天之后,郭先生听到了最坏的消息:这个迪拜代表团与他们的竞争对手——C公司签订了合同,而合同正是M公司与迪拜代表团当时谈而未果的那份。郭先生也因为此次严重失误而受到上司的严厉批评。

阿拉伯人多为穆斯林,女服务员介绍"特别烹制的猪肉",引起客人的不满与反感,其责任在总代表郭先生身上,连这点常识问题也不知道,证明根本没有充分准备;应当在谈判之前,充分了解阿拉伯人的宗教信仰与风俗习惯。

再请看某外国电讯公司在泰国曼谷设立分公司的教训:

一家外国电讯公司欲在泰国曼谷设立一家分公司,选址时,看中了一处房价适中、交通方便且游人众多的地段。这幢楼的对面塑着一尊并不十分高大,但却非常显眼的如来佛像,知情者警告公司经理说,贵公司若在此开业,生意会很糟糕的。但公司经理非常自信,认为这不可能,因为公司在中东地区开设的另外几家公司业务开展都很红火,所以没听劝阻,就在这里如期开业了。几年来,这家公司正如知情者所言,生意一直非常冷清。公司经理不得不挪动了公司地址,生意这才明显地好起来。经理本人对此始终大惑不解,到处打听原因,得到的解释是,业务不景气的根源在于公司的大楼高度超过了对面的如来佛像,也就是说,公司的位置在如来佛像之上。这在一个信仰佛教的国家是严重犯忌的,没有尊重当地人对佛像的信仰和敬畏,他们自然产生感情上的不快甚至愤怒,当地人当然也不愿与该公司往来做生意了。

泰国是一个信仰佛教的国家,不尊敬如来佛像,自然是犯忌的,必然会引起当地人的愤怒,当地人当然不愿与该公司做生意。可见,尊重当地宗教信仰至关重要。

3. 语言差异

语言文字是人们交际沟通的工具,有着丰富的文化内涵与特殊的文化背景。在跨文化沟通中,语言文字的相通或分歧,往往是由不同文化的共同性或差异性造成的;如果忽视了语言文字的差异,就会造成沟通障碍。

请看看中英词语的翻译问题:

大家熟悉的"百事可乐",其英文原名为"Pepsi-cola",其中"Pep"的读音使人联想起饮料的泡沫气体,"si"使人联想起开瓶时的嘶嘶声,此英文名音调的高低起伏让人产生美妙的联想。该产品进入中国市场时,公司进行了有效的跨文化沟通,故没有简单地将其商标直译过来,而是充分考虑了中国市场潜在消费者的文化消费心理特点,将产品定名为"百事可乐",充分满足了中国消费者凡事图个吉利的文化心理特点,同时也保持了原名的特点,使之成功地进入中国市场。相反,国内一家生产白象牌电池的企业在进军国际市场时,虽然质量一流,但由于缺乏跨文化沟通理念,简单地将其商标"白象"译为"White Elephant",致使其产品在国际市场上无人问津,因为"White Elephant"在英文中意指大而无用的东西。企业因为缺乏跨文化知识,未进行必要的跨文化沟通,与国际市场失之交臂,教训惨重。

"百事可乐"的汉译成功,既保持了原名的特点,又考虑到中国消费者的文化心理;"白象"的英译失败,引起说英语的国际消费者的不快。由此可见,词语的翻译要考虑当地消费者的文化心理。

再请看一位德国的销售总监办事说话风格:

路德维希是德国慕尼黑一家中等规模贸易公司的销售总监。近来,公司在中国有一笔业务要洽谈。考虑到业务的重要性,他决定亲自前往。在动身之前,他准备得比较充分,仔细地对产品以及中国公司的信誉、资金状况、管理状况和生产能力进行了研究。他还请助手把自己的日程安排发给对方,包括每天几点会谈及会谈的具体内容。但在第一天会谈时,中方代表就迟到了3分钟,令他十分不快。会谈开始后,他直截了当地说明来意,马上进入正题,而中国代表却在那里说着过多的客套话:"你路上顺利吗?""在这里住得习惯吗?""能适应这里的气候吗?"等等。路德维希马上提醒道:"我认为我们应该马上开始讨论。"一天的谈判下来,他觉得进展不大。当天晚上,中方代表邀请路德维希共进晚餐,点了许多菜肴,并对他说:"我们这里有个非常壮观的瀑布,闻名于世,明天一同前往游览吧!"路德维希反问道:"你们收到我的日程表了吗？难道我的日程表的安排有问题吗？""没有，没有。"中方代表露出尴尬的表情。接下来确实是按照路德维希的日程表在开会，但是进展缓慢，路德维希已经把自己的底牌完全亮出，但中方似乎并没有跟着他的节拍走，总是支支吾吾，或者用"研究研究""考虑考虑"等拖拖拉拉的谈判语言。而且，在开会时还会提一些私人问题："你结婚了吗？儿子几岁了？夫人做什么工作？"这些私人化的问题在正式谈判中被提出，令路德维希感到十分惊讶。德国人享有名副其实的高效率的声誉，他们信奉的座右铭是"马上解决"。路德维希来中国已经一个星期了，但合同还没有签下来，他感觉中方代表始终是在"池塘边绕圈子"，甚至怀疑起对方的诚意了。

德国人注重效率，主张"马上解决"；中国人重情感、讲关系，喜欢"池塘边绕圈子"。

4. 非语言差异

在人际沟通中，人们常常有词不达意的时候，需要同时使用非语言行为来弥补语言的局限，使自己的意思得到充分的表达。在跨文化沟通中，非语言沟通往往会自觉或不自觉地表达自己的真情实意；也最容易产生误解，因为其编码与解码充满了不确定性。由于不同国家的惯例不同，非语言沟通的差异也会造成跨文化沟通中的障碍。

请看一个美国商人到某阿拉伯国家谈生意的趣事：

一个美国商人到某阿拉伯国家去和一位阿拉伯同行谈生意，商谈进展得很顺利，双方都感到满意。

在会谈休息时，两个人站着闲聊。那位阿拉伯经理认为，既然双方已经彼此认识，两个人应该站得更近一些，以表现出双方关系的亲密度。因此，他向那位美国经理靠近了一些。那位美国经理对此感到惊讶，但他转念一想：这或许是阿拉伯经理无意间的举动。因此，他不动声色，只是稍微后退了一点以保持距离。阿拉伯经理对美国同行悄然后退同样感到吃惊，他认为那位美国同行并没有理解他的好意。于是他决定再向前移动一步，以表示他的诚意。然而他的移动使那位美国经理感到不安（甚至有点不高兴）。由于这是他首次到这个阿拉伯国家做生意，他不希望因为区区这点小事而破坏了这次谈话的气氛，使双方尴尬。于是，他再次悄悄地向后退去。就这样，阿拉伯经理的向前移步和美国经理的后退行为重复了多次，直到那位美国经理的背碰到了墙——他再也无法后退了。两位经理对这一情形都感到非常沮丧，但他们谁也弄不明白为什么对方会对两人间的距离采取相反的行为。

美国商人与阿拉伯商人都觉得尴尬，其主要原因是不同文化对身体接触的看法不同：阿拉伯人喜欢近距离接触对方，称之为接触文化；美国人多数不喜欢近距离接触对方，称之为非接触文化。这是非语言的距离因素所造成的沟通障碍。

再请看一位美国咨询员与香港客户交往的小故事：

一位美国咨询员在与香港客户的会面中迟到了，因为他接到了一个电话，他母亲的病已经诊断为癌症。为了希望自己的迟到可以得到谅解，他就把迟到原因告诉了自己的客户。他的客户获悉这个消息的时候只是微笑。对于这样冷淡的反应，这位咨询员受到了极大的刺激，也感到非常愤怒。几个月后，在他开始了解自己的某些客户以后，他认识到他们的笑是紧张、尴尬的反应。因为他们不知道在获知这样隐私的、令人沮丧的消息后应该采取何种反应。

在一些文化中,微笑可以表示友好;而在另一些文化中,微笑可以表示紧张与尴尬。香港客户的"微笑"属于后者,美国咨询员几个月后也确认了这一点。这个小故事说明了跨文化沟通有时确实会产生误解。

二、跨文化沟通障碍的克服

要想有效地进行跨文化沟通,就必须努力克服跨文化沟通的诸多障碍。这就要求我们树立跨文化沟通的意识,确立有效的沟通原则,掌握跨文化沟通的技能。

1. 树立跨文化沟通的意识

前面已经说过,随着经济的全球化,随着到世界各国旅游的中国人日益增多,跨文化沟通的障碍必须努力克服。我们要牢牢树立起跨文化沟通的意识。

请看一位美国儿童研究专家参观泰国幼儿园的感受:

一位来自美国的儿童研究专家在泰国时,曾参观一所幼儿园。办公室的一位女士态度亲切地带着她四处转转。美国专家很清楚泰国人很看重尊卑,于是她总是尽可能地表现出特别尊敬对方:双手合十,然后鞠躬,躬鞠得越低,表达出的敬意就越深。在准备离开学校时,她说了句泰国人常用来表示再见的话,同时用双手合十鞠躬的方式与老师、园长道别。快要转身出门时,她看到一群四五岁的孩子齐声高喊"再见",她很高兴,于是本能地对他们用双手合十鞠躬的方式还礼,而且躬鞠得很深。孩子们目瞪口呆,老师们则面面相觑。大家似乎像受了惊一样,房间里充满了紧张的气氛。美国专家不知如何应付,只好匆匆而去。

等级制度在泰国非常重要。美国专家的恭敬之举在某些特定场合是恰当的,但她以一个年长的访客身份对孩子们行如此大礼,自然会让那些学生和老师们感到惶恐不安。

尊重泰国的风格习惯,学习当地的沟通礼仪是很可贵的,说明这位美国专家的跨文化沟通意识很强,值得我们学习;但她以一个年长的专家对孩子们行如此大礼就不合适了,说明她学习跨文化沟通礼仪有点生搬硬套,还不到位,还需要提高。

2. 确立有效的沟通原则

要实现有效的跨文化沟通,必须遵守一定的原则,诸如尊重原则、诚信原则、平等原则、包容原则、互利原则、属地原则、适度原则等。

先请看英国一家肉店老板的经营之道:

一个看起来可怜兮兮、个子矮小的老板经营着一家不起眼的小肉店,估计月销售额不过区区几千英镑,利润率只有1/3。但令杰夫·布奇吃惊的是,傍晚时分,肉店老板却开出一辆崭新的"豹牌"豪华轿车,风驰电掣般地驶往家中。看来这位老板的富有程度绝非他最初估计的水平,因此他观看了老板接待顾客的一次表现。

当一位顾客走进来时,他那张面色红润、神情和蔼、饱经沧桑的脸上立刻就绽放出友好、灿烂的笑容,带着浓厚的乡下口音,招呼那位顾客说:"早上好啊!亲爱的太太,您想要点什么?"

"请给我来一磅腊肉,史密斯先生。"

"是给我们尊敬的琼斯先生当早餐的吧?琼斯太太?"

"是啊。"

"告诉你一个好消息,我刚刚进了一批顶呱呱的五香蔡珀拉特香肠,今天早上我自己就吃了一些,味道真是好极了,而且还是事先蒸熟了的。怎么样,称几磅回去吧!亲爱的太太?"

"行,那好吧。"

他一边熟练地把香肠包好,一边又说:"还有呢,我碰巧有个机会,从自由放牧区进了一批肉鸭,要不要我替您留下一只周末吃?"

一般的营业员只把腊肉递给顾客,收下钱,报以微笑,就已经难能可贵了;而这位肉店老板,视顾客为上帝,真诚地为顾客服务,体贴入微,激发了顾客的购买欲,品种越销越多。他用一流的说服技巧取得了神奇的经营效果。

再请看一家中国企业为引进先进的技术设备与一家著名的外国公司的谈判策略:

中国某个企业为了引进一套先进的技术设备而同时与几家外国公司接触谈判,其中一家是国际上著名的公司。中方在与这家公司谈判时,向对方说:"贵公司在国际上的知名度很高,我们信得过你们,也很想与你们做成这笔交易。但令人遗憾的是贵公司提出的条件与其他几家相比,实在不具备优势,看来我们只好找其他的公司了。这笔交易本身做成与否不是大问题,关键是,对贵方来讲,在声誉上的损失可是大事。请诸位考虑一下,以贵公司的实力和在国际上的声誉,居然在这笔交易中败给了其他无名的小公司,其影响和后果是可想而知的……"中方的这番话非常尊重对方,并从对方的角度指出了其目前行为的后果。最后,该公司权衡再三,为了维护其公司的声誉而降低了交易条件。

在跨文化沟通的谈判中,尊重对方,使对方获得尊重的需求得到满足;由于这种"尊重"的束缚使得对方很自然地达成了双方所谈协议。这家中国企业在谈判中就是采用这种策略。

3. 掌握跨文化沟通的技能

为了实现有效的跨文化沟通,我们必须努力掌握跨文化沟通的技能,诸如主动沟通、不轻易作出判断、注重细节、换位思考等。

请看一个美国专家小组赴日本京都、东京考察的经验教训:

为了促进贸易,一个美国小组前往四个亚洲国家旅行。这个小组中包含了种植商、制造商、加工商和研究人员。行程的第一站是日本京都,日本的商务人士和政府代表和小组见面,他们非常礼貌地问道:"谁是你们的领导者?"美国人的第一反应是哄堂大笑。在他们各自的细分行业中,他们都是领导者,而又没有指定某个人超越于其他人之上。

在结束了这次并不成功的京都会议,来到第二站东京的时候,这帮美国人就去向自己的大使馆寻求帮助。在大使馆里他们才明白,日本人喜欢让自己的组织层级分明,而在日本政府和日本企业内部,晋升通常都是根据资历决定的。这个小组召集了一次简短的会议,讨论怎样才能让他们的第二次会议开得更成功。他们推举吉恩·格拉斯梅尔——一位受人尊敬的资深研究员——作为"领导者"。

在第二次会议上,当日本人礼貌地询问"谁是你们的领导者"的时候,这一次美国人做好了准备。日本人把格拉斯梅尔安排在上座,而且在别人之前先给他上茶。这次会议非常成功,美国人和日本人构建起了关系,这种关系带来了一份日本人进口2万吨美国货物的协议。

为了取得跨文化沟通的成功,我们必须尽可能地了解对方的历史传统、自然地理、风俗习惯、礼仪、行为规范等,怀着友好、求知的心态去结交对方。日本人尊老爱幼、组织严密;美国人崇尚平等自由、组织松散。美国人在京都的考察失败,在东京的考察成功,原因都在这里。最后,美国人和日本人构建了和谐的关系,签署了日本人进口大批美国货物的协议。

再看菲律宾阿基诺夫人在同马科斯竞选总统时的一场舌战:

菲律宾阿基诺夫人在同马科斯竞选总统时,马科斯说阿基诺夫人缺乏经验,他声称:"女人最适合的处所是卧房。"

阿基诺夫人抓住"经验"大做文章:"我承认我的确没有马科斯那种欺骗、说谎或暗杀政敌的经验,但我不是独裁者,我不会撒谎,不会舞弊。我虽然没有经验,但我有的是参政的诚意,选民需要的是一个和马科斯完全不同的领袖。"

在日常论辩中,相互揭短是家常便饭,护短也是难免的辩论方式,问题不在于是否应护短,而在于应该怎样护短。阿基诺夫人采取的是变"短"为"长"的策略。她承认自己缺乏经验,但缺乏的主要是干坏事的经验,显然缺乏这种经验对于选民来说并不是坏事,而是好事。这种变"短"为"长"的策略是政治家常用的策略。

▶ 第三节 跨文化沟通的策略与技巧 ◀

跨文化沟通的策略与技巧很多,现择其要者分别阐释如下。

一、跨文化沟通的策略

通过中西文化差异的比较分析,我们进一步认识到,要克服跨文化沟通的障碍,就必须了解文化差异,正确认识文化差异,认同文化差异,从而达到融合文化差异的目的。

1. 了解文化差异

每一种文化都有一种观察世界的独特的视角,一套与别的民族不同的信念、价值观与态度。沟通的双方不仅要明确自己文化的特点,还要了解对方国家和民族的包括政治、经济、文化、历史、地理、生活方式、风俗习惯与语言特点等多方面的情况,然后加以比较,以明确在跨文化沟通中什么可以做,什么不可以做,从而避免不必要的误解与冲突。

请看东西方对待"我"的态度:

在英文的书面语中,"我"字无论何时都要大写,而"我们""你们""他们""你""他(她)"都可用小写,显然,"我"比"我们""你们""他们""你""他(她)"的地位更重要。英语是世界上唯一将"我"字大写的文字。

在中国的传统文化中,说"我"时,常用"敝人""鄙人""寡人""不才""愚兄""愚弟"等谦词。行文中这些词要小一号,在竖行中偏在右侧(中国以左为尊);而对于对方常用尊称,例如"尊姓大名""贵姓"等。

西方人尊重个人,重视个人利益,把"我"摆在很重要的位置;东方人崇尚集体,尤以日本人为盛,把"我"看得无足轻重。中国人提到"我"就用谦词,如"敝人""不才"等。我们在进行跨文化沟通时,要了解东西方文化的差异。

再请看美国人与中国人交往的趣事:

> 刚改革开放时,一些美籍教师来到中国任教,没几天,他们就向人发牢骚道:在中国,有很多的便衣警察,因为这些人总是问我们"到哪里去"。
>
> 这里就反映了中美双方文化的不同:对于中国人来说,"到哪里去"是一句问候语而已,你不必认真回答;但在美国人看来,这是对个人生活的无端干涉,带有刺探私人生活隐私的色彩。

中国人问美国人"到哪里去",只是问候、表示关心;美国人认为是打探隐私、无端干涉,纯粹是误解。这是中美文化的差异。

2. 认同文化差异

文化认同是人类对于文化的倾向共识与认可。在跨文化组织中,文化认同是相互的,人们需要这种相互的文化认同,以便跨越文化交流中的重重障碍,促进相互的信息、知识、技术共享与合作。培养接受、尊重和认同文化差异的意识,正是拓展我们跨文化沟通视野的良好开端。跨文化沟通中产生失误与冲突的根源主要是沟通的双方没有取得文化认同。

请看著名导演吴宇森拍摄《变脸》时的一段故事:

> 吴宇森拍摄《变脸》的最后阶段时发生了一件事。影片结尾,他准备安排尼古拉斯·凯奇把约翰·屈伏塔的小孩带回家,但监制不同意他这样拍,说男主角回来就好了,不要把敌人的孩子带回家来。吴宇森说这个孩子需要有人照顾,虽然是敌人的孩子,也应该带他回家。监制说西方观众不会接受,但吴宇森坚持要拍。监制说,我们两人来自不同的文化,观念不同,这不能拍。
>
> 片子拍完后,制片公司做了一次试映(在好莱坞影片正式上映前,有做小范围试映的惯例,借以了解观众的大致看法),结局是没有带小孩回家的。结果回收的观众问卷调查中,超过60%的观众都在问那个小孩后来怎样了,制片公司的人马上开车来找吴宇森,向他当面道歉,说监制请他明天再补拍一段戏,让凯奇把小孩带回家吧。
>
> 吴宇森重新开机补拍了一段,再给观众试映时,观众给的分就从60多分变成了90多分。吴宇森后来回忆时深有感触地说:"作为一个国际化的电影,最主要的是要有人性共通的地方。"

影片结尾,吴宇森安排凯奇把屈伏塔的小孩带回家,但监制不同意这样拍,吴宇森对监制采取了宽容的态度;后来,监制在事实面前认识到自己错了,向吴宇森道歉,请求再补拍这段戏,事情得到圆满解决。

再看看意大利经理和她的中方助理的有趣交往:

> Mariateresa Calabrese是来自意大利的一位项目经理,来到青海后,中方为她安排了项目助理(兼翻译),并要求助理尽可能多地抽时间跟意方经理在一起,以解决因语言与文化的不同而带来的不便。于是,助理跟随意方经理从晨练开始直至下午下班寸步不离,搞得身心疲惫,但双方的关系相处得并不融洽,助理也说不清问题出在哪里。直到有一次从意大利来了两位指导教师,中方为其安排参观一些景点,邀请意方经理一起去,她回答:"助理去,我就不去;助理不去,我就去。"当时双方都很尴尬。中方便询问详情,是否助理有做得不妥之处。这时她才道明觉得助理时时跟着她,她

没有私人空间,自己的隐私权受到侵害。直到此时,助理才终于明白双方相处得不融洽是彼此的观念和思维方式不同造成的。后来经过一段时间的调整和磨合,彼此渐渐适应了对方,接下来的工作进展得也较顺利,工作效率明显得到了提高。

中方助理对意方经理全力服务,"寸步不离";而意方经理觉得自己"没有私人空间,自己的隐私权受到侵害",双方都很尴尬。究其原因"是彼此的观念和思维方式不同造成的"。后来,经过调整和磨合,彼此渐渐适应了。

3. 融合文化差异

融合文化差异,是了解文化差异和认同文化差异的最终目的。文化融合的结果是形成一种综合了多种文化精华的新文化。从解决跨文化沟通障碍的效果看,文化融合是所有对策中最为有效的一种。

请看1971年尼克松访华,周总理与罗杰斯交往的一段往事:

> 1971年美国总统尼克松访华时,就在《中美联合公报》发表的前两天,美方内部突然出现了问题,罗杰斯国务卿反对发表这个公报。周恩来总理知道,根据美国的宪法,国务卿不同意就麻烦了。周总理也清楚,罗杰斯的生气,是因为觉得尼克松一直没有把他当成一个很重要的人物看待,一切都是尼克松自己来主持。于是周总理当即决定亲自去拜访国务卿罗杰斯。这种情况也许是历史上根本没有过的,一个国家的总理到另一个国家部长的房间去跟他交谈。罗杰斯的助手开门见是周总理只带一名翻译来访,十分惊讶。这时美国国务院的一帮人正聚集在罗杰斯这里。他们都只穿一件衬衫,有的还挽着袖子,正在激烈地讨论什么事。见到周总理,他们都不知所措,急急忙忙找他们的领带和西服上装。周总理神态自若,说大家随便,很抱歉未事先打招呼就来了,只是想看望一下罗杰斯国务卿,表示慰问。接着总理说,罗杰斯为打开中美之间的民间交往做了很多工作,我们很感谢。希望尼克松总统访问后进一步加强两国关系。周总理巧妙地对罗杰斯晓以大义,表示中美公报对中美双方的重要性。罗杰斯自然懂得周总理的意思,而且周总理亲自来访也给了他很大面子,因此也就顺水推舟说了些友好的话,没有与周总理争辩。美国方面内部在中美公报上的一场尖锐矛盾和斗争由周总理出面缓解了,使得当天下午公报得以顺利发表。

中国人最爱面子,美国人也爱面子。在《中美联合公报》即将签署的前夕,周总理洞察一切,主动拜访罗杰斯国务卿,给足了面子,罗杰斯受到了极大的尊重,公报及时签署了。

再请看中国海尔集团在美国南卡罗来纳州开厂的经历:

> 海尔在美国南卡罗来纳州开厂的成功事例在很大程度上得益于跨文化团队建设的成功。该公司在南卡罗来纳州的工厂的大多数员工为美国人,只有工厂的总经理、1名助理和6名工程师来自中国。美国《财富》杂志报道海尔南卡罗来纳州的工厂时写道:中国管理团队的特点是依靠领导,而美国人习惯的团队是双向沟通,也即领导和成员不断交换意见、信息和建议。如何融合这两种看似很不相同的管理风格虽然困难,但可以达成。海尔带来了自己的风格,但愿意根据美国员工的特点和需求对原有风格加以调整,从而使跨文化团队有效地建立起来。

中国海尔集团在美国的南卡罗来纳州开厂是成功的,其管理风格既有中国的"依靠领导",也有美国的"双向沟通",做到了有机的融合。

二、跨文化沟通的技巧

在跨文化沟通的过程中,我们要做到"知己知彼",即既要对自己的文化有系统的了解,又要明确了解对方的看法以及产生这些看法的由来。我们要克服文化障碍,做到有效沟通,至少要掌握以下四种技巧。

1. 待人以诚

对待外国朋友我们要真实诚恳。真实、真情与真诚的态度是讨人喜欢的说话妙诀;只有真诚才能换来真诚;说话真诚的人,能得到别人的信任;说话者情真意切,就能打动听者的心;真诚地说声"对不起",就可能化解冲突,调适人际关系。

请看意大利著名记者法拉奇采访邓小平的感人故事:

> 意大利记者法拉奇一见邓小平就说:"明天是您的生日?"邓说:"我的生日,我的生日是明天吗?"法接着说:"不错,邓小平先生,我从您的传记中知道的。"邓说:"既然你这样说,就算是罢!我从来不记得什么时候是我的生日。就算明天是我的生日,你也不应当祝贺我啊!我已76岁了,76岁是衰退的年龄啦!"法马上说:"邓小平先生,我父亲也是76岁了。如果我说那是一个衰退的年龄,他会给我一巴掌呢!"邓笑着说:"他做得对。你不会这样对你父亲说话的,是吗?"

法拉奇采访前做足了功课,查到了邓小平的生日,把邓小平看作自己的父亲,情真意切,十分感人。这个开头为后面的采访创造了一个宽松融洽的环境。

再看马萨诸塞州新任州长的官吏作风:

> 刚刚当选的马萨诸塞州州长非常繁忙。一天中午,他处理完公务后去附近一家烤鸡店买炸鸡块。虽然已经过了饭点,但是来买炸鸡块的人还是排成了长队。终于轮到州长的时候,他对卖鸡块的女服务生说:"给我两份炸鸡块。"女服务生微笑着说:"对不起,先生,今天来买炸鸡块的人太多,为了让每个顾客都吃到我们的炸鸡块,一个顾客我只能卖给他一份。"州长不耐烦起来,说:"女士,你知道我是谁?我是马萨诸塞州的新任州长!"女服务生加重语气回答:"州长先生,你知道我是谁吗?我是这里专门负责卖炸鸡块的服务生!"当然,事情的结局是马萨诸塞州的新任州长在马萨诸塞州的一家普通烤鸡店里按照店里的规矩买了一份炸鸡块,走了。

排队买炸鸡块本是生活中的一件小事,这位新任州长不遵守烤鸡店的规矩,还要大耍威风,以势压人,结果碰一鼻子灰,灰溜溜地走了。

2. 把握分寸

俗话说:"为人处世、说话办事要讲分寸。"不管是与人说话、与人交往、与人办事,都深深蕴藏着分寸的玄机。有些人掌握了它的妙用,于是成功了;也因为世上有"分寸"作祟,有些人把握不住它,于是失败了。人世间各种各样的竞争,成功者与失败者的分水岭,其实就在"分寸"之间啊。在跨文化沟通的过程中,我们就应该把握分寸。

请看一位船长面临危难时的沟通技巧:

> 有一些来自不同国家的贸易代表,应开会国地主之邀,坐上豪华游轮,一边旅游,一边洽谈商务。

没想到船开到了大海中时,竟然因为机器部件过热爆炸,而使船舱进水,船开始缓缓下沉。船长让大副通知所有乘客,赶快穿上救生衣跳到海里去,可是这些贸易代表不肯跳入漆黑冰冷的大海里,即使大副用威胁强迫的口气命令他们,也无法说服这些伶牙俐齿的贸易代表。

船长只好亲自来到客舱,说服各国代表。只见船长将他们一个个带到旁边说了几句话,没想到,船长说完之后,大家都乖乖穿上救生衣跳入海里,等待救援。

就在船长弃船前,大副好奇地问:"你是怎样说服他们的?"

"啊,没什么,我只是顺着他们的心理去说。我对英国人说,跳水绝对有益健康,不用担心;对德国人说,这是船长的命令;对法国人说,获救时会上电视,很出风头;对俄国人说,这是伟大革命的一刻;对美国人说……"

"对美国人说什么?"大副追问道。

船长笑了笑说:"上船前我为他们买了高额保险……"

豪华游轮即将下沉,乘客应赶快穿上救生衣,跳到海里等待救援,大副用威胁强迫的口气命令也无济于事。看,这位船长多会与不同国家的人沟通,因为船长了解这些乘客的不同文化背景,懂得他们的不同需要,说话针对性强,说到点子上,十分到位,取得了圆满成功。

再看周总理与基辛格交往的一件趣事:

1971年9月,基辛格秘密访问中国。在会见周恩来时,他把自己的随行人员介绍给周总理。

"约翰·霍尔德里奇。"基辛格指着大高个子助手说。周总理握着霍氏的手,说:"我知道,你会讲北京话,还会讲广东话。广东话连我都讲不好,你在香港学的吧。"

基辛格介绍斯迈泽:"理查德·斯迈泽。"

周总理握着斯氏的手,说:"我读过你在《外交季刊》上发表的关于日本的论文,希望你也写一篇关于中国的。"

洛德没等基辛格开口就自报姓名:"温斯顿·洛德。"

周总理握着他的手摇晃:"小伙子,好年轻。我们该是半个亲戚。我知道你的妻子是中国人,在写小说。我愿意读到她的书,欢迎她回来访问。"

周恩来是一位大国总理,日理万机,在一对多的初次交往中,准确地说出谈判对手随行人员的姓名、主要特长、主要业绩、重要的家庭成员与社会关系,既是一种交际艺术,又是成功沟通的重要前提条件。周总理对不同的随从说不同的话,温情、体贴、到位,幽默风趣,令人叹服。

3. 用事实说话

"用事实说话",是新闻学的常用语。我们是借用这句话来强调在语言沟通中运用事实的重要性,因为"事实胜于雄辩",有的人说了一大堆道理还不如两三个鲜明的事实更有力量。在跨文化沟通中,我们要学会用事实说话。

请看发生在20世纪英国维多利亚女王时期的一个惊心动魄的故事:

"13"在西方一向被认为是一个不吉祥的数字。然而,作为英国皇家卫队队长哈特菲尔德的墓志铭,却只有一个数字:13!

原来,在20世纪英国维多利亚女王时期的某月13日星期五晚上,白金汉宫的卫兵哈特菲尔德被指控在夜间值班时睡着了。几经渲染,这就成了一个不严惩不足以振军纪的大问题。就这样,哈特菲尔德被军事法庭判了死刑。

就在处决的前夕,哈特菲尔德终于想起了一个细节:"我那天夜里没有睡觉,我听见议会大厦的钟声在午夜响了 13 下!"这实在是一个确定能否定罪的证据。于是,法官决定暂缓执行,并命令进行一次补充调查。调查发现,那天夜里确实有不少人听见议会大厦的钟声在深夜响了 13 下。而且,他们都表示愿意出庭作证。一位专家检查了议会大厦的钟后确信,那天夜里,钟里的一根发条出现过异常,表示凌晨 1 点的那一下钟声确实是在子夜刚敲过 12 下以后就立即响了起来,所以听者认为钟声响了 13 下。因此,军事法庭宣布哈特菲尔德无罪。释放后不久,哈特菲尔德当了皇家卫队队长,而且一直活到了 100 岁。按照他的遗嘱,人们在他的墓碑上刻下了这个数字:13。

英国白金汉宫的卫兵哈特菲尔德能否定罪,是看当晚议会大厦的钟声是否在午夜响了 13 下。军事法庭经过多方核实,宣布哈特菲尔德无罪。"13 下"这个重要的事实就救了他一命。

再请看某部门主管与职员之间的一次面谈:

主管:小柳,我一直想找时间与你谈谈关于你在某些工作方面的事。也许我的话并不都是你喜欢听的。

小柳:你是我的领导,既然你找我谈谈,我也没有太多的选择。请说吧。

主管:我不是什么法官,也不可能给你什么判决,我只想要你认真对待这次谈话。

小柳:可是……是你安排了这次会谈。继续发你的牢骚吧。我还记得一次我们吃午餐时你告诉我你不喜欢我那身褐色套服和蓝色衬衫的打扮。我觉得那有些无聊。

主管:我很高兴你提到仪表。我想你给客户造成了一个不合规范的印象。一个技术服务人员看上去应当是精明的。你给人的印象好像是你买不起好衣服,你的裤子是松的,你的领带也不合时宜,并经常沾满油渍。

小柳:公司可以向顾客要价很高,但我的报酬不允许我购买绚丽的衣服。我对把自己装扮得华丽炫目这一点几乎没有兴趣。而且,我从来没有听说过来自客户的抱怨。

主管:然而,我想你的仪表应当更加稳重一点。好,让我们再谈谈另一件事。在对你的例行审计中发现的一件事,我认为你做得不对。你连续三周星期三请一个客户吃晚饭,但你填写的出车单表明你每周都是在下午三点回家。这种行为是不符合职业要求的,对于这三次离奇的晚餐费用报销你怎么解释?

小柳:出车单显示是下午三点,但我出去后可以去约见客户,既然约见客户就不妨请他们吃晚饭,公司不是有规定如果工作需要可以在 500 元的范围内自己做主请客户吃饭吗?

主管:但你是怎样在下午三点在饭店吃晚饭的呢?

小柳:我认为所有在下午一点以后吃的饭都是晚饭。

主管与小柳的面谈之所以失败,是因为主管没有掌握充分有力的事实,证据不足,故没有达到预定的目的。

4. 寻找切入点

从沟通双方的共识出发,根据对方的特点与所涉及的问题,设计谈话的角度和内容,做到有的放矢：或先寒暄问候，博得对方的好感，再转入正题；或先引起对方的兴趣，激发对方的兴奋点，再转入正题；或根据现场情况，先缩短彼此的心理距离，再转移话题。在跨文化沟通中，我们更要寻找切入点。

请看美国女记者芭芭拉·华特是怎样寻找谈话切入点的：

  美国女记者芭芭拉·华特初遇美国航空业界巨头亚里士多德·欧纳西斯时，他正与同行们热烈讨论着货运价格、航线、新的空运构想等问题，芭芭拉始终插不上一句话。在共进午餐时，芭芭拉灵机一动，趁大家谈论业务的短暂间隙，赶紧提问："欧纳西斯先生，您不仅在海运方面，甚至在其他工业方面都取得了伟大的成就，这是令人震惊的。您是怎样开始的？当初的职业是什么？"这个话题叩动了欧纳西斯的心弦，使他撇开其他人，同芭芭拉侃侃而谈，动情地回顾了自己的奋斗史。

这个好话题的"威力"，在于它触动了对方心灵上的兴奋点，激发了对方的荣誉感、自豪感。可见，一个话题如果能在某个方面满足对方的需要，就能促使对方敞开心扉侃侃而谈，也同时满足了谈话者的某种需要。

再看看印尼前总统苏加诺高超的交际艺术：

  1956年，印尼总统苏加诺访华时曾到清华大学演讲，当时听演讲的除清华大学的学生外还有北京大学的学生。外交部部长陈毅陪同苏加诺总统来到清华大学时，学生队伍的秩序一度有些激动性的骚乱。在台上的陈毅显然不悦，气氛有些紧张。有经验的苏加诺总统当然看出来了。他在演讲一开头就说了两句题外话："我请诸君向前移动几步，我愿意更靠近你们。"学生队伍顿时活跃起来，很快向前移动了几步。接着苏加诺又说："我请诸君笑一笑，因为我们面临着一个光辉的未来。"青年们轻松地笑了起来，气氛变得十分和谐。

在初次交往和非协调性交往（包括不协调交往和次协调交往）中，交际双方之间常常存在着一定的心理距离。心理距离越大，对双方的沟通和理解影响越大。因此，为了使交际达到预期目标，在交际伊始，就应努力缩短双方的心理距离。苏加诺仅用两句话就缩短了他与学生之间的心理距离，体现了一位老练的政治家所具有的高超的沟通艺术。

第四节　与不同国家的人沟通举要 *

各个国家的人都有自己所属国家、民族的文化背景、行为方式、生活方式以及各式各样的观念特征。我们在进行跨文化沟通时，应当了解熟悉相关情况，以便克服沟通障碍，取得沟通的有效性，与他们和谐相处，合作共赢。

一、与美国人的沟通

1. 美国人自信心强，感觉良好

在第二次世界大战之后，美国成为超级大国，不可一世，一些美国人也把这种嚣张气势带到了谈判桌上，往往对对方不屑一顾，好像他们就是天生的主人。谈判本来是双方的事情，必

---

  * 注：本节系根据梁辉和李颖娟二位编写的相关资料编辑的。谨向二位致敬并致谢。

须互相尊重、理解,但是伴随着美国人而来的往往是威压、恐吓、不尊重、警告等强硬态度。这不但令亚洲人感到反感和不能接受,甚至连欧洲人也皱眉,表示不可理喻。一些美国人相对而言更崇拜力量,并且认为这套思维方式可以通行世界,认为只有自己的决定才是正确的,根本不愿去听对方的陈述。这样,往往使得谈判气氛紧张、难以进行。因此在美国人面前过分谦虚往往只能招致美国人怀疑你水平和实力不够。

2. 美国人讲究实际,注重利益

美国人做生意时更多考虑的是做生意所能带来的实际利益,而不是生意人之间的私人交情。美国人谈生意就是直接谈生意,不注意在洽商中培养双方的友谊和感情,而且还力图把生意和友谊清楚地分开,所以显得比较生硬。美国人对友谊与生意的看法与我们中国人大相径庭。一位美国专家指出:美国人感到,在中国谈生意,像是到朋友家作客,而不是做生意。同中国人谈判,是"客人"与"主人"的谈判。中国人掌握着谈判日程和议事内容,他们有礼貌地采取各种暗示等非直接的形式请客人先谈,让客人"亮底"。在谈判出现障碍或僵局时,东道主会十分热情地盛宴招待对方。中国人的地主之谊、客气和热情,常使美国"客人"为顾全情面做出慷慨大方的决策。

美国人注重实际利益,还表现在他们一旦签订了合同,就非常重视合同的法律性,合同履约率较高。在他们看来,如果签订合同不能履约,那么就要严格按照合同的违约条款支付赔偿金和违约金,没有再协商的余地。所以,他们也十分注重违约条款的洽商与执行。

3. 美国人热情坦率,性格外向

美国人性格外向,他们的喜怒哀乐大多通过言行举止表现出来。在谈判中,他们精力充沛,热情洋溢,不论在陈述己方观点,还是表明对对方的立场态度上,都比较直接坦率。如果对方提出的建议他们不能接受,他们也能毫不隐讳地直言相告,唯恐对方误会了。美国人常对中国人在谈判中的迂回曲折、"兜圈子"感到莫名其妙。对于中国人在谈判中用微妙的暗示来提出实质性的要求,美国人感到十分不习惯。他们常常惋惜,不少美国厂商因不善于品味中国人的暗示,失去了很多极好的交易机会。

4. 美国人注重时间和效率

同美国人交往,赴约准时至关重要,早到要在门外等,晚到要说明原因并致歉。美国人重视时间,还表现在做事要井然有序,有计划性,不喜欢不速之客来访。与美国人约会,早到或迟到都是不礼貌的。有些国家中故意迟到以显示自己身价的做法在美国绝对行不通。

跟美国人一起用餐,千万别浪费食物。在我国,人们浪费食物的现象很严重,而美国人对此会非常反感。在我国,问别人年龄、收入、婚姻等往往是表示关心,在美国这些都是个人隐私,故回避为上策。在同日本人交往时,要注意的是建立长期的、相互信任的个人间关系,若同美国人交往也如此,美国人会认为你的产品技术等有问题,是在试图通过拉拢关系做成生意,所以不必强求与其建立很密切的私人关系,公事公办为妙。

二、与德国人的沟通

1. 与德国人沟通要注重效率

德国人在世界上享有名副其实的"有效率"的声誉,他们信奉的座右铭是"马上解决",他们不喜欢对方支支吾吾,不喜欢"研究研究""考虑考虑"等拖拖拉拉的谈判语言。他们具有极为认真负责的工作态度和高效率的工作程式。德国人认为,一个谈判者是否有能力,只要看一看他经手的事情是否能得到快速有效的处理就清楚了。

2. 与德国人沟通要准备充分

德国人的沟通方式比较特别,他们的准备工作往往做得十分充分,希望一切都尽量达到完美无缺。这与他们的民族性格是相符的。对于如何交易、谈判的实质问题、中心议题以及要达到一个什么样的目标,德国人都会详细考虑,并拟订出一份完备的计划表,在谈判过程中按照这份计划表一步步地去实现。

3. 与德国人沟通要重合同、守信用

德国人很善于商业谈判,他们的讨价还价与其说是为了争取更多的利益,不如说是工作认真,一丝不苟。他们严守合同信用,认真研究和推敲合同中的每一句话和各项具体条款。一旦达成协议,很少出现毁约行为,所以合同履约率很高,在国际贸易中有着良好的信誉。

三、与法国人的沟通

1. 法国人坚持使用法语

法国人具有一个人所共知的特点,就是坚持在谈判中使用法语,即使他们英语讲得很好,也是如此,而且在这一点上很少让步。因此,专家指出,如果一个法国人在谈判中对你使用英语,那么这可能是你争取到的最大让步。至于为什么这样,原因有很多,可能是法国人爱国的一种表现,更有可能是说法语会使他们减少由于语言不通产生的误会。

2. 法国人大都重视个人的力量,很少有集体决策的情况

这是由于法国人的组织机构明确、简单,实行个人负责制,个人权力很大。在商务谈判中,也多是由个人决策负责,所以谈判的效率也较高。即使是专业性很强的洽商,他们也能一人独当。

3. 喜欢建立个人之间的友谊

谈判专家认为,如果你与法国公司的负责人或洽商人员建立了十分友好、相互信任的关系,那么你也就建立了和他们的牢固的生意关系。同时,你也会发现他们是十分容易共事的伙伴。在实际业务中,许多人发现,与法国人不要只谈生意上的事,在适当的情况下,与法国人聊聊社会新闻、文化、娱乐等方面的话题,更能融洽双方的关系,创造良好的会谈气氛,这都是法国人所喜欢的。

4. 法国人喜欢严格区分工作时间与休息时间

法国八月是度假的季节,在此期间,全国上下各行各业的职员都会休假,这时候如果你想和他们做生意是徒劳的。另外,法国人不习惯在餐桌上谈生意。法国人很注重生活情调,他们把在优美环境中的会面、小酌、喝咖啡看作交友的好时光,也是一种令人舒心的享受,但选择在这些场合与法国人谈生意不合时宜。

四、与英国人的沟通

1. 英国人不轻易与对方建立个人关系

英国人个人之间的交往比较谨慎,很难一见如故。他们不轻易相信别人,依靠别人。这种保守、传统的个性,在某种程度上反映了英国人的优越感。但是一旦与英国人建立了友谊,他们会十分珍惜,会长期信任你,在生意关系上也会十分融洽。

2. 英国人注重身份

尽管英国是老牌的资本主义国家,但那种平等和自由更多地表现在形式上。在人们的观

念中,等级制度依然存在。在社交场合中,"平民"与"贵族"仍然是不同的。例如:在英国上流社会,人们喜欢阅读的是《金融时报》;中产阶层的人阅读《每日电讯报》;而下层人则读《太阳报》或《每日镜报》。相应地,在对外交往中,英国人比较注重对方的身份、经历、业绩,而不是像美国人那样更看重对手在谈判中的表现。所以,在必要的情况下,与英国人谈判,派有较高身份、地位的人做代表,有一定的积极作用。

3. 英国人在谈判中缺乏灵活性

英国人通常采取一种非此即彼、不允许讨价还价的态度。因此,在谈判的关键阶段,英国人表现得既固执又不愿花费很多力气,而不像日本人那样,为取得一笔大买卖竭尽全力。

作为企业经营管理人员,同英国人在商务往来中还应注意:不佩戴条纹领带;免谈政治,包括英皇室、北爱尔兰和平、日不落帝国的消亡等问题,天气才是最安全的话题;向英国出口商品,忌用大象、人像作商标、图案。

五、与北欧人的沟通

北欧主要是指挪威、丹麦、瑞典、芬兰等国家,也称斯堪的纳维亚国家。北欧是一个文化、经济高度发达的地区。这几个国家地域广阔,人口稀少,社会、政治、经济十分稳定,与世界各地的贸易交往也有较长的历史。

1. 北欧人十分讲究文明礼貌

北欧人在谈判中一般都显得比较随和、平静,他们在谈判中不易激动,常常沉默寡言,在不该谈论的时候决不主动表述自己的意见。他们讲话大都慢条斯理,有条不紊。

2. 北欧人在谈判中十分沉着冷静

即使在十分关键的时刻,北欧人也显得不动声色,耐心、有礼貌,但他们不喜欢无休止地讨价还价。如果他们与你做生意,主要是因为他们确认你公司的产品在市场上是十分优秀的,他们信得过。但如果你只为自己的利益着想,忽视了他们的利益或建议,他们就会改变对你的看法,很可能放弃与你做生意。

另外,北欧人的一个共同特点就是喜欢桑拿浴,这已经成了他们生活中的一部分。如果与北欧人洽商,被他们邀请洗桑拿浴,说明受到了他们的欢迎,这是个好的开端。在许多情况下,可以在洗桑拿浴时与他们交谈,这可以免除正式谈判的许多不便。

六、与日本人的沟通

1. 日本人十分讲究礼节

日本商人走出国门进行商务谈判时,总是希望对方能够前往机场、车站或码头迎接,迎接人的地位要等同或略高于日本商人的地位。在会面时,日本商人很重视交换名片。一般情况下,不管在座的有多少人,他们都一一交换名片。当接过对方的名片时,他们都要仔细地端详,认真地研究,然后两眼平视对方,说上一句"见到你很高兴"之类的客气话。对此,任何同日本人进行商务活动的外国商人必须理解、尊重和遵循。

2. 日本人有非常强的团体意识

日本社会里处处充满了集体主义,几乎一做事就是团体行动。在个人与团体的配合上,日本人显得很默契,也做得非常成功。他们即使个人能力并不十分突出,甚至不能独当一面,但只要能与团体很好地配合,往往也能受到领导的重视,甚至会被委以重任。日本是一个很重视团体配合的国家,这种观念也植根于日本人的脑海里,成为他们为人处世的一大准则。

通常来说,对于日本人的个人与团体之间互相配合的办事能力和办事效率是不可低估的。但是,如果把日本人与团体分开,他们就像离开了母亲的小孩一样感到茫然而不知所措。在一对一的谈判或竞争中,失败的往往多是日本人。因此,对日本人应当多采取些分化瓦解的策略和手段。与一些日本人谋事,切不要轻信他们做出的承诺,因为一些日本人的承诺是相当随便和不考虑后果的。

3. 日本人以吃苦耐劳著称于世

日本人在商务谈判中常常连续作战,废寝忘食,通宵达旦。一旦谈判方案发生变化,他们可以连夜进行整理,形成文字。当然,日本商人在谈判中主动承担这项烦琐艰苦的任务,并不是什么无私的奉献,而是他们在谈判中常常运用的一种策略。在这一过程中,他们通过对某些文字作出细微的调整,使协议最大限度地有利于自己。日本商人时间观念极强,生活节奏快,这是由日本社会充满竞争所造成的。

4. 日本人很注意在交易谈判中建立和谐信任的人际关系

跟日本商人交往,重在建立一种长期的信赖关系,就事论事、操之过急则会得不偿失——对他们而言,真诚友好的关系远胜过单笔交易。中国人对外谈判时,为了确保生意成功,往往喜欢先略作让步,以表诚意。如果以同样的方式跟日本人谈判,一定会事与愿违,因为在日本人眼中,首先让步的一方既是弱者,也无诚意。所以如果有必要让步,那也一定要使日本人作相应的让步。这种针锋相对、近乎固执的谈判策略反而能赢得日本人的尊重。日本人远不像欧美人那样对待合同严肃认真,可能经常会对已达成的协议要求重新商谈,所以合同签好并不意味着大功告成,中国商人要努力适应这种风格才不至于造成僵局。起草合同也应尽量用通俗易懂的语言,因为法律术语只能招致日本人的讨厌及猜疑。谈判时带上律师更是绝对应避免的事。

七、与韩国人的沟通

在任何情况下,在韩国都要避免大声说话或大声笑。韩国人尤其是韩国妇女,在笑时,常用手遮住嘴。在正式交际场合,韩国人一般都采用握手作为见面礼节。韩国妇女一般不与男子握手,而往往代之以鞠躬或者点头致意。韩国人在不少场合也同时采用先鞠躬、后握手的方式;同他人告别时,若对方是有地位、身份的人,韩国人往往要行礼达三五次。个别的韩国人甚至讲一句道别话,行一次礼。在一般情况下,韩国人在称呼他人时爱用尊称和敬语,喜欢称呼对方头衔。韩国人非常讲究预先约定,遵守时间,并且十分重视名片的使用。

需要向韩国人馈赠礼品时,宜选择鲜花、酒类或工艺品。但是,最好不要送日本货。在接受礼品时,韩国人大都不习惯于当场打开包装。韩国民间仍讲究"男尊女卑"。男女一同就座时,女人应自动坐在下座,并且不得坐得高于男子,女子不得在男子面前高声谈笑等。

韩国人对社交场合的穿着打扮十分在意。在交际应酬之中通常都穿着西式服装。邋里邋遢、衣冠不整的人,和着装过露、过透的人一样,都是让人看不起的。在逢年过节或某些特定场合,韩国人往往会穿自己本民族的传统服装:男子上身穿袄,下身穿宽大的长裆裤,或加上一件坎肩,甚至再披上一件长袍。韩国妇女则大都上穿短袄,下着齐胸长裙。光脚参加社交活动,是一种失礼的行为。进屋之前需脱鞋,摆放鞋子不准将鞋尖直对屋内。

韩国饮食以辣、酸为主要特点。主食主要是米饭、冷面。他们爱吃的菜肴,主要有泡菜、烤牛肉、烧狗肉、人参鸡等。韩国菜的品种并不太多,而且其中的绝大多数都比较清淡。韩国饮料较多。韩国的男子通常酒量都不错,对烧酒、清酒、啤酒往往来者不拒。韩国妇女则多不饮酒。韩国人通常不喝稀粥和清汤,认定只有穷人才会如此。韩国人一般都不吃过腻、过油、过甜的东西,并且不吃鸭子、羊肉和肥猪肉。

韩国人大都珍爱白色,崇拜熊虎。以木槿花为国花,以松树为国树,以喜鹊为国鸟,以老虎为国兽。不要称"南朝鲜""南韩"或"朝鲜人",而宜分别称为"韩国"或"韩国人"。韩国人的民族自尊心很强,他们反对崇洋媚外,倡导使用国货。在韩国,一身外国名牌的人,往往会被韩国人看不起。

八、与阿拉伯人的沟通

与阿拉伯人进行沟通时,应当了解阿拉伯人主要生活在沙漠之中,喜欢结成紧密稳定的群体,其性格豪爽粗犷,待人热情。遇到能谈得投机的人,他们会很快将其视为朋友。阿拉伯人一般好客而不拘泥,最好是能和他们打成一片。

阿拉伯人的时间观念不是很强,他们不像欧洲人那样有精确的时间表,每一分钟都有自己该干的事情。他们做事的态度通常由情绪决定,有时热情得令你不知所措,有时又会冷漠得令你无地自容。

在阿拉伯人的眼里,最为重要的是名誉和忠诚。他们认为,一个人名誉的好坏是人生的一件大事。名誉差的人无论走到哪里都会受人鄙视、遭人白眼。并且,一旦名声败坏,要想补救就势必要付出巨大的代价。因此,跟阿拉伯人打交道一定不要干出格的事情,要赢得他们的信任,这样等于为谈判开了绿灯。

在谈判的开始阶段,给阿拉伯人留下良好的印象十分重要。这是制造良好气氛的开端,有助于使谈判气氛更加融洽。有了良好的开端,接下来就会顺利得多。谈判者可以在制造良好气氛、获取阿拉伯人信任的开始阶段,做出一些试探性的提问,看看双方达成协议的可能性有多大。当然这种提问要非常艺术,不能显得太露骨,否则会得不偿失。经过一段时间的努力,双方增进了了解,融洽了感情,在不知不觉中一笔生意也就做成了。

与阿拉伯人打交道,必须有谈判会被随时打断的心理准备。许多外国谈判者都对阿拉伯人的这一特点感到沮丧,但又无可奈何,只好去重新创造机会。不过,对这一点也不必过于担心,阿拉伯人的情绪是很容易点燃的,要衔接刚才的谈判气氛也不会太费心,毕竟谈判者在他们眼中是客人。

阿拉伯人信奉伊斯兰教,而伊斯兰教有很多规矩,因此,初次与阿拉伯人进行谈判的人必须特别注意,要尊重他们的信仰。另外,最好不要对阿拉伯人的私生活表示好奇。尽管阿拉伯人热情好客,但因阿拉伯人所信仰的伊斯兰教的教规很严,他们的日常生活明显地带有宗教色彩,稍有不慎,就会伤害他们的宗教感情。

从谈判的沟通中,我们看到了不同文化背景的人们的不同的沟通方式,了解了以上这些国家和民族的特点,我们就能知道,在与这些国家的人沟通时,哪些话能说,哪些话不能说,哪些话可以多说,而哪些又是话题的禁区。这对于我们在与不同文化背景的人沟通时把握分寸是十分重要的,千万不可不顾不同的文化习俗,讲那些不合场合、使人难堪甚至伤人感情的话;否则,在与各国友人沟通时,必然会出现我们所不希望出现的结果。

思考与训练

1. 跨文化沟通可分为哪些类型?各有什么特点?"双方文化共享性差"是什么意思?

2. 跨文化沟通的主要障碍有哪些?该怎样克服这些障碍?怎样才能树立跨文化沟通的意识?

3. 跨文化沟通的基本策略是什么?要掌握哪些主要技巧?根据自己的学习与阅历,你还有什么行之有效的技巧?

4. 这个案例说明,米兰华商与当地政府之间的跨文化沟通失败导致了文化冲突,而文化冲突又可能带来社会的动荡与不安。你认为米兰华商与当地政府的沟通失败,其主要责任在谁身上?应该怎样解决这个难题?

米兰号称世界最大的"时尚之都"之一。Paolo Sarpi 街离市区中心不远,可以说跨了市中心区的一个边,位置不错。20多年前它就号称米兰第三大商业街。那时街上分布着几家名牌服饰店、面包店、小酒馆和日用百货店。

十多年前,Bramante 街的华人店铺慢慢地向旁边位置更好、更繁华的 Paolo Sarpi 街扩展。起初,只是些食品杂货店或中餐馆的传统华人店铺入驻,后来华人服装、鞋子批发店迅速增多。它们大宗进货、大宗批发,资金周转很快。大家相互模仿,很多传统意大利小店都逐渐转让给了华商,华人店铺数量迅速增至600多家,从而使租金也水涨船高。华商开出的价格很有吸引力,付款迅速,甚至用现金一次付清,很多街上的老住户都乐意把店铺卖给或租给华人。

华商的进驻使 Paolo Sarpi 街更加繁华起来,很快便造成了车辆的拥堵。作为米兰老城的一部分,Paolo Sarpi 街只有三个车道,因为老街区没有地下停车场,所以三个车道还要留出一个,甚至两个车道停车,最后只剩一个单向车道行车。大宗进出的批发店铺几乎每天都需要装卸,经常会把路堵死。于是,政府加大对违章停车处罚的力度,很多华商因为停车问题屡屡遭到罚款。

但是,处罚并没有缓解这个街区的堵车问题,因为批发店用来搬运货物的手推车成为矛盾的焦点。Paolo Sarpi 街处于交通要道,共有四路有轨电车和三路公交车经过,汽车、电车和公交车再加上积满货物慢吞吞的手推车,使这条三个车道宽的街道更拥堵,交通安全令人担忧。

2007年2月,米兰市政府在未与华人街华商们沟通的前提下,便出台了华人街禁用手推车的禁令,规定违规者将受到40欧元左右的罚金,重者手推车可被没收。

大概市政府对过去管辖这里的八区交通巡警没有解决交通问题很不满,特派出了总局的交通巡警。总局的巡警非常严格,第一天便开了40多张罚单,扣留了30多辆手推车。两个月来共有上百辆手推车被扣,罚款更是难以计数。

此举当时引起华商们的强烈不满,他们曾通过各种渠道向上反映,但是未有结果。

手推车的事情还未完,华商们突然又发现这条不足一千米长的街道上方,一下子装上了5个摄像头。这让华人感觉自己被当贼防,很不自在,一种被歧视和屈辱的感觉重重地积压在他们心中。

5. 下列故事中,中国女商人希望美国朋友开车送她去机场,又不好意思直说,而美国朋友又不善于听弦外之音,结果"事与愿违"。试问"事与愿违"的深层次文化因素是什么?与美国人打交道,应该掌握怎样的分寸为好?

  一位旅美中国女商人准备乘飞机外出度假,心里希望她的美国朋友开车送她去机场。然而由于她不好意思直说,而深受西方文化背景影响的美国朋友在交际过程中又不善于听弦外之音,结果只能是事与愿违。以下是他们的对话。

  中国女商人:这个周末我要去洛杉矶!(期望美国朋友能主动提出开车送她去机场。)

  美国朋友:太棒了!真希望能和你一起去。你准备在那儿待多长时间?

  中国女商人:三天。

  美国朋友:(如果她想让我开车送她,她会说出来。)祝你玩得开心!

  中国女商人:(如果她真的愿意送我的话,她会主动说出来的。看来她不愿送我,我只好另外找人算了;这个人真不够朋友。)谢谢!再见!

6. 在跨文化沟通中,由于相同的手势在不同文化的环境中代表着不同的意思,打手势的动作稍有不同就可能造成误解,引起意外的反应,甚至是意想不到的结果。下面两段文字,一段是写丘吉尔的手势,另一段是写赫鲁晓夫的手势。他们的本意是什么,效果又怎样,请你发表自己的见解。

丘吉尔的V形手势

  在第二次世界大战中,领导英国进行战争的首相温斯顿·丘吉尔曾做了一个手势,在当时引起了轰动。他曾出席一个场面盛大而又重要的集会,一露面,群众对他鼓掌欢呼。丘吉尔做了一个表示victory(胜利)的V形手势——用食指和中指构成V形。做这个手势时,手心要对着观众。不知丘吉尔是不知道还是一时失误,竟把手背对着观众了。群众当中,有人鼓掌喝倒彩,有人发愣,有人忍不住哈哈大笑。因为这位首相所做的那个手势不是表示"胜利"的意思,而是一个下流的动作。

赫鲁晓夫的特殊手势

  尼基塔·赫鲁晓夫是20世纪50年代后期到60年代初期的苏联领导人。在访问美国期间,他本人的言论和举止引起一些争议。引起争议的手势之一是,他紧握双手,举过头顶,在空中摇晃。他本人的意思显然是表示问候,表示友谊。但是,在场的人和电视观众对此却感到不快。美国人很熟悉这个动作——这是拳击手击败对手后表示胜利的姿势。在此之前,赫鲁晓夫曾说过要埋葬美国资本主义的话,许多美国人认为,这种手势表示他好像已经取得胜利,洋洋得意,难怪许多人感到不快。

参考文献

[1] 李元授.交际学[M].武汉:武汉测绘科技大学出版社,1991.
[2] 陈大正.交际文化学[M].武汉:华中理工大学出版社,1996.
[3] 易锦海,李晓玲.交际心理学[M].武汉:华中理工大学出版社,1997.
[4] 张掌然.交际思维学[M].武汉:华中理工大学出版社,1996.
[5] 范明华.交际美学[M].武汉:华中理工大学出版社,1997.
[6] 李鸿军.交际礼仪学[M].武汉:华中理工大学出版社,1997.
[7] 李元授.公关与交际[M].武汉:华中科技大学出版社,2006.
[8] 李元授.交际训练[M].武汉:武汉大学出版社,2003.
[9] 李荣建,宋和平.礼仪训练[M].2版.武汉:华中科技大学出版社,2005.
[10] 李元授.演讲与口才[M].3版.武汉:华中科技大学出版社,2014.
[11] 李元授.现代公共关系艺术[M].武汉:华中科技大学出版社,2002.
[12] 李元授.交际与口才[M].武汉:华中科技大学出版社,2002.
[13] 李元授.交际礼仪学[M].武汉:华中科技大学出版社,2007.
[14] 李谦.现代沟通学[M].2版.北京:经济科学出版社,2006.
[15] 余世维.有效沟通[M].北京:机械工业出版社,2006.
[16] 曾仕强,刘君政.人际关系与沟通[M].北京:清华大学出版社,2004.
[17] 黄大钊.处己 处人 处世——沟通决定成败[M].北京:中国书籍出版社,2005.
[18] 陈玲.有效沟通细节训练[M].北京:企业管理出版社,2006.
[19] 黄漫宇.商务沟通[M].北京:机械工业出版社,2006.
[20] 靳娟.跨文化商务沟通[M].北京:首都经济贸易大学出版社,2010.
[21] 邹晓春.沟通能力培训全案[M].北京:人民邮电出版社,2008.
[22] 广缘.交往的分寸[M].北京:中国审计出版社,2001.
[23] 刘玉瑛,段小卫.沟通能力的提升与自测[M].北京:中共中央党校出版社,2006.
[24] 碧泠.一生要学会的100种礼仪[M].北京:时事出版社,2006.
[25] 王佳,许玲.人际沟通与交流[M].北京:清华大学出版社,2013.
[26] 李明,林宁.人际关系与沟通艺术[M].北京:清华大学出版社,2012.
[27] 李颖娟.人际沟通与交流[M].北京:清华大学出版社,2012.
[28] 张文光.人际关系与沟通[M].北京:机械工业出版社,2009.
[29] 麻友平.人际沟通与交流[M].北京:清华大学出版社,2009.
[30] 惠亚爱.沟通技巧[M].北京:人民邮电出版社,2008.

[31] 王建华.沟通技巧[M].北京:电子工业出版社,2009.
[32] 张书全.人际沟通[M].2版.北京:人民卫生出版社,2008.
[33] 钟海等.人际沟通[M].北京:科学出版社,2007.
[34] 谢红霞.沟通技巧[M].北京:中国人民大学出版社,2011.
[35] 明卫红.沟通技能训练[M].北京:机械工业出版社,2008.
[36] 贾启艾.人际沟通[M].南京:东南大学出版社,2006.
[37] 梁辉.有效沟通实务[M].北京:中国人民大学出版社,2010.
[38] 李新章.交往沟通[M].北京:中国工人出版社,2012.
[39] 张岩松,唐长菁.人际沟通与社交礼仪[M].北京:清华大学出版社,2013.
[40] 贾鹏.微沟通——无"微"不至的沟通要术[M].北京:企业管理出版社,2012.
[41] 胡伟,邹秋珍.演讲与口才[M].北京:清华大学出版社,2009.
[42] 魏臣波.大学生实用口才[M].北京:国防工业出版社,2009.
[43] 张韬,施春华,尹凤芝.沟通与演讲[M].北京:清华大学出版社,2005.
[44] 李元授.人际沟通训练[M].武汉:华中科技大学出版社,2019.

后 记

"沟通改变人生,沟通成就事业。"此言不虚!一个人的命运,一个人的事业,均可通过有效的沟通来获得巨大的改变,甚至是颠覆性的改变,并成就你的事业。为此,我们决定编写这部《人际沟通艺术》。

《人际沟通艺术》一书,系著名人际沟通专家李元授教授多年来精心打造之力作,沟通方式齐全,案例丰富多彩,训练科学有序。

李教授为全书的主编。他编写了导语:成功有赖于超强的沟通能力,第一章:沟通改变人生——沟通与人际沟通,第八章:树立良好形象——求职沟通,第十三章:为你架设桥梁——跨文化沟通;李鹏老师编写了第二章:口才助你成功——语言沟通,第三章:成功重要桥梁——非语言沟通,第五章:走出沟通误区——沟通障碍;谈晓明老师编写了第九章:学会服从与建言——与领导沟通,第十章:贵在尊重包容——与同事沟通,第十一章:重在关怀体贴——与下属沟通;李琰老师编写了第四章:有礼走遍天下——沟通礼仪,第六章:友谊地久天长——交友沟通,第七章:爱是前进动力——恋爱沟通;吴丽芳老师编写了第十二章:切记热忱周到——与客户沟通。祝凌老师编写了第二章第三节"三、手机微信的沟通技巧"。

李教授事前列出了本书详尽的三级提纲,提出了明确而具体的编写要求,写作中对作者进行了具体指导,事后对各个章节进行了审阅、修改。邓楚杰参与了本书的修改工作。谨此说明,并致谢各位编写者。

编 者

2022 年 1 月 16 日于武汉大学